国家社会科学基金重点项目（12AZD017）资助

商务印书馆（上海）有限公司　出品
The Commercial Press (Shanghai) Co. Ltd.

RURAL
CULTURAL
REVITALIZATION

乡村文化振兴
城乡融合与内生发展

林拓 等著

商务印书馆
创于1897
The Commercial Press

图书在版编目（CIP）数据

乡村文化振兴：城乡融合与内生发展 /
林拓等著 . —北京：商务印书馆，2023
ISBN　978-7-100-18210-2

Ⅰ.①乡…　Ⅱ.①林…　Ⅲ.①农村文化-文化事业-
建设—研究—中国　Ⅳ.①G127

中国版本图书馆CIP数据核字（2020）第042261号

乡村文化振兴：城乡融合与内生发展

林　拓　等著

————————————————————

商 务 印 书 馆 出 版
（北京王府井大街36号　邮政编码100710）
商 务 印 书 馆 发 行
山 东 临 沂 新 华 印 刷 物 流
集 团 有 限 责 任 公 司 印 刷
ISBN 978-7-100-18210-2

————————————————————

2023年1月第1版　　　　开本787×1092　1/16
2023年1月第1次印刷　　印张27 1/2
定价：168.00元

主要作者

林 拓 虞 阳

赵 彪 袁锦贵 庄汝龙

部分章节撰写及其他工作参与者

张 亭 诸亚杰 王先鹏 王世晨

程振兴 王文静 谢诗光 田 娜

陈丽霞 杨沁杰 蒋康妮

各章节作者

全书统稿　林　拓

第 一 章　林　拓　虞　阳

第 二 章　袁锦贵　庄汝龙　陈丽霞　杨沁杰　田　娜　张　亭

第 三 章　虞　阳　林　拓　袁锦贵

第 四 章　林　拓　虞　阳　赵　彪

第 五 章　虞　阳　陈丽霞

第 六 章　林　拓　赵　彪

第 七 章　虞　阳　王世晨

第 八 章　虞　阳　田　娜

第 九 章　林　拓　虞　阳　程振兴

第 十 章　虞　阳　袁锦贵

第十一章　林　拓　虞　阳　王先鹏　杨沁杰

第十二章　林　拓　虞　阳　王文静　蒋康妮

第十三章　林　拓　袁锦贵

目　录

下篇　乡村文化振兴的主体构成及其共治

第一章

绪　论

　　乡村振兴作为新时代的国家战略，2050年农业强、农村美、农民富的目标将全面实现，国家明确提出了"繁荣兴盛农村文化，焕发乡风文明新气象"，2018年中央一号文件中共中央、国务院《关于实施乡村振兴战略的意见》首次明确提出"乡村文化振兴"，标志着"乡村文化振兴"提上国家的议事日程。2021年年初，中共中央、国务院《关于全面推进乡村振兴　加快农业农村现代化的意见》进一步强调全面推进乡村文化振兴，从乡村文化遗产遗迹保护、公共文化服务体系建设、实施文化惠民工程、继承创新优秀传统乡土文化等方面提出具体要求。2022年党的二十大报告指出，全面推进乡村振兴，扎实推动乡村产业、人才、文化、生态、组织振兴。实际上，如今提出"乡村文化振兴"不仅是近百年来乡村文化的新发展与再出发，更是充分把握文化这一关乎乡村振兴战略成效乃至成败的关键，故而必须直面长期以来困扰乡村文化发展的瓶颈问题，发掘乡村文化发展的内在逻辑。

一、乡村文化：一个跨世纪的难题

　　回望近代中国的发展，广大农村地区的衰落与薄弱一直是倍受关注的重大问题。早在清末，刘师培已经发现当时城市化对农村的严重影响及其后果。[1] 辛亥革命后不久，对城乡落差的严峻状况已有尖锐批评："今日都市之腐败，乃为世界之未有；农村之衰颓，亦为世界之未有。"[2] 就在所谓的民国"黄金十年"期间（1927—1937年），当时已有识之士更明确地指出农村文化的凋敝。[3] 这主要在于，"畸形发展的文明，即城

---

[1] "近岁江淮农民，远客他乡，计数十万，而上海汉口诸埠，则人口增加，达于百万，以致人日增而谷不益"，加之科举制度的废除，乡野"贫民永沦于奴隶，富者益智，贫者益愚"。参见：刘师培. 论新政为病民之根 [M] // 张枬，王忍之. 辛亥革命前十年间时论选集，第1卷（下册）. 北京：生活·读书·新知三联书店，1978：969.

[2] 陈玉润. 欧美改良都市农村说 [J]. 东方杂志，1994，10（7）.

[3] 农村"从人口、心理、文化、经济种种特性而说，无一不在被排斥、被压迫之下"。参见：梁克西. 从农村社会谈到城市农业问题 [J]. 南京社会特刊，1931，1（2）.

市文明的进步，而农村文明因其相差之距离的悬殊，其结果致物质的建设、精神的建设，一切集中城市，农村日渐荒芜"①。就在"黄金十年"的末期，1937年梁漱溟曾感叹，"中国近百年史，也可以说是一部乡村破坏史"，中国"跟着近代都市文明的路学西洋而破坏了中国乡村"。②

至于图书馆等公共文化设施载体，则过度集聚于大都市，"文化之创造亦不一定是在都市"，"图书馆、博物馆在其他城市间亦可促进改良，而不一定需要集中在都市形成一个中央集权的方式"。③十月革命后，李大钊（1919年）呼吁"青年呵！速向农村去吧！"④从某种意义上讲，这是中国马克思主义者关于城乡联动发展的历史先声。当时，已有不少人已经认识到乡村的重要性⑤⑥，以梁漱溟、晏阳初、卢作孚等为代表的知识分子和实业家主导发起了乡村建设实践，比以往乡绅主导的更加注重文化和教育，但却陷入"自己运动、乡村不动"的怪圈。⑦民国政府为发展农村文化所做的尝试收效甚微，历史的重任留给了年轻的中华人民共和国。

第一阶段：新中国成立初期

从新中国成立初直至当前，历史见证了国家为发展农村文化、消除二元结构所做出的坚持不懈的努力⑧，同时也是艰难曲折、不断深化的探索进程。早在1940年1月，毛泽东在著名的《新民主主义论》中就指出农村文化建设的重要性⑨，对新中国

---

① 农村衰落与城市集中的危机［J］.合作讯，1930（55）.
② 乡村建设理论［M］//梁漱溟全集：第二卷.济南：山东人民出版社，1992：150—151.
③ 柯象峰.现代人口问题［M］//《民国丛书》编辑委员会.民国丛书：第3编第16册.上海：上海书店，1990：352.
④ 李大钊.青年与农村［N］.晨报，1919-02-23（007）.
⑤ "资本主义城市发达的结果，是剥削农村，破坏农村，而社会主义城市的主要目的，却是'乡村城市化'。"参见：周隆基.苏俄的市政制度与城市计划［J］.市政期刊，1934（2）.
⑥ "消灭城乡的界制，并不定要将所有现存的城市毁灭，只在改正城市与乡村的妨碍施行社会主义之点，使其彻底的社会主义化；只在提高乡村的教育与享乐，免致其为都市所专利。"参见：张又新.苏俄市政制度之一瞥［J］.市政评论，1934，1.
⑦ 周立.乡村振兴战略与中国的百年乡村振兴实践［J］.学术前沿，2018（2）：6.
⑧ 应该说，早在中华人民共和国成立前的中央苏区，群众文化就备受重视。1934年，毛泽东在第二次全国苏维埃代表大会报告中就指出："苏区群众文化运动迅速发展"，"群众的革命的艺术，亦在开始创造中，工农剧社与工农歌舞团运动，农村中俱乐部运动，是在广泛地发展着"。同年，苏区公布了最早的指导群众文化工作的文件《俱乐部纲要》，指出："俱乐部应该是广大工农群众'自我教育'的组织"，"俱乐部的工作必须深入群众，因此在乡村农民中，在城市贫民中，尤其是文化水平低的群众之中，一定要尽量利用最通俗的广大群众所了解的旧的形式而革新了的内容"（转引自郑永富.群众文化学［M］.中国国际广播出版社，1993：36.）
⑨ "我们不但要把一个政治上受压迫、经济上受剥削的中国，变为一个政治上自由和经济上繁荣的中国，而且要把一个被旧文化统治因而愚昧落后的中国，变为一个被新文化统治因而文明先进的中国"，"建立中华民族的新文化，这就是我们在文化领域中的目的"。参见：毛泽东.毛泽东选集第2卷［M］.人民出版社，1991：664.

蓝图的描绘将"新文化"与新政治、新经济并列,将文化建设作为新中国建设的重要内容,突出了文化的重要地位。新中国成立初,在大规模扫盲的同时,还面向农村出版发行大量的报刊图书,普及农村广播网,放映电影,建设农村文化馆(站),创办农村俱乐部和农民图书室,发展地方戏剧和剧团等进行农村文化建设。[①] 在对986个旧民众教育馆进行社会主义改造的基础上全面拓展,到1953年年底为止,全国已有2 470多个文化馆和4 560多个文化站,分布在全国各省、市、县、镇、乡和边远少数民族地区。[②] 农村俱乐部广泛兴起,1955年已有6 200多个农村业余剧团和300多个农村俱乐部,还有为数众多的小型吹歌会、快板儿队、歌咏队等农村业余文化组织。[③] 20世纪五六十年代被认为是城乡文化发展及其设施建设的一个高峰。[④] 不过,因特殊的时代背景,运动式的乡村群众文化浪潮及其急躁冒进的倾向,难免存在着不少偏差和失误。[⑤]

众所周知,群众文化的主体是人民群众,实现形式主要是文化设施等物质载体与文化活动等人文载体,两者相辅相成、相互促进;换言之,群众文化一方面要以基础设施为载体依托,以人文活动为载体联结,另一方面要发挥群众的主体作用,群众既是参与者,往往也是受益者,从而塑造共同的精神文化价值,两者共同贯穿于群众文化建设的全过程,是密不可分的一体两面。倘若群众主体作用被忽视,文化设施无异于摆设,文化活动难免流于形式;但倘若缺乏必要的物质载体依托与人文载体联结,那么,群众主体创造也将大打折扣,也是难以想象的。

为此,群众文化必须根植于不同地区农村的基层实际。1953年,文化部经政务会议批准的工作报告已经指出,当时存在着一些不良现象,并对原因进行了分析。[⑥] 为了把新文化输入农村,满足农民学文化、学科学的要求,就曾在"土改"以后、"人民公社化"运动、"四清"运动、"文革"期间先后掀起了四波图书馆(室)的建设浪潮,几乎都是一开始声势浩大,但结果却大多是自行解体、草草收场,其受挫的根本

① 廖义军.建国初期中国共产党开展农村文化建设的几种形式[J].湖南科技学院学报,2013,34(12):85—88.
② 全国文化馆、站事业四年来有很大发展[N].人民日报,1954-01-24.
③ 进一步开展群众文艺活动[N].人民日报,1955-04-03.
④ 毛少莹.中国城市公共文化设施:政策、类别、建管模式[EB/OL].2015-11-10. http://shcci.eastday.com/c/20151110/u1ai9096984.html.
⑤ 廖义军.试论建国初期农村文化建设的偏差与失误[J].湘南学院学报,2015,36(04):17—20.
⑥ 其原因在于"没有考虑不同地区在工作发展上的不同需要","领导工作上存在主观主义,官僚主义和分散主义。不从实际出发,凭感想和印象办事的主观主义作风,是造成工作中的一切缺点错误的最主要的根源,我们的官僚主义最突出的表现是不了解下情,这实质上也是主观主义的一种表现"。参见:中华人民共和国文化部办公厅编印.文化工作文件资料汇编1 1949—1959[M].中华人民共和国文化部办公厅出版社,1982:12—21.

原因是脱离了当时的经济条件以及群众基础[1]；或是由于基层组织不断变动，难以真正服务群众；或是由于资源与人员的后续乏力，难以形成持续的设施载体等。1958年，文化部在当时的政治气候下，专门发出《关于不要轻易撤销群众艺术馆的通知》[2]，这正说明了文化设施载体的重要性，这些探索为日后农村文化建设提供了重要借鉴。可以说，如何构建文化建设的有效载体和如何发挥群众的主体作用，成为农村文化建设及城乡联动的两个基本问题，甚至成为潜藏于城乡公共文化纷繁复杂、相互交织表象背后的发展主线。

第二阶段：改革开放初期

改革开放初期，全国范围的省、市和区县群众艺术馆与文化馆等不仅相继得以恢复，而且较"文革"前明显增加。1979年，全国群众艺术馆有170多个，较"文革"前增加了90多个；文化馆2 800多个，增加了230多个[3]，而广大农村公社则建立起大批文化站。1978年，全国只有文化站3 264个，1979年猛增到22 000多个。面对这一发展态势，1980年，中宣部、文化部相继出台《关于活跃农村文化生活的几点意见》和《关于加强群众文化工作的几点意见》，1981年，中共中央发出了《关于关心人民群众文化生活的指示》（中发［1981］31号文件）[4]，进一步强调党委和政府要把城乡居民的公共文化生活置于重要位置；此后，农村基层文化馆（站）得以更加快速发展，1982年年底，全国农村文化站多达32 780个[5]，从1978年至1982年，增长9倍多。如此惊人的发展速度，足可见国家引领推动的力度和当时广大农村基层迸发的力量。改革开放初期纠正了以往冒进或放弃的两种不良倾向，要求"开展群众文化活动，应当与生产发展的水平相适应，超越或落后于生产发展的水平，都是不对的，这两方面的教训我们都有，应引以为戒"[6]。

---

[1]　单敬兰，赵建华，赵保华.我国农村图书馆事业的兴起和前景［J］.中国图书馆学报，1991（02）：81.

[2]　中华人民共和国文化部办公厅编印.文化工作文件资料汇编1 1949—1959［M］.中华人民共和国文化部办公厅出版社，1982：293—294.

[3]　《文化部关于加强群众文化工作的几点意见》（［80］文群字第1069号）.

[4]　中共中央宣传部编.十一届三中全会以来党的宣传工作文献选编［M］.北京：中共中央学校出版社，1989.

[5]　国务院办公厅转发文化部.关于当前农村文化站问题的请示的通知.1984年.［EB/OL］.http://www.110.com/fagui/law_4733.html.

[6]　"例如一九五八年，对群众文化曾经提出过八个人人（即人人作诗，人人唱歌，人人画画，人人跳舞……）等错误口号，有的地方抽调大批劳动力脱离生产去搞文化活动。后来，在经济困难时期，又走到另一个极端，什么群众文化也不敢搞了，放弃了社会主义文化阵地。"《文化部关于加强群众文化工作的几点意见》（1980年），引自文化部、政策研究室办公厅.中华人民共和国现行文化行政法规汇编1949—1985（上册）［M］.北京：文物出版社，1988：227—234.

　　值得重视的是，当时将群众性文化活动载入1982年《宪法》^①，从此，开展群众性文化活动拥有了至高的法理依据，更奠定了群众性文化在国家建设中的重要地位。根据中共中央《关于关心人民群众文化生活的指示》（1981年）这一群众文化建设的纲领性文件以及相关材料做出分析，不难发现，改革开放初期，群众文化政策至少具有以下重要进展：一是将满足群众文化生活需要作为社会主义建设的根本目的^②，此后的公益性文化、文化民生乃至公共文化服务等尽管彼此间的具体内涵具有相当程度的差别，但精神实质则是与之一脉相承的；二是突出文化建设的群众主体作用并作为制度优越性的表现^③；三是强调活动载体与设施载体的广泛性与重要性。该《指示》在确立群众文化的目的任务之后，明确提出两个"一切有利于"。^④

　　就文化设施载体而言，1981年就颁布了《文化馆工作试行条例》^⑤，而与这一《指示》出台同步转发的针对农村文化建设的《中央宣传部、文化部、共青团中央关于活跃农村文化生活的几点意见》更着重将"逐步把集镇建设成为农村文化中心"作为专门单列为重要部分加以论述，要求"高度重视，并切实做好规划"，"集镇建设成为当地的政治、经济、文化中心，作为改变农村落后面貌的前进基地，这对于我国社会主义建设事业的发展，缩小城乡差别，巩固工农联盟，具有深远的战略意义"，同时，对地点选择、设施布局、领导管理、骨干队伍以及相关部门工作等做出了具体要求，实际上，这是将群众文化的载体建设纳入了城乡发展的空间体系之中。20世纪80年代被认为是农村文化建设的又一次高潮，其中尤为突出的正是文化载体建设，形成了一系列条例规定和指导意见，如《国务院办公厅转发文化部等单位关于全国少年儿童图书馆工作座谈会的情况报告的通知》（1981年），《省（自治区、市）图书馆工作条

---

① 第一章"总纲"的第二十二条："国家发展为人民服务、为社会主义服务的文学艺术事业、新闻广播电视事业、出版发行事业、图书馆博物馆文化馆和其他文化事业，开展群众性文化活动。"

② 该文件在开篇就指出："文化生活是人民群众社会生活的重要方面，是人民群众不可缺少的一种精神生活需要。进行社会主义建设的根本目的，除了满足人民群众对于物质生活的需要，还要满足人民群众对于文化生活的需要"，故而要求"各级党委和有关部门重视人民群众的文化生活，把它放在党委工作的重要位置上"。参见：中共中央宣传部编．十一届三中全会以来党的宣传工作文献选编［M］．北京：中共中央党校出版社，1989：308—311.

③ 人民群众"能够在智力和体力方面自由地发展自己的才能和智慧，是社会主义制度优越性的一种表现"，"积极创造条件，使人民群众在业余时间有可能自愿地参加各种文化娱乐活动，从体力和智力两个方面发展自己的个性和创造才能，增进自己的知识、技能、智慧和健康"。来源同上。

④ 即"一切有利于实现这些目的的文化活动""都应该逐步发展"；"一切有利于实现这些目的的文化设施，包括艺术馆，文化馆，图书馆……在财力和物力允许的条件下，要按照各地经济发展的水平和群众的需要，把它们逐步建设起来，作为城市建设的重要内容，列入城市建设规划。其中有些文化设施，随着农村经济的发展，也应在集镇和村庄逐步建设起来"。来源同上。

⑤ 文化部、政策研究室办公厅．中华人民共和国现行文化行政法规汇编1949—1985（上册）［M］．北京：文物出版社，1988：235—242.

例》（1982年），国务院办公厅转发文化部《文化部群众文化局关于加强群众文化工作的几点意见》（1983年）、《关于当前农村文化站问题的请示》（1984年），等等。

　　当然，20世纪80年代后期农村居民的构成日渐复杂，一般性的群众文化活动已难以适应，加之不少县和乡镇政府集中于经济发展、社会稳定及各种重点工作，无暇顾及群众文化活动，致使人才缺乏、经费短缺，一些设施几乎沦为可有可无的摆设。

第三阶段：20世纪90年代至世纪之交

　　进入20世纪90年代，与物质文明取得的显著成就相适应，文化建设的重要地位进一步提升，"提高全民族的思想道德和文化素质，促进社会主义的物质文明和精神文明的发展"[1]作为有中国特色的社会主义建设必须坚持的重要任务，明确"在全社会形成共同理想和精神支柱，是有中国特色社会主义文化建设的根本"[2]；不仅如此，文化产业的兴起使不少地方过于偏重文化的经济效益，国家及时将文化发展领域区分为公益性文化事业和经营性文化产业，坚持把社会效益放在首位、社会效益和经济效益相统一的原则。相应地，城乡文化事业的投入与扶持力度不断加大，《国务院批转文化部关于文化事业若干经济政策意见报告的通知》（国发〔1991〕第31号）、《中共中央关于加强和改进宣传思想工作，更好地为经济建设和改革开放服务的意见》（中发〔1992〕第9号）、《国务院关于进一步完善文化经济政策的若干规定》（国发〔1996〕第37号）、《国务院关于支持文化事业发展若干经济政策的通知》（国发〔2000〕第41号）等相继出台。根据文化部计财司《中国文化文物统计年鉴》的数据显示，尽管全国文化事业财政拨款占国家财政总支出的比重相比发达国家并不高，但实际拨款从1985年的9.32亿元到1990年的15.19亿元，再到2000年的63.16亿元，又到2005年的138.82亿元，这二十年间几乎每五年翻一番，其中农村文化的财政投入也同步增长，加之"文化下乡""文化扶贫""文化帮扶"等城乡文化联动工作的开展，城乡文化联动发展的效应日益凸显。

　　的确，农村文化建设的蓬勃发展与农民文化生活的不断改善是毋庸置疑的，但农村文化一些不容乐观的问题也是毋庸讳言的。到了20世纪90年代末期，《关于进一步加强农村文化建设的意见》（1998年）对当时农村文化状况做出了重要判

---

[1]　江泽民：《在庆祝中国共产党成立七十周年大会上的讲话》，1991年。
[2]　《江泽民在中国共产党第十五次全国代表大会上的报告》，1997年。

断。①要求提高认识、繁荣农村文艺创作等的同时，进一步加强农村文化建设主要从设施载体与活动载体两大方面推进。就设施载体而言，着力"加强文化设施建设，巩固农村文化阵地"，主要包括"搞好'两馆（县级图书馆、文化馆）一站（乡镇文化站）一室（村文化室）'建设""管好、用好文化设施"以及"落实文化经济政策，加大文化建设投入"等举措；就活动载体而言，着力"积极开展文化活动，丰富农民文化生活"，主要包括"组织开展丰富多彩的文化活动""进一步搞好文化下乡活动和文化扶贫""积极开展农民读书活动"等内容。②可以说，在当时的群众文化及公益性文化事业的政策思维框架下，通过建好设施、管好设施、用好设施并加大投入力度，通过开展丰富多彩的活动、农民读书活动并搞好文化下乡和文化扶贫等举措，推进农村文化建设、促进城乡文化联动，确实是多年来驾轻就熟的可靠路径。

　　然而，不容忽视的是，城乡一体化路径下乡村文化建设的实际状况仍然面临着不少问题，相关的探讨主要从政府主导、城乡关联、农村自身等方面形成不同的分析取向：一是政府行为存在偏差。长期以来，政府在设施建设、财政支出等方面发挥主导作用，但过度依赖政府存在诸多不足，政府回应城乡多元文化需求与企业、社会组织等相比，经常较为迟缓。政府主导往往导致文化建设经费来源的单一化，而文化建设经费的多寡又取决于当地政府对文化的重视程度。③乡村文化建设长期采用自上而下的行政指令方式，往往被基层政府视为上级交办的行政任务，导致文化建设绩效大打折扣。为此，强调乡村文化建设中的政府职能转变，同时引导企业、事业单位、社会组织等社会力量共同参与治理。④二是城乡文化供需错位。城乡文化帮扶往往表面上以城市支持农村，但实际上往往忽视乡村文化的真实特征，导致供需错位等问题出现，城市文化与农村文化之间更多的是类型之异而并非高低之别：城市居民的文化偏好更加趋于享受休闲以及高雅文艺的观赏等需求拓展，而农村居民更加朴素务实⑤，况且相比于城市社区，农村文化生态环境更加脆弱，文化发展的依赖性更强。为此，要更关注乡土公共文化的内生培育，主要强调应遵循城乡居民的文化偏好差异，进行策

① "目前的农村文化工作，仍是整个文化工作中的薄弱环节，存在不少困难和问题，如有些地方对农村文化建设重视不够，没有摆到应有的位置；对文化事业投入少的问题在农村更为突出；基层文化场所较少，一些地方特别是贫困地区文化设施仍非常简陋，迄今全国还有226个县无图书馆，78个县无文化馆，6974个乡镇无文化站。不少地方农民的文化生活还相当贫乏，封建迷信、赌博等社会丑恶现象沉渣泛起。"参见：《文化部关于进一步加强农村文化建设的意见》（文社图发〔1998〕80号）.
② 同上。
③ 周维德.农村文化的迷失与建设〔J〕.甘肃社会科学，2014（3）：45.
④ 徐学庆.城乡文化一体化发展途径探析〔J〕.中州学刊，2013（1）：102—106.
⑤ 孔进.我国政府公共文化服务提供能力研究〔J〕.山东社会科学，2010（3）：122—128.

略调整，尤其注重农村乡土文化的包容化发展和创造性开发。①因此，尽管政府在其职责范围内努力加大对乡村公共文化设施、活动等的支持，但由于乡村公共文化生活方式已经发生重大转变而导致实际收效甚微。为此，要更加注重通过改善公共文化发展环境与服务质量，提升对乡村居民的吸引力，包括增强公共文化产品的针对性与回应能力②，依托互联网、移动通信和数字新媒体等开发公共文化新型方式③，提高乡村群众享用的便捷性④，同时，转变农民在文化建设的角色，从被动接受者转变为主动参与者也尤为关键⑤，城乡经济社会的深刻变化更使以往的很多措施面临严峻挑战。

二、公共文化：乡村文化振兴的基础

乡村文化振兴从乡村居民个体的思想道德到乡村群体的文化生态，从乡村传统文化弘扬到现代社会文化生活，内涵极其丰富。中共中央、国务院《关于实施乡村振兴战略的意见》围绕"繁荣兴盛农村文化"，从加强农村思想道德建设、传承发展提升农村优秀传统文化、加强农村公共文化建设、开展移风易俗行动等展开。在《意见》发布后，习近平总书记对乡村振兴战略"六个推动"的阐释中，进一步将乡村文化振兴聚焦到"加强农村思想道德建设和公共文化建设"这两个基本方面，从某种意义上讲，前者塑造的是乡村文化的价值内核，后者则为前者的实现提供了承载与依托。山东、四川、湖北、福建、河北、吉林等省份相继发布的乡村振兴战略实施意见或发展规划，均将公共文化作为乡村文化的主要内容，公共文化的基础地位显而易见，至少涵盖以下两个密切相关的层面：

第一个层面：作为公共服务的公共文化

从公共服务的视角来看，公共文化与公共教育、公共卫生等相类似，是一种具有非排他性、非竞争性以及普惠性、公益性的公共品，其目标是满足公民生产、生活和

---

① 唐亚林.城乡文化一体化新格局下的战略重塑［EB/OL］.2014-01-09. http://www.odorcity.com/news/city-culture/expert-perspective/2014-01-09/3723.html.
② 李少惠，余君萍.西方公共文化服务体系综述及其启示［J］.图书馆理论与实践，2012（3）：17—20.
③ 杨向明，寿晓辉.全媒体时代图书馆建设与服务创新——以杭州数字图书馆"文澜在线"为例［J］.河南图书馆学刊，2012（1）：77—79.
④ 顾玮."群星"亮起来——一个公共文化服务品牌的"成长"［N］.宁波日报，2010-07-15（A13）.
⑤ 曹爱军.新农村参与式公共文化服务的制度基础——基于农民参与视角的探讨［J］.重庆工商大学学报（社会科学版），2010（5）：113—116；刘忱.以满足人民精神文化需求为旨归［N］.学习时报，2012-01-04（003）.

发展的普遍需求，政府是提供产品和服务的主体。[①]基于这一认识，公共文化被认为是各种公益性文化机构和服务的总和，以政府为主导、社会广泛参与为支撑，服务目标是满足人民群众基本文化需求、保障人民群众基本文化权益[②]；公共文化服务还可以从狭窄层面和宽泛层面去理解，其中，狭义层面上的理解指的是由图书馆、博物馆、文化馆、美术馆等公共文化部门提供的文化公共品[③]。

基于公共服务的视角理解公共文化，人民群众有权利享有基本公共文化服务，而各类图书馆、文化馆、博物馆以及线上公共文化平台是承载公共文化的主要载体，相应地，依托载体开展的文化展览、文艺表演、群文活动等是公共文化的主要内容。对于乡村文化振兴来说，完善农村公共文化服务体系是首要基础，脱离了公共文化服务的体系支撑，农村思想道德建设、传统优秀文化传承、农村移风易俗等往往难以持续性的开展。例如，山东省提出，以村民学堂、道德讲堂、文化礼堂等阵地建设为重点，全面推进村级综合性文化服务中心建设，同时，在文化设施建设的基础上，推进公共文化的巡展、巡讲、巡演，送书下基层等流动服务，继而开展农村健康、科普、法治等文化活动，推动全民阅读进农村、进家庭，逐步推动农村文化风气和社会风貌的转变。

第二个层面：作为公共精神的公共文化

与前者有所不同，许多学者更倾向于从文化本身的特质来认识公共文化，将公共文化视为城市或乡村公共精神的组成部分，是与私域文化相对的文化形态。例如，牛华等认为，公共文化是文化的一种特殊形式，具有物质外延和精神内涵的双重性特征。就物质外延层面而言，公共文化以公共物体的实体存在为主要表现形式（如图书馆、文化馆、博物馆等），但在精神内涵层面，公共文化则以人民群众的精神领域（如传统习俗、行为规范、价值观念等）为主要内容[④]；李兵园等则认为，公共文化借公共文化服务实现再生产，即培育群体认同感和归属感并增强群体凝聚力，因而公共文化服务的目标既要满足公民基本文化需求，又要实施对公民的共同价值观培育，尤其是核心价值观塑造，公共文化服务过程本身就是凝聚公共文化精神、形塑社会共同价值观的过程。

① Paul A. Samuelson. The Pure Theory of Public Expenditure [J]. The Review of Economics and Statistics, 1954, 36 (04).
② 闫平.试论公共文化服务体系建设 [J].理论学刊，2007（12）.
③ 张晓明，李河.公共文化服务：理论和实践含义的探索 [J].出版发行研究，2008（03）：6.
④ 牛华，安俊美.我国公共文化服务的内涵及其社会价值探析 [J].北方经济，2009（08）：2.

　　实际上，乡村公共文化生活和公共精神的缺失的确是乡村文化振兴必须直面的重大问题和关键所在，农村私域文化对公共文化的冲击引发了许多学者关注。①阎云翔基于对某东北村庄1949年以来文化生活的调查研究发现，乡村社会中私人文化生活领域逐步兴起，相比之下，公共文化生活却走向衰败②；吴理财等对安徽等省份农村文化生活进行了较为全面的调查认为，当下中国农民的私域文化生活得到较大发展，活动较为丰富，而公共文化活动却较为贫乏，公共文化生活尤其是健康文明的公共文化生活日渐衰微③；陈新民、王旭升等指出，电视、网络、智能手机等进入乡村后，很大程度上改变了乡村文化生活方式，居民可以便捷地利用家庭化、个体化终端获得文化娱乐，而人群集聚为主的公共文化生活方式随之日趋式微④。因此，尽管政府在其职责范围内努力加大对乡村公共文化设施、活动等的支持，但由于乡村公共文化生活方式已经发生重大转变而导致实际收效不够理想。除此之外，乡村公共文化的缺失还在一定程度上影响了民族文化自信乃至国家文化安全，正如大卫·哈维（David Harvey）在批判所谓的美国文化和"美国价值"时曾指出，金钱力量被用来主导文化生产，左右文化价值，在确立全面霸权的斗争中，"文化帝国主义"一马当先。好莱坞、流行音乐、各种文化形式，甚至所有的政治运动等都发动起来，刺激欲望，追赶美国的生活方式。⑤倘若公共文化过度让位于私域文化，乡村公共文化精神的塑造不仅缺少灵魂，更将成为空中楼阁。为此，也有不少学者尝试顺应文化发展的潮流趋势提出解决办法，要更加注重通过改善公共文化发展环境与服务质量，提升对乡村居民的吸引力，包括增强公共文化产品的针对性与回应能力⑥，依托互联网、移动通信和数字新媒体等开发公共文化新型方式⑦，提高乡村群众享用的便捷性⑧，同时，转变农民在文化建设的角色，从被动接受者转变为主动参与者也尤为关键⑨。

---

① 纪丽萍. 变迁视阈中的现代性与中国乡村文化［J］. 理论月刊，2013（5）：176—179.
② 阎云翔. 私人生活的变革：一个中国村庄里的爱情、家庭与亲密关系（1949—1999）［M］. 上海：上海书店出版社，2006：45.
③ 吴理财. 农村公共文化日渐式微［J］. 人民论坛，2006（14）：46；吴理财，夏国锋. 农民的文化生活：兴衰与重建［J］. 中国农村观察，2007（2）：38.
④ 陈新民，王旭升. 电视的普及与村落"饭市"的衰落［J］. 国际新闻界，2009（4）：32.
⑤ David Harvey. The New Imperialism［M］. New York: Oxford University Press, 2003: 56-57.
⑥ 李少惠，余君萍. 西方公共文化服务体系综述及其启示［J］. 图书馆理论与实践，2012（3）：17—20.
⑦ 杨向明，寿晓辉. 全媒体时代图书馆建设与服务创新——以杭州数字图书馆"文澜在线"为例［J］. 河南图书馆学刊，2012（1）：77—79.
⑧ 顾玮. "群星"亮起来———一个公共文化服务品牌的"成长"［N］. 宁波日报，2010-07-15（A13）.
⑨ 曹爱军. 新农村参与式公共文化服务的制度基础——基于农民参与视角的探讨［J］. 重庆工商大学学报（社会科学版）. 2010（5）：113—116；刘忱. 以满足人民精神文化需求为旨归［N］. 学习时报，2012-01-04（003）.

正因如此，本研究重点聚焦乡村公共文化，将其作为推动乡村文化振兴的基础，涵盖了农村公共文化相关的文化设施、文化服务、文化作品、文化人才、文化市场等众多内容。本研究所努力的是，在提升乡村公共文化质量的基础上，推动乡村思想道德建设和公共精神的重塑，继而激发乡村振兴的内在动力与活力。

当然，正如前文所述，乡村公共文化服务体系建设必须把握好城乡融合和内生发展。乡村文化的式微乃至衰落是近百年来的突出问题，但发展乡村文化的相关努力也不断持续，尤其是新中国成立后，掀起了一轮又一轮的乡村文化发展浪潮。贯穿其中的一条重要思路正是协调城市与乡村的关系，通过城市优质资源的配置和导入，促进乡村公共文化服务的发展。不过，从"以城带乡"到"城乡统筹"或"城乡一体"，乡村文化发展长期受困于前述的种种问题，真正破解困扰中国乡村文化发展的深层问题，就必须充分汲取实践探索的经验与教训，发现隐藏其中的深层逻辑，才能实现真正意义上的"繁荣兴盛农村文化，焕发乡风文明新气象"的振兴目标。

进入乡村文化全面振兴的新阶段，就必须更有效地协调好城乡关系。以往的城乡一体或城乡统筹将乡村文化发展与城市文化发展相捆绑，固然在政策导向和资源配置上给予乡村文化一定的保障，但由于文化本身的多元性与复杂性，加之不同地区在资源配置上的能力和差异，导致一般性的城乡文化统筹发展难以形成长期有效的成果。因此，在乡村振兴的大背景下，城乡融合应当成为协调城乡文化发展的新理念，不同于以往的城乡一体或城乡统筹，城乡融合不是单向的以城带乡，而是城市和乡村之间的有机互动；不是单一的资源供给，而是建立持续的正向循环，是政府、社会、企业等的协同共治。与城乡融合相对应的是乡村文化的内生发展，两者具有一体两面的统一性，相辅相成、缺一不可，城乡融合为内生发展提供了基础保障，内生发展是城乡融合可持续的根本所在，故而城乡融合与内生发展成为乡村文化的核心议题。

三、地域空间：乡村文化振兴的关键

21世纪以来，具有重大意义的开创性探索逐步深化。2005年，党的十六届五中全会通过《中共中央关于制定国民经济和社会发展第十一个五年规划的建议》，提出"逐步形成覆盖全社会的比较完备的公共文化服务体系"；2006年，《国家"十一五"时期文化发展规划纲要》确立了公共文化服务体系建设的指导意见和具体规划；2007年，中共中央办公厅、国务院办公厅《关于加强公共文化服务体系建设的若干意见》

指出，"加强公共文化服务体系建设，是繁荣发展社会主义先进文化、建设和谐文化、构建社会主义和谐社会的必然要求"；2010年，《中国共产党第十七届五中全会公报》提出"基本建成公共文化服务体系"；2012年十八大和2013年十八届三中全会更进一步明确了现代公共文化服务体系建设的系统性和重要性，着重强调了服务效能等关键问题；习近平总书记在十九大报告中明确指出，要"完善公共文化服务体系，深入实施文化惠民工程，丰富群众性文化活动"；党的十九届四中全会围绕国家治理体系和治理能力现代化，又明确了"完善城乡公共文化服务体系，优化城乡文化资源配置""鼓励社会力量参与公共文化服务体系建设"等要求。从"公益性文化事业"到"公共文化服务"，再到"公共文化服务体系""现代公共文化服务体系"，直至"完善公共文化服务体系"的提出，这一国家层面表述的变化正反映了国家对公共文化服务的重视与认识程度的不断深化。

主体与载体：乡村文化振兴两大问题的提出

近年来，公共文化服务的众多研究者做出了相当可贵的贡献，在这里，主要跟以往的文化建设做比较。相比以往，现代公共文化服务体系至少是从两个基本问题实现关键性突破，从而引发了系统性重构。

一方面是关于主体问题，确立了文化权利是公民基本权利这一政策基点，推进从软性要求向硬性职责、从政府本位向人民中心的根本转变。

"开展群众性的文化活动"是《宪法》的明文规定，但群众在文化建设中应该拥有的权利却是不明确的。尽管长期以来群众主体作用确实不断被强调，满足群众文化需求及其活动开展也提到很高的地位、提出很高的要求，但在实际运作中，设施建设与群众受益等主要取决于地方或部门本身的认识及其重视程度，缺乏政府职责的硬约束，具有相当程度的主观随意性，直接影响公众的参与和受益。党的十六大报告中第一次将"尊重和保障人权"写入文件，并确立为新世纪新阶段党和国家发展的重要目标，2004年《宪法修正案》首次将"人权"概念引入宪法，明确规定"国家尊重和保障人权"。众所周知，1948年的《世界人权宣言》（Universal Declaration of Human Rights）与1966年《经济、社会、文化权利国际公约》（International Covernant on Economic, Social and Cultural Rights）与《公民权利与政治权利国际公约》（International Covernant on Civil and Political Rights）在全球范围以法律形式确认：公民文化权利是与政治权利、经济权利和社会权利并列的基本人权。构建现代公共文化服务体系正是以保障公民基本文化权利为价值基础，这正是现代政府的重要职责之一。^①相应地，在文化建设中尊重群众主体地位与发挥群众主体作用，拥有了极其重要的法理依据与法律约束，相关的制度安排必须以法律形式确定下来，确立相关方共同遵守的规则与规范。同时，公共文化服务必须高度关注对公众需求的回应，充分满足群众的文化生活需要。英国政府曾在《现代化政府白皮书》中提出，实施"整体政府"改革的十年计划，主要的价值理念就是公共服务要坚持公民本位，对公民负责^②，并以此作为现代化的要义。我国现代公共文化服务体系更是坚持以人民为中心，坚持文化发展为了人民、依靠人民、成果由人民共享。

需要着重指出的是，公共文化服务容易混同于公共卫生、公共医疗、社会保障、劳动就业服务等，前者更加体现出建构与培育社会共同体成员的公共精神与核心价值^③；公共文化服务不宜简单套用公共服务常用的"需求—供给"的分析模式，将需求主体与供给主体相分离，诚然，供给是公共文化服务的核心环节，但与其他公共服务的差异还在于，文化服务的精神价值建构正在于城乡人民的参与并从其中受益，促进群众自我表现、自我教育、自我服务。如果说，文化消费不同于一般的商品消费之处在于文化消费主体关注个体的自我需求，也关注主体之间的社会认同，并赋予文化产品意义，文化商品的消费者往往也是文化意义的生产者，文化消费行为本身往往也是文化生产行为，那么，对于公共文化服务来说，在服务群众需求的同时，群众并不能只是文化服务的被动接受者，更应该是文化价值的主动创造者。不仅如此，公共文化服务的供给本身就需要人民群众多种方式的参与，并在广泛的参与中塑造公共精神与核心价值，某种意义上讲，人民群众往往既是公共文化服务的受益主体同时也是服务供给的重要主体。可以说，现代公共文化服务实质上是从更深刻的意义上重建了文化建设的群众主体性。

另一方面，关于载体问题，与前者直接相关。既然公民文化权利是平等的，那么，基本的公共文化服务就应该是均等化的。正是确立了均等化这一政策基点，推进基本公共文化服务资源载体从城乡二元分割向城乡均衡发展、从城乡联动帮扶向城乡体系构建的重大转变。

包括农村地区在内的公共文化服务体系构建涉及相关的法治建设、制度安排、组织领导、财力保障、规范标准等多方面内容，从更广泛的领域形成文化服务的整体架

① 巅大申. 现代公共文化服务体系的内涵与基本特征［N］. 文汇报，2014-02-24（010）.
② 叶响裙. 公共服务多元主体供给：理论与实践［M］. 北京：社会科学文献出版社，2014.
③ 荣跃明. 公共文化的概念、形态和特征［J］. 毛泽东邓小平理论研究，2011（3）：41；吴理财. 把治理引入公共文化服务［J］. 探索与争鸣，2012（6）：53；唐亚林. 当代中国公共文化服务均等化的发展之道［J］. 学术界，2015（05）.

构。以财力投入为例。长期以来，财税支持一直是公共文化载体建设面临的重要难题。2007年，中共中央办公厅、国务院办公厅《关于进一步加强公共文化服务体系建设的若干意见》提出了明确的建设要求[①]；2015年，中共中央办公厅、国务院办公厅印发《关于加快构建现代公共文化服务体系的意见》进一步加以明确相关内容[②]。在财税支持力度不断加大的同时，投入方式也日趋多样化，这正反映了文化资源的多元化配置，直接有助于健全社会参与机制与市场竞争机制。

确切地说，文化服务载体建设已不局限于以往通常意义上的文化设施，还扩展到众多基本服务的项目载体，《国家基本公共文化服务指导标准（2015—2020年）》做出明确规定，农村的服务项目要求充分利用现代数字网络技术，推进数字化公共文化服务网络建设；文化设施本身从硬件设施不同层级建设的标准规范扩展到提升设施载体的服务能力，加强城乡文化机构管理人员和服务人员的培训，乃至完善相关治理结构；均衡发展也已不局限于城乡二元结构问题，还扩展到区域之间、社会群体之间差距的缩小。不仅如此，根据群众主体性的要求，必须形成相应的需求表达与反馈机制。中国共产党十八届三中全会《决定》要求"建立群众评价和反馈机制，推动文化惠民项目与群众文化需求有效对接"，《"十三五"时期文化发展改革规划》要求"建立以效能为导向的评价激励机制，研究制定公众参与度和群众满意度指标"。《"十四五"文化和旅游发展规划》在此基础上进一步创新性地提出了促进城乡文化服务效果提升若干举措，涵盖服务效能评估、社会效益评价等，切实提升公共文化服务品质。

然而，公共文化服务仍有很长的路要走，实际运行面临着诸多问题，从主体方面看，至少包括：政府重设施建设、轻设施利用，群众性文化活动效率不高[③]；大包大揽的政府在提供公共文化服务时，无法应对差异化的需求[④]；非政府组织或第三部门发展不足，作用得不到有效发挥，企业社会责任感不强，公共文化服务责任意识淡薄等[⑤]；

---

① 该文件指出"中央和省级财政每年对文化建设的投入增幅不低于同级财政经常性收入的增幅"，"从城市住房开发投资中提取1%用于社区公共文化设施建设"等要求；2011年，十七届六中全会报告则提出，要"保证公共财政对文化建设投入的增长幅度高于财政经常性收入增长幅度，提高文化支出占财政支出比例；扩大公共财政覆盖范围，完善投入方式，加强资金管理，提高资金使用效益，保障公共文化服务体系建设和运行"。
② 该文件要求："拓展资金来源渠道，加大政府性基金与一般公共预算的统筹力度。创新公共文化服务投入方式，采取政府购买、项目补贴、定向资助、贷款贴息等政策措施，支持包括文化企业在内的社会各类文化机构参与提供公共文化服务。落实现行鼓励社会组织、机构和个人捐赠公益性文化事业所得税税前扣除政策规定。"
③ 孔进.我国政府公共文化服务提供能力研究 [J].山东社会科学，2010（03）.
④ 顾金孚.农村公共文化服务市场化的途径与模式研究 [J].学术论坛，2009（05）.
⑤ 刘文俭.公民参与公共文化服务体系建设对策研究 [J].行政论坛，2010（03）.

乡间艺人长期被排除在公共文化政策之外，加之农村文化消费市场的制约，严重削弱了乡间艺人文化创作的积极性[①]。从载体方面看，至少包括：公共文化设施及其服务不均衡，甚至东部基本公共文化服务不均等化程度高于中西部[②]；公共文化服务实施总量不足、产品和服务种类单一、供给面窄、结构不合理等[③]；等等。

文化治理范式迭代与地域空间属性的突显

之所以产生上述诸多问题，一般认为，主要在于公共文化服务的核心是将公民权理论置入公共管理框架中，但对市场、社会和政府的关系等尚未做出更有效地安排。[④]全球范围兴起的公共治理变革肇始于西方，在公共文化治理中，中西方的理论进路差异显著。在西方研究中，公共治理兴起的重要背景之一是对新公共管理模式的范式重构，后者是20世纪80年代以来不少欧美发达国家的主流管理模式，强调公共管理与公共产品中的市场主导地位，但逐渐暴露出"市场失灵"等问题。在资本力量主导下，商业购物中心、主题公园等成为人们主要的公共文化生活空间，导致公共文化的阶层分化，资本加强了对文化的控制以及对弱势群体的排斥。[⑤]在此背景下，试图重新探寻政府与其他文化主体的关系，托尼·本内特（Tony Bennett）作为推动公共文化治理的代表性人物，继承了福柯的"治理术"以及哈贝马斯有关公共领域研究的早期观点，他认为，文化研究不应忽略文化在体制层面的重要性，引导文化生产者的相互合作，加强政策制定能力应当是研究的核心之一[⑥]；由此，他提出文化的"治理性"（Governmentality），应当把文化概念化为社会管理的组成部分和"政府的一个特殊领域"，促进政府与文化的其他"治理性"组织进行合作，以政策手段强化对公共文化的影响[⑦]。

与西方国家相比，尽管我国的公共文化治理研究起步较晚，但具有鲜明特点。与西方国家不同，长期以来，政府在公共文化管理中占据绝对主导地位，同时大量公共

① 陈波.乡间艺人机会损失的形成与补偿研究——基于农村公共文化服务体系建设的视角［J］.武汉大学学报（人文科学版），2010（03）.
② 王洛忠，李帆.我国基本公共文化服务：指标体系构建与地区差距测量［J］.经济社会体制比较，2013（01）；马爽刚.文化强国视野下公共文化服务体系建设［J］.大众文艺，2013（01）.
③ 陈立旭.公共文化服务的均等化与效率［J］.中共浙江省委党校学报，2015（01）.
④ 李兵园，唐鸣.村民参与公共文化服务供给：角色、空间与路径［J］.社会科学家，2016（05）.
⑤ ［英］克里斯·巴克著，孔敏译.文化研究：理论与实践［M］.北京：北京大学出版社，2013：380.
⑥ Bennett, T. "Putting Policy into Cultural Studies" in L. Grossberg, C. Nelson and P. Treichler (eds). Cultural Studies［M］. London and New York: Routledge, 1992.
⑦ Bennett, T. Culture: A Reformer's Science［M］. St Leonards, NSW: Allen & Unwin, 1998；［英］克里斯·巴克著，孔敏译.文化研究：理论与实践［M］.北京：北京大学出版社，2013：381.

文化服务产品直接由政府提供，不仅包括世界范围普遍由政府提供的公共图书馆、博物馆等设施及服务，还包括组织群众文化活动、提供公共文化场所等大量的基本的普惠性的文化服务；近年来，我国学者有关公共文化治理的探讨也大多在此基础上展开。在我国，公共文化治理范式实现了双重超越，一是对以往发展模式的超越，改变政府对公共文化的过度主导，转向注重治理主体的多元化及其过程的共同参与，促进发展环境的优化与社会关系的调整。[①] 二是对以往认知模式的超越，公共文化服务不同于公共卫生、社会保障等其他公共服务。公共文化治理不仅包括基本公共文化服务，提升公众文化生活的品质，更在于建构与培育多元主体之间彼此互动交织而逐渐形成的公共精神与核心价值。[②]

如果说，现代公共文化服务从主体与载体这两个基本问题实现关键性的突破，进而引发了公共文化建设的系统性重构，那么，公共文化治理范式则是进一步推动实质性的再发展，并逐步深入到"地域空间"这一城乡文化发展的深刻层面，也是往往被忽视的关键。

就主体问题而言，从理论上明确，政府并不当然是公共服务提供的唯一主体，"没有任何逻辑理由证明公共服务必须由政府官僚机构来提供"[③]，市场经济条件下，公众需求的多样性仅靠政府单一主体更难以满足；而尊重和发挥群众主体性不再仅仅是理念层面的价值引领，群众更不再是一个整体却又笼统模糊的概念，而是发展出一套分析工具识别主体的多元构成并刻画其复杂关联，同时注重不同主体之间关系的制度安排及其具体情境的描述，这必然要求扎根于多主体互动的地域空间。正是基于地域空间（也可能是虚拟空间）的多元主体协同互动与认同互识，才能真正更好地塑造公共精神与共同价值，某种意义上讲，将群众主体性的价值取向转化为具体的路径进向；这要求公共文化服务主体作用问题的研究不能与地域空间相疏离。实际上，从中央一号文件关于农村文化建设的要求来看（见表1-1），发挥农民自我管理、自我服务、自我教育、自我监督的作用，发展新乡贤文化等正日益得到重视。

---

① 李少惠.转型期中国政府公共文化治理研究［J］.学术论坛，2013，36（01）：34—38，43；刘俊生.公共文化服务组织体系及其变迁研究——从旧思维到新思维的转变［J］.中国行政管理，2010（01）：39—42.
② 荣跃明.公共文化的概念、形态和特征［J］.毛泽东邓小平理论研究，2011（03）：38—45，84；吴理财.把治理引入公共文化服务［J］.探索与争鸣，2012（06）：51—54.
③ ［美］E.S.萨瓦斯著，周志忍译.民营化与公私部门的伙伴关系［M］.北京：中国人民大学出版社，2002.

表 1-1　中央一号文件关于农村文化建设的要求（2004—2021 年）

年份	文件名称	内容
2004	《中共中央国务院关于促进农民增加收入若干政策的意见》	各地区和有关部门要切实把发展农村社会事业作为工作重点，落实好新增教育、卫生、文化等事业经费主要用于农村的政策规定，今后每年要对执行情况进行专项检查
2005	《中共中央国务院关于进一步加强农村工作提高农业综合生产能力若干政策的意见》	加大农村重大文化建设项目实施力度，完善农村公共文化服务体系，鼓励社会力量参与农村文化建设。巩固农村宣传文化阵地，加强农村文化市场管理。切实提高农村广播电视"村村通"水平，做好送书下乡、电影放映、文化信息资源共享等工作
2006	《中共中央国务院关于推进社会主义新农村建设若干意见》	繁荣农村文化事业。各级财政要增加对农村文化发展的投入，加强县文化馆、图书馆和乡镇文化站、村文化室等公共文化设施建设，继续实施广播电视"村村通"和农村电影放映工程，发展文化信息资源共享工程农村基层服务点，构建农村公共文化服务体系。推动实施农民体育健身工程。积极开展多种形式的群众喜闻乐见、寓教于乐的文体活动，保护和发展有地方和民族特色的优秀传统文化，创新农村文化生活的载体和手段，引导文化工作者深入乡村，满足农民群众多层次、多方面的精神文化需求。扶持农村业余文化队伍，鼓励农民兴办文化产业。加强农村文化市场管理，抵制腐朽落后文化
2007	《中共中央国务院关于促进农民增加收入若干政策意见》	各地区和有关部门要切实把发展农村社会事业作为工作重点，落实好新增教育、卫生、文化等事业经费主要用于农村的政策规定，今后每年要对执行情况进行专项检查
2008	《中共中央国务院关于切实加强农业基础建设进一步促进农业发展农民增收的若干意见》	繁荣农村公共文化。加强农村精神文明建设，用社会主义荣辱观引领农村社会风尚。深入实施广播电视"村村通"、农村电影放映、乡镇综合文化站和农民书屋工程，建设文化信息资源共享工程农村基层服务点。大力创作和生产农民喜闻乐见的优秀文化产品，积极开展健康向上的农村群众文化活动，着力丰富偏远地区和进城务工人员的精神文化生活。广泛开展农村体育健身活动。引导和鼓励社会力量投入农村文化建设
2009	《中共中央国务院关于2009年促进农业稳定发展农民持续增收的若干意见》	建立稳定的农村文化投入保障机制，尽快形成完备的农村公共文化服务体系。推进广播电视村村通、文化信息资源共享、乡镇综合文化站和村文化室建设、农村电影放映、农家书屋等重点文化惠民工程
2010	《中共中央国务院关于加大统筹城乡发展力度进一步夯实农业农村发展基础的若干意见》	建立稳定的农村文化投入保障机制，推进广播电视村村通、文化信息资源共享、乡镇综合文化站和村文化室、农村电影放映、农家书屋等重点文化惠民工程建设和综合利用，广泛开展群众性精神文明创建活动和农民健身活动

（续表一）

年份	文件名称	内容
2011	《中共中央国务院关于加快水利改革发展的决定》	—
2012	《关于加快推进农业科技创新持续增强农产品供给保障能力的若干意见》	—
2013	《中共中央国务院关于加快发展现代农业进一步增强农村发展活力的若干意见》	深入实施农村重点文化惠民工程，建立农村文化投入保障机制。 有序发展民事调解、文化娱乐、红白喜事理事会等社区性社会组织，发挥农民自我管理、自我服务、自我教育、自我监督的作用。 鼓励企业和社会组织采取投资筹资、捐款捐助、人才和技术支持等方式在农村兴办医疗卫生、教育培训、社会福利、社会服务、文化旅游体育等各类事业，按规定享受税收优惠、管护费用补助等政策
2014	《关于全面深化农村改革加快推进农业现代化的若干意见》	有效整合各类农村文化惠民项目和资源，推动县乡公共文化体育设施和服务标准化建设
2015	《关于加大改革创新力度加快农业现代化建设的若干意见》	拓展重大文化惠民项目服务"三农"内容。 支持建设多种农村养老服务和文化体育设施。整合利用现有设施场地和资源，构建农村基层综合公共服务平台。 倡导文艺工作者深入农村，创作富有乡土气息、讴歌农村时代变迁的优秀文艺作品，提供健康有益、喜闻乐见的文化服务。创新乡贤文化，弘扬善行义举，以乡情乡愁为纽带吸引和凝聚各方人士支持家乡建设，传承乡村文明
2016	《关于落实发展新理念加快农业现代化实现全面小康目标的若干意见》	全面加强农村公共文化服务体系建设，继续实施文化惠民项目。在农村建设基层综合性文化服务中心，整合基层宣传文化、党员教育、科学普及、体育健身等设施，整合文化信息资源共享、农村电影放映、农家书屋等项目，发挥基层文化公共设施整体效应。 深入开展文明村镇、"星级文明户""五好文明家庭"创建，培育文明乡风、优良家风、新乡贤文化
2017	《关于深入推进农业供给侧结构性改革加快培育农业农村发展新动能的若干意见》	加强农村公共文化服务体系建设，统筹实施重点文化惠民项目，完善基层综合性文化服务设施，在农村地区深入开展送地方戏活动。支持重要农业文化遗产保护。 培育与社会主义核心价值观相契合、与社会主义新农村建设相适应的优良家风、文明乡风和新乡贤文化。提升农民思想道德和科学文化素质，加强农村移风易俗工作，引导群众抵制婚丧嫁娶大操大办、人情债等陈规陋习

（续表二）

年份	文件名称	内容
2018	《关于实施乡村振兴战略的意见》	加强农村公共文化建设。按照有标准、有网络、有内容、有人才的要求，健全乡村公共文化服务体系。发挥县级公共文化机构辐射作用，推进基层综合性文化服务中心建设，实现乡村两级公共文化服务全覆盖，提升服务效能。深入推进文化惠民，公共文化资源要重点向乡村倾斜，提供更多更好的农村公共文化产品和服务。培育挖掘乡土文化本土人才，开展文化结对帮扶，引导社会各界人士投身乡村文化建设。活跃繁荣农村文化市场，丰富农村文化业态，加强农村文化市场监管
2019	《关于坚持农业农村优先发展做好"三农"工作的若干意见》	提升农村公共服务水平。全面提升农村教育、医疗卫生、社会保障、养老、文化体育等公共服务水平，加快推进城乡基本公共服务均等化
2020	《关于抓好"三农"领域重点工作 确保如期实现全面小康的意见》	改善乡村公共文化服务。推动基本公共文化服务向乡村延伸，扩大乡村文化惠民工程覆盖面。鼓励城市文艺团体和文艺工作者定期送文化下乡。实施乡村文化人才培养工程，支持乡土文艺团组发展，扶持农村非遗传承人、民间艺人收徒传艺，发展优秀戏曲曲艺、少数民族文化、民间文化。保护好历史文化名镇（村）、传统村落、民族村寨、传统建筑、农业文化遗产、古树名木等。以"庆丰收、迎小康"为主题办好中国农民丰收节
2021	《关于全面推进乡村振兴 加快农业农村现代化的意见》	推进城乡公共文化服务体系一体建设，创新实施文化惠民工程

就载体问题而言，从理论上拒绝了设施、项目、活动、产品等载体的基础性而直接简化为公共文化服务供给的笼统观念，经常引发现代国家会在很多公共项目采用简单化、抽象化和统一化的运作方式，难免导致项目失效。[①]公共文化服务载体建设及运作本身就潜藏着纷繁多样的社会关联及社会参与，至于其实际的服务效能更需要得到当地受众者的认可，这同样生成于服务载体建设及运作所依托的地域空间，不仅如此，乡村振兴中文化服务体系的建设从相对单纯的供给任务转变成为再造社区文化生活、改善社会治理的综合性系统工程，将重塑基层地域社会的文化生活面貌[②]，正是基

---

① ［美］詹姆斯·C.斯科特著，王晓毅译.国家的视角：那些试图改善人类状况的项目是如何失败的［M］.北京：社会科学文献出版社，2011.
② 王迪.从国家包揽到多方参与——公共文化服务体系建设中的社会治理理念与实践［J］.学术论坛，2017（1）：35.

于此，乡村文化振兴中的服务载体研究必须在地域空间展开。

四、核心议题：城乡融合与内生发展

确切地讲，基于地域空间的研究不见得可以涵盖乡村文化振兴的多方面内涵，却直击乡村文化振兴的核心议题之一——城乡融合与内生发展。众所周知，空间与文化之间的辩证关联是西方新马克思主义学者探讨的重要问题。列斐伏尔开创性地提出空间生产理论，他认为，空间实践包含空间的生产和再生产，以及每一种社会形态的具体场所和空间特性与城市道路、工作场所以及休闲娱乐紧密相连。就此而言，公共文化场所也不例外，行政力量主导推动下建立的公共文化设施本质上是公共价值的传导，由此影响更加广泛的社会生态。不可忽视的是，文化发展不仅具有自身的内在逻辑，而且形成相应的空间形态，两者相辅相成，既相互促进也相互制约。[①]某种程度上，乡村文化发展必然包含了相应的空间构建，而当乡村文化空间发生变化，文化本身也将引发重构。从实践层面来看，乡村文化发展的空间重要性显得更加直白而深刻，随着公共文化服务及文化治理的不断深入，作为其关键向度的地域空间面貌逐步浮现。在实际工作中，公共文化服务要"落实"就往往要"落地"；公共服务其他领域的城乡统筹联动持续推进，但公共文化服务的城乡统筹联动却屡陷困境，其中的重要原因之一正在于忽视了所深刻隐含着空间机制的作用。乡村公共文化服务应当突显空间公平，但在我国城乡地域空间持续变动背景下，公共文化设施载体应如何优化空间布局尚未明晰；乡村公共文化服务注重多元主体协同共治，参与主体也大多是以组织化形式出现的，不同区域的组织发育程度与构成情况迥异，故而多元共治要适应地域特点就必须明确文化组织的空间格局；乡村公共文化服务促进乡村文化的内生发展，但城乡人口流动与社会变迁却使以往乡村文化自组织模式面临"瓦解"，当下关键文化群体的参与尤为需要明确不同群体的空间特征及行动取向等。凡此种种，表明了地域空间与乡村文化振兴之间深刻的内在关联，为此，本研究围绕乡村文化振兴的城乡融合与内生发展尝试提出了"地方特性—空间格局—层级差异"的"品"字形议题内容结构。

城市与乡村公共文化均受到区域文化特色的滋养，更扎根于历史文脉与地方群众之中，城乡文化融合不仅要求与地方特性相融合，而且应当有助于城乡居民增进地方感与公共价值精神，这正是公共文化服务有别于其他公共服务的重要特点。我国不

---

① 林拓. 文化的地理过程分析［D］. 上海：复旦大学，2000.

同区域之间的文化特色、文化资源等存在显著差异，倘若没能很好把握地方独特的城乡文化偏好与文化生态，文化设施服务载体就可能与城乡基层群众的实际需求相疏离。有些地方片面追求文化设施覆盖率，而大量富有地方特色、广受群众喜爱的文化设施和文化形式等未能充分利用甚至被占用或破坏，其结果可想而知。需要着重强调的是，乡村文化振兴的策略、路径与取向等往往内生于不同的区域特性。西部云南等一些地区主动将文化发展与农民致富相结合，已经取得良好成效；而东部乡镇经济发达的江浙地区，农民文化需求日益旺盛，文化消费在日常支出中比重不断增加，文化消费结构也从婚丧喜庆等活动为主转变为高质量文化产品与文化活动的多元取向，故而当地更多地关注针对农民文化消费特点的公共文化服务与产品供给，也取得重要成效。又如，地处黄河中游地区的内蒙古，面对农牧区人口居住分散、文化基础薄弱等情况，固定化的公共文化设施不足以满足实际需要，必须建设草原流动书屋等设施；南部沿海地区经济发展水平较高，珠三角乡镇与农村外来人口比例不断上升，如何满足外来人口文化需求是当地面临的重大问题，广州等城市在外来人口较多的乡镇与社区打造文化艺术中心、文化艺术节等，促进外来人口更好地融入当地文化。基于此，"地方特性"构成本研究的重要基点之一。

空间格局是公共文化服务的又一地域空间属性。城市和乡村公共服务的展开深受不同区域经济社会等实际条件的影响，因而各类文化设施、组织、群体等在不同区域的分布格局必然存在差异，从国家、区域、省域、城市等不同尺度充分把握城乡公共文化载体与主体的空间格局，是公共文化城乡融合评估与优化的重要基础。例如，我国公共博物馆在不同地区发展水平参差不齐，由于博物馆受到历史文化资源、专业人才、资金要素等限制，因而在空间格局上主要分布于环太湖地区、珠三角地区、黄河中下游沿线地区等文化资源丰富、经济发展水平较高的区域，特别是非公办的博物馆主要分布于上海等发达城市。同时，从各大区域博物馆的发展情况来看，东部地区博物馆数量始终处于领先地位，西部地区在20世纪90年代后快速发展，博物馆数量和覆盖度均显著提升。相比之下，中部地区和东北地区的博物馆发展则明显滞后，特别是东北地区，囿于宏观经济形势的影响，该地区博物馆数量、馆藏量、服务能级等都处于较低水平，等等。以上发现均有助于乡村文化振兴以及公共文化服务相关政策的进一步完善及优化。基于此，"空间格局"构成本研究的又一重要基点。

不仅如此，层级性作为公共服务的另一地域空间属性，公共服务往往依据不同层级配置不同的服务资源，在我国尤为如此，不同行政层级形成相应的公共文化设施载体配置（见表1-2），但有别于其他公共服务的是，公共文化设施更要求促进不同层级不同部门的统筹协调，需要集约化、高效化的空间配置，从而充分发挥各部门力量、整合服务资源、提高服务效能。例如，地级市层面如何注重城乡公共文化服务的统筹配置，注重示范性、引领性、引导性；区县层面如何注重整合区域文化资源和地域特色，建立普惠性的布局，发挥乡村文化振兴主要责任层级作用；乡（镇、街道）层面如何注重建立以居民自我服务、自我娱乐为导向的服务布局。基于此，"层级差异"构成本研究的另一重要基点。

表 1-2　不同行政层级的公共文化设施载体基本配置状况

行政层级	公共文化设施配置
省、自治区、直辖市	文化馆、图书馆、博物馆、美术馆、艺术表演团体、艺术表演场馆大剧院、音乐厅、影剧院等、科技馆、展览馆、艺术院校、艺术科研所、文化宫、青少年活动中心等
地级市、州	文化馆、图书馆、博物馆、美术馆、艺术表演团体、艺术表演场馆剧场、影剧院等、电影院、科技馆、展览馆、艺术院校、文化宫、青少年活动中心等
县、县级市、市辖区	文化馆、图书馆、美术馆、艺术表演场馆剧场、影剧院等、电影院，有条件的地方还应该有博物馆名人纪念馆、文化宫、青少年活动中心等
乡、镇、街道	综合文化站和独立的影剧院。经济条件比较好的地区，在乡镇建成了影剧院，为居民提供聚会、开展图书借阅和文体活动的场所
村和社区	具备综合性功能的文化活动室或文体活动场所。村民和居民可阅览或观看电影等，也可开展多种健康有益的文体活动

更重要的是，我国城乡地域空间的剧烈变动引发了城市和乡村公共服务大规模的空间重组。随着我国城镇化的快速推进，一方面，城乡居民构成日益复杂，在中心城区居民逐渐向城市郊区迁移的同时，我国每年超过 2 000 万农村人口成为新的城镇居民，大量集聚于城市新城新区、城乡接合部、城中村等地区；另一方面，城乡空间结构不断变化，乡镇村居大幅度撤并以及开发园区、城市新区、大型居住社区等大规模建设，改变了原有的城乡空间格局。而城乡居民构成与城乡空间格局的巨大变化致使城市和乡村公共文化的服务布局、服务对象和服务体制产生了结构性问题，乃至产生众多薄弱地带。例如，自 1998 年起至之后十年间，全国 90 多万村委会锐减到 30 多万，行政村的幅员范围扩大，文化服务对象增加，农村地区公共文化服务压力空前加大，文化设施载体更显薄弱；再如，从 2000 年到 2010 年，自然村从 360 万个减少到

270万个，平均每天消失将近250个，其中不乏具有历史文化特色的传统村落，尽管当前明显改善，但是以往引发的问题仍有待化解；又如，城市大型居住社区往往集中安置数万人口，但公共文化设施短时间内难以满足高密度人口的需求，而村和社区长期以来恰恰是最为基层、最贴近群众，却也是公共文化服务资源配置的"末梢"。乡村以及城市公共文化服务布局的结构性问题要求空间布局的优化，但以往城乡建设与规划却重视不足，重视程度远远不及教育、医疗等服务设施，历史遗留问题较多；长期以来，城乡规划对公共文化服务设施的关注相对滞后，或是简化为单一的文化设施布局，或是将具有独特性的文化设施混同于其他城乡基础设施，造成公共文化设施布局、服务产品、服务人员配备等方面的诸多问题。新型城镇化将以人为核心作为首要特征，对公共文化服务提出更高的要求，既要满足城乡居民基本需求，更要提升居民文化品格。"文化担负着凝聚共识、强化认同、调控秩序、提高素养、重构价值体系的重要使命，在城镇化进程中，必须注重加强公共文化服务体系建设，传播知识和文明、提升人民群众的文化品位、塑造现代公民品格，为城镇化发展提供有力文化支撑。"[①]可以发现，积极推动公共文化服务特别是乡村公共文化的重要目的之一，正是促进公共文化服务与乡村振兴以及新型城镇化建设形成互为支撑的格局。

综上所述，本研究聚焦乡村文化振兴的城乡融合与内生发展这一核心议题，将地域空间引入乡村振兴的公共文化发展及服务研究，旨在促进乡村公共文化服务效能提升，激发城乡社会公共精神、培育社会核心价值，为我国乡村振兴战略的推进提供更为坚实的文化支撑。

表1-3 基于地域空间的乡村文化振兴城乡融合与内生发展议题内容

主体或载体 / 议题内容		地方特性	空间格局	层级差异
主体问题	文化组织	• 文艺社团等文化组织的地方融入	• 专业艺术院团等文化组织的区域空间格局	• 公共文化组织的层级差异与互动机制
	文化群体	• 城乡居民的地方感与文化认同； • 乡贤、文化能人等重要群体的地方特色	• 城乡居民文化特征及其区域差异； • 农民工等文化群体的空间流动	——

---

① 蔡武. 城镇化不能只有物质经济的现代化［EB/OL］. 2013-03-08. http://www.xinhuanet.com//2013lh/2013-03/08/c_114957537.htm.

（续表）

主体或载体＼议题内容		地方特性	空间格局	层级差异
载体问题	实体设施	● 图书馆（室）、综合文化服务中心等的地方嵌入； ● 文化设施的空间选址	● 文化馆等公共文化设施建设的区域特征； ● 博物馆等公共文化设施的区域分布	● 公办文化设施的层级差异与互动机制
	数字设施	● 文化类互联网平台的地方推广策略； ● 不同地方居民的网络使用习惯差异	● 不同地区虚拟公共文化平台的特色差异	● 国家公共文化数字支撑平台"主站—地方站"多级体系

五、研究框架与研究方法及资料来源

　　探索乡村文化振兴的城乡融合与内生发展这一核心议题，必须基于对公共文化服务及乡村文化治理等的充分认识并准确把握研究的基本向度，进而在不同研究向度合理选取主要观测对象。但如何确立基本向度却遭遇困难，我国乡村公共文化服务方兴未艾，作为新兴的研究主题，目前很多方面仍然处于探索阶段，尚未形成较完整的理论体系。鉴于此，本研究必须立足于我国乡村文化发展的现实特征，所幸的是，根据前文的分析，尽管从"群众性文化活动"到"公益性文化事业"再到"公共文化服务"又到"公共文化服务体系"直至"现代公共文化服务体系"，其内涵、特征、模式等具有显而易见的显著差别，尤其是新时代要满足人民过上美好生活的新期待，必须提供丰富的精神食粮，提出了公共文化服务优质化、多样化、个性化等新要求，从"基本"向"丰富"战略提升更将引领基层公共文化服务高质量发展并引发众多方面的深刻变革，其中，群众主体及其实现方式的载体这两大主轴正是一以贯之的，这实质上正是社会主义的本质特征所决定的。当然，公共文化治理范式发展出的理论分析工具有效识别了主体的多元构成及其复杂关联，群众主体不再是一个笼统模糊的整体性概念，推进了相关研究的深入；相对而言，服务载体涵盖设施、项目、活动、产品等，往往显得清晰可辨，但服务载体并不是单一的物质客体，而是具有复杂关联的存在形态，故而本研究确立"主体构成"与"载体形态"两个紧密相关的基本向度。

本研究的基本框架

　　就载体形态而言，提及乡村文化振兴的城乡融合与内生发展，文化设施载体的空间布局往往最先进入研究视野，有关文化的空间机制的研究也大多围绕设施展开。自20世纪60年代，库珀（Cooper）将韦伯工业区位论引入公共设施的区位研究，创立"区位—配置模型"（Location-Allocation Model，LA Model）之后，公共文化设施的区位决策与空间布局研究持续展开，尽管受关注程度不及教育、医疗、交通等设施，但逐步成为有别于其他设施的专门领域（详见本书第二章）。既往研究表明，公共设施曾经历从偏重"区位和效率"到偏重"公平和效率"再到偏重"社会分异和可达性"等转型[①]，而公共文化设施空间布局一定程度上遵循公共设施区位选择的一般规律，但也体现出自身的独特逻辑。[②]不少公共设施的研究发现，公共设施表面上具有公共性，应该与人口分布密度直接相关，但实际上，其空间布局深受政治、社会等因素的影响。例如，泰茨（Teitz）较早意识到政治变量（包含资本转化形成的政治影响力）在公共设施区位理论中的重要性。[③]琼斯等认为，影响公共设施布局的既包括公共资源总量与人口布局结构的客观因素，同时，政治影响强度和居民需求表达也具有重要影响，政治强势的高收入群体和能够有效表达的居民往往更能够影响公共设施的空间配置。[④]詹娜（Jenna）的研究则进一步发现，公共设施布局的空间不公现象，其分布更偏向于精英人群集中的地区，作为主要使用者的低收入群体却距离最远。[⑤]如今已成共识的是，尽管公共设施布局往往以满足社会公众的公平需求为旨归，但实质上，却存在着空间争夺与空间博弈。

这一情况在公共文化设施的空间布局中尤为明显，不同的社会力量从不同侧面影响文化设施的空间布局。对于公众而言，人口的空间分布特征本身就是公共文化设施布局应着重考虑的因素，而近年日益关注不同群体的空间集聚特征及其差异化需求，使设施布局更趋复杂；对于政府而言，建设与布局公共文化设施具有多重目的，不但可以丰富公众文化生活、提高城市形象魅力，还在于塑造地方个性的文化特质，引导文化认同，规制社会行为，等等[⑥]；对于企业而言，资本主导下建设的购物中心、主题

① 高军波，周春山.西方国家城市公共服务设施供给理论及研究进展［J］.世界地理研究，2009（12）：88.

② Giles Billie, Robert J Donovan. Socioeconomic status differences in recreational physical activity levels and real and perceived access to a supportive physical environment［J］. Preventive Medicine, 2002 (35): 601–611.

③ M.B.Teitz. Toward a theory of public facility location［J］. Papers of the Regional Science Association, 1968, (21)1: 35–51.

④ Jones Bryan, Clifford Kaufman. The distribution of urban public services: a preliminary model［J］. Administration and Society, 1974, 6(3): 337–360.

⑤ Jenna. Assessing the spatial distribution of urban parks using GIS［J］. Landscape and Urban Planning, 2008 (82): 25–32.

⑥ ［英］贝拉·迪克斯著，冯悦译.被展示的文化：当代"可参观性"的生产［M］.北京：北京大学出版社，2012.

乐园等设施的文化影响力不断强化，可视为有别于政府兴办的另一种公共文化设施，但与公办设施不同，资本主导下的公共文化设施在宏观布局上更倾向于向精英人群集中的区域分布，因为这样更有利可图，同时，在微观构成上重视通过符号文化对商业和社会形成一定的引导和控制。① 由此可见，文化设施的空间布局是多种力量共同作用的结果，某种程度上，文化设施的布局结构正是社会关系的空间反映。

　　文化设施载体对于我国乡村振兴中文化服务的效能具有同样显著的重要性，但与西方相比，我国乡村文化设施研究的难点在于，数十年来我国城乡地域空间不断变动，使公共文化设施的城乡空间布局受到深刻影响，故而乡村工农文化设施的空间布局研究必须与之紧密结合。不仅如此，不同类型的文化设施具有自身的发展逻辑，也往往反映不同方面的社会关联，文化设施的分类研究是揭示其空间机制的基础。为此，本研究分别就图书馆（第三章）、文化馆（第四章）、博物馆（第五章）展开研究。这三类设施是我国公共文化服务设施的基干，无论在城市和乡村，分布都最为广泛，并写入《中华人民共和国宪法》："国家发展为人民服务、为社会主义服务的文学艺术事业、新闻广播电视事业、出版发行事业、图书馆博物馆文化馆和其他文化事业，开展群众性的文化活动。"同时，主要关注不同层级公共文化设施的布局特点。以往的研究大多就公共文化设施的整体情况进行分析，相对忽视不同层级设施的特点②，像省级、城市、社区公共图书馆在公共文化服务体系中就具有不同的定位及服务功能③，而县级图书馆甚至被认为是公共图书馆层级体系的基石和重要组成部分，发挥着覆盖基层、服务公益和服务弱势群体的作用④。事实上，由于当下我国基本公共文化服务设施主要由地方政府主办，不同层级设施的功能及布局差异显著。对于农村公共文化服务而言，县级是重要的分水岭，也是城乡统筹的基本单元，县级以上的公共文化设施尽管具有指导乡村文化设施等职能，但其服务半径长期大多局限于城市范围，县级以下的公共文化设施则直面农村居民，而城乡地域变动下，不同层级的公共文化设施均发生变化。因此，本研究专门对公共文化设施的空间层级机制的展开探讨。在分类研究的基础上，本课题继而从两个方面展开综合研究：一方面是城乡公共文化设施综合布局分析（第六章），考察若干具有典型性的案例城市的文化设施空间结构特征及其与城市功能的关联；另一方面是大中城市新建文化设施布局分析（第七章），

---

① S. Zukin. The Culture of Cities [M]. Oxford: Blackwell, 1996.
② 项继权. 中国乡村治理的层级及其变迁——兼论当前乡村体制的改革 [J]. 开放时代，2008（03）：77—87.
③ 何平等. 公共图书馆的文化功能 [M]. 上海：上海交通大学出版社，2010：241—305.
④ 王艳. 公共文化服务体系中的县级公共图书馆发展研究 [J]. 图书与情报，2010（1）：124—126.

面向全国范围考察新建公共文化设施的空间布局的新趋向、与城市功能融合的基本模式及其存在的问题及应对。除了文化设施以外，还需要关注文化服务载体形态的多样性，尤其是广大农村贫困地区和作为城乡交融渗透的城乡接合部究竟如何构建新载体，文化特色资源又如何更有效地转化为新型载体，这都是乡村公共文化服务紧迫的现实问题，故而基于空间区位与地域特色的服务载体创新构成本研究的又一重点内容（第八章）。

就主体构成而言，主要涵盖组织与群体这两方面基本内容。

公共文化服务主体构成是乡村文化振兴内生发展的重要内容。如前文所述，公共文化服务主体构成的研究必须引入公共治理范式，而众所周知的是，公共治理范式有别于传统公共行政管理和新公共管理，传统公共行政管理以政府行政管控为主，在公共事务管理中时常出现资源配置效率低下等"政府失灵"现象，而作为解决方案的新公共管理偏重以市场力量提供公共服务①，却又陷入对公共保障性产品关注不足等"市场失灵"问题。在两者基础上，公共治理理论引入社会组织力量，既能够对多样化的公共服务的需求做出及时回应，又能够保障市场弱势群体的利益，弥补政府与市场的双重失灵。因此，公共治理最鲜明的特征之一就是倡导多元主体，尤其是社会组织等在信任与规则下的共同参与。②同时，由于主体往往以组织化形式出现，故而大多呈现为多元组织的共治，一般认为，主要包括行政组织、经济组织、社会组织、枢纽组织等③，不同主体之间存在着相互依存的关系④。可以说，多元组织及共治是一个地区公共服务及其治理能否有效开展的关键要素所在。在以往的研究中，不少都涉及空间维度的分析，相关主题包括特定组织的空间分布研究（以产业组织为主）、组织间关系的尺度政治研究等。其中，组织的地域差异对制度模式及绩效的影响是与本研究最为密切的主题之一。帕特南（Putnam）对意大利民主政治制度绩效的研究颇具代表性，通过对意大利北部与南部地区制度变革的长时段考察发现，相同的制度变革在不同地区的运行绩效存在较大差异，而这种差异与所在大区的社会组织发展水平及传统显著相关。在拥有较强社会组织传统的地区，公众有着更强的信任与互惠意识，也更愿意

① 有关美国企业的研究表明，自殖民地时期直至20世纪90年代，在企业参与公共事务的主要内容大致包括经济行为的间接社会影响、政府命令或通过谈判协议执行的项目、社会慈善公益事业等三类，其中，涉及多元治理主体复杂关系协调的第二类内容发展尤为显著，所占比重从5%扩展到30%左右。参见：乔治·斯蒂纳、约翰·斯蒂纳著，张志强译.企业、政府与社会［M］.北京：华夏出版社，2002：134.
② ［美］埃莉诺·奥斯特罗姆著，余逊达等译.公共事务的治理之道［M］.上海：上海译文出版社，2012：47.
③ Stoker, Gerry. Governance as theory: five propositions［J］. International Social Science Journal, 1998 (50): 17–28.
④ Rhodes, R. A. W. The New Governance: Governing without Government［J］. Political Studies, 1996: 652-667.

积极地参与公共事务。①我国学者胡荣对福建农村地区的研究同样也发现了组织发展的空间格局与居民参与公共事务的关联。②程振兴对我国部分主要城市行业协会组织的研究发现，地方产业转型过程与行业协会组织结构变化密切相关。③王文静对全国各省级单元（港澳台地区除外）的研究发现，不同地区异地商会组织的数量变化呈现区域分异，与国家重大战略实施具有相关性。④已渐成共识的是，公共服务及其治理的组织发展往往呈现出鲜明的空间格局，深刻根植于所在地区的地域特点。这也意味着公共服务的构建与优化也必须与所在地组织发展特点相契合。因此，多元组织发展的空间格局是本研究的重点内容之一。

作为主体构成重要方面的多元组织在公共文化领域的作用同样显著，相关研究大多针对某一类型的文化组织展开，涵盖文化行政组织（如文化管理部门及体制研究等）、事业组织（如艺术院团改革研究等）、企业组织（如文化企业参与公共服务研究等）和社会组织（如民办艺术团体自组织研究等）。同时，近年来农村地区文化组织的研究也受到关注，如王美文等发现，越来越多的乡村居民参与非政府组织，对于新农村文化发展具有显著促进作用⑤，但组织的空间问题并未引起足够重视。实际上，公共文化组织的空间格局对于公共文化服务意义重大，受到地域因素的深刻影响。尤其是随着我国深化改革的全面推进，文化行政部门的角色与职能将加快转变，公共文化领域的事业、产业、社会等组织日益深入参与治理，对公共文化组织城乡空间格局研究更显迫切。基于此，本研究着力探讨的主要问题是城乡体制变革下作为公共文化服务重要主体构成的公共文化组织究竟呈现出怎样的空间格局。

当然，本研究并不停留于对当下多元组织空间格局的刻画，事实上，本研究试图进一步回应如何促进乡村公共文化服务的多元共治，因而在组织空间格局研究的基础上，本部分还将探讨不同类型组织参与乡村公共文化服务的方式等。目前，公共文化组织的构成较为复杂，尽管学界提出多种分类方法，但并不完全适用于本研究。考虑到乡村公共文化服务的现实需要，本研究结合相关分类方法，将公共文化组织分为专业型组织（第九章）、自发型组织（第十章）、枢纽型组织（第十一章）三类。循此思

---

① ［美］罗伯特·D.帕特南著.王列等译.使民主运转起来：现代意大利的公民传统［M］.南昌：江西人民出版社，2001：5.
② 胡荣.社会资本与城市居民的政治参与［J］.社会学研究，2008（5）：1—20.
③ 程振兴.城市产业发展与行业协会演化的相关研究——基于全国20个城市［D］.上海：华东师范大学,2014：6—7.
④ 王文静.中国异地商会发展的空间演化及其机制研究［D］.上海：华东师范大学，2014：6.
⑤ 王美文，郑家杰.新农村文化内生机制中非政府组织功能与角色探究［J］.当代世界与社会主义，2014（5）：145—149.

路，本研究主要从三个层面渐次展开：第一层面，不同类型公共文化组织分别呈现怎样的空间格局。乡村公共文化服务体系的良性运转需要依托多种类型组织分别发挥自身功能，相辅相成、协同共治，掌握若干关键组织的空间格局相当重要，故而分别对专业型组织、自发型组织、枢纽型组织等空间格局展开研究。第二层面，不同类型组织如何参与乡村公共文化服务。在对三种类型公共文化组织空间格局分析的基础上，考察不同类型组织的发展模式及其参与城乡公共文化服务的主要方式等，为多元组织共治模式的构建奠定基础。第三层面，如何构建乡村公共文化组织多元共治的基本模式。基于对空间格局与参与机理的分析，结合前沿实践案例，本研究将探索构建公共文化服务体系中多元组织共治的基本模式。

群体是城乡公共文化服务主体构成的另一重要方面。无论是设施还是组织都无法脱离于特定的群体而自行运转，相关群体的能力对两者的运行效能具有决定性影响。例如，乡村文化设施与自发文化组织通常都以一定的核心人物为中心，而该群体的流失正是导致公共文化设施废弃与自发组织瓦解的重要原因之一。[1]不过，乡村公共文化服务中需要关注的群体并不局限于文化行政管理人员、文艺工作者等人群，普通的城乡社会群体在治理中的作用同样不容忽视，他们直接或间接地参与了公共文化服务的生产。就此而言，关注文化群体的目的不仅在于培育乡村公共文化的管理者、组织者和从业者，更在于创造开放性的环境以引导不同群体共同参与公共文化服务，从而促进公共性的建构。

在西方语境中，公民参与往往被视为政治民主的内在要求与核心机制[2]，公共治理范式继承并发展了这一理念，试图通过引导公民从"顾客"向"伙伴"的角色转换，培育公共精神，增强公共事务决策的民主程度，并对政府、企业等强势主体形成一定的制衡[3]。然而，随着实践的深入，公民参与也逐步暴露出能力有限、态度冷漠、效率缺失等现象，由此又引申出对公民参与资格的认定、合法性以及权责匹配等问题争论。[4]不仅如此，看似民主公平的公民参与实际上隐含了大量的不平等现象，如移民

① 周尚意，龙君.乡村公共空间与乡村文化建设——以河北唐山乡村公共空间为例［J］.河北学刊，2003（3）：77.
② 曾莉.公共治理中公民参与的理性审视——基于公民治理理论的视角［J］.甘肃社会科学，2011（1）：69—72.
③ E. Vigoda, Eran. Internal Politics in Public Administration Systems: An Empirical Examination of Its Relationship with Job Congruence, Organizational Citizenship Behavior, and In-Role Performance［J］. Academic Journal Article, 2000, 29(2): 186.
④ 蒋文能，王国红.公民治理失败风险分析［J］.国家行政学院学报，2010（1）：47—51.

群体与少数族裔等的参与权难以得到保障等。^①上述问题表明，对待公民参与不应一概而论，并非所有公民的参与都能够有效发挥作用，故而近年来相关研究日益从关注公民的广泛参与转为聚焦关键群体的参与。由于城乡社会变迁改变了传统文化群体的空间分布、关联网络、组织模式等，公共文化治理就必须对若干新关键群体给予更多的关注。基于此，本研究试图回应的主要问题是城乡社会变迁下公共文化群体具有怎样的空间特征。

　　然而，如何确立乡村公共文化服务的关键群体却面临困难，主要在于涉及群体众多，包括文化部门管理者、文化从业人员、民间核心人物以及农民工、留守老人、随迁子女等，都在不同程度上影响着乡村公共文化服务的成效，明确主要的考察对象必须首先确立一定的选择标准。对此，本研究认为，当前乡村公共文化治理的关键之一是推动乡村文化的内生发展，因而特定群体职能与需求的研究固然能够提高公共文化服务的针对性，但更重要的是把握公共文化的城乡统筹联动以及自组织中具有关键作用的群体。具体而言，在研究目标群体的选择中确立了两项基本原则。原则一是应有助于乡村公共文化的自组织。文化行政管理人员等专业管理群体对于乡村文化振兴的重要性不言而喻，但当下我国乡村公共文化的迫切现实是内生能力严重缺失，故而应重点关注体制之外的社会民间力量。原则二是应与乡村公共文化的传统相适应。近年为弥补乡村公共文化人才短缺问题，城乡统筹联动将引进人才下乡作为重要措施，但效果却时常不尽如人意，主要原因在于外来人才与乡村文化传统的疏离。实际上，文化群体的培育重点也应当偏重根植于乡村文化传统的群体，才能使乡村公共文化具有更强的适应性和生命力。基于此，本研究分别选择乡土文化能人、在外乡贤和农民工三大群体作为主要的考察对象，三者分别是乡村内部群体、乡村外部群体、城乡流动群体的典型代表（参见本书第十二章）。

　　具体而言，在乡村内部群体方面，重在考察乡村内部关键群体对公共文化的组织方式及成效。乡村公共文化生活大多围绕特定的核心人物展开。一些长期存在的公共文化活动通常拥有核心人物，他们有时以参与者身份出现，有时以组织者身份出现，一旦核心人物因外出打工或生病等原因退出后，以他们为核心的活动也随之中断。^②针对乡村内部公共文化核心人物的缺失问题，国家和地方试图采用外部引进与内部培

---

① W. Kymlicka. Multicultural Citizenship: A Liberal Theory of Minority Rights ［M］. Oxford: Clarendon Press, 1995.
② 周尚意，龙君 . 乡村公共空间与乡村文化建设——以河北唐山乡村公共空间为例 ［J］. 河北学刊, 2003（3）: 77；黄江平 . 重视发挥乡土文化能人在文化建设中的积极作用 ［J］. 毛泽东邓小平理论研究, 2014（1）: 35.

育等方式树立新的文化核心人物，党的十七届六中全会以来，又着重强调提培育"乡土文化能人"。那么，原本是基于乡土传统而产生的文化能人，在行政力量推动下能否取得成效，乡土文化能人等乡村内部群体如何参与公共文化服务是本研究探讨的问题之一。在乡村外部群体方面，重在研究乡村外部精英群体的空间特征以及其参与服务的方式，其中，在外乡贤拥有较为丰富的资源和参与乡村公共文化发展的意愿，故而是本研究考察的重点。我国历来拥有乡贤、乡绅治乡传统①，中央层面近年来也着力推动新乡贤参与乡村文化建设（见表1-1），不仅是资源方面的资源，更将先进文化、知识与理念引入乡村。但在外乡贤空间分布、领域分布和业态分布均较为分散，整合在外乡贤力量较为困难，因此，在外乡贤具有怎样的空间特征、在外乡贤等乡村外部群体如何实现更有效的参与等是本研究探讨的又一重要问题。在城乡流动群体方面，重在探讨农民工等群体对公共文化服务的需求趋向及其参与城乡公共文化服务的可能。农民工是城乡社会流动的主要群体之一，一直受到高度关注，以往研究就农民工公共文化问题以及应对举措展开诸多研究，但两方面问题尤显重要：其一，相关研究大多侧重对当下农民工公共文化问题的考察，但实际上，当前农民工群体本身正处于转折时期，受新型城镇化建设、产业梯度转移等影响，农民工务工的地域空间选择发生显著变化，对其公共文化需求产生影响；其二，主要将农民工视为公共文化服务的接受者，相对忽视农民工在城乡之间频繁流动及其城镇化趋向在城乡公共精神塑造等方面的作用。鉴于此，农民工群体如何在城乡流动中塑造地方感与公共精神也是本研究探讨的另一重要问题。本研究试图针对当前乡村公共文化服务的重要问题提出若干政策建议，以期为国家新型城镇化建设、现代公共文化服务体系构建等重大战略实施提供一定的学理支撑。

研究方法及数据来源

本研究的主要方法一是空间分析方法，如重要设施的空间分布、重要组织的空间关联、重要群体的空间网络等，本研究利用"GIS"（地理信息系统）软件，采用空间分析方法对设施的空间分布、乡贤组织的空间网络特征等进行研究；二是案例分析方法，本研究注重案例选择，采集了全国上百个实际案例加以详细剖析；三是区域比较方法，有关公共文化服务的研究大多针对中微观尺度的特定区域展开，而公共服务的区域比较又往往仅对个别文化指标进行考察，本研究则分别对不同观察对象的发展水

---

① 王先明. "新乡贤"的历史传承与当代建构［N］. 光明日报，2014-08-20（001）.

平、效能、变化趋向等进行了较为全面的区域比较分析，发现不同文化指标的区域差异显著，不应混同对待。

不仅如此，本研究需要以大量数据资料为支撑，故而根据研究需要开展大量数据搜集与文献调研工作。在数据搜集方面，建立专门数据库，将全国及省级层面的公共文化相关数据纳入其中，并重点针对全国直辖市、省会城市、副省级市等近四十座城市，搜集相关的城乡规划、方志、文献、年鉴等；在文献调研方面，由于公共文化治理是不同学科关注的新兴研究议题，因而本研究对相关领域的中英文文献进行了较为系统的分析，为主体研究工作提供坚实的资料基础；在实地考察方面，本研究遴选一批国家级与省级公共文化示范区（项目）进行调研，包括上海市宝山区、山东省枣庄市、浙江省嘉兴市和舟山市、江西省景德镇市等。

更重要的是，本研究必须以问题为导向，根据研究内容的内在要求与研究对象的特点，结合多学科方法进一步展开各向度的研究。在公共文化设施城乡空间布局的研究中，为了充分探讨公共文化设施的层级、类型等问题，本研究分别以不同研究方法相结合：在层级研究方面，为准确把握当前县级以上公共文化设施空间偏向，对近年全国地级市公共文化设施新建情况进行排查，基本完成数百个新建设施的选址分析，掌握趋势性规律；采用文本分析与图谱分析相结合的方法，分别以图谱形式刻画不同类型公共文化设施层级体系的演化过程，直观展现不同类型设施体系的演化差异，并从空间视角分析多重力量在设施布局中的互动等。

在公共文化组织城乡空间格局的研究中，乡村公共文化服务要求专业型、自发型、枢纽型等共同参与，但不同类型组织在发展水平、模式、趋向等方面差异显著，因而必须根据研究指向有重点地研究其空间格局。专业型组织关注其市场化改革是否对城乡偏向产生影响，为此渐次采用空间分析进行现象观测、格兰杰因果关系检验相关发现、制度文本分析对原因做出解释；自发型组织往往被认为缺乏社会传统，选取多个具有地域特点的典型案例，阐明乡村自办组织生成的地域模式，并进一步结合省际数据进行阐发；枢纽型组织是多元共治能否有效运转的关键，但全国层面并没有直接的统计数据，本研究自行对样本城市进行排查后选择18个可获取资料的城市进行分析，并采用组织演化方法对其业态、专业化程度等进行了较为细致的研究。在公共文化群体城乡空间特征的研究中，乡村内部群体的重点在于对乡村文化进行自组织，为此，对全国截面数据进行分析，以发现问题，随后通过对典型模式分析以剖析问题，进一步对2011年以来各省级文化相关重要制度进行排查，以阐释问题并发现变化趋向；乡村外部群体的重点在于外部要素的"逆向集聚"，空间网络分析法较为理想，本研究以浙江籍异地商会为例,分别对省级(30个)、地市级(92个)、县级(11个)异地商会网络进行分析;城乡流动群体主要探讨如何提高该群体"地方感",本研究基于对近年来农民工空间研究的大量文献,明确其空间特点,从而探察对公共文化服务的影响。

本研究根据研究对象的内在特质,力图实现过程分析与空间分析相结合,如既注重城乡地域空间变动过程及机理研究,又注重这一过程中乡村公共文化服务设施布局的空间形态及服务网络研究;个案分析与模式分析方法相结合,既注重我国公共文化城乡联动的典型案例分析,又通过地方实例,分析关键变量,总结地方模式,不断深化对地方模式经验的提炼;学理分析与数理分析相结合,既注重访谈研究和学理性论述,又注重采用数理统计方法来推求与验证结论。例如,在专业院团中,通过数理方法检验市场化的影响;排查分析与样本分析相结合,例如,在县级以上设施空间选择分析中,以全国范围近263个样本进行分析,进而选择十多个典型样本归纳基本模式;整体分析与区域分析相结合,例如,既揭示我国乡村文化振兴和城乡文化融合发展的阶段特征,又分析不同区域发展进程的特点及差异。

第二章

乡村文化发展的中国探索：文献调研

本书主要侧重公共文化领域，这正是中共中央、国务院《关于实施乡村振兴战略的意见》中对乡村文化振兴重点提出的内容。本书依托"中国知网"（CNKI）的中国学术期刊网络出版总库和中国学位论文（含博士和硕士）全文数据库为统计源，以"公共文化服务"作为关键词展开检索，检索时间为2021年6月，发现文献1593篇。对相关文献进行计量分析，可以发现如下几个研究趋势。

一是，从时间维度来看，关键词"公共文化服务"最早出现于2005年，2007年开始快速增长，2011年后迎来爆发性增长，2015年开始增长速度有所减缓（见图2-1）。事实上，这与党和国家对公共文化服务相关政策的出台时间基本上是吻合的：

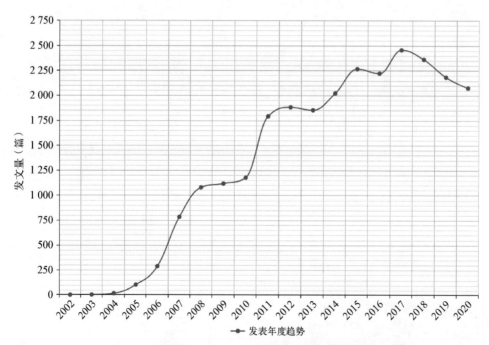

图2-1 "中国知网"中关键词为"公共文化服务"的文献发表年度趋势（2002—2020年）

2002年中共十六大首提"公共文化服务"，2005年首提"公共文化服务体系"，2006年我国"十一五"文化发展规划纲要中对"公共文化服务"展开专章论述，2007年中共十七大再次强调公共文化服务体系建设，2011年中共中央出台了推动"文化大发展大繁荣"的意见，此后我国的公共文化服务进入全面、加速的体系构建阶段。这表明，我国的公共文化服务研究具有紧跟党和国家政策的内在逻辑，服务于党和国家文化战略是公共文化服务研究的重要导向。

二是，从空间维度来看，公共文化服务研究存在两个明显的热点地区：一个是中部地区的武汉市，仅华中师范大学和武汉大学两所高校的发文量占比就达到8.3%；另一个是东部地区的北京市，仅北京大学、北京师范大学、北京工业大学、中国传媒大学、中国国家图书馆等五个机构的发文量占比就达到4.5%。两个地区发文量占比超过总量的10%（见图2-2）。

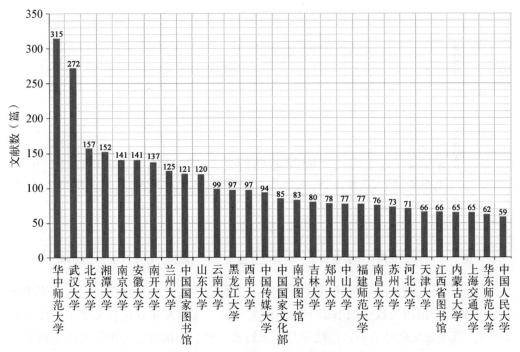

图2-2　"中国知网"中关键词为"公共文化服务"的文献发表机构分布（2002—2020年）

三是，从关键词共现网络来看，研究公共文化服务的文献中，存在三个明显的网络节点：第一个是"文化馆"，出现91次；第二个是"公共图书馆"，出现76次；第三个是"农村"，出现41次。这表明，现有公共文化研究文献中以文化馆和公共图书馆研究最多，其次是农村公共文化研究，而公共图书馆研究中，"图书馆建设"和"均等化"最受关注，出现频次均超过80次；社会力量参与公共图书馆建设和政府购买公共图书馆服务也受到较大关注，出现频次均在30次左右；农村公共文化研究中，农村的公共文化建设对策最受关注，其次是农村公共文化服务的体系建构，再次是农村公共文化服务的供给。在相关研究中，文化治理、博物馆文化创新和文化产业发展受到的关注程度也较高。另外，三个网络节点中，"文化建设"与"公共图书馆"通过"免费开放"关联，"农村"与"公共图书馆"通过"公共文化服务体系"关联，但"农村"与"文化建设"并没有直接的关联，表明在研究农村公共文化设施中，研究最多的仍然是农村图书馆建设，关注的焦点还是建设策略、服务体系构建和服务供给等浅层次的问题，农村文化产业、农村文化治理、农村文化创新等前沿性研究仍然十分薄弱（见图2-3）。

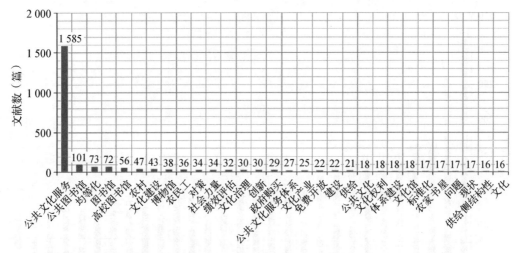

图2-3　"中国知网"中关键词为"公共文化服务"的共现词分布（2005—2020年）

四是，从关键词的研究领域分布来看，当前公共文化服务研究文献大量集中于文化学和图书情报与数字图书馆学研究两大领域，这两大领域在总文献中占比达到48.8%。其次是文化经济学、行政学与国家行政管理、中国政治与国际政治、档案与博物馆学四个领域，这四大领域在总文献中占比达到28%（见图2-4）。

上述分析清晰表明，当前学术界对我国农村文化服务保持了较高的关注度，但研究层次还较为浅显，仍然停留在建设策略、服务供给、服务体系构建等基本问题上，这无疑是当前农村文化服务建设所处阶段的真实写照：在城市，公共文化服务供给早已不是问题，但在农村，公共文化服务仍然存在不足；在城市，公共文化服务体系已

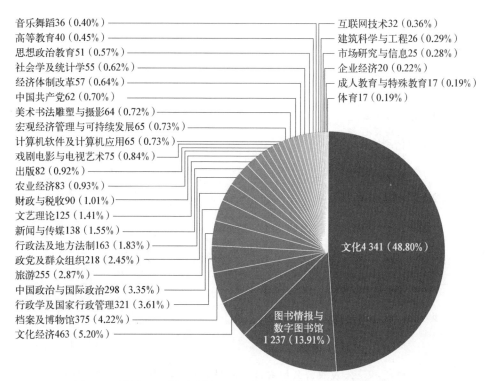

音乐舞蹈36（0.40%）
高等教育40（0.45%）
思想政治教育51（0.57%）
社会学及统计学55（0.62%）
经济体制改革57（0.64%）
中国共产党62（0.70%）
美术书法雕塑与摄影64（0.72%）
宏观经济管理与可持续发展65（0.73%）
计算机软件及计算机应用65（0.73%）
戏剧电影与电视艺术75（0.84%）
出版82（0.92%）
农业经济83（0.93%）
财政与税收90（1.01%）
文艺理论125（1.41%）
新闻与传媒138（1.55%）
行政法及地方法制163（1.83%）
政党及群众组织218（2.45%）
旅游255（2.87%）
中国政治与国际政治298（3.35%）
行政学及国家行政管理321（3.61%）
档案及博物馆375（4.22%）
文化经济463（5.20%）

互联网技术32（0.36%）
建筑科学与工程26（0.29%）
市场研究与信息25（0.28%）
企业经济20（0.22%）
成人教育与特殊教育17（0.19%）
体育17（0.19%）

文化4 341（48.80%）

图书情报与
数字图书馆
1 237（13.91%）

图2-4　"中国知网"中关键词为"公共文化服务"的研究领域分布

经较为完善，但在农村，公共文化服务体系构建仍未完成。这无疑引发了部分研究者对于公共文化服务城乡差距的关注和担忧，但遗憾的是，现有文献围绕"乡村文化服务"展开城乡关联性研究的并不多见。通过"公共文化服务＋乡村/农村"的关键词并词搜索，发现当前研究文献仅有101篇，而且其研究中心在于乡村公共文化的"均等化"研究，城市与乡村公共文化的融合发展研究还很少。围绕着"均等化"，文献主要涉及京津冀协同发展、跨系统区域图书馆联盟、路径、供给视角等，研究区域主要集中于江苏、安徽、京津冀等地（见图2-5）。

　　以上计量分析充分表明，乡村文化发展研究仍然是一个亟待加强而且研究空间非常广阔的领域。

一、公共文化服务：概念与构成

（一）公共文化服务的内涵界定

　　理解"公共文化服务"的内涵，厘清本书中乡村文化概念的基础，通过相关文献

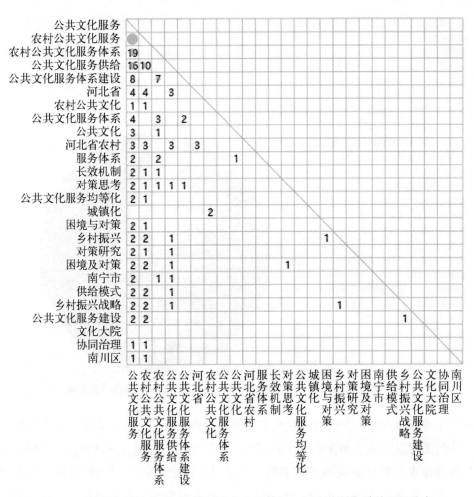

图2-5　"中国知网"中关键词为"公共文化服务 + 乡村/农村"的共现词分布

的研读，本书发现，围绕"公共文化服务"内涵的解析，学界大致从公共服务、公共文化、文化权利和文化治理这四个角度予以诠释。

1. 基于公共服务角度的诠释

（1）公共服务的内涵

公共服务（Public Service）这一概念由莱昂·狄骥（Léon Duguit）提出。他把公共服务定义为与实现和促进社会团结不可分割的活动，因此必须由政府进行管理和控制；没有公共干预，它不能得到有效的保护。[①]在此基础上，一些学者继续从法律学

---

① ［法］莱昂·狄骥著，郑戈译. 公法的变迁：法律与国家［M］. 沈阳：辽海出版社，1999：53.

角度出发，对公共服务的内涵进行了更为深入的探讨，并认为，公共服务实质是一种以公共设施、公共部门和社会公共资源等为依托所进行的政府活动，其目标是为了满足公民生产、生活和发展的需求，政府则是其供给的唯一主体。除此之外，一些学者从经济学的角度出发，也对公共服务的内涵进行了探讨，比如保罗·萨缪尔森（Paul A. Samuelson）对"公共产品"进行了阐释，并认为任何人消费这种物品（公共服务），都不会致使他人对该物品消费的减少，即公共服务有非竞争性和非排他性的本质属性。[①]

（2）公共服务视角下的公共文化服务

毛寿龙等对公共文化服务的理解，与保罗·萨缪尔森的观点较为接近。他认为公共文化服务实质是一种非营利性的资源配置活动，其终极目标是提供没有竞争性，也没有排他性的文化产品，虽然公共文化服务讲求经济效益，但主要追求的目标是社会效益[②]；张晓明等认为，公共文化服务可从狭窄层面和宽泛层面去理解，其中，狭窄层面上的理解指的是由图书馆、博物馆、文化馆、美术馆等公共文化部门提供的文化公共品，而宽泛层面上的理解还包括了政府提供的文化管理（如法律、法规和监督管理等）[③]；牛华等则基于管理学视角认为，公共文化服务也是一种公共服务，提供方式并无不同，只不过提供的内容是文化产品和文化服务[④]。

2. 基于公共文化角度的诠释

（1）公共文化的内涵

闫平认为，公共文化是各种公益性文化机构和服务的总和，以政府为主导、社会广泛参与为支撑，服务目标是满足人民群众基本文化需求、保障人民群众基本文化权益[⑤]；牛华等认为，公共文化是文化的一种特殊形式，具有物质外延和精神内涵的双重性特征。就物质外延层面而言，公共文化以公共物体的实体存在为主要表现形式（如图书馆、文化馆和博物馆等）。在精神内涵层面，公共文化则以人民群众的精神领域（如传统习俗、行为规范和价值观念等）为主要内容。[⑥]

（2）公共文化视角下的公共文化服务

公共文化视角下的公共文化服务主要有两个层面的含义：一是，政府主导下的

① Paul A. Samuelson. The Pure Theory of Public Expenditure[J]. The Review of Economics and Statistics, 1954, 36 (04).
② 周晓丽，毛寿龙. 论我国公共文化服务及其模式选择［J］. 江苏社会科学，2008（01）：90—95.
③ 张晓明，李河. 公共文化服务：理论和实践含义的探索［J］. 出版发行研究，2008（03）：6.
④ 牛华，安俊美. 我国公共文化服务的内涵及其社会价值探析［J］. 北方经济，2009（08）：2.
⑤ 闫平. 试论公共文化服务体系建设［J］. 理论学刊，2007（12）.
⑥ 牛华，安俊美. 我国公共文化服务的内涵及其社会价值探析［J］. 北方经济，2009（08）：2.

公益性文化机构所提供的文化服务，这种公共文化服务往往依托一些物质性载体来实现，比如公共图书馆、文化馆、博物馆、图书馆、科技馆等文化设施；二是，通过人民群众广泛参与的公共文化服务过程实现公共文化的再生产，即培育群体认同感和归属感并增强群体凝聚力。总而言之，公共文化服务既包括公共文化机构的文化服务，也包括公共文化再生产的服务，服务的目标既要满足公民基本文化需求，又要实施对公民的共同价值观培育，尤其是核心价值观塑造，因此，公共文化服务过程本身就是凝聚公共文化精神、形塑社会共同价值观的过程。

3. 基于文化权利或文化福利角度的诠释

（1）文化权利的内涵

对文化权利的定义大多见于各类政府文件或报告之中，既有国际上通行的文件（如联合国的《人权宣言》），也包括了各个国家根据自身情况而做出的因地制宜的解释（如我国的"十一五"时期文化发展规划纲要和中共十七大报告）。简而言之，政府文件中大都将文化权利视为与政治权利、经济权利和社会权利并列的一项公民权利。与此同时，学界对文化权利的研究也颇为丰硕，比如罗道尔夫·斯塔文哈根认为，文化权利是指公民获得累积文化资本的权利[1]；艺衡等认为，公民的文化权利包括自由开展文化活动的权利、均等享受文化成果的权利、文化专利权和知识产权四个维度的内涵[2]；蒋永福则认为，公共文化服务的实质是政府对公民基本文化需求的有效供给[3]。

（2）"文化权利观"视角下的公共文化服务

"文化权利观"认为"文化权利"是公民与生俱有的人权之一，保障公民"文化权利"的实质则是满足公民的"文化需求"[4]；进而认为，公共文化服务出发点是保障公民基本人权，以公民"文化需求"的满足为其基本任务[5]。

在"文化权利观"中，维戈达（E. Vigoda）的观点具有代表性。[6]他认为，公民的"文化权利"掌握在自己手里，公民对于"文化权利"具有主动性，在公共服务过程中，公民不是公共文化服务机构的"顾客"而是"伙伴"，公民角色的转换对于公共事务决策过程的民主化具有重要的促进作用。当然，若无一定公共意识和公共精

---

① ［挪威］艾德等著，黄列译.经济、社会和文化的权利［M］.北京：中国社会科学出版社，2003：98.
② 艺衡，任珺，杨立青.文化权利：回溯与解读［M］.北京：社会科学文献出版社，2005：12.
③ 蒋永福.文化权利、公共文化服务体系与公共图书馆事业［J］.国家图书馆学刊，2007（04）：18.
④ 同上。
⑤ 蒯大申.现代公共文化服务体系的内涵与基本特征［N］.文汇报，2014-02-24.
⑥ E. Vigoda, Eran. Internal Politics in Public Administration Systems: An Empirical Examination of Its Relationship with Job Congruence, Organizational Citizenship Behavior, and In-Role Performance［J］. Academic Journal Article, 2000, 29(2): 186.

神的规约，如果公民过于强调自己的"权利"就很容易忽视自己应该承担的"责任"，就会适得其反①，也会带来一些现实问题，诸如民众对公共文化资源的浪费和对公共文化设施的破坏等②。

（3）"文化福利观"视角下的公共文化服务

"文化福利观"认为，公共文化服务是传统福利在文化领域的延伸，国家和社会的公共文化服务实质是一种"文化福利"。③这一观点体现了政府对公共文化服务建设的责任，然而遗憾的是，公共文化服务的"文化福利观"如果被付之于实践，也很容易使公共文化服务陷入"行政任务"的层层传递，任务式的供给很容易导致民主参与的缺失，造成公共文化服务的供给与民众公共文化服务的需求相错位，甚至产生脱节的现象。④

4.基于文化治理角度的诠释

"文化治理观"认为，公共文化服务的实质就是在全社会建构共同价值观、凝聚社会公共精神；公共文化服务既是文化治理的一种有效手段，也是文化治理的一个重要组成部分。除提供文化性公共服务（产品）以外，还强调多元主体参与的作用，关注服务的过程对培育公民精神、促成文化认同的作用。⑤

客观而言，以上四种公共文化服务的内涵界定各有其合理性：文化的公共服务观点事实上强调的是现代公共文化服务是公共服务型政府的公共职能之一，指明了政府对免费提供公共文化服务的保障责任无可推卸；公共文化的服务观点强调公共文化的公共性，指明了政府建设公共文化设施和引导公众共同价值观形成的双重责任；文化权利观点强调公众的文化权利的主动性和申索性，指明了公众的公共文化需求应该成为政府提供公共文化服务的基本点和出发点，公共文化服务必须建议以需求为中心的供给；文化治理观点强调的是公共文化服务的多元供给和社会广泛参与，指明了政府主导下公共文化服务的社会化和市场化改革取向，有助于激活公共文化服务的应有活力和提高服务效率。相对而言，文化福利观点也强调政府的免费供给责任，但相对于文化的公共服务观而言，对政府的责任还没有上升到政府职能的强制性高度；相对于

---

① 吴理财.把治理引入公共文化服务［J］.探索与争鸣，2012（06）.
② 夏国锋.从权利到治理：公共文化服务研究的话语转向［J］.湘潭大学学报（哲学社会科学版），2014（05）.
③ 吕效华，朱力.流动人口文化福利支持机制构建研究——学习贯彻党的十七届六中全会精神［J］.理论探讨，2012（01）：28—32.
④ 吴理财.把治理引入公共文化服务［J］.探索与争鸣，2012（06）.
⑤ 同上.

文化权利观点而言，对政府的责任还没有上升到公众可以要求政府提供的高度，把是否提供公共文化服务、能够提供什么样的公共文化服务主动权完全交给了政府。因此，它只能是我国早期的部分学者的不成熟认识，在学术界的影响并不大。当前，我国一般意义上的公共文化服务既是政府的公共服务职能之一，又是公共文化治理的重要方式和重要内容之一；既强调政府的基本公共文化服务主动保障责任，又强调以民众的公共文化需求为出发点，实现公共文化服务的供需对接；既强调社会共同价值观和公共精神的塑造，又强调适应公众的个性化公共文化需求。因此，当前对于公共文化服务的认识已经相对成熟，属于以上各种观点的优点集成，又避免了各种观点的缺陷。

（二）公共文化服务的内容构成

鉴于公共文化服务具有非排他性和非竞争性的特点，在参考前人研究基础之上，本书同意将公共文化服务分为纯公共文化服务和准公共文化服务两类。其中，纯粹的公共文化服务具有非排他性和非竞争性的双重属性，而准公共文化服务则只有两种属性中的一种。具体内容构成的阐述如下。

1. 纯公共文化服务

纯公共文化服务大致可分为两种类型：一种是与国家文化主权、社会稳定和民族文化传承相关的公共文化服务（如法律、法规、政策等），这种类型的纯公共文化服务直接关系到国计民生、国家文化安全和公民的文化权益，其"公共性"的特征非常明显，因而只能并且必须由政府统一供给；另一种则是具有纯粹公益性质的公共文化产品和服务（如公共图书馆、文化馆等），这种类型的公共文化服务最典型的特征就是不具备排他性或排他性不明显，其一旦出现便以公共产品的形式存在，无法成为私有物品。

2. 准公共文化服务

当前，与民众日常生活联系紧密的多数公共文化服务，民众在享受这类服务时需要支付一定的报酬（如旅游景区、电影院、有线电视等），其通常介于纯公共文化服务和纯私人文化服务之间，非排他性或非竞争性的特征并不明显，故可将其视为准公共文化服务。准公共文化服务的属性比纯公共文化服务更复杂多样，这也为准公共文化服务的多元化供给和多样化生产奠定了基础。与此同时，学界的相关研究也印证了这一观点，比如加雷斯·迈尔斯（Gareth D. Myles）认为，准公共文化服务可通过政府补贴的方式，由政府和私人混合提供。[①]

---

① Gareth D. Myles. Public Economics［M］. England: Cambridge University Press, 1995.

（三）公共文化服务的主体构成

从上述研究不难看出，以公共服务、公共文化、文化权利和文化治理这四个视角对公共文化服务内涵的界定与阐释，虽然在政府如何供给、供给什么、在多大程度上供给公共文化服务方面略有差异，但都明确政府是公共文化服务供给的主体。鉴于公共文化服务包含了纯公共文化服务和准公共文化服务两大类型，并且准公共文化服务具有复杂性和多样性的特征，本书认为，公共文化服务的发展可引入适当的市场机制和市场手段，故而在此基础上，将公共文化服务的主体构成划分为完全政府供给、完全市场供给和公私合作伙伴三种类型。具体阐述如下。

1. 完全政府供给模式

理解公共文化服务"完全政府供给"类型，首先需要厘清"政府"这一概念。一般而言，"政府"大致有三个层面的含义：一、负责制定规则、提供服务和治理国家的政治机构，这是"政府"最广义层面的概念；二、中央和地方各级行政机关的泛称；三、代指中央行政机关的核心部分，这是"政府"最狭义层面的概念。需要指出的是，本书中"政府"的概念介于广义层面和狭义层面之间，即"政府"第二层面的含义。

所谓公共文化服务的"完全政府供给模式"，顾名思义，就是指公共文化服务当且仅当政府这个唯一的主体来供给，其他主体不能供给公共文化服务。萨瓦斯（Savas）认为，在公共文化服务"完全政府供给模式"中，政府是集"生产者"和"安排者"功能于一身的结合体。[1]其目的在于，通过政府职能，利用公权力的行使和公共资源的合理配置，最终达到保障居民公共文化服务均等化的目的。

一些学者从文化权利角度出发认为，公民的文化权是人权的一项基本要素，向公民提供并使其能够自由地参与和享受公共文化服务是政府的义务和职责所在[2]；一些学者认为，公共文化服务的"完全政府供给模式"的最大优势在于其能够短时和充分地动员公共资源为公民提供公共文化服务。但是，面对公民日益增长的公共文化需求，公共文化服务的"完全政府供给模式"也逐渐面临资金不足，从而导致出现公共文化服务供给不均衡的局面[3]；一些学者则对公共文化服务供给上政府的"适度介入"进行了探讨，并指出了政府在公共文化服务供给领域的主要职责，即提供法律保障文化产

---

① ［美］E. S. 萨瓦斯著，周志忍译．民营化与公私部门的伙伴关系［M］．北京：中国人民大学出版社，2002：70.

② 何继良．关于构建公共文化服务体系、保障人民基本文化权益的若干问题思考［J］．毛泽东邓小平理论研究，2007（12）；张筱强，陈宇飞．充分保障人民的基本文化权益［J］．中共中央党校学报，2008，12（03）.

③ 孔进．公共文化服务供给政府的作用［D］．济南：山东大学，2005.

业的发展、保护知识产权、创造公平竞争环境等[①]。

2. 完全市场供给模式

与公共文化服务"完全政府供给模式"相同，厘清"市场"这一概念，是理解公共文化服务"完全市场供给模式"的基础。首先，"场所说"认为，"市场"就是买者和卖者进行商品交换的场所，人们头脑中商品交换的观念则是其最重要的环节，这是"市场"最直接的定义[②]；保罗·萨缪尔森等则从"机制说"的角度入题，认为"市场"是一种交易机制，在这种交易机制下，商品（劳务）的价格和交易数量由买卖者双方的力量共同决定，并不能由单方面决定[③]。就本书而言，将"市场"理解为商品交换的机制比较妥当。

所谓公共文化服务的"完全市场供给模式"，顾名思义，就是在市场经济制度之上，将公共文化服务的供给完全依照市场规律来运作，交由私人全权负责。由于市场化机制有助于优化政府公共文化服务成本[④]，因此，"完全市场供给模式"的最大优势在于其能够高效地对公民公共文化服务的新需求做出灵敏的反应[⑤]。

3. 公私合作伙伴模式

学界对"公私合作伙伴"（Public-Private Partnership）含义的理解较为统一。萨瓦斯认为，公私合作伙伴是企业、社会和政府为改善城市状况而进行的一种正式合作，是一种多方参与并民营化的基础项目[⑥]；马修·弗林德斯（Mattheu Filnders）认为，公私合作伙伴是指公—私部门在为实现一个公共政策结果的共同愿景下，所形成的一种风险共担方式的合作关系[⑦]；约翰·弗雷尔（John Forrer）则认为，公私合作伙伴是政府与私营部门共担风险的一种动态协议，其中，私营部门参与了原本只有公共部门的提供的产品和服务生产[⑧]；达霖·格里姆赛（Darrin Grimsey）等则认为，公私合作伙伴的本质在于公共部门购买的是一整套服务，而不是一项资产，这一特点是公私合作伙伴模式得以立足的关键所在[⑨]；邹昱昙则认为，公私合作伙伴模式介于政府采购和完全

① 顾江.文化市场建设中的政府介入机制［J］.江海学刊，2001（15）.
② 王建民.管理经济学［M］.北京：北京大学出版社，2004：95.
③ ［美］保罗·萨缪尔森、威廉·诺德豪斯著，萧琛等译.经济学［M］.北京：华夏出版社，1999：21.
④ 张波，宋林霖.优化政府公共文化服务成本的制度研究［J］.理论探讨，2008（06）.
⑤ 左惠.文化产品的公共物品属性及其供给模式选择［J］.中州学刊，2009（05）.
⑥ ［美］E.S.萨瓦斯著，周志忍译.民营化与公私部门的伙伴关系［M］.北京：中国人民大学出版社，2002：70.
⑦ Matthew Flinders. The Politics of Public-Private Partnership［J］. The British Journal of Politics & International Relations, 2005(07).
⑧ John Forrer, James Edwin Kee, Kathryn. E. Newcomer, Eric Boyer. Public-Private Partnerships and the Public Accountability Question［J］. Public Administration Review, 2010, 70(03).
⑨ Darrin Grimsey, Mervyn K. Lewis. Evaluating the Risks of Public-Private Partnerships for Infrastructure Projects ［J］. International Journal of Project Management, 2002 (20).

私有化之间，是一种新型融资方式[①]。

应当说，现在的共识是，完全政府供给模式和完全市场供给模式均不可取。因为完全政府供给模式容易导致公共文化服务供给的行政化和官僚化倾向，忽视公众真正的公共文化需求，从而容易导致公共文化服务供需不衔接和服务效能低下；完全市场化供给模式容易导致公共文化服务供给的政府缺位倾向，忽视政府对于公共文化服务供给的主体性责任，市场的逐利本质也会导致公共文化服务过度偏向经济效益而损害社会效益，而且完全依赖市场也未必能提高公共文化服务的供给效率，从而不利于国家公共文化治理目标的实现。我国在这两个方面都走过弯路，也有过诸多教训，因此，十八大以后，在强调公共文化服务的政府主导基础上，尝试公共文化服务的公私合作伙伴模式，其实质是公共文化服务的社会化改革和市场化补充机制，是对当前我国近乎"完全政府供给模式"的一种优化，即政府通过购买服务、委托生产、合同外包、特许经营等手段，将公共文化服务交给社会组织、文化企业或个人经营，实现所有权和经营权的分离，从而打破公共文化服务的体制内循环，解决政府完全供给的种种弊端，提高公共文化服务的质量和效率。这种供给方式不仅可以缓解政府作为单一供给主体带来的公共文化服务投入不足问题，而且可以推动社会组织、文化企业、社会团体等社会力量参与社会公共文化服务。不仅如此，这种公共文化服务的公私合作伙伴模式还可以促进公共文化服务与文化产业的相互融合，促进中国新阶段公共文化服务业的发展和实现公共文化治理目标。

二、乡村文化发展：意义与问题

（一）发展背景与战略意义

1. 乡村文化发展的背景研究

城乡经济社会二元经济结构是伴随着我国工业化过程形成的。改革开放以来，我国经济始终未能走出城乡二元结构，也正是城乡二元结构格局制约了经济发展。高善春认为，城乡二元结构不仅表现在经济建设方面，更表现于文化方面，具体表现在农村文化发展和城市相对割裂、自成体系等方面。[②]徐学庆、周新辉等认为，城乡二元结构几乎使所有高质量的文化设施、人才、资源和活动都聚集在城市，和城市文化日

---

① 邹昱昙.浅析我国基础设施建设中模式应用问题［J］.商业时代，2004（24）.
② 高善春.城乡文化一体化建设的制约因素及应对策略［J］.河北理工大学学报（社会科学版），2011，11（03）：68—70.

益发展相比，农村文化体系逐渐被边缘化。①石力月、何馗馗指出，城乡二元结构已对社会的和谐发展造成了影响。②卢婷婷、翟坤周提出，农村经济的飞速发展与城镇化、工业化推动下的现代文明产生的激烈冲击，对打破城乡文化结构提出了迫切要求。③蒋建国认为，在当前以城带乡的发展阶段中，以城带乡和城乡联动是拓宽公共文化服务领域和实现城乡公共文化服务一体化的重要手段。④在此背景下，我国推动城乡公共文化服务均等化的政策力度不断加大。胡税根、李倩认为，城乡公共文化服务均等化工作于1998年发布《文化部关于进一步加强农村文化建设的意见》后开始受到重视。⑤此后，多个部门又相继出台多项推动农村公共文化服务建设的政策意见。这些政策对推进城乡公共文化服务均等化的文化设施、文化队伍、重大工程等都提出具体要求。此外，针对民族地区，李桃、索晓霞指出，加强少数民族地区的公共文化服务，尤其是构建城乡一体化服务体系对于民族地区的安定团结非常重要。⑥

2. 乡村文化发展的战略意义研究

新时期的农村文化建设是新农村建设的重要组成部分，而作为凝聚农村精气神、打造农民精神家园的农村公共文化服务建设是其中的重中之重。其一，农村公共文化服务建设有利于满足农村群众的精神文化基本需求。刘文俭、曹爱军、方晓彤等认为，通过开展均等的公共文化服务体系建设，可以满足农民群体的精神需求，有利于提高农村社会农民的文化修养和精神状态。⑦冷稼祥基于图书馆城乡一体化发展视角指出，构建农村公共图书馆服务体系可以不断满足农民的文化需求，为新农村建设做出贡献。⑧其二，有利于保障农村群众的基本文化权利。王建云指出，加强农村文化

---

① 徐学庆. 建立健全新农村文化建设的援助机制［J］. 学习论坛，2012，28（11）：58—62；周新辉，刘佳. 农村公共文化服务体系建设现状及多维思考——以山东省为例［J］. 安徽农业科学，2017，45（22）：203—206，246.

② 石力月. 城乡二元格局中的公共文化服务问题——以广播电视"村村通"工程建设为例［J］. 新闻大学，2013（03）：43—47；何馗馗. 城乡一体化进程中公共文化服务的均等化［J］. 党政干部学刊，2014（03）：57—62.

③ 卢婷婷，翟坤周. 城乡二元结构下的农村文化建设：现实逻辑与动力机制［J］. 新疆社会科学，2012（05）：105—112，152.

④ 蒋建国. 加快城乡文化一体化发展［J］. 求是，2011（23）：17—20.

⑤ 胡税根，李倩. 我国公共文化服务政策发展研究［J］. 华中师范大学学报（人文社会科学版），2015，54（02）：43—53.

⑥ 李桃，索晓霞. 民族地区公共文化服务城乡一体化初探［J］. 贵州社会科学，2014（09）：157—161.

⑦ 刘文俭，张传翔，刘效敬. 统筹城乡文化发展战略研究［J］. 国家行政学院学报，2005（02）：48—51；曹爱军，方晓彤. 西部农村公共文化服务及其制度梗阻——基于甘肃农村的调查分析［J］. 贵州社会科学，2010（03）：76—79.

⑧ 冷稼祥. 构建城乡一体化公共图书馆服务体系推进社会主义新农村建设——靖江市图书馆实施总分馆制的实践与探索［J］. 新世纪图书馆，2012（09）：88—91.

建设，有利于保障农民的基本文化权利，推进城乡统筹协调发展。[①]周芝萍表示，在农村着力建设的公共文化服务体系，对改变原有的农村服务理念、实现农民基本文化权利、创新农村治理方式具有深刻意义。[②]马玉玲强调，我国文化事业的基础是农村文化，加强农村文化建设才能真正实现最广大人民群众的基本文化权益。[③]其三，有利于加强农村地区精神文明建设。阮荣平、郑风田等通过研究农村公共文化供给与农村宗教信仰之间的关系发现，公共文化供给增加能够降低村民的信教比例和农户的宗教参与程度。[④]巩村磊指出，农村公共文化服务体系是国家政治动员的重要手段、精神文明建设的重要载体，为新农村建设提供和谐的社会环境。[⑤]此外，李少惠、王苗提出，构建农村公共文化服务供给社会化是当前农村社会转型的关键。[⑥]高善春等综合性地梳理了城乡文化一体化建设的意义。[⑦]

（二）现状问题及潜在矛盾

毋庸置疑，当前公共文化服务存在诸多问题，现有文献针对这些问题展开了大量研究。研究主要围绕以下三个问题展开。

一是体制的制约导致文化设施和文化资源配置不均衡。第一，现行体制导致文化资源条块分割，难以统筹利用。我国"大公共文化服务"的框架尚未建立，多头管理，条块分割，有关部门职能重叠，资金方面难以集中投入，相关部门尚未就公共文化资源建立统筹体系，综合效益难以发挥。分割管理导致不同层级政府部门往往会从自身利益出发来考量问题，公共合力无法形成，势必造成公共文化服务效能低下、活力不足问题。[⑧]张楠从公共文化发展机制入手，针对当前公共文化服务体系建设中效率低下和发展机制不持久等问题，提出应从法律、政策、制度、法规这四个层面建立起一个"完善的保障体系"。第二，城乡二元体制导致公共文化服务在地区之间发展不均衡。安彦林运用实证手段发现，我国城乡公共文化服务存在着财政投入不均衡和

[①] 王建云.文化建设和发展同样需要城乡统筹［J］.今日浙江，2009（18）：58.
[②] 周芝萍.农村公共文化服务体系构建——以江西为例［J］.江西社会科学，2014，34（05）：233—237.
[③] 马玉玲.我国农村公共文化建设的现状与改进措施［J］.江西社会科学，2015，35（05）：229—233.
[④] 阮荣平，郑风田，刘力.公共文化供给的宗教信仰挤出效应检验——基于河南农村调查数据［J］.中国农村观察，2010（06）：72—85.
[⑤] 巩村磊.农村公共文化服务体系构建的价值取向及其现实意义［J］.理论学刊，2014（01）：100—104.
[⑥] 李少惠，王苗.农村公共文化服务供给社会化的模式构建［J］.国家行政学院学报，2010（02）：44—48.
[⑦] 高善春.论城乡文化一体化建设的意义、条件与措施［J］.内蒙古农业大学学报（社会科学版），2010（06）：240—242.
[⑧] 阮可，郭怡.公共文化服务协调机制研究［M］.杭州：浙江大学出版社，2015.

基础设施投入不均衡的现象，而且农村居民从公共文化服务中获得的效用明显低于城市。第三，公共文化精神在全社会尚未形成。目前，健康优雅的、得到全社会共同认可的公共文化精神还没有确立。即使是社会精英人士，对公共文化事务也热情不足。因此，引导公民的文化品位、形塑公民的公共精神尤为重要和紧迫。究其原因，正是由于社会文化观念和服务意识的淡薄、公共规则制定和公共行为监督的缺失、强势政府模式的习惯越位导致了政府公共职能的异化、错位与公共服务型政府建设的滞后。这种异化、错位和滞后成为当前公共文化服务建设的重要原因。

二是当前我国文化服务机构中存在着严重的供需不对称问题。一方面是公共文化服务供给机制与群众精神需求的不对称。个别地方的文化管理部门对真正的群众文化需求没有充分了解，造成对公共文化服务的错位理解，使公共文化设施的完善和文化活动的开展沦为简单的"文化暖心工程"，导致公共文化服务的社会效益被大打折扣。在公共文化服务领域，公共文化产品的数量和质量不能有效地满足群众对公共文化的需求。例如，我们只能衡量文化产品的数量和类型，但文化的精神需求难以量化。如果要通过量化的标准来衡量群众的需求，公共文化服务供求的错位就会非常容易。公共文化服务的目的不仅在于使公众享有基本的文化娱乐权利，还要积极地引导社会价值观念和行为规范。偏离人民文化的精神需要，不仅造成巨大的财政浪费，甚至可能导致人们价值观念和社会行为规范的扭曲。①另一方面，服务供求结构之间对接并不完善。杨泽喜在农村文化调研中发现，针对基层地区推广"一村一月一电影"虽然不难实现，但观众寥寥，很多基层工作者没有考量到村中现有公众的实际文化需求，不少农村地区的青壮劳动力都外出工作，并且青少年一般上学，只剩下对电影并不感兴趣的老年人，电影放映的参与力度十分低下。②李少惠、余君萍也认为，供需信息不对称导致文化活动开展与实际需求的脱节问题不仅会造成国家文化资源的浪费，而且造成公众文化需求在形式上满足而实际上并未满足，公共文化服务的效能十分低下。③另外是公共文化服务效能低下问题。当前公共文化服务效能不高是公认的事实，提升服务效能的任务十分紧迫，国内媒体舆论和专家学者对服务效能也给予了重点关注。刘晨曦发现，我国乡镇、社区等基层的公共文化服务机构对群众的需求考虑得较少，也并不知情，大多为单向供给的模式。在传统的文化体制影响下，所有的公益性文

① 江逐浪.中国公共文化服务事业发展中的几个内在问题［J］.现代传播，2010（5）：11—18.
② 杨泽喜.国家公共文化服务体系构建中的政府角色定位研究［J］.湖北理工学院学报（人文社会科学版），2014（3）：41—45.
③ 李少惠，余君萍.西方公共文化服务体系综述及其启示［J］.图书馆理论与实践，2012（3）：17—20.

化事业由政府一手包办，行政权力对公共文化事业的过多干预和影响使公共文化服务的本质错位，导致公共财政压力剧增和民间文艺团队萎缩。[①]刘洋发现，基层的公共文化设施存在这样的状况：按照国家标准，公共文化服务馆舍数量并不少，而且文化设施也较为齐备，但由于文化服务的吸引力严重不足，很多设施无人问津，使用率很低[②]；孔进运用数学模型——因子分析法的研究结果表明，我国政府更重视公共文化服务设施的数量建设，而不是提高公共文化设施的利用率和群众对文化活动的参与率[③]。对此，文化部时任部长蔡武在2013年表示认同，指出，"以往我们只看到只注意到文化的教化功能，忽视了满足需求的功能，结果把老百姓最喜欢的东西给搞丢了"[④]。

三是人才缺乏成为制约公共文化服务提升的关键因素。当前，我国许多地方并不缺乏文化广场、文化设施，但缺乏文化能人和文化活动带头人、领头雁，文化活动方式较为单一、缺乏创新，文化活动内容陈陈相因、千篇一律，对群众没有吸引力，导致文化活动难以开展。究其原因，主要有两方面，一方面是我国对公共文化队伍建设的投入力度较低。李国新通过实证分析发现，尽管我国政府一直在加大对文化人才梯队建设的投入，但相比较于对教育和体育投入而言，对文化方面的投入力度仍然十分不够，在基层文化单位，财政资金的投入就更少，导致基层文化系统人员工资和福利待遇较差，面临现有的队伍都很难维持的困境。另一方面，公共文化领域缺少完善的人才保障体制造成公共文化队伍难以不断壮大。王芳针对河北省公共文化服务现状展开研究，发现河北省农村由于缺乏完善的人才保障体系和措施，导致文化人才，尤其是文化能人大量流失；由于基层公共文化服务机构的文化人才本身数量不足、服务人员素质本身偏低，文化人才的流失造成基层公共文化服务可持续发展更为困难，与大城市的公共文化服务质量差距越来越大。[⑤]因此，建议加强基础公共文化服务机构人才队伍建设，着力于培养群众文化人才，尤其是群众文化带头人，充分发挥文化机构的人才培养阵地作用和文化人才的带头作用。

---

① 刘晨曦.我国现代公共文化服务建设存在问题及对策研究［D］.哈尔滨：哈尔滨商业大学，2015.

② 刘洋等.构建现代公共文化服务体系——2013年中国公共文化服务体系建设盘点［J］.中华文化论坛，2014（3）：132—136.

③ 孔进.我国政府公共文化服务提供能力研究［J］.山东社会科学，2010（3）：122—128.

④ 马闯.文化部公布首批公共文化示范区　改变重投入轻产出模式［EB/OL］.2013-11-28.http://china.cnr.cn/yaowen/201311/t20131128_514255739.shtml.

⑤ 王芳.城乡基本公共文化服务均等化问题研究——以河北省为例［J］.行政事业资产与财务，2016（34）：40—41.

三、乡村文化发展：路径与经验

（一）基本思路与多维路径

当前，对于城乡文化统筹发展的路径研究文献比较多。研究主要集中在四个方面：第一，公共图书馆和乡镇综合文化站、文化中心等公共文化设施建设在城市和农村地区的网络化布局，以实现城乡一体化建设的愿景；第二，文化产业的城乡一体化统筹发展；第三，关于城乡文化资源的信息共享研究；第四，城乡文化资源的协调与融合。

1. 文化设施的城乡布局

公共文化设施建设是城市和农村公共文化服务体系建设的重要内容，这也是本书研究的重点。对此，学界展开了深入探讨，比如研究城市和农村公共文化服务体系的建设，以及一些具体的文化中心、图书馆、农家书屋、乡镇综合文化站等建设。

合理配置图书馆资源是实现城乡文化综合发展、实现文化资源共享的有效、直接的途径。相关研究主要以个案研究为基础，研究案例涉及厦门、青岛、嘉兴等众多城市。比如陈娟基于厦门市图书馆的城乡统筹建设，提出了如何保证图书馆资源的城乡一体化问题，并提出建议。[①] 罗永禄等基于青岛地区的县级市图书馆和文化中心建设，提出了青岛市城乡文化设施建设和利用过程中的文化设施数量少、建设水平低和建设力度小等诸多问题，并提出政策建议。[②] 朱福英分析了浙江省嘉兴市的案例，她认为，嘉兴的公共图书馆服务体系建设以"政府主导、多级投入、集中管理、资源共享"为主要特点，创造了对各级图书馆"人、财、物"进行统一管理的"嘉兴模式"。[③] 李超平也认为，以"三级投入，一级管理"为特点的"嘉兴模式"有利于形成紧密型总分馆制度，在图书馆总分馆模式中更具有现实可行性和可操作性。[④] 任闽华通过江西省的案例研究，提出了完善基层公共图书馆公共文化服务均等化建设的对策和建议。[⑤] 梁琦综合各方面因素，提出了符合成都实际情况的公共图书馆建设模式（如"G-B-

---

① 陈娟. 论城乡图书馆资源一体化建设——以厦门市城乡图书馆建设为例 [J]. 江西图书馆学刊，2008（4）：20—21.
② 罗永禄，肖洁. 青岛市城乡文化设施建设利用中的问题及对策研究——以图书馆、文化馆为例 [J]. 中国西部科技，2009（10）：56—58.
③ 朱福英. 嘉兴市构建城乡一体化新型公共图书馆服务体系的实践和思考 [J]. 图书馆，2011（2）：110—111.
④ 李超平. 中国公共图书馆服务体系"嘉兴模式"研究 [J]. 中国图书馆学报，2009，35（06）：10—16.
⑤ 任闽华. 基层公共图书馆公共文化服务均等化建设分析与思考——以江西省基层公共图书馆为例 [J]. 农业图书情报学刊，2017（10）：169—174.

D"、农村图书流转、"一卡通"等模式）。① 在借鉴嘉兴、苏州、成都、宝鸡等成功经验的基础上，艾丽斯娜通过实地、网络和文献调研等方法，对安徽省进行了调研，分析了安徽省公共图书馆服务体系建设面临的问题，因地制宜地提出了相应建议和对策。② 除此之外，蔡平秋结合攀枝花的实地研究，阐述了图书馆总分馆制的概念，并总结了实施图书馆分馆制的难点所在③；基于辽宁省朝阳市的农村基层图书馆长效发展问题，王元展开了研究并提出对策④；陈洲对我国农村图书馆的发展历程进行了梳理，有效归纳了我国农村图书馆的发展特点，然后展开了对重庆市的个案研究，并针对农村图书馆的发展提出了相应建议⑤。

作为一项国家、政府部门高度重视的大型惠民工程，农家书屋的建设成效备受关注。对此，现有文献的研究重点探讨了农家书屋的管理机制、农村书屋的建设现状和存在的问题并提出建议。典型文献，如在访谈、考察和问卷调查基础上，程文艳认为，河北省农村书屋建设、使用中存在诸多问题，并就此提出其长效发展的机制构建策略⑥；刘兰芬对农家书屋的建设建议更偏重于农家书屋的经费保障、图书资源调配、人才队伍建设、日常管理、人才培养等诸多具体方面⑦。

文化馆体系是群众文化工作的龙头，也是构建公共文化服务体系的主要阵地和主力军。胡涌雪认为，文化馆体系建设对于促进全社会精神文明建设、繁荣群众文化事业的意义十分重大。⑧ 具体而言，在文化馆的现状分析、文化馆建设意义的探讨、文化馆在公共文化服务体系中作用的讨论、如何提升文化馆的服务能力和管理创新、如何加强文化馆队伍建设等方面均有数量不等的研究文献⑨，也成为学界关注的重点。

---

① 梁琦，李勇.城乡一体化进程中图书馆建设模式研究——以成都市为例［J］.四川图书馆学报，2010（3）：48—51.
② 艾丽斯娜.城乡一体化背景下安徽省公共图书馆服务体系建设研究［D］.合肥：安徽大学，2014.
③ 蔡平秋.攀枝花市图书馆实施总分馆制的构想［J］.科技情报开发与经济，2009，19（26）：65—67.
④ 王元.农村基层图书馆长效发展机制研究——以辽宁省朝阳市为例［J］.图书馆学刊，2011（5）：44—46.
⑤ 陈洲.重庆市农村图书馆发展策略研究［D］.重庆：重庆师范大学，2012.
⑥ 程文艳.河北省农村书屋的长效发展机制问题探讨［J］.河北科技师范学院学报（社会科学版），2010（3）：17—21.
⑦ 刘兰芬.城乡基本公共服务均等化视阈下的农家书屋建设探析［J］.农业图书情报学刊，2011（7）：205—208.
⑧ 胡涌雪.谈对文化馆公共文化服务体系的探索［J］.大众文艺，2010（10）：178.
⑨ 薄君.文化馆体系在构建公共文化服务体系中的职能定位与运营模式新探［J］.山东省青年管理干部学院学报，2006（5）：140—143；张哲，杨柳，张磊.公共文化服务中文化馆表现的必要性分析［J］.科技创新导报，2010（18）：231—232；李树余.文化馆站在促进和谐文化中的思考和对策［J］.大众文艺，2010（10）：175；潘晓曦.文化馆管理创新［J］.中共山西省直机关党校学报，2011（4）：34—35；刘波.浅谈如何提高文化馆的公共文化服务能力［J］.学周刊，2011（3）：208—209.

对于乡镇综合文化站的研究，当前文献研究的重点是乡镇文化中心、综合文化站的文化职能如何创新问题和如何在公共文化服务体系中有效发挥作用问题，诸多学者提出了自己的看法。典型文献贡献者包括许定国、黄春燕、段佐川、郝弋、谢宝奎、潘育平[①]，等等。

2. 城乡文化产业一体化发展

就城乡文化统筹而言，学界对于城乡文化产业一体化发展给予了较多关注，并提出了诸多政策建议，主要涉及几个方面：一是，城乡文化产业一体化发展[②]；二是，加快小城镇文化产业发展[③]，具体建议是加大对小城镇的文化教育投入、构建帮扶小城镇发展的长效机制，等等；三是，加大农村文化人才培养和文化消费市场培育[④]；四是，通过发展民族文化旅游发展民族文化产业[⑤]；五是，发展农村休闲文化产业[⑥]，并认为不断地探索乡村休闲文化产业发展的有效形式是推进城乡一体化进程和构建城乡发展新格局的基本路径。

3. 城乡文化一体化与文化信息资源共享

鉴于我国农村地区人口稀少、地域广阔，公共文化实体设施建设的城乡共享与城乡一体化建设并没有现实可行性，而数字信息远距离传输可以借助于原有的广播、卫星电视、网络等村村通信息化工程实现便捷的实时共享，因此，文化信息资源的城乡共享就成为城乡文化一体化建设的必然选择和可行路径，文化信息资源也成为学界关注的重点。

关于城乡文化信息资源共享的现有文献主要集中在各层级共享资源建设的现状问题、实施成效、有效模式、实践经验和绩效评价等诸多方面。比如阎琼英[⑦]、殷建文[⑧]、周明艳[⑨]等分析了文化信息资源共享中存在的主要问题。现状问题主要在于农村地区

① 许定国.加强乡镇综合文化站建设构建陕西农村公共文化服务体系［J］.学理论，2009（22）：91—92；黄春燕.新阶段加强乡镇综合文化站建设的几点思考［J］.广西农学报，2009（1）：64—67；段佐川.如何发挥乡镇综合文化站的作用［J］.学习月刊，2010（11）：52—53；郝弋.乡镇综合文化站职能创新的探索［J］.四川戏剧，2011（6）：120—121；谢宝奎.新形势下乡镇综合文化站加强建设的思考［J］.科技创新导报，2011（28）：247；潘育平.乡镇综合文化站管理问题探究［J］.大众文艺，2011（12）：183.
② 苏如娟.河南省城乡文化产业统筹发展中存在的问题及对策［J］.河南科技，2011（17）：14—15.
③ 兰勇，陈忠祥.论我国城市化过程中的城乡文化整合［J］.人文地理，2006（6）：45—49.
④ 潘金志.福建省农村文化产业发展研究［D］.福州：福建农林大学，2014.
⑤ 祝国超.城乡统筹背景下重庆民族文化产业开发调查研究［J］.长江师范学院学报，2011（12）：128—132.
⑥ 王永明.乡村休闲文化产业可持续发展的逻辑思路［J］.贵阳市委党校学报，2014（06）：46—49.
⑦ 阎琼英.对文化信息资源共享工程建设的实践与探索［J］.重庆图情研究，2008（02），25—27.
⑧ 殷建文.市级"文化信息资源共享工程"建设中的问题及对策［J］.科技情报开发与经济，2011（15）：118—121.
⑨ 周明艳.文化信息资源共享工程基层服务点的建设与思考［J］.农业网络信息，2011（5）：88—90.

的文化信息资源共享设备落后、技术人才缺乏、共享方式单一、共享资源内容不丰
富、服务效能不高等，因此需要加大对农村文化的经费投入，更新信息化装备，加强
技术人员培训，提升共享资源的利用和管理，等等。①还有部分学者对文化信息资源
共享工程的实施绩效展开研究，比如郝春柳等。②

4. 城乡文化资源的统筹与整合

当前，"城乡文化一体化发展"和"统筹城乡公共文化服务"各级政府均有所重
视，但城乡文化间差距明显的现实仍然不能被忽视。为此，高善春认为，城乡间的文
化整合是城市化的题中应有之义③；曾菊新倡导构建区域性"文化服务圈"，用以优化城
乡文化空间，从而实现城乡文化整合和关联发展④；王洛忠等则认为，制定公共文化服
务均等化的标准迫在眉睫⑤。围绕城乡文化资源的统筹与整合，现有文献主要从认识、
体制和策略三个方面展开。

在认识方面，学界大多认为城乡文化"二元"分割的主要原因是我国长期存在
"城乡二元结构"，因此，需要在正确认识城乡文化差异、共性和个性的基础上，突破
"城市中心论"和"经济优先论"的桎梏，切实采取措施调研城乡群众不同层面、不
同对象的多样化文化需求，并实施有针对性的文化建设方式和文化活动形式。⑥与此
同时，应该树立起以"文化民生"为核心的公民文化权利理念。

在体制方面，王娟在梳理山东省诸城市现状的基础上，阐述了"城乡公共文化服
务一体化"的具体做法。她认为，需要做到以下三点：一、推进公共文化服务标准化
和均等化进程，为实现公民个人的全面发展奠定基础；二、建立健全农村公共文化服
务需求的表达机制以及政府文化机构主动调研、感受和熟悉农村公共文化服务需求的
有效机制（如发放问卷、基层走访、电话热线等），为提高农村公共文化服务的有效
供给效率奠定基础；三、建立健全公共文化服务外部监督和内部回应制度（如文化服
务监督委员会）。⑦

在策略方面，鉴于农村长期以来对城市建设的牺牲和贡献，大多学者认为，应

---

① 刘红.县级图书馆实施"文化信息资源共享工程"的实践与思考［J］.重庆图情研究，2008（3）：22—25.
② 郝春柳，杨宇龙.文化信息资源共享工程绩效评价研究［J］.图书馆理论与实践，2011（6）：1—5.
③ 高善春.论城乡文化一体化建设的原则与路径［J］.安徽工业大学学报（社会科学版），2011（1）：37—39.
④ 曾菊新，祝影论.城乡关联发展与文化整合［J］.人文地理，2002（8）：7—12.
⑤ 王洛忠，李帆.我国基本公共文化服务：指标体系构建与地区差距测量［J］.经济社会体制比较，2013（1）：
184—195.
⑥ 张虹.城乡文化统筹发展与新农村建设的深化［J］.中共乌鲁木齐市委党校学报，2007（04）：61—64；赵
岚.城乡文化协调发展建立城乡文化互动机制［J］.商业经济，2009（22）：5—6.
⑦ 王娟.统筹城乡文化建设基本途径研究综述［J］.山东行政学院学报，2011（3）：127—130.

该建立起城市对农村文化的反哺机制和援助机制，尤其是要帮助农村发展具有农村特色的文化，把"文化下乡"变成"文化种乡"。这就要求积极制定并实施"城乡公共文化服务一体化"的发展规划和长效机制。[①]具体而言，主要需要做到以下五点：一、在"三下乡"活动中，重要项目和产品采用政府补贴和政府采购的形式直接对接农村，开展"零距离"的文化服务活动（如文化大篷车、流动文化车等），以此确保"三下乡"成为"长下乡"的民心工程[②]；二、统筹城市优质教育资源，积极开展农村支教活动，并逐步使其制度化，从而促进城乡教育资源均等化[③]；三、积极推进科技特派员制度，促进农村的经济发展与科技进步，提高公民的科技素养，使其最终成为城市反哺农村的长效机制[④]；四、继续开展下派村支书工作，促使政策、资金和信息等生产要素向农村聚集，从而增强农村积极发展的后劲[⑤]；五、继续实施"大学生村官"计划，优化农村基层干部队伍的结构，为新农村建设提供人才保障的同时，也锻炼了大学生自身的工作能力[⑥]。

（二）城乡文化融合发展的基本路径

1.强化城乡规划，着力构建城乡文化的互动机制

城乡文化一体化的基础在于城乡规划一体化。由此，部分学者认为，当前应该以现有文化设施建设、文化管理体制和经济发展水平为基础，着力制定合理的城乡文化一体化发展规划，并重点强调规划的落实。如农村文化发展政策上的倾斜，人才、技术和资金等方面的优惠等，必要时甚至可以成立"城乡社区建设工作领导小组"，以推动城乡文化发展政策的落实，最终实现城乡文化的均衡发展。[⑦]

---

① 王苹.略论城市文化反哺农村的必要性及其对策［J］.成都行政学院学报，2010（2）：88—90；王娟.统筹城乡文化建设基本途径研究综述［J］.山东行政学院学报，2011（3）：127—130；郑伦楚.农村文化建设：困境与路径选择［D］.武汉：华中师范大学，2008.
② 任萱.鄞州区开展文化、科技、卫生"三下乡"科普活动［J］.新农村，2015（03）：49.
③ 付卫东.高校毕业生农村支教政策的问题及对策［J］.教育发展研究，2009，28（Z2）：20—22.
④ 绳欢.科技特派员制度长效运行机制研究［D］.南昌：江西农业大学，2012；徐学庆.城乡文化一体化发展途径探析［J］.中州学刊，2013（01）：102—106.
⑤ 习近平.努力创新农村工作机制——福建省南平市向农村选派干部的调查与思考［J］.求是，2002（16）：13—16.李善来.双脚站在大地上才更有力量——山东省威海市选派机关干部到农村基层任职"第一书记"工作纪实［J］.现代领导，2013（11）：14—15.
⑥ 闫纪建.对实施大学生村官计划的理性思考［J］.学校党建与思想教育，2010（07）：71—72；陈莹.大学生村官计划实施的现状、问题及对策研究［D］.长沙：湖南师范大学，2014.
⑦ 谭志桂.以城带乡推动城乡文化均衡发展［J］.党建，2006（09）：26；柯慧.温州市乐清新农村文化大院建设现状、问题及对策研究［D］.南京：南京农业大学，2013；王刚，姜晨.新时期农村文化建设的现状分析与发展对策［J］.安徽农业科学，2013，41（15）：7049—7050；余凯旋.加强农村文化建设促进农村经济发展的对策思考［J］.经营管理者，2017（20）：266—267.

2.强化资源统筹，着力建构城乡文化发展新格局

正确理解城乡文化间的联系性、融合性和共同发展的必然性，随之将"农村—城市文化"纳入社会发展的全局考虑之中，是构建城乡文化发展新格局的关键所在。[1]而其中最为重要的就是城乡文化资源的统筹，并在城乡统筹的基础上推进城乡文化服务的一体化和均等化，这对现有的公共文化管理体制和公共文化服务运行机制提出了新的改革要求，尤其是要不断完善城市和农村间的文化援助机制、文化互补机制和解决阻碍城乡文化自由流通的体制型障碍和机制性问题，给农村文化大繁荣大发展提供良好的发展环境。[2]

3.促进城乡文化体制和市场的接轨，积极培育农村特色文化产业

农村是中国传统文化的"根"之所在，这一我国特有的历史和现实情况，决定了建立城乡文化的互动机制需要立足于中国城乡差异性的传统文化。对此，一些学者认为，在市场规律下，依托城市的文化体制，实现城乡文化体制和市场的接轨十分迫切。这就要求做到：一、及早对农村优秀民间文化资源进行系统性的整理、保护、发掘和利用（如传统民间艺术的抢救和推广、传统古村落的修缮和田园风光的复原等）；二、在合理区分事业性文化与经营性文化基础上，对农村事业性文化应予以扶持，并发展农村经营性文化，最终实现农村文化生产的多样性和产业性转变。[3]

4.推动城乡文化传播接轨，借助城市文化的各种载体发展农村文化

当前，多数农村地区面临文化设施数量不多、密度不大、文化机构服务意识薄弱、服务效果差等诸多情况，难以满足多层次、多样化的广大农村群众文化需求。[4]为早日解决这一现实矛盾，一些学者认为可以依托城市文化资源和"文化信息资源共享工程"，实现城乡一体的文化网络体系构建[5]；与此同时，通过广播、电视和报刊等媒体开展信息惠农服务，发挥城市文化反哺农村的机制也十分重要[6]。

① 赵海燕.强化"五个统筹"着力构建城乡文化发展新格局［N］.哈密日报（汉），2011-11-09（005）.
② 吴京金.浅论城乡公共文化服务均等化——以浙江省舟山市为例［J］.科技风，2012（03）：223—224；吴理财.积极推进城乡公共文化服务均等化——基于20省80县（市、区）的问卷调查分析［J］.湘潭大学学报（哲学社会科学版），2014，38（04）：21—27.
③ 姜长宝.农村文化产业发展态势分析［J］.宏观经济研究，2010（02）：66—71；李新市.中国农村文化产业发展研究［J］.四川行政学院学报，2006（02）：73—76.
④ 莫少强.将联合参考咨询网建设成为全国文化信息资源共享工程的重要服务窗口和阵地［J］.图书馆建设，2008（02）：106—107.
⑤ 张小芳，文武.文化信息资源共享工程建设体系探析［J］.河北科技图苑，2011，24（06）：22—24.
⑥ 谭志桂.积极促进城乡文化均衡发展［N］.光明日报，2006-08-27（007）.

5.加强城乡文化人才交流和培养，扩大农村教育面

公共文化服务说到底是以人民为中心的服务，惠民、乐民和育民是公共服务的题中应有之义。由此，一些学者认为，农民是农村建设的主体，也是农村特色文化产品的创作者和使用者。因此，对农民的文化培养是"新时代"的必然要求[①]；"教育扶贫"则是实现农民的文化培育的重中之重，因此，强化农村教育，尤其是农村职业教育和艺术教育十分重要，同时，还要加大力度以政策引导和鼓励大中城市的文化机构、文化人才和文化团队展开"文化下乡"活动[②]；在"教育扶贫"中，职业技能教育的强化则是关键环节。

6.强化城乡文化活动创新，促进城乡文化互动

城乡文化鲜明的异质性为城乡文化之间的互补和交流互动提供了多种可能和广阔的空间。因此，一些学者认为，实现城乡文化互动的关键在于城乡文化活动的常态化，让城市文化有更多机会深入农村，以及农村文化能够更大胆地走向城市，并使之形成城乡文化相互激励机制。[③]具体而言，政府应加大组织"送文化"活动的力度并使之长效化，并探索如何更好地满足农民日益增长的综合性文化需求。与此同时，还需要加强农村乡土文化的艺术性宣传，建立行之有效的"通道"，把富有民间、民族特色的文化引入城市，并使之成为城市文化的另一道"风景线"。

（三）乡村文化发展的保障机制

1.加强组织领导，强化制度保障

首先，强化公共文化服务城乡统筹的组织领导，由政府领导牵头，高规格成立"统筹城乡公共文化发展小组"，并由此贯彻和落实统筹乡村文化发展的各项举措，是一个可行路径。[④]其次，理顺各级政府和文化主管部门的责权，创新协调机制和文化运行机制，在各部门密切协作的基础上，充分发挥文化工作部门和各职能部门，如城乡规划建设部门、发展与改革委员会、旅游发展部门、广电部门、体育部门等的资源和专业化优势，推动提升乡村文化发展工作的长效性、稳定性和可持续性。[⑤]

---

① 刘博.新时代农民培养中的政府责任研究［D］.长沙：中南大学，2013.
② 王仁清.大力发展面向农村的职业教育——为全面建设小康社会做出应用的贡献［J］.大众科技，2004（11）：59—60；宁银萍.当前农村教育的问题及对策思考［J］.农业科技与信息，2008（02）：47—48；刘红侠.农民教育培训体系发展思路与对策［D］.杨凌：西北农林科技大学，2009.
③ 吴佳丽.城乡一体化背景下农村文化建设的路径研究［D］.武汉：华中农业大学，2012.
④ 张瑜.论公共文化服务体系构建中的政府职能与角色定位——基于城乡统筹发展的愿景［J］.广西社会科学，2014（12）：153—156.
⑤ 范周.创新公共文化管理体制和运行机制　加大公共文化服务保障力度［J］.人文天下，2015（04）：15—19.

2. 建立和完善乡村文化发展的绩效评估体系

乡村文化发展的贯彻和实现有赖其绩效评估体系的构建。首先，政府需要摆脱以国内生产总值为导向的政绩考核思维的桎梏；其次，逐步把乡村文化发展作为各级政府绩效评估的重要指标，以强化各级政府对乡村文化发展的科学认识。[①]

3. 建立和完善长效、多元的资金投入保障机制

首先，逐步将基础设施建设的重心往农村方向偏移；其次，加大农村公共文化服务事业的财政扶持力度，设立统筹乡村文化发展的专项资金，为农村公共文化服务事业资金来源的稳定提供保障[②]；再次，通过完善公共文化的市场化购买和合同化代管机制以及促进民营文化企业繁荣的机制，畅通农村公共文化和文化产业发展的投融资渠道[③]。

综上所述，学界对于乡村文化发展的背景、意义、思路进行了多维度探讨，同时根据我国乡村文化发展的现状与问题，提出了相应的对策和策略。尤其是很多学者针对一些城市或地区展开的乡村文化发展情况调研获得的深入细致的经验总结，为我国乡村文化发展和文化振兴打下了坚实的基础，也为其他学者的公共文化服务理论研究提供了宝贵的资料。

四、公共文化服务空间机制的相关研究

公共文化服务除了要考虑服务资源配置、服务机制选择之外，还必须充分考虑服务的空间机制问题。对此，目前文献主要围绕公共文化服务的空间差异、空间场域和空间配置三个方面展开，形成了诸多值得注意的研究成果。

（一）公共文化服务的空间差异

现有文献对于公共文化服务空间差异的研究主要集中于公共文化服务的国家差异、区域差异和公共文化服务供给模式的城乡差异上。

一是国家之间的差异。各个国家由于历史、国情等差异形成了不同的公共文化服务发展模式，但是现有研究对国家之间公共文化服务发展模式差异的比较相对较少。苗美娟认为，可能因为"公共文化"是一个具有中国特色的概念且国外没有严

---

① 何义珠，李露芳.公民参与视角下的城乡公共文化服务均等化研究［J］.图书馆杂志，2013，32（06）：17—20，43；韩雪风.论公共文化服务体系构建中的政府职责［J］.探索，2009（05）：113—116.

② 韩梅.关于财政支持公共文化服务体系建设情况的调研［J］.行政事业资产与财务，2009（05）：43—45.

③ 李文龙.甘肃农村公共文化服务事业发展研究［D］.兰州：兰州大学，2007.

格对应的文化分类方式。[①]李少惠、余君萍归纳了西方国家公共文化服务的三种主要模式，分别是政府主导模式、民间主导模式和政府与民众组织的分权化模式。其中，法国和日本属于典型的政府主导模式；加拿大、瑞典、美国为典型的民间主导模式；英国、澳大利亚为典型的政府与民众组织的分权化模式。[②]赵迎芳指出，这三种模式的共同点是公共文化服务的参与主体不仅包括政府部门，还有大量非政府组织和非营利组织，即政府和社会共同治理的结构。[③]张金岭认为，国家责任意识强化了法国公共文化服务建设中国家的主导地位，在现代治理理念的推动下，法国开始重视社会力量在公共文化服务体系建设中的参与，形成了多种主体参与的机制，不过中央集权仍然是其显著特征。[④]苗瑞丹对英国的模式做了进一步研究，在分权化模式基础上提出了共治的概念，指出英国的公共文化服务在实践中形成管理体制上的分权和管理模式、资助方式、运营模式、机制创新等方面的以共治为主要特色的发展模式。[⑤]反观我国，李山认为，我国公共文化服务深受计划经济体制下形成的政府行政性生产模式影响，不过随着经济体制改革的深入推进，出现了从政府行政性生产到政府购买供给的转向。[⑥]

二是区域之间的差异。对于东中西的区域公共文化服务差异，现有文献主要采用计量分析，并在计量分析的基础上提出相应策略。比如李中和、高娟通过SPSS（统计产品与服务解决方案）软件研究了我国东部、中部和西部的公共文化服务治理差异，发现我国公共治理水平由东向西逐步降低。[⑦]时涛、胡弢等通过层次分析模型构建指标体系分析我国基本公共文化服务水平总体趋势，进一步利用空间自相关分析研究其空间分布格局，研究结果表明，东部地区的基本公共文化服务水平高于中、西部。[⑧]王洛忠、李帆通过测算我国三大区域的基本公共文化服务发展指数和基尼系数发现，东部地区的基本公共文化服务水平高于中西部地区，且东部地区基本公共文化服务的不均等化程度更为明显。[⑨]

---

① 苗美娟.2016年我国公共文化服务研究进展［J］.图书馆论坛，2017，37（08）：81—90.
② 李少惠，余君萍.西方公共文化服务体系综述及其启示［J］.图书馆理论与实践，2012（03）：17—20.
③ 赵迎芳.国外公共文化服务体系建设及其对山东的启示［J］.东岳论丛，2014，35（04）：185—189.
④ 张金岭.社会治理视域下的法国公共文化服务［J］.学术论坛，2016，39（11）：156—162.
⑤ 苗瑞丹.英国公共文化服务的分权与共治经验及其借鉴［J］.马克思主义与现实，2016（04）：169—175.
⑥ 李山.政府购买：公共文化服务供给模式的现代转向［J］.地方财政研究，2015（04）：86—90.
⑦ 李中和，高娟.从区域治理的差异性看我国政府回应性的构建［J］.新视野，2010（1）：41—42.
⑧ 时涛，胡弢，闫月霞，张彦凤.我国基本公共文化服务省区差异及空间格局［J］.知识管理论坛，2014（06）：1—7.
⑨ 王洛忠，李帆.我国基本公共文化服务：指标体系构建与地区差距测量［J］.经济社会体制比较，2013（01）：184—195.

　　还有文献对公共文化服务均等化的区域差异展开研究。比如，韩增林等运用探索性空间数据分析方法对城乡基本公共服务均等化指数的空间格局进行研究，发现各省份城市和农村基本公共服务水平的差异显著，空间分布为"T"形格局，并呈"东—中—西"阶梯状递减。[1]马慧强等分析了2006—2013年京津冀地区基本公共服务均等化的时空格局演变特征，研究发现，京津冀地区基本公共服务均等化水平市际差异随时间演进呈缩小趋势，空间格局由低水平不均衡格局向高水平均衡格局演进的趋势，空间结构呈中心外围结构。[2]

　　三是城乡之间的差异。根据我国各地农村文化服务的实践，吴理财归纳了"部门供给""以钱养事""以县为主"三种模式，大多数省份采取部门供给模式，即由政府部门自上而下单向决定农村的公共文化服务和产品。[3]我国城乡公共文化服务供给结构失衡矛盾突出，毛雁冰、韩玉通过实证分析表明，城乡之间公共文化服务供给存在显著差异。[4]刘晓坷、孙浩以2008年数据为例说明，各级财政对农村文化的整体投入和人均投入远远低于同期的城市水平。[5]公共财政投入失衡是导致城乡公共文化服务城乡差异的重要因素。于志勇通过2006—2009年城乡文化事业费用数据发现，四年间，农村文化事业投入费用占全国比例无较大的浮动，而城市文化事业投入费用是农村的2.5倍。[6]孙浩认为，制约农村公共文化服务有效供给的现实基础是失衡的结构。[7]

　　另外，还有两个很有意思的问题是：在区域差异和城乡差异两者之间，哪一种差异更大？什么因素的差异对公共文化服务的需求或供给影响更大？为此，部分学者也展开了相应的研究。比如，吴理财基于20省80县（区）的问卷调查数据发现，区域之间群众的文化需求基本趋同，而城乡之间的文化需求差异显著。徐双敏、宋元武基于H省农民的问卷调查数据发现，区域人均收入的差异，会直接表现为不同区域农民对公共文化服务项目、文化设施项目的需求差异。

---

[1] 韩增林，李彬，张坤领.中国城乡基本公共服务均等化及其空间格局分析［J］.地理研究，2015（11）：2035—2048.

[2] 马慧强，王清，弓志刚.京津冀基本公共服务均等化水平测度及时空格局演变［J］.干旱区资源与环境，2016（11）：64—69.

[3] 吴理财.非均等化的农村文化服务及其改进对策［J］.华中师范大学学报（人文社会科学版），2008（03）：10—17.

[4] 毛雁冰，韩玉.新常态下公共文化服务供给水平的实证分析［J］.图书馆论坛，2015，35（12）：32—38.

[5] 刘晓坷，孙浩.善治视角的农村公共文化服务供给模式［J］.学习月刊，2012（02）：27—28.

[6] 于志勇.农村公共文化服务供给研究：基于公共服务均等化的视角［J］.云南行政学院学报，2012，14（04）：110—112.

[7] 孙浩.农村公共文化服务有效供给的体制性障碍研究［J］.甘肃行政学院学报，2011（06）：59—70，124.

（二）公共文化服务的空间场域

公共空间建设对于城市公共文化空间建设具有基础性作用。[①]当前，多位学者认识到了空间场域建设对公共文化服务建设的重要性。比如方坤认为，文化空间是公共文化服务建设的基本场域、出发点和归宿以及重要工具。[②]郑迦文指出，在公共文化服务建设的标准化、均等化等维度基础上，引入空间维度有助于公共文化服务在多个维度上运行。这里的空间场域有三层含义，一是传统意义上的物理空间，二是公共文化意义上的公共空间，三是抽象意义上的空间。[③]但在公共文化空间场域中的内容和结构方面，各学者的观点有一定差异。其中，陈杏认为，当前最活跃的公共文化空间是网络公共文化空间[④]；江逐浪认为，"生活空间向文化空间转换"具有十分重要的意义[⑤]；胡智锋、杨乘虎建议，要注重物理空间、知识空间、文化空间的拓展与深化[⑥]。另外，公共文化空间建设对于城市文化空间的重塑本身也具有"反哺"作用，如马树华就认为，公共文化服务对城市文化空间具有再造作用。[⑦]

就具体的公共文化场域而言，当前文献主要集中在特定的设施如图书馆这一具体的公共文化空间研究、特殊群体需求的公共文化场域研究和针对城乡的公共文化空间分析。

一是针对公共图书馆的文化空间分析。多位学者从文化空间角度论述了图书馆的核心价值。如王晴认为，图书馆作为公共文化空间的重要形式之一，在公共文化服务中发挥重要作用，表现出伦理性、社会性、人文性等价值[⑧]；肖希明指出了图书馆作为公共文化"场所"的作用[⑨]。陈萍论述了图书馆作为公共空间的社会价值，探讨了图书馆如何巩固自身的社会价值。[⑩]彭一中、余峰阐述了图书馆对增强公民政治意识、提

---

① 谭玉岐．都市城区群众文化长效发展新论［A］．湖北省群众文化学会；不老的长江——第二届长江沿岸城市群众文化发展论坛论文选［C］．湖北省群众文化学会，2001：8.
② 方坤．重塑文化空间：公共文化服务建设的空间转向［J/OL］．云南行政学院学报，2015，17（06）：26—31，53.
③ 郑迦文．公共文化空间：城市公共文化服务建设的空间维度［J］．华南师范大学学报（社会科学版），2017（01）：164—167，192.
④ 陈杏．公共文化服务与公共文化空间的关系探析［J］．图书馆杂志，2008（02）：9—11，15.
⑤ 江逐浪．中国公共文化服务事业发展中的几个内在问题［J］．现代传播，2010（5）：11—18.
⑥ 胡智锋，杨乘虎．免费开放：国家公共文化服务体系的发展与创新［J］．清华大学学报（哲学社会科学版），2013（1）：139—146.
⑦ 马树华．公共文化服务体系与城市文化空间拓展［J］．福建论坛（人文社会科学版），2010（06）：58—61.
⑧ 王晴．论图书馆作为公共文化空间的价值特征及优化策略［J］．图书馆建设，2013（02）：77—80.
⑨ 肖希明．图书馆作为公共文化空间的价值［J］．图书馆论坛，2011，31（06）：62—67.
⑩ 陈萍．试析图书馆作为公共文化空间的社会价值［J］．图书馆工作与研究，2014（03）：17—19.

高政治能力的社会价值。[①]学者也分析了各地将图书馆打造为公共文化空间的实践和路径，如肖永钤列举了国内外公共图书馆创新服务的诸多案例，从提升服务价值、提供针对性服务、开发特色馆藏等方面探讨图书馆如何打造公共文化空间[②]；陈碧红等以宝鸡市公共图书馆免费开放制度创新为例，探索西部地区构建区域公共文化空间的路径[③]；张素红分析了微博在图书馆公共文化服务中的效用，认为通过微博平台可以更好地实践公共图书馆的文化空间功能[④]。

二是针对特殊群体公共文化空间建设的分析。当前，我国公共文化服务体系建设主要集中于城市和乡镇、社区等基层，处于城乡之间的接合部、城中村和农民工集中地是公共文化服务最为薄弱的地区，因此也成为城市文化软实力提升的盲点区域。[⑤]对此，景晓芬建议，将农民工纳入公共文化服务体系，充分发挥公共文化空间的交往功能[⑥]；姜晓婷分析了新生代农民工的特征，指出其和往代农民工相比对城市文化空间的要求更高，而加强图书馆建设可为新生代农民工提供更有效的服务[⑦]。

三是针对城乡公共文化空间建设的分析。在农村公共文化空间研究方面，何兰萍指出，农村公共文化生活空间日益衰弱，为此必须重构农民的公共文化生活空间。[⑧]为此，学者们从理论和实践两方面展开了重构农村公共文化空间的政策建议。其中，在理论方面，吴理财等提出了"嵌入论"和市场化的解决思路[⑨]；傅才武、侯雪言借鉴场景理论的维度体系和分析框架，对我国农村公共文化空间进行了维度设定和场景分析[⑩]。在实践方面，李志农、乔文红以云南迪庆藏族自治州德钦县奔子栏村"拉斯节"为个案，认为传统村落公共文化空间对村庄发展具有重要影响[⑪]；陈杰、黎相宜以海南冠南侨乡公共文化空间的变迁为例，剖析了公共文化空间建设的"侨乡范式"[⑫]；章

① 彭一中，余峰.试论图书馆作为文化公共空间的社会价值 [J].高校图书馆工作，2012，32（04）：19—21.
② 肖永钤.用户需求与文化空间——公共图书馆创新服务探讨 [J].公共图书馆，2013（02）：14—17.
③ 陈碧红，钟晋华，熊伟，段小虎.西部地区公共图书馆免费开放制度创新的路径选择——以宝鸡市公共图书馆免费开放制度创新探索为例 [J].图书与情报，2013（03）：31—35.
④ 张素红.基于公共文化空间的图书馆微博研究 [D].武汉：华中师范大学，2014.
⑤ 陈映芳."农民工"：制度安排与身份认同 [J].社会学研究，2005（03）：119—132，244.
⑥ 景晓芬.农民工城市公共文化空间消费状况调查 [J].城市问题，2014（07）：74—77.
⑦ 姜晓婷.公共图书馆与新生代农民工城镇化的社会融入 [J].四川图书馆学报，2013（05）：14—17.
⑧ 何兰萍.关于重构农村公共文化生活空间的思考 [J].学习与实践，2007（11）：122—126.
⑨ 吴理财，李世敏.农村公共文化的陷落与重构 [J].中共浙江省委党校学报，2009（03）：94—98.
⑩ 傅才武，侯雪言.当代中国农村公共文化空间的解释维度与场景设计 [J].艺术百家，2016（06）：38—43.
⑪ 李志农，乔文红.传统村落公共文化空间与民族地区乡村治理——以云南迪庆藏族自治州德钦县奔子栏村"拉斯节"为例 [J].学术探索，2011（04）：61—65.
⑫ 陈杰，黎相宜.海南冠南侨乡公共文化空间的变迁——兼论侨乡范式的式微 [J].广西民族大学学报（哲学社会科学版），2014，36（05）：57—63.

丽华以浙江富阳农村文化礼堂建设为例，认为农村文化礼堂是农村公共文化空间重构的重要载体①。在城市公共文化空间研究方面，黄静考察了都市背景下的新型公共文化空间——上海书展，对其权力结构、内容特征、符号意义进行解析。②王丽娜以南京1865 创意产业园为例，探求基于城市记忆构建新的城市公共文化空间。③盖琪以北京706青年空间为样本，利用场景理论分析了我国城市青年公共文化空间构建的路径和意义④。

（三）公共文化服务的空间配置

一般而言，公共文化设施的布局和规划是政府提供公共文化服务资源配置状况最直接的表现，对此，段成荣、谭砢提出了公共文化设施的建设标准。⑤同时，公共文化设施的布局对其运行效能也会产生一定影响，如田蕾、唐鑫指出，北京市基层公共文化设施的空间错配使服务功能没有得到充分发挥。⑥当前对公共文化设施的空间配置研究主要围绕以下两个方面展开。

一是公共文化设施的空间分布。主要研究方法有核密度分析法⑦、空间自相关分析⑧、潜能模型⑨、访谈⑩、问卷调查⑪等，研究对象主要是北京、上海、广州、深圳等大中城市。其中，高军波和李倩、甘巧林等探讨了广州公共文化服务设施的空间分布

① 章丽华.以农村文化礼堂的建设促进农村公共文化空间的重构——以富阳市农村文化礼堂建设为例［J］.中国集体经济，2014（16）：1—3.
② 黄静.从"书展"到"文化展"——都市公共文化空间建构中的上海书展［J］.都市文化研究，2014（01）：349—356.
③ 王丽娜.基于城市记忆构建公共文化空间——以南京1865 创意产业园为例［J］.太原城市职业技术学院学报，2016（09）：6—8.
④ 盖琪.场景理论视角下的城市青年公共文化空间建构——以北京706 青年空间为例［J］.东岳丛论，2017（7）：72—80.
⑤ 段成荣，谭砢.城市公共文化设施规划研究——宁波城市新区公共文化设施规划案例研究［J］.人口研究，2002（6）：55—62.
⑥ 田蕾，唐鑫.论首都基层公共文化设施空间错配与服务效能提升［J］.中国市场，2016（52）：66—70.
⑦ 李玚.新型城镇化背景下城市公共文化设施供给水平与空间配置研究——以北京市为例［A］.中国地理学会经济地理专业委员会.2015年中国地理学会经济地理专业委员会学术研讨会论文摘要集［C］.中国地理学会经济地理专业委员会，2015：1；余涤非.郑州市文化设施空间格局及影响因素研究［A］.中国地理学会经济地理专业委员会.2017年中国地理学会经济地理专业委员会学术年会论文摘要集［C］.中国地理学会经济地理专业委员会，2017：1.
⑧ 田蕾，唐鑫.论首都基层公共文化设施空间错配与服务效能提升［J］.中国市场，2016（52）：66—70.
⑨ 吴波.基于改进后潜能模型的公共文化服务设施服务强度评价研究［J］.规划师，2010，26（S2）：32—35.
⑩ 王秋惠，杨爱慧.天津市涉老公共文化设施空间分布现状及发展趋势研究［J］.城市住宅，2016（09）：51—54.
⑪ 于绍璐，张景秋.北京城区文化设施利用的空间分异研究——以博物馆、体育馆、展览馆为例［J］.北京社会科学，2010（03）：73—77.

特征并分析其形成机制①；何丹、张景秋等②和李玢③对北京市的公共文化设施的数量、类型、分布等方面展开了分析。还有部分学者针对城乡公共文化设施的非均衡分布展开研究。比如，李新市④、徐学庆⑤等多位学者通过研究指出公共文化设施分布存在区域、城乡不平衡的问题。詹娜研究发现公共文化服务设施的分布更集中于精英人群集中地区，恰恰远离最为需要的低收入群体。⑥就其原因而言，琼斯（Jones Bryan）等认为，公共资源总量、居民需求等因素对这种不均衡性有重要影响。⑦还有学者对公共文化设施的时空演变进行了分析，如杨云鹏、张景秋分析了中华人民共和国成立以来北京市级以上博物馆的时空演变，并探讨影响分布特征的主要因素⑧；魏宗财等分析了改革开放以来深圳市文化设施的时空演变⑨。

二是图书馆、博物馆等具体设施的空间布局。杨全、王诺等通过构建数学模型为社区图书馆全新选址和补充性选址提供了合理的社区图书馆网点布局参考。⑩吴正荆等分析了长春市主城区图书馆布局和文献资源情况，结合基尼系数和洛伦兹曲线评价长春市主城区户籍人口享有文献资源的公平性⑪。还有学者从国家层面对图书馆的可持续发展水平⑫、服务水平⑬、服务效率⑭进行了空间特征分析。

---

① 高军波，周春山，王义民，江海燕.转型时期广州城市公共服务设施空间分析［J］.地理研究，2011，30（03）：424—436；李倩，甘巧林，刘润萍，郝爽.广州市中心城区公共文化设施空间分布研究［J］.中南林业科技大学学报（社会科学版），2012，6（02）：145.
② 何丹，张景秋，孟斌.北京市中心城区公共文化设施空间分布研究［J］.资源开发与市场，2014，30（01）：55—58，129.
③ 李玢.新型城镇化背景下城市公共文化设施供给水平与空间配置研究——以北京市为例［A］.中国地理学会经济地理专业委员会.2015年中国地理学会经济地理专业委员会学术研讨会论文摘要集［C］.中国地理学会经济地理专业委员会，2015：1.
④ 李新市.中国农村文化产业发展研究［J］.四川行政学院学报，2006（02）：73—76.
⑤ 徐学庆.农村文化设施建设：问题、成因及推进思路［J］.中州学刊，2008（01）：141—145.
⑥ Jenna. Assessing the spatial distribution of urban parks using GIS［J］. Landscape and Urban Planning, 2008 (82): 25—32.
⑦ Jones Bryan, Clifford Kaufman. The distribution of urban public services: a preliminary model［J］. Administration and Society, 1974, 6(3): 337—360.
⑧ 杨云鹏，张景秋.北京城区博物馆时空分布特征分析［J］.人文地理，2009（05）：52—54.
⑨ 魏宗财，甄峰，单樑，牟胜举，明立波.深圳市文化设施时空分布格局研究［J］.城市发展研究，2007（02）：8—13.
⑩ 杨全，王诺，王珂.兼顾公平与效率的社区图书馆网点布局研究［J］.图书情报工作，2015（15）：49—55.
⑪ 吴正荆，孙成江，褚迪.长春市图书馆信息资源空间分布公平性研究［J］.图书馆学研究，2010（22）：56—59，87.
⑫ 王惠.中国省域公共图书馆的可持续发展水平空间分布研究［J］.农业图书情报学刊，2015（04）：10—13.
⑬ 胡玫.我国公共图书馆服务均等化测度及空间格局分析［J］.图书情报工作，2015（07）：83—90.
⑭ 王惠，赵坚.中国省际公共图书馆效率动态演进与空间分布［J］.图书理论与实践，2016（05）：75—80.

五、公共文化服务效率研究

现有文献对公共文化服务的整体效率研究不多，且基本上都是针对公共文化服务财政支出效率的研究。但由于对公共文化内涵的理解不同，各研究文献所涵盖的公共文化范围并不一样。如刘鹏、邓凯文[①]和涂斌[②]的研究涵盖了文化产业和文化事业；杨林、许敬轩[③]的研究涵盖了图书馆、文物业、艺术表演业、群众文化机构；黄扬、李琴[④]的研究涵盖了图书馆、博物馆、文化馆、电影与艺术表演业等。由此，各研究文献采用的投入产出指标差异也很大。比如，研究公共文化支出效率的产出指标，刘鹏、邓凯文采用的是文化产业人员规模、文化事业单位数、文化产品消费水平；赖作莲[⑤]采用的是各类公共文化服务所惠及的人次数等十项指标；孟巍[⑥]采用的是人均艺术表演团队演出场次等四项人均指标。就研究方法而言，大多数研究采用DEA-Tobit两阶段分析方法，如赖作莲、钱勇晨[⑦]、许敬轩、杨林、涂斌，等等。还有一些采用了其他DEA组合方法或其他方法，如吴建军、周锦、顾江[⑧]采用Bootstrap-DEA模型；余冬林、谭海艳[⑨]采用了主成分分析方法；刘鹏、邓凯文同时运用参数SFA方法和非参数DEA方法；王银梅、朱耘婵[⑩]采用DEA-Tobit和Malmquist指数分析相结合的方法。尤其值得重视的是，孟巍综合采用超效率DEA模型、泰尔指数、核密度函数估计方法与空间动态面板杜宾模型分析我国地方政府公共文化支出效率的地区差异及影响因素，认为提高我国地方政府公共文化支出效率必须将时空的影响考虑进来。

---

① 刘鹏，邓凯文．中国省际公共文化支出效率差距与影响因素分析［J］．经济与管理评论，2016，32（04）：130—137．

② 涂斌．地方政府公共文化支出效率及影响因素——基于广东21个地级市的实证分析［J］．经济问题，2012（03）：18—21．

③ 杨林，许敬轩．地方财政公共文化服务支出效率评价与影响因素［J］．中央财经大学学报，2013（04）：7—13．

④ 黄扬，李琴．基于DEA方法的地方公共文化服务支出效率研究——以珠海市为例［J］．财政监督，2015（24）：58—60．

⑤ 赖作莲．基于DEA-Tobit方法的公共文化服务效率评价及其影响因素研究［J］．内蒙古财经大学学报，2016，14（06）：46—50．

⑥ 孟巍．我国地方政府公共文化支出效率的地区差异及影响因素研究［D］．济南：山东财经大学，2016．

⑦ 钱勇晨．地方政府公共文化服务供给效率研究［D］．杭州：浙江大学，2014．

⑧ 吴建军，周锦，顾江．公共文化服务体系效率评价及影响因素研究——以江苏省为例［J］．东岳论丛，2013，34（01）：131—136．

⑨ 余冬林，谭海艳．2005—2013年我国公共文化服务财政投入与产出的绩效评价——基于主成分分析［J］．老区建设，2016（06）：22—24．

⑩ 王银梅，朱耘婵．基于面板数据的地方政府公共文化支出效率研究［J］．经济问题，2015（06）：35—40．

　　不过，目前文献对于公共文化服务效率的研究主要还局限于区域差异层面，对城乡公共文化服务的效率差异还没有展开分析。事实上，由于人口密度、人口素质、组织管理等方面的原因，城乡公共文化服务效率可能会存在相当大的差异，是什么因素在影响这种差异、如何消弭这种差异就成为未来城乡公共文化服务研究领域的重要课题。

上篇

乡村文化振兴的
载体形态及其优化

第三章

公共图书馆的城乡联动难题及其双重调适

中共中央关于"十四五"规划和二○三五年远景目标的建议明确提出"推进城乡公共文化服务体系一体建设",其基础支撑正是公共文化设施;2018年中央一号文件《关于实施乡村振兴战略的意见》要求"加强农村公共文化建设",也重点强调了乡村公共文化设施建设,公共图书馆作为公共文化设施最主要类型之一,再度引发广泛关注,公共图书馆服务为广大居民提供重要的精神动力与智力支持,具有极为重要的典型意义。

截至2019年,我国公共图书馆共有3 189座[①],主要设置在县级以上行政区,城市化地区是公共图书馆提供有效服务的主要地区。高品质的公共文化设施有赖于充分的公共资源作为支撑,而现代图书馆还要求地方具备一定的专门资源与专业能力,书籍、人员及流通体系等在许多农村地区仍难以企及,因而公共图书馆向广大乡村地区全面扩展面临诸多困难。不仅如此,在互联网传媒高度发达和城乡文化生活水平提升的背景下,图书馆的意义和功能正在发生深刻变化,其运行机制和服务模式已明显不同往日,如何切实破解公共图书馆城乡一体化难题并构建有效策略,已然成为城乡公共文化服务体系一体建设及乡村文化振兴重大而迫切的现实问题。

一、城乡一体化的演进及其深层难题

新中国成立以来,以城市带动乡村公共图书馆建设就始终是发展乡村文化的基本策略与主要方式之一。在推进过程中,主要是在空间和体制这两个紧密相关的维度开展工作,一方面实现实现图书馆(室)在广大农村地区广泛兴建与持续服务,另一方面让农村地区拥有足够的体制资源作为长久而坚实的支撑,精准发掘双重难题的深层

---

① 王晓晖.提升公共文化服务水平.《〈中共中央关于制定国民经济和社会发展第十四个五年规划和二○三五年远景目标的建议〉辅导读本》[M].北京:人民出版社,2020:350.

实质及其面临的问题，是推动城乡融合发展背景下公共图书馆服务高质量发展的关键所在。

（一）空间维度：由城及乡的层级拓展

在现行体制下，各级地方政府负责本辖区内的公共图书馆建设，公共图书馆的层级体系与行政区的层级体系基本上是一致的，目前全国绝大部分的县级以上行政区都已拥有一座或多座本级的图书馆，并以县级为基础进一步向乡镇和村居等基层形成以图书馆或阅读室等为节点的服务网络，从而形成覆盖全域的图书馆层级体系。从这一体系的发展和演化过程来看，其在广大农村的形成并非一蹴而就，而是以城市为先导，逐步由城及乡，按照县—乡镇（街道）—村的层级体系渐次拓展而成。

就县级层面而言，早在新中国成立之初就高度重视县级图书馆的建设，改革开放以后的"六五"期间（1981—1985年）正式提出了"县县有图书馆"的目标，并在这一时期基本完成了全国范围内县级图书馆的建设任务。就乡镇层面而言，早在"大跃进"时期，相关探索就已经开始，当时曾提出图书馆在所有公社普遍建立的设想[①]，推进的主要模式是在动员城市青年下乡支援乡村的大背景下，由城市图书馆人员下乡援建，1958年的图书馆数量较1957年增加了10万之多[②]；改革开放之初，国家大力推进农村基层图书馆建设，1980年《关于活跃农村文化生活的几点意见》要求在相当于乡镇一级的"集镇"广泛设立公共文化设施，形成农村文化网[③]，次年中共中央《关于关心人民群众文化生活的指示》进一步针对图书馆、文化馆等文化设施提出要求；"六五"期内明确提出"乡乡有文化站"的目标，而大多数文化站就包含有图书借阅的功能，推动图书馆逐步实现向乡镇层级不断拓展；20世纪90年代，国家进一步探索建立独立建制的乡镇图书馆（室），1997年1月启动的由国务院指示中宣部、文化部等九部委共同参与的"知识工程"是行政力量推动乡村图书馆网络建设的重大举措，其重要内容之一正是推动农村图书馆事业。就村级层面而言，覆盖村居的图书室建设长期较为薄弱，但世纪更迭之际，这一工作取得了突破性的扩展，"十一五"期间，面向广大乡村基层的一项重点文化惠民工程——"农家书屋"在全国范围相继启

---

① 王邗华.从苏南乡镇图书馆的崛起看中国农村图书馆事业的发展道路［J］.中国图书馆学报，1994（04）：41；单敬兰，赵建华，赵保华.我国农村图书馆事业的兴起和前景［J］.中国图书馆学报，1991（02）：81.
② 徐苇，盛芳芳.农村图书馆：中国图书馆事业发展中难解的一个结［J］.图书馆论坛，2004（04）：23.
③ 同上。

动，2006年《国家"十一五"时期文化发展规划纲要》首次提出建设"农民群众开办"的"农家书屋"，到2012年，全国"农家书屋"数量已达600 449家，基本覆盖全国所有的行政村，从近年各地发布的情况来看，"农家书屋"的建设覆盖情况良好，在许多省份都实现了100%覆盖。2017年，国务院发布《"十三五"推进基本公共服务均等化规划》，明确将以乡（镇、街道）和村（社区）行政区为单元，全面推进包括基层图书馆（室）在内的综合性文化服务中心建设。

可以说，改革开放以来的数十年间，我国依托行政区体系基本完成了城乡图书馆体系的覆盖，实现了图书馆体系深度嵌入城乡最基层，满足了广大农村群众对文化阅读的需求，尤其是丰富了偏远地区群众的精神文化生活。但与此同时，镇村图书馆（室）建设也不可避免地存在一些困难，主要体现在：一是资源调配与镇村能力的局限问题。图书馆不同于其他类型文化设施的基本特色在于，文化馆（站）可以就地取材式地自办文化活动，而图书馆（室）却需要持续的专业人员、专门资金以及书籍更新、流通、组织等专项资源支撑，广阔分散的图书馆（室）布局，大大增加了资源供给的成本与难度，镇村两级图书馆（室）由于资金匮乏、资源不足、人员缺乏以及乡镇撤并等原因，服务水平经常受到限制，有的只能被撤销或虚置。二是群众需求与图书供给的错位问题。在城乡基层人口构成日益复杂、社会文化需求日益多元的背景下，群众阅读需求日益多样且更新加快，但镇村两级图书馆（室）往往书籍数量较少，时常出现群众对提供的书籍并不需要，而需要的书籍又没有提供的错位问题，不仅群众的文化权益无法得到保障，设施使用率也会显著下降。三是城乡连接与层级衔接的持久问题。依托行政区体系设立图书馆（室），看似具备了有力的资源支撑，在文化惠民特定的项目或工程推动下，乡村图书室也广泛建立，但城乡之间与层级之间的公共图书服务体系看似连接，实则可能断裂，很多乡村图书馆在地市级、区县级财政初始投入拨付后，主要由乡镇政府自行运作，这意味着，镇村两级图书馆（室）需要作为数量庞大的乡村居民图书服务的主要承担者，其服务压力不言而喻[①]，至于之后长期的运行和维护往往力不从心，导致建立后陷入难以有效运行的困境。总的来说，依靠行政区层级体系，可以在一段时期内解决图书馆由城及乡空间覆盖的问题，但要维持服务体系的有效运转，还需要建立一整套行之有效的体制机制，而这恰恰是过去城乡图书馆体系主要短板所在。

---

① 于良芝.建立覆盖全社会的公共图书馆服务体系［J］.图书与情报，2007（05）：24.

（二）体制维度：以城带乡的资源连接

公共图书馆在城乡关系上呈现以城带乡的体制特点，行政力量在其中发挥了主导作用。新中国成立后较长时间内，国家将图书馆（室）作为文化建设的重要阵地。由于覆盖面大、任务艰巨，国家力量起到了非常明显的推动作用，而以城市为依托的"活动式"推进则是建立城乡联系的主要方式。乡村图书馆（室）的建设先后经历了土地改革、农村互助合作化运动、"四清"等多轮浪潮式推进[①]，浪潮式推进的动力往往是阶段性的政治任务，尽管在每一轮浪潮后都可以产生了比较明显的效果，但也往往随着形势转变，戛然而止。

为了保障镇村图书馆（室）获得长期有效的资源支撑，以城带乡推动建设被纳入各级政府的工作任务，并与地方财政支出及考核相挂钩。改革开放后，开展特定的活动和工程是推动公共图书馆以城带乡的重要途径之一，如"知识工程"提出了图书馆以城带乡的明确目标，又如文化部启动的"春雨工程——全国文化志愿者边疆行"，部分省市也将送书下乡作为内容之一。与之前相比，改革开放后的城乡公共图书馆建设更加注重体制机制的可持续性，行政力量与社会力量的合作日益紧密，在一定程度上改变了以往通过活动或工程推动乡村图书馆服务中存在的不固定、不稳定特点，转而更加注重体系的完整构建：在图书流通体系方面，在全国范围农家书屋布局的基础上，实现图书销售与图书借阅功能并重，统筹解决农民"买书难、借书难、看书难"等问题，覆盖全国的新华书店体系在其中承担起流通配送任务；在数字资源支撑方面，"全国文化信息资源共享工程"依托数字资源极大地推动了公共文化向农村等薄弱地区的覆盖；在图书馆社会服务方面，文化部明确了向社会购买公共文化服务的目录、方式和收费情况等，为城乡基层图书馆的运行提供了制度保障。

毋庸讳言，当前城乡公共图书馆服务在体制维度仍至少存在以下困难：一是服务共性与图书馆特性的结合问题。"农家书屋"在书屋布点与建设完成后，显露出缺少专业运营人员、图书更新慢、使用率较低、服务形式单一以及利用情况并不理想等问题[②]，主要原因在于将公共文化服务混同于其他公共服务，也将公共图书馆服务混同于其他公共文化服务，图书馆的运转既要求有比较发达的物流配送体系作为支撑，还要求持续维持图书更新和设施运转。二是行政力量与社会力量的耦合问题。[③] 为了摆脱

---

① 单敬兰，赵建华，赵保华. 我国农村图书馆事业的兴起和前景［J］. 中国图书馆学报，1991（02）：81—85.
② 龚主杰. 湖北省农家书屋可持续发展策略研究［J］. 图书馆学研究. 2013（08）：89—92.
③ 陈建. 乡村振兴中的农村公共文化服务功能性失灵问题［J］. 图书馆论坛. 2019（06）：90.

对行政力量和财政资金的过度依赖，多年来着力于推动"民办公助"等行政力量与社会力量的共同参与，尤其是对村级图书馆（室），且不说一些地方的资源匮乏，"公"无资，何谈"助"，遗憾的是，一方面乡镇及村级图书馆（室）体制改革遭遇困难，很早就提出"县以上的图书馆属国家举办的文化事业机构，乡（镇、街道）以下图书馆属民办公助的文化事业机构"，但现实运作乡村基层图书馆往往与政府脱钩后，不仅财政资助难以保障，而且因人员编制等的变化而缺乏持久力[①]；另一方面是农村自办图书馆获得资助的标准难以确定，部分乡村企业、专业户、重点户、示范户办起了形式不同、规模不等的图书室、阅览室、资料档案室等，对丰富农村文化生活发挥了重要的作用，但自办的图书馆缺乏认定标准，继而导致公共财政难以投入，也容易受到办馆人个人情况的变化影响。三是体系推动与基层选择的整合问题。将乡村图书馆（室）建设转化为各级政府的工作任务，政府投入资源较为充沛，往往能够较好地推动发展，但当基层政府重点任务转移或财政出现问题时，图书馆（室）则大打折扣，特别是在乡镇政府对于本级的图书室和下辖数十个行政村的图书室设施，难以形成长期有效的支撑，而仅仅靠上级补助难免捉襟见肘。

二、布局优化与体制优化的双重调适

基于前文分析，城乡公共图书馆（室）体系建设和功能实现，既需要在空间布局上持续优化，还需要支撑馆（室）持续运转的体制机制，实现资源的长期稳定供给，满足图书更新、流转和衍生服务的要求，使面向城乡基层图书馆的服务体系更加具有完整性和持续性。

（一）空间优化：资源支撑与扎根社区的双向建构

国际上许多国家和地区都建立了多层次、网络化的公共图书馆体系，力求为国民提供均等化的图书馆服务。目前可以归纳为依照行政区划设定和依照服务半径设定两种基本原则，并形成了一系列相应的规范、标准乃至法规，形成了值得借鉴的图书馆服务体系构建模式。

第一，完善以行政区划层级为基础的图书馆体系设置。即各级行政区按照一定

---

① 于慎忠．社会主义初级阶段与"民办公助"乡镇图书馆［J］．图书馆学刊，1989（2）：52；任珊珊．图书馆需要"二次革命"［N］．人民日报，2010-11-11（12）．

的面积、人口等确定公共图书馆的规模，日本是典型代表。按照日本《图书馆法施行规则》，町村层级普遍设置公共图书馆，图书馆面积与町村人口规模挂钩，人口少于1万人时，图书馆建筑面积为165.29平方米，1—3万人时按每多1万人增加39.67平方米累加；大于3万人时，按每1万人增加33.06平方米累加。总体来看，采用这一方式是自上而下的构建模式，依托行政区划体系，确保公共图书馆在每一级政区特别是乡村地区的覆盖，其共同特点是行政区划体系严密、各级政府职责统一，中央政府拥有较强的行政调控能力，加上中央财政手段，将兴办公共图书馆作为各级政区的职责任务。从我国目前情况看，我国对公共图书馆等设施的布局原则先后提出过一系列原则要求，按照国家发改委等三部委颁布的《公共图书馆建设标准》，明确了县级以下行政区可以参照该标准执行（见表3-1）。在图书馆的具体选址方面，《标准》提供了四项原则，但并未提出明确的半径要求。下一步，以行政层级依托的布局方式仍然将是我国图书馆体系建设的主要模式，特别是县级以上图书馆的建设和强化，将为乡镇公共图书服务提供重要支撑。

表3-1　公共图书馆建设规模与服务人口数量对应指标

规模	服务人口（万）
大型	150以上
中型	20—150
小型	20及以下

资料来源：国家发改委、文化部、住建部等颁布的《公共图书馆建设标准》（2008）

　　第二，拓展以服务半径和规模为标准的图书馆服务体系。这一模式主要根据各级公共图书馆的辐射半径，以此作为原则倒推其布局区位，从而实现全覆盖。在具体操作中，又可以分为依据通勤里程和依据通勤时间两种方式，由联合国教科文组织与国际图联颁布的《公共图书馆服务发展指南》对乡村地区公共图书馆的覆盖提出粗略的参考标准，在近郊地区，利用私人交通工具到达最近图书馆的时间不超过15分钟。这种自下而上的构建方式，促使公共图书馆更加贴近基层、扎根社区，美国不少州也采取了这一模式，这源于美国建国以来所秉持的社区自治传统，城市与乡村在行政上互不隶属，均是平等的政治实体，学区、警区等公共服务单元彼此交错，更不与行政区划边界重叠，故而公共图书馆的设置也遵循了这一传统，扎根社区是其布局的核心原则。在我国，由于国土幅员辽阔、区域差异大，无论采取通勤时间或通勤距离作为布局的依据，都会遇到困难，但随着覆盖基层的社区服务体系建设，这一问题也在得到突破。近期，四川省在基层行政区划改革中，还将优化完善包括公共图书服务功能在内的社区基层服务，作为改革的先导条件，取得良好效果。

第三，积极探索兼顾两种模式的创新举措。实际上，上述两种原则背后所隐含的是依托行政区划的资源支撑和依托贴近受众的社区根植这两种布局理念，而如何推动资源支撑与扎根社区的双向建构是关乎未来城乡图书馆一体化的重要命题。当前我国公共文化领域的诸多改革实际上均与此密切相关。近年，我国一些地区已经展开探索，整合前述两种模式，探索一条有别于其他国家和地区的图书馆城乡布局的新进路，以更高层级的行政区作为统筹，打破下辖政区边界，按照一定的半径范围，进行公共图书馆等文化设施的服务网格布局。例如，山东省诸城市采用了"农村社区化"的布局模式，在自然村基础上，划定虚职的"社区"层级，每个社区覆盖约2 000平方米，由社区作为向乡村居民提供公共服务的基本单元，每个社区均有一个中心村作为社区服务中心，承接上级政府延伸到农村的公共服务，其中就包括公共图书馆服务。上海把图书馆（室）等文化设施布局纳入全市郊区基本管理单元建设，每个单元重点配置"3+3"管理服务资源，其中就涵盖了公共图书馆服务。可以说，资源支撑与扎根社区的双向建构将成为我国城乡公共图书馆服务一体化的空间优化方向。

（二）体制优化：统筹协同与开放共享的复合架构

如果说空间优化解决了城乡图书馆服务的可达性与根植性，那么，更为重要的是体制优化，推进体制优化不宜局限于图书馆本身，也不能混同于其他类型的公共文化服务，既要尊重图书馆内在特性，又要从更广阔的领域加以考量和优化。大致地讲，外部主要包括资源供给的统筹体制与多方参与的协同体制，内部主要包括服务效能的共享体制与结构网络的开放体制，从而形成统筹协同与开放共享的复合架构。

第一，完善城乡资源供给的统筹体制。目前我国城乡图书馆建设体制主要是依据行政区划体系实现自上而下、由城及乡的全覆盖，具有重要的体制优势，但也面临挑战。优化城乡资源供给的统筹体制至关重要，通过充分发挥各级政府的管理职能，既强调上级政府的政策支持与资源统筹，又突出基层政府的自主运作与管理能力。一是改进现行的一级政府建立本级图书馆的方式，转而由更高层级的政府统筹建设，省、市、县、乡镇等各级政府分工合作，通过制度调剂、财政援助、技术支持等方法①，缩小区域差距、城乡差距，完善资源供给并提升保障能力。二是参照农村基层教育领域的管理办法②，由区县级、地市级、省级乃至中央政府分层级解决城乡基层图书馆资源与制度保障等问题，而图书馆的具体管理责任又适当地下移到基层。三是中央、省、市等部门设立基层公共图书馆建设的专项资金，大力加强对中西部地区基层文化设施落后地区的扶持力度，带动激发社会力量办馆助馆活动的热情，在此基础上，建立多级联动管理机制与财政支撑制度。四是根据基层图书馆的内在特性，设立基层图书馆专项支持计划并纳入城乡公共文化服务体系建设及地方政府预算之中，从而建立更有力更持久的资源保障机制。

　　第二，构建城乡力量参与的协同体制。尽管联合国教科文组织、国际图联等都明确规定，政府作为公共图书馆的建设主体必须承担建设责任，但从图书馆的发展演进看，社会力量同样是公共图书馆发展的重要组成部分，甚至不少公共图书馆就起源于民间图书室。实际上，当前社会力量已经成为政府创办公共图书馆的必要补充，尤其是社会人士、团体单位、非政府组织等积极地参与公共图书馆的捐赠与捐助。我国改革开放以来，政府逐渐放开并鼓励社会力量参与图书馆建设，公益性的民间图书馆逐渐增多。近年来，我国推进的基层图书馆（室）建设为城乡民众带来了文化福音，但也存在着"水土不服""有书没人看"以及持续性不足等现实问题，这表明仅凭国家力量自上而下向基层社会嵌入公共图书馆服务，必须满足群众文化需求并发挥个人、团体等社会力量的作用，才能更好地让图书馆服务在村居社区扎根。正因如此，城乡社会力量参与的协同体制亟待构建优化。一是推动社会力量全过程多方位地参与，包括独立办馆、募捐助馆、运营管理和志愿服务等多种方式。③二是完善相关政策体系与运作机制，既要明确法律责任与扶持政策等，还要形成引进机制、激励机制和监督机制等。三是在欠发达地区，鼓励乡村党员干部、乡贤群体、文化能人等自主建立特色阅览室，或共同参与图书馆（室）建设。

　　第三，健全城乡服务效能的共享体制。公共图书馆服务高效能的重要标志之一是高效响应个体需求，图书馆的协作网已从以往的业务合作，迅速发展为信息资源共建共享。网络改变了图书馆联网的运作模式，各种图书馆联盟、图书馆协作网络、文献资源保障体系等纷纷涌现，甚至是图书馆与其他机构的协调与合作。在公共服务数字化转型的浪潮中，传统图书馆正逐渐走向自动化图书馆乃至数字图书馆。当然，健全

① 于良芝等.公共图书馆建设主体研究——全覆盖目标下的选择［M］.北京：国家图书馆出版社，2011：8.
② 韩晓玲.国家图书馆馆长周和平到武大讲学［N］.湖北日报，2012-06-26（009）.
③ 龚蛟腾.城镇化进程中基层公共图书馆建设研究［M］.北京：知识产权出版社，2016：176.

城乡服务效能的共享体制首先需要一个强有力的中心图书馆或相关信息机构，否则难以协调与管理各成员馆的业务。[①]在中心图书馆的主导和带动下，数量众多的基层公共图书馆能够成功组建为一个虚拟的整体，这主要出现在东部沿海地区的大中城市。在欠发达的中小城市与中西部地区的乡镇，由于物流面对极大的困难，应当积极利用数字服务，利用数字资源传播便利、通信费用较低等优势，实现图书、文献等的版权共享，中西部如何健全城乡服务效能的共享体制是今后的重要任务。[②]

第四，优化城乡结构网络的开放体制。如果说城乡服务效能的共享体制较为侧重于横向的联盟与协作从而服务基层，但仍然难以应对基层点多线长面广的复杂情况，那么，城乡公共图书馆结构网络的开放体制则更为侧重于纵向的连接与贯通从而直达基层，具有面向广大基层的鲜明的开放型特征。当前城乡图书馆"总—分馆制"作为市县馆与乡镇馆之间的联系机制，堪称其重要的代表模式。如嘉兴市公共图书馆"总—分馆制"经历了市辖区试点、市域所有县（市）推广、再向村级延伸这三个阶段，以总馆为技术与文献支撑，以乡镇分馆为节点，依据村级人口规模设置适当的服务载体。总—分馆制具有独特优势，已经成为当前国家改革公共图书馆城乡服务体系的重要方向。按照现行政策，以县级图书馆为中心，既有的基层图书室以及社会自建的图书馆等都可以纳入县级图书馆分馆建设序列，有利于推动"农家书屋"与县级图书馆资源整合和互联互通，让符合条件的"农家书屋"成为图书馆分馆，这一举措也有助于推动城乡公共图书馆加强资源支撑和社区根植、重视区域差异和层级差异以及空间与体制的优化策略等。

三、结语

长期以来，我国图书馆体系建设努力追求城乡一体化发展，经过数十年的不懈努力，在空间维度上已经呈现出良好成效，依托行政区层级体系和基层村居建制，覆盖全国的图书馆（室）网络已经基本建成。特别是随着互联网和移动终端等新一代信息技术的快速发展，图书馆服务作为基本公共服务的重要基石之正率先开展数字化转型，获得强有力的数字赋能，以往在镇村基层空间布局中面临的"最后一公里"难题也借助移动服务和智慧无人终端等方式得到有效解决。展望未来，与空间维度相匹配

① 马祥涛，王威.关于"社会力量参与公共图书馆建设"的思考［J］.新世纪图书馆，2016（03）：73.
② 闫小斌.新时代农村图书馆建设：从保障基本权利到创新发展［J］.图书馆建设，2019（04）：88.

的体制维度变革紧迫性将不断凸显，在加快实现全面乡村振兴和新型城镇化步入新阶段的背景下，亟须以人本化、品质化和数字化为导向，全方位推动城乡图书馆体制机制的深层次重塑和变革，从而为更好地发挥图书馆服务网络优势，为广大农村地区提供更高质量的公共文化服务夯实基础。

第四章

公共文化馆的地域根植性及其重塑提升

新时代要满足人民对美好生活的新期待，必须提供丰富的精神文化食粮，十九大报告要求"提升基本公共文化服务水平和效能"。作为基层治理重要标尺之一的基层公共文化服务效能备受关注，从构成要素及影响机制[①]困境成因及破局路径[②]、主要着力点[③]、评价指标体系[④]以及多元主体协作下的服务效能优化[⑤]乃至智能图景与现实逻辑[⑥]等多方面进行探讨，取得重要进展。但毋庸讳言的是，目前存在着两个倾向，一方面是基层公共文化服务基本特性的内在把握较为缺乏，与卫生、教育等领域的基层公共服务相混同，运作管理与资源配置等的分析有失笼统，易于导致政策失当；另一方面是基层公共文化服务经验坐标的历史把握较为模糊，不同阶段、不同层次的问题缺乏必要的识别，易于陷入低水平重复。这要求相关探讨应该回归其历史建构过程，更深刻地把握内在特性及经验坐标，才能进一步明确今后提升的战略点。

不仅如此，公共文化服务的基层往往被直接视为体制的末端，认为是基层党政的事务，以体制末端的基层逻辑推进公共文化服务；同时，"供给—需求"这一惯用的分析路径，关注的重点是服务终端，忽略了基层服务供给背后庞大的支撑网络体系，故而往往将服务效能提升寄希望于基层党政及其文化部门，并设立相应的评估体系，要求基层党政进一步加大建设力度，但基层面临繁重的各项任务，公共文化服务难免会出现"说起来重要，做起来次要"的尴尬情形。服务于基层的公共文化服务并非基

① 范子艾，东晓.地方公共文化服务效能的构成要素与影响机制研究［J］，领导科学论坛，2020（15）：30—44.

② 胡守勇.深度贫困地区公共文化服务效能建设的困境及其破解［J］，中州学刊，2019（09）：81—86；王雪丽.基层公共文化服务效能困境：成因与破局——基于"三圈理论"的阐释［J］，图书馆工作研究，2020（02）：19—28.

③ 祁述裕.提升农村公共文化服务效能的五个着力点［J］，行政管理改革，2019（05）：21—23.

④ 胡守勇.公共文化服务效能评价指标体系初探［J］，中共福建省委党校学报，2014（02）：45—51.

⑤ 刘雪芬.多元主体协作下公共文化服务效能优化研究［J］，北方经贸，2018（02）：3—6.

⑥ 赵友华，张慧敏.公共文化服务效能提升的智能图景与现实逻辑［J］，图书馆，2020（03）：1—6.

层本身的资源和能力所能及，其效能提升也并非完全取决于基层。事实上，基层公共文化服务发生在基层却为国家力量所形塑，必须直面国家多层级治理体制的结构变量及其作用，从而为基层公共文化服务效能升级提供更为充沛的战略资源。

更重要的是，基层公共文化服务正是中国共产党领导群众文化百年建设的重要维度，一以贯之的是人民主体地位，既遵循社会主义政治传统的群众路线，又反映社会主义文化哲学的人民属性。毛泽东同志提出："我们的文化是人民的文化。"[①]十一届三中全会后，从"满足人民群众日益增长的精神文化需要""保障人民基本文化权益"，一直到党的十九届五中全会提出文化建设具体目标确立，习近平总书记强调让人民享有更加充实、更为丰富、更高质量的精神文化生活，充分体现了党领导群众文化建设为人民服务的价值引领。正是基于此，基层公共文化服务扎根当地群众，既在回应需求中服务群众，又在增进参与中重塑提升，形成了独特的地域根植性，从而让基层公共文化服务效能提升拥有更坚实的发展基础与更广阔的发展空间。

当然，基层公共文化服务涉及错综复杂的诸多方面，我国几乎全面覆盖的城乡基层文化馆（站、中心）是最为基础的核心载体，承载着公共文化服务的多种样态，被认为是世界少有的"中国现象"。我国文化馆大致按照行政区划体系分级设置，省、自治区、直辖市以及地级市设立群众艺术馆，县、县级市、市辖区设立文化馆；县级以下的基层公共文化服务载体，在乡镇层面设立综合文化站，在村（社区）层面，乡村文化振兴战略更进一步要求"推进基层综合性文化服务中心建设"。显然，文化馆从省级、地级到县级、乡镇级直至村级的庞大层级体系是开展城乡公共文化服务的基础支撑，承担着公共文化服务体系建设"龙头"的重任，尤其在广大乡村，基层文化馆（站、中心）几乎是基层群众公共文化生活的最重要载体，也是联结城乡的桥梁和纽带。本章以基层文化馆（站）为主线串联起基层公共文化服务的众多方面，考察基层公共文化服务地域根植这一基本特性的历史建构与曲折进程及其重塑提升的逻辑图景。

一、公共文化馆地域根植性的历史渊源及其建构

不少人认为，我国文化馆主要是借鉴苏联为了适应职工文化生活和娱乐活动需要而兴建的文化宫，新中国成立之初在大中城市工会系统建立工人文化宫、劳动人民文

---

① 毛泽东.文化工作中的统一战线（1944年10月）.毛泽东选集第3卷［M］.北京：人民出版社，1991：1012.

化宫或工人俱乐部，为增进民族文化交流和娱乐活动建立的文化宫，而各级地方政府则兴建了地区的文化馆和乡村的文化活动中心。我国文化馆建设的确借鉴了苏联的文化宫传统，但我国以基层文化馆（站）为核心载体的基层公共文化服务地域根植性自有其更为重要的历史渊源。

（一）地域根植性的内在驱动

"开通民智、改良风俗"是长期以来我国基层教化的重要传统。近代以来，江苏等地已经出现了自发普及的通俗及生计教育机构，此后为民国政府所吸纳转变为公民训练机构，即民众教育馆[①]。倡导社会教育的思潮在民国初期就颇为盛行，"系在谋大多数市民的幸福，绝不是造成几个特殊的人才，其范围均逐渐趋于扩大，倾向于普及的要求"[②]，使得"人人造成为国家的健全国民，此及市政进行中唯一要务"[③]，超出了传统教化的范畴，着力于"塑造新国民"，是"南京国民政府建立后的一项中心工作"[④]。民众教育馆作为推行时间最长的官方社会教育机构，在全国范围广泛设立[⑤]，抗战时期就连地处藏族聚居区的西康省所属各县的县立民教馆都在逐年增加[⑥]。当时的民众教育馆在普及教育、改善生活、改良风尚等方面具有不可忽视的作用，成为我国文化馆重要的历史渊源之一。

如果说，上述渊源是由地方自发为政府所推广，具有一定的地域根植性，那么，更为重要的则是中国共产党领导建立的社会教育机构。早在土地革命时期，20世纪20年代后期中国共产党领导下的政权，社会教育就已经成为一项重要工作，20世纪30年代初苏区中央教育人民委员会下更专门设立社会教育局[⑦]；抗战时期陕甘宁边区要求各县市人口集中的地方都必须成立民众教育馆[⑧]。陕甘宁边区农村条件艰苦，加之自然灾害频发及苛捐杂税，与国民党政府建立的民众教育馆相比，其面临的严峻挑战是"对绝大多数的文化落后的大众"，"会对你的好意抱着怀疑，会因疲劳提不起学习

① 谷小水. 1927—1937 年中国民众教育研究——以江苏为中心［D］. 南京：南京大学，2000；朱煜. 民众教育馆与基层社会现代改造（1928—1937）：以江苏为中心［M］. 北京：社会科学文献出版社，2012：2.
② 唐应长. 改进市民社会教育事业之我见［J］，市政评论，1935（17）：22.
③ 格诚. 普及教育［M］，市政月刊，1928：2.
④ 朱煜. 民众教育馆与基层社会现代改造（1928—1937）：以江苏为中心［M］. 北京：社会科学文献出版社，2012：2.
⑤ 周慧梅. 近代民众教育馆研究［M］. 北京：北京师范大学出版社，2012：5.
⑥ 车莉. 抗战时期西康省的民众教育馆［J］. 西南民族大学学报（人文社会科学版），2011（11）：210—214.
⑦ 董纯才等. 中国革命根据地教育史（第一卷）［M］. 北京：教育科学出版社，1991：78.
⑧ 1939 年边区发布《民众教育馆简则》和 1940 年发布《陕甘宁边区民众教育馆组织规程》要求要求在各县市人口集中的地方成立民众教育馆（参见：王玉珏.《抗战时期陕甘宁边区社会教育研究》［D］. 成都：西南交通大学，2013）.

的兴趣。更会借口生活忙碌拒绝学习或敷衍了事"。①1944年，毛泽东同志指出，必须坚持"一条是群众的实际的需要，而不是我们脑子里幻想出来的需要；一条是群众的自愿，由群众自己下决心，而不是我们代替群众"②。这从指导思想上确立了"需要与自愿"的基本原则，必须来源于当地需求、生成于公众自愿，从而真正确立了根植于基层群众的内生驱动机制，"主要靠群众自己觉悟和自己动手，主要依靠村民自己主办"，"民办公助的目的，就是经过群众自己觉悟与自己动手"，而面对边区以农业为主、地广人稀、村庄分散的现实，提出群众文教要"以村庄为单位"展开群众乐于接受、易于接受的工作③，同时，必须根据农村家庭生活的实际需要"进行全部的重新调整"。很明显，群众文教不仅仅是自上而下深入村庄，更是自下而上以村庄为基础单位展开，从根本上塑造了文化馆地域根植性的基因。

　　新中国成立初期，文化馆建设逐步成型，其地域根植性更加强化：一是全国范围的民众教育馆等机构更名为文化馆，由教育部转移到文化部管理，更突出根植于当地群众的基本特质；二是明确文化馆（站）不是政府行政机关，而是群众文化事业机构，要求"克服文化馆、站工作中的一切脱离群众的作风"④，1953年《文化部关于整顿和加强文化馆、站工作的指示》首次明确了文化馆的性质，指出"文化馆、站是政府为开展群众文化工作，活跃群众文化生活而设立的事业机构，其基本任务是：通过各种群众性的文化活动，满足当地群众——特别是工、农群众的文化需要，并以爱国主义和社会主义的精神教育群众，使其成为祖国的自觉的积极的保卫者与建设者"，要求文化馆（站）不宜蜕变为行政机构，必须是根植于广大农村的公共文化服务。⑤当时，文化站在乡镇层级相继建立，随之遍布全国。⑥此后，乡镇文化站已经成为基层政权建设不可分割的重要组成。改革以来，乡镇文化站适应国家引导群众与群众自身文化生活的双重需求，具有旺盛的生命力，已然成为乡镇基层治理的重要组成部分⑦，正是地域根植性的内在驱动，促使文化馆（站）向乡村基层的深化。

---

① 陕西师范大学教育研究所编.陕甘宁边区社会教育资料：社会教育部分（上）[M].北京：教育科学出版社，1981：27.
② 毛泽东.毛泽东选集第3卷[M].北京：人民出版社，1991：1012—1013.
③ 陕西师范大学教育研究所编.陕甘宁边区社会教育资料：社会教育部分（上）[M].北京：教育科学出版社，1981：179—180.
④《文化部一九五三年工作报告》（一九五三年十二月二十四日政务院第一百九十九次政务会议批准）.
⑤《文化部关于整顿和加强文化馆、站工作的指示》（[53]文部周字第337号）.
⑥ 王全吉.文化馆（站）服务与管理[M].北京：北京师范大学出版社，2003：2.
⑦ 夏玉珍，卜清平.前世与今生：乡镇文化站的历史变迁与路径转向——公共文化服务不同时期的功能[J].甘肃社会科学，2014（01）：43—47.

（二）地域根植性的外在形态

文化馆（站）地域根植性的外在形态最为突出的体现正是根植于基层公众多样化需求的功能综合性，早在建立之初已经形成。陕甘宁边区的民众教育馆功能从消灭文盲到开办夜校、半日校以及代民众写春联等具有草根色彩[1]，面对大量衣食短缺的文盲农民如何发展出群众喜闻乐见的综合方式，新中国成立初期反复要求"按照群众的需要，采取各种方法，方式，逐步提高群众艺术活动的水平"[2]，1981年《文化馆工作试行条例》明确要求必须深入调查研究当地生产生活与群众需求以及风俗习惯，因地制宜、因势利导地开展活动，还提出馆内活动与馆外活动、重大活动与经常性活动相结合。与之密切相关的是文化馆（站）基于体验互动的空间聚合。《文化馆建设标准》（2010）要求必须包括四类用房，即群众活动用房、业务用房、管理用房和辅助用房，其中，"群众活动用房"又包括演艺活动、交流展示、辅导培训、图书阅览、游艺娱乐等用房。参与互动体验作为文化馆的重要特点落实到场馆的布局及具体服务之中。

基层文化馆（站）的地域根植性在宏观层面上实现了国家基层建设与城乡群众文化生活的双重需要，促使整个以文化馆（站）为核心载体的公共文化服务层级体系依托行政区划体系，深入并扎根于村（社区）；在中观层面上，功能的综合性使之具有弹性和灵活性，不断适应公共文化需求的复杂变化；在微观层面上，空间的体验性又使之成为满足基层群众之间面对面交互需求的不可或缺的公共场域。基层文化馆（站）扎根于当地文化与公众需求之中，与当地高度黏合，并在当地公众自主和志愿参与中持续发展，这是文化馆（站）的生命力之所在，更是服务效能提升及再迸发的基本方向。

二、地域根植性面临的新挑战及其两轮曲折探索

众所周知，基层公共文化服务面临着公众文化需求多样化、个体文化需求差异化以多种文化样式更新迭代等层出不穷的新挑战，而地域根植性被理解为，既然要扎根基层群众，应当主要依托基层党政及文化部门的发挥作用，这构成了以往相关探索的策略框架，并在这一策略框架下不断做出相应调整。但这一策略框架的实际效能究竟

---

① 陕西师范大学教育研究所编.陕甘宁边区教育资料：社会教育部分（上）[M].北京：教育科学出版社，1981：279—280.

② 参见：1958年6月《文化部关于转发群众艺术馆工作座谈会报告的通知》。

如何？为此，应当深入到具体进程加以考察。

（一）第一轮探索：从公社文化站到乡镇文化站的强化

改革开放促使公共文化的强烈需求在被抑制后得以释放，民办文化站等广泛兴起。1978年全国文化站3 264个，1979年增长到22 000多个，面对这一发展态势，1980年1月中宣部发布《关于活跃农村文化生活的几点意见》，7月文化部发布《关于加强群众文化工作的几点意见》，1981年中共中央发出《关于关心人民群众文化生活的指示》要求把人民群众文化生活放在工作的重要位置上。基层文化馆（站）从1978年至1982年的4年间增长9倍多，如此惊人的发展速度，足见其中迸发出的热情和力量，为此后全国范围大力推进奠定了基础并确立了信心。

当然，一些地方对文化站的性质、任务和隶属关系模糊，支持力度极其有限，且专职编制不明确，加之待遇又低，不少文化站经费少，来源不落实，难以开展工作。[①]为此，基层文化馆（站）建设的强化主要从三个方面展开：一是行政管理体制的强化。推动基层文化站管理体制从区县文化主管部门和乡镇政府双重领导、以县文化主管部门垂直领导为主的体制转为乡镇党委政府领导，县级文化主管部门业务指导的管理体制[②]，确保基层文化站获得关键支撑与持续的资源供给，使之隶属于基层政府，相应地纳入行政区划的层级体系。二是行政中心地位的强化。将乡镇文化站作为基层文化中心的主要依托，明确提出抓好集镇文化中心的建设，就抓住了农村文化工作的中心环节，办好文化站，对于农村集镇文化建设，活跃和发展农村文化艺术起着重要作用[③]，在基层政府驻地的集镇打造文化中心，增强了基层文化站等的中心地位，使之进一步纳入行政中心的层级体系。三是行政区覆盖广度的强化。人民属性是党领导群众文化建设的首要特征，而基层文化站作为群众文化活动的核心载体，其广泛覆盖成为必然的逻辑要求，"六五"计划明确提出，要基本上做到"县县有图书馆和文化馆，乡乡有文化站"，"全覆盖"首次进入国家行动计划之中，甚至要求覆盖到边，"在边境沿线的重点乡（公社、镇）和口岸要建立国办文化站"[④]，这无疑是基层文化站在基层乡镇行政区的全覆盖。至此，总体轮廓已经呈现：循着城乡行政区划格局，文化馆（站）体系逐步向乡镇拓展，以乡镇文化站为重要支撑与纽结点，可以借此实现双重

---

① 参见：1984年3月印发的《国务院办公厅转发文化部关于当前农村文化站问题的请示的通知》。
② 朱春雷.从政治整合、行政管治到文化服务：农村文化站职能变迁研究［D］.武汉：华中师范大学，2008.
③ 参见：1980年《文化部关于加强群众文化工作的几点意见》。
④ 《国务院办公厅转发文化部关于当前农村文化站问题的请示的通知》（国办发［1984］21号）。

面向的链接，一方面是对接以文化馆与群众艺术馆等为载体的相对充沛的城市文化资源，另一方面是辐射带动薄弱分散的乡村文化，从而推动群众文化发展。

遗憾的是，基层文化站却遭遇困难。一方面，乡镇政府集中于经济发展、社会稳定及各种重点工作，无暇顾及甚至挤压乡镇文化站的发展空间，致使设施滞后、人才缺乏、经费短缺，成为可有可无的摆设，其"文化搭台、经济唱戏"等举措确实弥补了资源的不足，却在相当程度上偏离了建设初衷[①]；另一方面，伴随政社分开的推进，不少地方又将一个大公社析置为多个乡镇，新设乡镇没能相应地建立新的文化站，不少乡镇出现空白，尤其老少边穷地区仅仅依靠乡镇政府相当艰难，直至2000年，国家有关文件明确指出，"六五"计划提出的"县县有文化馆、图书馆，乡乡有文化站"，在边远地区仍未实现，存在艺术人才匮乏以及群众看戏难、看书难、看电影难等严重问题。[②]

（二）第二轮探索：从文化馆体系统筹到乡镇文化站再强化

20世纪80年代末90年代初，城乡公共文化发展的诸多问题引起了高度重视，文化部1992年2月27日发布《群众艺术馆文化馆管理办法》，仅三个月后又在5月27日发布《文化站管理办法》，这两个管理办法相互衔接，做出必要的层级分工，省级与地级群众艺术馆"侧重组织具有示范性的活动，引导群众文化活动逐步走向高层次"，区县文化馆要求"加强对乡、镇、街道、工矿企业、机关、学校等文化站（室）、俱乐部活动的指导"，基层城乡文化站则要求"业务上受文化馆、群众艺术馆的指导和辅导"，实质上确立了省市级—地市级—区县级—街镇级的城乡文化馆统筹体系。不仅如此，还明确基层文化站"是国家最基层的文化事业机构，是乡镇人民政府、城市街道办事处所设立的全民所有制文化事业单位，同时又是当地群众进行各种文化娱乐活动的场所"，"受乡镇政府、街道办事处领导，受上级文化主管部门的检查和指导"，并专门就经费保障（列入当地财政支出预算并随着发展逐年递增）、人员保障（配备专职干部并享受当地同类干部的同等待遇）、设施保障（纳入城乡建设总体规划并确

① 夏玉珍，卜清平.前世与今生：乡镇文化站的历史变迁与路径转向——公共文化服务不同时期的功能［J］.甘肃社会科学，2014（01）：43—47；于忠龙.乡镇综合文化站职能转变研究［D］.武汉：华中农业大学，2011；吴理财等.文化治理视域中的公共文化服务体系的建设［M］.北京：高等教育出版社，2016：326—330.
② 2000年民政部、国家民委发布的《关于进一步加强少数民族文化工作的意见》指出，"国家'六五'计划提出的'县县有文化馆、图书馆，乡乡有文化站'的目标，迄今尚未实现的主要是，有一部分文化设施极其简陋，文化艺术人才缺乏，边远地区各族人民群众看戏难、看书难、看电影难的问题还没有从根本上得到解决"。

定规模标准）、专业保障（文化馆业务指导和辅导）、监督保障（上级文化主管部门检查指导且重要变动须征求其同意），等等[①]，做出系统的规定。此后，全国不少地方有关文化站的编制、经费、场地得以落实，的确取得了长足的进展，加之城乡群众艺术馆文化馆层级体系的完整，就此而言，基层文化站应该取得比较理想的效果，并依托行政区划格局形成完备的层级体系。倘若仔细分析，不难发现，基层文化站建立在两个极为重要的基础之上，一是以基层行政区划为单元的空间基础，二是以基层党政领导为框架的体制基础。然而，这两个重要基础在20世纪90年代中期以后遭受相当程度的双重冲击。表面上看，两者所遭遇的问题与20世纪80年代颇有相仿之处，但就其性质与程度而言具有显著差别，使之面临新的困局。

第一重影响直指以乡镇行政区划为单元的空间基础。20世纪90年代中期以后，我国进入快速城市化进程，乡镇区划的撤并大规模展开，仅1998年至2003年的五年时间，全国撤并乡镇7 400个，几乎每天撤并4个乡镇，乡镇数量的锐减无疑造成严重影响。尽管1992年《文化站管理办法》颇有远见地规定，"因行政区划的变更确需变动的，应征求上级文化主管部门意见，共同协商解决"。但在大规模的乡镇区划撤并中，乡镇党政机构尚且均处在调整变动之中，更遑论乡镇文化站了，加之其上级区县文化主管部门又往往是弱势部门，很难真正维护文化站的稳定。被撤乡镇的文化站多数没能保留而转为他用，文化站人员不少被分流；合并后乡镇街的辖域面积大幅增加，单个文化站的服务半径难以有效覆盖，原本就有限的人员要应对更繁重的工作显得力不从心，加大了管理的难度。[②]

第二重影响则是以乡镇党政领导为框架的体制基础。由于大多数地方将乡镇文化站由乡镇政府直接领导，运行经费由乡镇财政拨款，辅之以文化馆自身"以文养文"。但20世纪90年代中期刚刚起步的市场经济，不少地方重经济轻文化，忽视乡镇文化站建设现象的出现在所难免。尽管乡镇文化站覆盖率有所提升，但有效发挥作用的文化站的比重却较低。1998年《文化部关于进一步加强农村文化建设的意见》尖锐地指出，"基层文化场所较少，一些地方特别是贫困地区文化设施仍非常简陋"，"不少地方农民的文化生活还相当贫乏，封建迷信、赌博等社会丑恶现象沉渣泛起，严重影响农村的社会稳定和精神文明建设"。

陕西省汉中市便是其中典型的一例。1986年该市就已经"乡乡有文化站"，1995

[①] 参见：1992年5月文化部印发的《文化站管理办法》。
[②] 吴素巧，张为农．乡镇撤并文化站面临的问题与对策［EB/OL］．2011-11-07. http://www.jsgxgc.org.cn/jscnt_qzwh/jscnt_qwwhxsj/njlib_whxsjml/201111/t20111107_103337.htm.

年全市文化站的站均面积较1987年提高55%，但自1996年之后，汉中市文化站经历两轮冲击，文化馆设施大量流失。第一轮冲击是1996年后，全市撤区并乡建镇过程中，一批文化站随着原属区、乡、镇的撤销而消失，同时，大量馆舍资源在"撤并建"过程中被移为他用，1996年，全市文化馆馆舍面积较上一年度锐减36.7%；第二轮冲击是2002年前后，文化站由原区县文化局主管移交乡镇直接管理，由于上文已述及的原因，文化站流失进一步加剧，2004年全市文化站面积较1996年又缩减了43.4%，站均设施面积从1995年的127平方米下降至2004年的65平方米。[①]江苏省赣榆县的调查也反映出当地乡镇文化站的困难，"全县18个乡镇文化站中，真正能发挥作用的已不到三分之一，半数以上基本丧失功能。有的乡镇文化站甚至一年不开展一项活动，基本处于瘫痪状态；许多文化站成为无人员、无场地、无经费、无活动的'四无'文化站。……至2005年底，全县18个镇出现17个无房文化站"[②]。

2007年国家发改委、文化部颁布的《"十一五"全国乡镇综合文化站建设规划》指出，截至2005年，全国已建立乡镇综合文化站机构34 593个，占乡镇总数的97%。但在实际上，全国还有26 712个乡镇没有文化站设施或站舍面积在50平方米以下。而且现有文化站站舍大部分建于20世纪七八十年代，站舍破旧落后，设备严重缺乏，急需改建或扩建。镇文化站设施设备建设严重落后、不能适应农村文化建设需要的矛盾十分突出。根据1992年文化部颁发的《文化站管理办法》，乡镇综合文化站应有书报阅览室、文化娱乐活动室、图书室等设施或场所，活动面积不低于300平方米。但除一些经济发达地区外，大多数乡镇综合文化站场所面积低于这个标准。文化站设施建设基本上未列入地方政府的建设规划"[③]。可以说，20世纪末至21世纪初，在双重影响下乡镇文化站面临的困难是不容忽视的。

（三）两轮探索的省思：基层党政与文化部门的内运作

纵观上述两轮探索，不乏制度安排的种种努力，也不乏基层党政的积极作为与文化部门的精心探索，尤其是第二轮探索的发展策略几乎是圆融自洽的，其结果却不尽如人愿。究其原因，最为根本的在于，城乡基层公共文化服务长期在基层党政与文化系统内运作，两者之间密切关联且相互依存。

---

① 周英.文化站设施是如何流失的［N］.中国文化报，2005-04-14.
② 孙洁.关于农村文化站生存与发展的思考［J］.理论界，2006（10）：114—115.
③ 参见：《国家发改委文化部关于印发全国"十一五"乡镇综合文化站建设规划的通知》（发改社会［2007］2427号）。

就前者而言，主要基点是，将基层党政作为基层公共文化服务的当然领导和组织者。对第一轮探索具有奠基意义的《关于当前农村文化站问题的请示的通知》（1984年）明确指出，"文化站是乡（镇）政府领导的群众文化事业机构"，对第二轮探索具有重大影响的《文化站管理办法》（1992年）与之一脉相承，甚至强调城乡文化站是乡镇人民政府、城市街道办事处所设立的。相关政策的设计与实施均以此为基点展开，涉及干部任命、人员编制、经费投入、设施建设、活动组织等众多方面，乃至文化站的选址于乡镇政府驻地的集镇，而隶属于乡镇政府的乡镇文化站，必然取决于乡镇本身的发展水平及其发展取向。

就后者而言，主要源于两个方面，一方面是基层文化站的发展定位，1980年《文化部关于加强群众文化工作的几点意见》指出，要坚持"业余、自愿、小型、多样、节约"的原则，"业余"是"群众文化活动的一个根本特点"，"他们的'业'是搞好工农业生产"，集中活动主要是节假日；"'小型'是与'业余'的特点相适应的，又是受'业余'制约的"，据此，1981年《文化馆工作试行条例》规定"在组织辅导群众文化艺术活动中，要贯彻业余，自愿的原则"。实际上，这是将基层群众文化视为工农业生产的附属，农闲和节假日才适当搞些活动，基于此，基层文化站长期处于乡镇发展整体格局的次要甚至是边缘地位就不难理解了。另一方面是乡镇文化站的体制定位，前文提及，尽管文化站的撤销与建设等均要征求上级文化主管部门的意见，业务发展依托文化馆、群众艺术馆，但实际上，从体制上限定了文化站主要是在文化系统内运作。当经济社会与公众需求发生了巨大变化，基层文化站已经难以应对了。

可以说，对于基层文化站来说，基层党政决定其资源配置，文化部门决定其运营管理，两者相辅相成却也相互掣肘，难免遭遇发展瓶颈。尽管乡镇文化站的建制率有所提升，但社会公众的文化需求却在日益增长，凝聚文化价值的重要使命也更加迫切，文化新形式层出不穷，运作新方式不断翻新，尤为需要基层文化站再度展现地域根植性的风采，新一轮改革发展的呼声不绝于耳。

三、地域根植性的再建构及基层重塑的双重逻辑

21世纪以来，以基层文化馆（站）为核心载体的基层公共文化服务的新一轮改革渐次展开，远远超越了以往基层党政与文化系统内运作的策略框架，同时，伴随工业化与城市化的快速发展，人口结构与布局发生了巨大变化，基层群众文化需求与样态日趋多样而复杂，相应地，其地域根植性几乎是系统性重塑，更进一步彰显党领导群

众文化建设的人民主体性，呈现出多向度赋能重塑与多尺度功能重塑的发展态势。

（一）多向度的赋能重塑：高位统筹与基层集成的协同逻辑

近年来基层公共文化服务在赋能中的重塑，但不同于以往的基层授权，不重回放权—收权循环的老路或变异为基层"负担"，而是走出了一条新路，并从多向度展开。基层公共文化服务要超越前文所述长期延续的策略框架，必须从战略方位与体制定位这两大基点取得突破，为地域根植性的再建构注入新的内涵。

一方面是战略向度的赋能。这不仅在于新型城镇化建设和乡村振兴战略都把公共文化服务提到更加突出的位置，更根植于基层群众一系列新变化。2015年1月，中办、国办《关于加快构建现代公共文化服务体系的意见》是当前我国公共文化服务的行动纲领与指南①，明确指出，"统筹考虑群众的基本文化需求和多样化文化需求，推动公共文化服务向优质服务转变，实现标准化和个性化服务的有机统一"。优质化体现了基层群众的文化新期待，多样化反映了文化新诉求，个性化更是从关注类和群的需求向关注个体和感性需要深化，体现地域根植性打造的新需求。党的十九大之前强调的是提供基本公共文化服务，而十九大报告明确要求，满足人民过上美好生活的新期待，必须提供丰富的精神食粮。从"基本"向"丰富"提升的战略方位，更将引领基层公共文化服务高质量发展并引发众多方面的深刻变革。

另一方面是体制向度的赋能。先是上升到区县，明确"加强基层文化建设的主要责任在县（市）、区级人民政府"②，2009年文化部《乡镇综合文化站管理办法》指出，文化站"由县级或乡镇人民政府设立的公益性文化机构"，"乡镇人民政府负责文化站日常工作的管理"取代1992年《文化站管理办法》的"受乡镇政府、街道办事处领导"。再是超出了文化部门，确立了多部门的高位统筹，2002年《关于进一步加强基层文化建设的指导意见》是由国务院办公厅转发文化部、国家计委、财政部的意见，《关于进一步做好基层公共文化设施规划和建设工作的通知》由建设部与文化部共同发布，《关于推进县级文化馆图书馆总分馆制建设的指导意见》由国务院五部委发，2019年《加大力度推动社会领域公共服务补短板强弱项提质量促进形成强大国内市场的行动方案》，其内容包括基层公共文化服务，该行动方案多达18个部门联合发布，这意味着根植于基层新变化的国家层面高位统筹直接进入到基层，为基层公共文

① 李国新.文化馆发展十一讲［M］.北京：国家图书馆出版社，2020：136.
② 参见：《国务院办公厅转发文化部国家计委财政部关于进一步加强基层文化建设指导意见的通知》（国办发［2002］7号）。

化服务赋能。

同时，赋能重塑还必须强化三大基础，即服务运行的资源基础、服务保障的法治基础、服务落地的空间基础，这超出基层党政与文化部门的能力范围，仍需要高位统筹，与基层需求精准对接并集成于基层，而贯穿其中的正是高位统筹与基层集成的协同逻辑，为地域根植性的再建构提供重要基础。

一是资源向度的赋能。在财力资源上，不再仅仅依靠乡镇或区县财力，明确要求中央和省、市三级设立农村文化建设专项资金[①]；在人力资源上，要求配置专职人员，"编制数额应根据所承担的功能和任务及所服务的乡镇人口规模等因素确定"[②]，另外还要建立健全相应的社会保障机制[③]，让专职人员提供更安心工作的良好保障；在用地资源上，公共文化体育设施用地定额指标由土地、建设行政主管部门分别会同文化行政主管部门等制定[④]，而文化站建设"应纳入当地城乡建设规划，优先安排用地指标，无偿划拨建设用地"[⑤]，挤占基层文化站用地的现象得以明显扼制。这充分体现财力、人力、用地等基础性资源配置的高位统筹在基层公共服务的集成。

二是法治向度的赋能。公共文化服务的立法与其他领域相比长期存在着立法总量偏少、层次偏低等问题，2017年3月正式施行的《中华人民共和国公共文化服务保障法》是文化领域具有奠基意义的法律，具有基础性与全局性作用，以人民为中心的发展导向，对公共文化服务的建设与管理、公共文化服务提供以及保障措施、法律责任均做出明确的规定，尤其对基层公共文服务要求加强资源整合，建立完善公共文化服务网络，充分发挥统筹服务功能根据其功能特点，因地制宜等，为之提供基础性法治保障。

三是空间向度的赋能。前文指出，乡镇文化站的布局长期倾向于乡镇政府驻地的集镇，而2009年《乡镇综合文化站管理办法》要求，"文化站应位于交通便利、人口集中、便于群众参与活动的区域，一般不设在乡镇人民政府办公场所内"，这改变了乡镇行政附属的空间性质，突出了服务的空间可及性。此后还强调，方便群众参加活动，逐步实现馆舍建筑的园林化，创造一个良好的文化活动环境。[⑥]2007年中办、国

---

① 彭京宜，傅治平，刘剑波．建设社会主义新农村学习读本［M］．北京：红旗出版社，2006：196—203.

② 参见：2009年出台的《乡镇综合文化站管理办法》。

③ 彭京宜，傅治平，刘剑波．建设社会主义新农村学习读本［M］．北京：红旗出版社，2006：196—203.

④ 参见：《公共文化体育设施条例》（2003年国务院令第382号），以及《文化部关于贯彻实施〈公共文化体育设施条例〉的通知》（文政法函［2003］808号）。

⑤ 参见：2009年出台的《乡镇综合文化站管理办法》。

⑥ 参见：《建设部、文化部关于进一步做好基层公共文化设施规划和建设工作的通知》（建规［2002］196号）。

办《关于加强公共文化服务体系建设的若干意见》提出"以大中城市公共文化设施为骨干，以县、乡（镇）和社区基层文化设施为基础""形成覆盖城乡、结构合理、功能健全、实用高效的公共文化设施网络"之后，2015年中办、国办《关于加快构建现代公共文化服务体系的意见》进一步提出"按照城乡人口发展和分布，坚持均衡配置、严格预留、规模适当、功能优先、经济适用、节能环保的原则，合理规划建设各类公共文化设施"，"结合基层公共服务设施建设，制定村（社区）综合公共文化服务中心建设标准"。这体现了基层公共文化服务空间布局的客观规律，更强化了地域根植性所要求服务供给与公众需求的空间融合。

（二）多尺度的功能重塑：系统优化与层级调适的发展逻辑

如果说，多向度的赋能主要是由外而内的重塑，那么，多尺度的功能则主要是自身发展以及由内而外的重塑。这一重塑主要来源于基层公共文化内涵发生了超越以往的根本性变化，即从"小文化"向"大文化"的尺度跃迁，扩展到融汇科学知识、科学精神、科学思想、科学方法，普及人口、法律、卫生、环保等常识[①]；相应地，基层文化站根植于基层群众多样化需求原本就具有的功能综合性进一步形成了更大范围的尺度整合。2005年中办、国办《关于进一步加强农村文化建设的意见》首次明确提出，乡镇可结合乡镇机构改革和文化站（所）整合，组建综合性文化站，此后又表述为"基层综合文化中心"等，其中"综合"一词最为恰当地反映了服务功能的系统优化。

系统优化主要体现为两大方面的演进，一方面是服务功能的分化，文物展览、艺术展示与美术创作等较为高端且专业的文化活动原本大多归属当地的文化馆（站），21世纪以来伴随市级或区县级博物馆与美术馆等的兴建热潮，这些功能正在逐渐剥离转而由更专门的载体承担；另一方面是服务功能的整合，或者说是集成乡村原有多种分散功能的系统化，从乡镇综合性文化站要"形成集图书阅读、广播影视、宣传教育、科技推广、科普培训、体育和青少年校外活动等于一体的综合性文化站"[②]到党的十八届三中全会进一步将"党员教育"作为重要功能纳入其中，使之承担了"组织部门的党员教育、宣传部门的文明创建、体育部门的健身和赛事、科技部门的

---

① 参见：2001年印发的《文化部关于贯彻落实"三个代表"重要思想进一步加强农村文化工作的通知》（文社图发〔2001〕3号）。

② 参见：2007年印发的《国家发改委文化部关于印发全国"十一五"乡镇综合文化站建设规划的通知》（发改社会〔2007〕2427号）。

实用技术培训、广电部门的村村通工程和电影放映等"①综合功能，在综合性不断增强的基础上，推进实体文化服务与数字文化服务的系统化，结合"宽带中国""智慧城市"等国家重大信息工程建设，加快推进公共文化机构数字化建设，构建标准统一、互联互通的公共数字文化服务网络，在基层实现共建共享。②实际上，这正是当前我国城乡基层日趋复杂变化的深刻反映，既要求图书馆、博物馆与美术馆等专业化的运作以适应专门化的高端需求，又要求文化馆功能的综合性必须更有力地回应多层次、多面向、多样态的复杂需求，集成宣传文化、党员教育、科学普及、技术推广、卫生计生、便民服务乃至实体与虚拟等公共服务，进而成为国家公共文化服务资源下沉与居民公共文化需求实现的枢纽性载体，从而促进了地域根植性的再建构。

与系统优化密切相关的是服务功能的层级调适。基层文化中心综合性功能的重塑不仅推进各级各类公共文化服务资源在乡镇尺度的整合，而且改变了乡镇与村（社区）之间在公共文化服务领域的松散联系，服务重心以乡镇为依托进一步向村（社区）下移，村（社区）尺度相应体现出相当强的整合指向。就功能而言，需要建设集宣传文化、党员教育、科学普及、农技推广、卫生计生、便民服务、体育健身等各类公共服务于一体的基层综合性文化设施；就设施而言，布局与建设充分利用现有资源，如针对近年因农村中小学大规模布局调整而产生的大量闲置校舍资源，有效整合农村闲置资源用作文化发展；就经费而言，作为长期以来困扰的重要问题，以往乡镇一级的公共文化设施主要由乡镇财政负担，在乡镇财政困难的情况下，更难以承担村一级的综合文化设施的建设。在此方面，基层综合性文化服务中心尝试整合扶贫开发、乡村建设、文化体育、科技教育等有关资金，统筹资金使用。2015年国办《关于推进基层综合性文化服务中心建设的指导意见》进一步要求整合各级各类面向基层的公共文化资源，配合做好其他公共服务等功能定位，明确提出"建立村（社区）综合性文化服务中心由市、县统筹规划，乡（镇、街道）组织推进，村（社区）自我管理的工作机制"。

更重要的是，伴随基层综合性文化中心的打造，以文化馆为核心载体的公共文化服务层级体系正在悄然发生调适变化。省级与地市级的群众艺术馆是文化馆体系的中高层级设施，承担着指导工作、辅导业务骨干、开展文化研究等重任，而区县、乡

---

① 乔国良.安徽乡镇综合文化服务中心试点进入实质性操作阶段［N］.中国文化报，2015-1-19（002）.

② 参见：2015年印发的《中共中央办公厅、国务院办公厅关于加快构建现代公共文化服务体系的意见》（中办发［2015］2号）。

镇、村（社区）不同层级的独特作用得以充分发挥。

就区县层级尺度而言，其文化馆的服务范围通常为居民相对密集的区县行政中心或建成区，区县本身在我国城乡统筹就具有突出的重要性①，公共文化服务尤为如此。乡镇级并不具备配置城乡公共文化资源的能力，而地市级由于全市域范围拥有多个区县，难以针对某一区县下的某一乡镇具体施策，更适于全市域的宏观统筹，且相对更偏向对市辖区进行调整，故而《基本公共文化服务指导标准（2015—2020）》要求"以县为基本单位推进落实"②，强化了区县在城乡公共文化服务的作用。加之区县文化馆在整个文化馆体系中相对稳定③，以此为基础深入乡村是符合国情的战略选择，对乡镇与村（社区）综合文化服务的指导与协调等功能进一步强化。

就乡镇级尺度与村（社区）级尺度而言，乡镇综合性文化中心是实现基层公共文化服务的关键层面：一是服务的支撑作用，区县文化馆大多位于区县的行政中心或重点街镇，直接服务的对象群体相对有限，而村级所拥有的资源较为薄弱，能力也有所不足，故而必须依靠乡镇综合文化中心；二是服务的传导作用，乡镇综合性文化中心对接的不仅有区县文化馆，还有区县图书馆、博物馆与美术馆等提供差别化的文化服务，但其他的文化服务载体一般不会在村（社区）层级设立分支机构，却要将相关文化服务深入到村（社区），无疑要依靠乡镇综合文化中心作为中介载体；三是服务的自主作用，区县内部的不同乡镇之间仍存在差异，要求采取相应不同的服务方式与策略，而乡镇作为基层政府，拥有较大自主权，可以较充分地自觉发掘细部需求并较有力地自主回应，这一优势是区县与村居难以比拟的。当然，乡镇政府注意力的变动对文化站造成很大影响，故而通过市县文化馆建立"总分馆"制等方式，既充分发挥乡镇综合文化中心的重要作用，也促进乡镇政府的支持。可以说，乡镇级综合文化中心服务的进一步下沉，村（社区）综合文化服务中心将成为今后我国公共文化服务向家家户户延伸的重要节点，当前融入整合卫生、体育、党建等多重功能，村（社区）级公共文化中心将逐渐转变为乡村治理的重心。

基层公共服务功能重塑在多尺度的层级调适形成了以地市级为总体统筹，以区县级为责任主体和治理单元，以乡镇街道和村（社区）为重心建立基层综合性文化服务

① 林拓，申立.我国城乡区县重组：风险及其超越［J］.中国行政管理，2012（11）：72—76.
② 参见：2015年印发的《中共中央办公厅、国务院办公厅关于加快构建现代公共文化服务体系的意见》（中办发［2015］2号）。
③ 早在1952年，我国文化馆数量就已经达到2 430个，20世纪90年代以来基本稳定在2 850个左右，2000—2007年，由于裁撤无效馆等原因，文化馆数量持续减少，但自2007年以来，文化馆数量进入持续增长阶段。

中心，乡镇级主要是整合各级各类面向基层的公共文化资源的枢纽点并面向城乡群众提供公共文化服务，村（社区）主要是以自我管理为机制，形成完备的新型层级网络体系，根植于当地群众多样且多变的需求，灵活便捷高效地直接为群众服务。

四、公共文化馆层级设置及要素配置的区域检视

在地域根植性分析的基础上，有必要进一步对不同层级城乡文化馆设置及其要素配置做出检视，以期发掘潜在的问题，进一步助推今后城乡文化馆设置水平的提升。为此，本研究以全国相关数据可获得与完整性为基础，以省域为尺度，以2019年截面数据为主并结合其他年度的相关数据做比较分析。

（一）不同层级文化馆的省域设施覆盖率分析

省、地、县、乡镇不同层级的每个行政区划单元的文化馆拥有量，可反映不同省域的不同层级文化馆覆盖率，而每万人财政拨款与每万人拥有设施建筑面积又可以初步反映不同省域的建设投入及规模情况。

表 4-1　不同层级文化馆的设施覆盖率（2019 年）

地区	省级（个均拥有量）	地级（个均拥有量）	县级（个均拥有量）	乡镇级（个均拥有量）	每万人财政拨款（万元）	每万人设施建筑面积（平方米）
北京	1.00	—	1.19	0.55	75.4	428.1
天津	1.00	—	1.00	0.53	27.4	276.7
河北	1.00	1.09	0.99	0.88	8.5	178.1
山东	1.00	1.06	1.01	0.66	10.4	277.9
江苏	1.00	1.00	1.05	0.68	25.7	757.9
上海	1.00	—	1.44	0.50	151.2	570.2
浙江	1.00	1.00	0.99	0.70	50.2	840.9
福建	1.00	1.00	1.02	0.87	14.6	313.9
广东	1.00	1.10	0.99	0.73	37.4	369.2

（续表）

地区	省级（个均拥有量）	地级（个均拥有量）	县级（个均拥有量）	乡镇级（个均拥有量）	每万人财政拨款（万元）	每万人设施建筑面积（平方米）
海南	1.00	0.75	0.83	0.91	15.7	147.0
山西	1.00	1.00	1.01	0.86	10.6	265.0
河南	1.00	1.06	1.18	0.78	7.3	167.0
安徽	1.00	1.06	1.00	0.86	8.3	187.7
湖北	1.00	0.92	1.08	0.82	22.7	263.8
湖南	1.00	1.07	1.07	1.05	11.5	237.1
江西	1.00	1.18	1.04	1.02	11.5	250.6
内蒙古	1.00	1.00	1.04	0.85	20.3	340.9
陕西	1.00	1.10	1.03	0.91	14.4	255.3
甘肃	1.00	1.14	1.00	0.91	22.1	305.3
青海	1.00	1.00	1.05	0.90	52.9	344.7
宁夏	1.00	1.00	0.95	0.83	25.9	445.3
新疆	1.00	1.14	0.96	0.91	21.6	453.0
广西	1.00	1.00	0.98	0.90	10.5	157.6
重庆	1.00	—	1.05	0.79	25.4	309.8
四川	1.00	1.00	1.01	1.18	15.8	270.4
贵州	1.00	1.00	1.01	0.97	20.2	258.7
云南	1.00	1.00	1.02	0.92	21.3	226.7
西藏	1.00	1.00	1.00	0.98	148.6	1 197.1
辽宁	1.00	1.50	1.02	0.70	14.2	262.2
吉林	1.00	1.44	1.08	0.66	17.4	233.1
黑龙江	1.00	1.23	1.10	0.73	13.1	235.8

资料来源：基于《中国文化文物和旅游统计年鉴》（2020年）数据计算获取

很明显，不同层级、不同区域的文化馆（站）仍存在相当程度的差异（见表4–1）。省级文化馆的均等化水平较高，每省（自治区、直辖市）拥有一个省级文化馆，且区域差异较小；地市级文化馆，除安徽外，也达到了每个地级政区设置一个地级文化馆的水平，东北三省的地级文化馆数量明显多于其地级政区数量；县级（含市辖区）文化馆基本覆盖了全国各县级政区，其中上海、北京、河南、黑龙江的覆盖率较高，而广西、新疆、宁夏、海南的覆盖率相对较低；乡镇级（含街道）文化站的覆盖率较高，基本做到了各乡、镇、街道均有配置，但四川、湖南的覆盖率明显较高，而天津、上海则略显不足，其中四川省近年来开展的乡镇行政区划调整工作，明显提升了乡镇文化站的覆盖率。

从各省域文化设施财政拨款状况来看（见表4–1、图4–1），上海、北京、浙江等东部省份和西藏、青海等西部省份相对较高，每万人财政拨款多在20万元以上，而中部六省却多在10万元以下，存在着明显的"中部塌陷"问题；经济发展水平较高的地区，财政拨款也相对较多，1995—2019年间，财政拨款较多的省份多为广东、浙江、上海和江苏等经济发展水平较高的省份；但值得重视的是，地域不均衡问题日渐突出，1995—2019年间，西部的云南、贵州、四川等省的财政拨款高于中部多数省份的财政拨款额，2019年人口过亿的河南省的财政拨款额却比人口仅有3 000多万的重庆市低3 200万元，河南省的人均财政拨款额仅为上海市的4.8%。

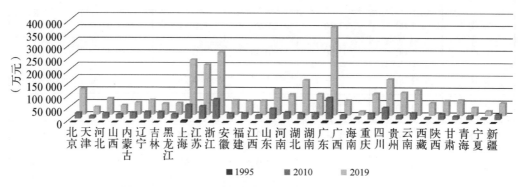

图4–1　各省份群众文化机构年度财政拨款（1995—2019年）

从不同年份各地区每万人文化设施建筑面积来看（见表4–1、图4–2），每万人文化设施建筑面积依次为，东部（427.7）＞西部（278.5）＞东北（245.8）＞中部（216.9），与财政拨款状况相似，也明显呈现出"中部塌陷"的问题。除部分省份外，其他省份每万人文化设施建筑面积均在200平方米以上，其中，西藏、浙江、江苏、上海均超过了500平方米，西藏的每万人建筑面积最大，超过1 000平方米；近十年来，西部地区的文化设施建设水平有明显的提高，新疆、宁夏等自治区的人均文化设施面积已超过北京、广东、福建等经济较发达的省份；海南、广西、河南、河北、安徽等五省（自治区）人均文化设施面积则明显不足，均在200平方米以下。

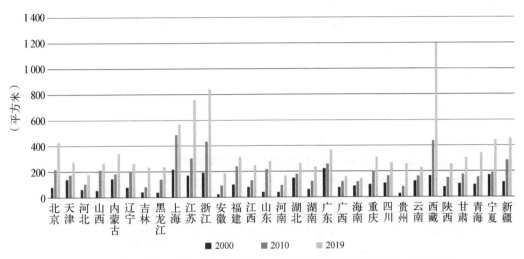

图4-2　按年份各省份每万人拥有群众文化设施建筑面积（2000—2019年）

总体来看，在文化馆建置方面，基本做到了全国各省、地、县、乡镇的全覆盖，其中省级和地级覆盖率更高，部分中西部省份的县级和乡镇级文化馆的覆盖程度有待进一步提高；在文化设施的财政拨款方面，"中部塌陷"问题突出，财政拨款相对较多的省份，多分布在经济发展水平较高的地区；在每万人文化设施建筑面积方面，也存在着明显的"中部塌陷"问题，西部地区的万人设施建筑面积显著高于东部和东北地区，中部地区"缺钱缺设施"现象较普遍。

（二）不同层级文化馆的省域相关设置状况分析

前文的分析初步刻画了不同省域的设施覆盖率，为了更深入地把握不同层级文化馆设置状况，必须根据数据的可获得性设立相应的指标，从省域差异和层级差异这两方面做出分析。

在这里，主要借助四组指标从不同方面加以观测，其中，第一组指标是馆均从业人员与专业技术人才占比，反映了文化馆的人力资源情况及其专业化水平；第二组指标是馆均文化服务次数与馆均展览参观人次，反映了文化馆提供的文化娱乐与文化

展示等活动及其公众参与度；第三组指标根据不同层级特点有所区别，地级和县级主
要是馆均培训人次与馆均公益讲座参与人次，乡镇级文化站主要是每站文化服务次数
和每站指导群众业余文艺团队数，反映了文化馆（站）在知识与文化传播的服务情况
及其受益面；第四组指标地级和县级主要是文化馆经费盈余状况与馆均图书及设备购
置费等，而乡镇级文化站主要是站均资产总额、固定资产占比、每社区文化活动室面
积、每站图书设备购置费、每村文化活动室面积以及各省文化站经费盈余，反映了文
化馆（站）建设的设备等硬件投入及其运营的财务情况。

一是不同层级文化馆的省际差异。

首先，观察地市级文化馆的设置状况。由于直辖市与省、自治区并列，且数据缺
失，不在讨论范围之内。

表 4-2　各省、自治区地级群众艺术馆基本状况（2019 年）

地区	馆均从业人员数（人）	专业技术人才占比（%）	馆均文化服务次数（次）	馆均展览参观人次（万人次）	馆均培训人次（万人次）	馆均公益讲座参与人次（万人次）	馆均年度总收入（万元）	馆均实际拥有产权面积（平方米）
全国	28.3	82.8	386.5	15.6	1.5	0.6	927.8	2 444.3
河北	36.9	87.4	344.8	5.0	1.2	0.5	935.8	2 558.3
山东	32.9	88.9	1 092.8	52.3	1.7	1.5	1 270.1	1 982.4
江苏	34.7	72.9	482.9	20.7	1.3	0.3	1 309.2	4 830.8
浙江	36.9	86.9	1 254.9	17.4	2.8	0.7	2 177.1	12 254.5
福建	17.1	85.1	601.8	13.4	4.8	0.4	876.7	3 111.1
广东	27.1	70.9	755.8	53.2	3.0	0.3	1 789.0	1 069.6
海南	25.7	40.3	752.7	11.6	1.3	0.1	715.9	—
山西	25.5	89.3	362.5	3.9	1.7	0.2	759.3	4 263.6
河南	27.8	82.6	331.1	17.5	1.0	0.2	915.7	2 400.0
安徽	16.8	81.1	286.9	10.2	1.0	0.1	516.1	2 082.4
湖北	31.5	90.2	274.1	14.6	1.3	0.2	1 172.3	5 383.3
湖南	27.9	89.2	441.4	23.9	1.2	0.8	886.1	1 293.3

（续表）

地区	馆均从业人员数（人）	专业技术人才占比（%）	馆均文化服务次数（次）	馆均展览参观人次（万人次）	馆均培训人次（万人次）	馆均公益讲座参与人次（万人次）	馆均年度总收入（万元）	馆均实际拥有产权面积（平方米）
江西	33.8	83.1	286.2	6.2	1.0	0.2	810.6	3 215.4
内蒙古	38.9	91.0	563.5	9.7	2.7	0.2	865.4	1 441.7
陕西	36.4	76.0	215.4	8.5	1.1	0.2	746.8	2 490.9
甘肃	21.9	78.9	107.4	7.9	0.6	0.3	502.4	1 031.3
青海	16.5	71.2	105.3	10.2	0.1	0.2	640.3	1 625.0
宁夏	26.4	90.9	171.4	8.5	0.1	0.2	825.9	1 660.0
新疆	16.7	82.8	89.8	4.8	0.3	0.1	480.0	493.8
广西	32.1	90.7	380.9	35.2	0.6	8.0	836.6	2 114.3
四川	28.1	75.5	142.4	8.4	0.3	0.2	1 013.9	2 266.7
贵州	39.7	91.9	159.2	6.5	0.5	0.2	1 170.8	3 922.2
云南	28.6	93.0	99.8	4.4	1.1	0.2	851.5	1 943.8
西藏	23.3	49.1	75.9	2.5	1.0	0.1	699.9	1 128.6
辽宁	27.6	81.0	261.7	3.7	0.8	0.2	586.6	904.8
吉林	34.4	79.0	613.8	6.4	4.8	0.1	774.2	1 815.4
黑龙江	22.3	90.2	194.5	9.0	0.8	0.3	537.0	1 693.8

资料来源：基于《中国文化文物和旅游统计年鉴》（2020年）数据计算获取，不含直辖市

　　由表4-2地市级文化馆分析可以发现，就馆均从业人员数而言，60%的中西部省份馆均从业人员低于全国平均水平；就专业技术人员占比而言，中西部地区较多省份比重较低，西部地区有6个省份低于全国平均水平，东部3个、中部2个，而东北地区除黑龙江外，均高于全国平均水平；就馆均文化服务提供次数而言，东部地区明显较高，区域差异较大，西部地区平均水平多为全国平均水平的50%以下，东部地区除河北省外均高于全国平均水平，而其他地区中，除内蒙古、湖南、吉林外，馆均文化服务提供次数均低于全国平均水平；就馆均展览参观人次而言，东部地区也是明显高于

其他地区，以平均水平相比，东部（6.42万）＞全国（3.22万）＞中部（2.79万）＞西部（2.32万）＞东北（0.75万）；就馆均培训人次而言，中部（1.18）和东北（1.87）地区接近全国平均水平（1.50），东部平均水平比全国高1.22万人次，而西部平均水平则比全国低0.72万人次；就馆均公益讲座参与人次而言，西部地区平均参与人次最多，比全国平均高3 657人次，而东部、中部和东北地区的馆均公益讲座参与人次均低于全国平均水平，分别低135人次、3 274人次、3 997人次；就馆均图书设备购置费而言，东北地区最少，仅为东部的16.2%，与全国平均水平相比差128.4万元，其次为西部地区，相差38.6万元，而东部地区则比全国平均水平高168.2万元；就文化馆经费盈余状况而言，中部地区超支1 917万元，西部地区盈余最多，高达5 179万元，主要是黑龙江和吉林的经费盈余较多，广东、山东、江西等地的经费超支问题较严重。

其次，观察县级文化馆的设置状况。

与地市级文化馆相似，本研究对县级文化馆的研究也是从四组指标进行考察，分析县级文化馆建设的省域差异。具体如表4-3所示。

表4-3　各地区县级文化馆基本状况（2019年）

地区	馆均从业人员数（人）	专业技术人才占比（%）	馆均提供文化服务（次数）	馆均展览参观人数（万人次）	馆均培训人次（万人次）	馆均公益讲座参与人次（万人次）	馆均年度总收入（万元）	馆均实际拥有产权面积（平方米）
全国	14.2	72.5	201.5	8.0	0.5	0.2	2 903.6	1 490.6
北京	45.4	58.6	656.1	36.8	3.9	0.3	24 200.4	1 989.5
天津	29.6	84.0	742.4	11.4	2.2	0.6	12 047.7	293.8
河北	10.4	73.5	168.8	6.8	0.3	0.1	1 270.8	1 279.0
山东	16.1	83.2	405.4	13.8	0.9	0.4	2 682.4	1 146.0
江苏	16.3	79.8	343.2	8.3	0.8	0.3	6 037.2	5 829.7
上海	37.2	76.4	2 090.7	19.6	6.5	0.3	20 212.3	3 947.8
浙江	19.7	77.7	808.0	26.4	1.8	0.6	7 076.8	2 238.2
福建	8.2	78.8	151.2	4.0	0.4	0.1	2 134.5	1 735.6

（续表）

地区	馆均从业人员数（人）	专业技术人才占比（%）	馆均提供文化服务（次数）	馆均展览参观人数（万人次）	馆均培训人次（万人次）	馆均公益讲座参与人次（万人次）	馆均年度总收入（万元）	馆均实际拥有产权面积（平方米）
广东	15.7	64.3	312.9	18.8	0.9	0.2	6 926.7	1 862.0
海南	10.9	54.1	87.8	7.6	0.5	0.1	3 917.9	1 310.5
山西	11.7	71.3	124.3	5.6	0.3	0.1	1 468.4	2 407.6
河南	14.2	42.2	127.2	6.8	0.3	0.1	1 515.1	875.3
安徽	10.6	77.0	213.1	9.4	0.7	0.1	1 820.4	1 254.3
湖北	14.5	68.3	146.2	6.8	0.4	0.2	2 690.7	1 724.3
湖南	12.3	70.6	108.0	5.4	0.3	0.1	1 988.8	1 769.2
江西	13.1	70.2	139.2	6.4	0.3	0.1	1 780.1	1 344.2
内蒙古	12.6	83.6	122.3	5.5	0.3	0.1	1 955.8	838.3
陕西	18.4	68.5	114.2	5.0	0.3	0.1	2 267.3	1 540.9
甘肃	14.8	62.8	86.0	5.1	0.2	0.1	1 985.9	1 091.9
青海	11.7	59.3	94.3	3.8	0.1	0.1	1 729.6	960.9
宁夏	18.1	79.0	276.8	11.0	0.4	0.3	3 421.8	885.7
新疆	9.8	80.7	127.7	3.7	0.1	0.1	1 540.0	960.8
广西	14.4	79.3	146.0	8.6	0.3	0.1	2 005.3	1 033.9
重庆	23.1	68.9	353.9	21.0	1.1	0.4	7 183.1	3 747.5
四川	12.4	69.6	109.3	5.8	0.1	0.1	2 742.7	1 189.2
贵州	13.2	74.7	115.4	7.3	0.2	0.2	1 867.0	1 528.1
云南	14.3	91.8	81.8	7.3	0.2	0.1	2 406.6	1 173.5
西藏	4.2	66.2	41.6	1.6	0.1	0.1	538.0	628.4
辽宁	12.7	73.4	177.7	3.3	0.4	0.2	1 821.7	708.8
吉林	26.8	80.2	120.9	3.8	0.3	0.1	3 154.7	998.5
黑龙江	13.2	79.7	99.6	3.3	0.2	0.1	1 732.0	527.1

资料来源：基于《中国文化文物和旅游统计年鉴》（2020年）数据计算获取

　　由表4-3县级文化馆分析可以发现，就馆均从业人员数而言，东北地区数量最多，平均每馆16.0人，其次为东部地区15.9人，中西部地区馆均从业人员数均低于全国平均水平，分别为中部12.9人和西部13.4人；就专业技术人才占比而言，中部地区普遍较低，均低于全国平均水平，中部（79.2%）＜西部（97.5%）＜东部（115.3%）＜东北（121.5%）；就馆均提供文化服务次数而言，仅东部高于全国平均水平，平均每馆比全国平均水平多203.4次，中部地区县级文化馆提供的服务次数最少，仅为全国平均水平的58.9%，2015—2019年间，中部地区县级文化馆提供的服务次数占全国平均水平下降了25.1%；就馆均展览参观人数而言，也是仅东部地区高于全国平均水平，高于全国水平的省份共10个，其中东部地区占7个，东北地区省份均低于全国平均水平；就馆均培训人次而言，东部地区是全国平均水平的2.2倍，其他地区均小于全国平均水平，约少0.14万人次到0.26万人次之间；就馆均公益讲座参与人次而言，东部平均值最高，为0.29万人次，其次为东北和中部，均为0.14万人次，西部最少，馆均仅0.11万人次；就馆均图书设备购置费而言，中部地区最少，平均每省馆均只有21.25万，仅为东部的1/3，西部地区除重庆、宁夏和新疆外，均低于全国平均水平；就经费盈余状况而言，共有18个省份存在经费超支问题，其中有8个西部省份，青海、浙江、江西和福建的经费超支状况最为突出，超支额在1 000万元以上，而在经费盈余的省份中，江苏、辽宁、北京和四川的净盈余最多，均在1 000万元以上。

　　最后，观察乡镇级文化站的设置状况。

　　本研究对乡镇（含街道）级文化站基本状况的分析，是从每个文化站从业人员数、每个乡镇级文化站指导的群众业余文艺团队、平均每个社区文化活动室面积等12个指标进行的。具体情况见表4-4。

　　由表4-4可以看出，就站均从业人员而言，东北地区的站均从业人员数最少，仅2.08人，其次为中部地区2.77人，西部地区3.44人，东部地区的站均从业人员数最多，为3.91人，其中上海市的乡镇级文化站从业人员数最多，高达22.91人，是全国平均水平的7.01倍；就专业人才占比而言，全国平均水平为28.5%，东北和西部地区比重较高，分别比全国平均高出5.44%和3.10%，东部地区的专业技术人员比重最低，其中北京和上海等直辖市均低于15%；就每站文化服务平均次数而言，东部地区要远高于其他地区，是全国平均水平的1.84倍，东北地区的平均服务次数最少，仅为全国平均水平的48.2%；就每站指导群众业余文艺团队而言，全国平均水平为每站8.07支，东部地区最多，高达12.09支，其次为中部7.82支、西部6.40支和东北5.95支，站均指导团队最多的省份中，上海、北京和浙江都超过了20支；就站均资产总

表4—4　各地区乡镇级文化站基本状况（2019年）

地区	每站从业人员（人）	专业人才占比（%）	每站文化服务平均次数（次）	每站指导群众业余文艺团队（支）	站均资产总额（万元）	固定资产占比（%）	站均志愿者服务队伍人数（人）	站均社区综合文化服务中心面积（平方米）	馆均年度总收入（万元）	站均实际使用房屋面积（平方米）
全国	3.3	28.5	34.1	8.1	126.7	82.9	131.6	1 768.4	37.5	728.0
北京	6.4	7.2	178.8	21.9	264.3	78.5	304.4	2 692.3	177.1	2 418.7
天津	3.0	17.1	87.8	15.0	190.0	90.7	266.5	2 354.2	38.8	1 251.1
河北	2.3	16.0	21.6	9.4	42.9	89.7	118.3	411.0	10.8	376.0
山东	3.0	36.7	63.6	15.0	110.0	90.8	349.6	5 382.9	21.5	90.8
江苏	4.4	33.8	66.3	11.8	349.5	88.1	697.4	6 422.8	98.1	88.1
上海	22.9	11.4	592.7	37.8	1703.1	74.8	697.1	9 824.3	1 323.6	74.8
浙江	4.1	37.4	119.7	21.0	562.7	95.4	445.3	3 050.9	127.6	95.4
福建	2.8	23.6	23.0	6.8	107.2	84.5	193.2	1 052.4	22.6	84.5
广东	6.2	20.0	53.7	7.3	279.0	83.9	202.1	5 167.9	141.9	83.9
海南	2.3	17.5	17.4	8.9	60.8	85.5	76.9	661.6	16.0	85.5
山西	1.8	19.4	21.0	6.4	55.8	94.2	71.7	762.8	7.2	94.2
河南	3.4	16.6	32.8	10.2	42.0	95.1	139.4	1 148.8	16.5	95.1
安徽	3.2	45.3	46.3	7.1	188.5	85.6	103.1	1 334.1	39.9	85.6
湖北	2.4	40.1	33.3	11.3	246.6	45.9	124.7	1 802.3	80.8	45.9
湖南	2.8	26.2	16.7	7.2	57.1	90.0	83.6	3 156.8	18.9	90.0

（续表）

地区	每站从业人员(人)	专业人才占比(%)	每站文化服务平均次数(次)	每站指导群众业余文艺团队(支)	站均资产总额(万元)	固定资产占比(%)	站均志愿者服务队人数(人)	站均社区综合文化服务中心面积(平方米)	馆均年度总收入(万元)	站均实际使用房屋面积(平方米)
江西	2.5	18.2	16.0	5.3	71.1	84.4	67.4	848.6	13.9	84.4
内蒙古	3.0	34.0	17.5	5.0	105.1	81.8	52.8	1 639.4	16.9	81.8
陕西	3.2	23.3	24.3	7.3	84.6	88.6	81.1	1 206.6	17.9	88.6
甘肃	3.5	18.1	19.5	6.8	61.2	90.5	62.7	1 162.7	25.8	90.5
青海	1.8	14.8	15.5	2.8	43.9	89.6	20.8	337.4	7.7	89.6
宁夏	3.4	30.9	35.1	6.3	147.5	95.7	195.0	2 120.5	24.1	95.7
新疆	3.4	40.1	67.3	4.4	113.2	83.9	72.9	884.1	22.2	83.9
广西	2.5	39.3	32.4	10.5	46.9	95.1	134.5	1 340.6	19.6	95.1
重庆	3.8	26.9	42.6	5.9	149.0	86.8	215.5	1 732.9	45.9	86.8
四川	1.8	19.4	19.9	4.4	58.9	94.9	35.3	603.7	14.4	94.9
贵州	6.1	17.9	18.9	6.5	275.0	53.7	60.0	972.5	37.9	53.7
云南	5.0	49.0	28.7	13.9	88.8	85.9	113.2	1 091.1	36.6	85.9
西藏	7.9	59.8	14.0	2.2	245.3	96.0	27.9	184.6	55.4	96.0
辽宁	2.0	28.3	15.7	6.4	56.1	75.3	56.4	5 324.4	26.5	75.3
吉林	2.6	42.5	17.0	6.6	44.0	92.7	92.1	996.5	18.3	92.7
黑龙江	1.8	32.1	16.9	5.0	40.5	96.6	78.4	393.6	9.9	96.6

资料来源：基于《中国文化文物和旅游统计年鉴》(2020年)数据计算获取

额而言，东部地区是全国平均水平的1.78倍，其他地区均低于全国平均水平，东北地区的站均资产总额最少，仅为全国平均水平的37.41%；就固定资产比重而言，大体呈自东向西梯度增加态势，中部（75.99%）＜西部（80.89%）＜东北（86.02%）＜东部（87.98%），上海和福建的固定资产比重最低，不足58%；就每村文化活动室面积和每社区文化活动室面积而言，"中部塌陷"态势明显，如在社区文化服务中心面积中，东部平均面积为3 196平方米，东北和中部分别为2 438平方米和1 598平方米，而西部仅为984平方米，只有东部地区的30.8%；就各省文化站经费盈余而言，除广西、青海外，西部地区均为净超支状态，主要为贵州、内蒙古、云南等省，中部和东北也多为超支状态，而东部地区上海、江苏、广东等5省份多处于盈余状态，其中上海的经费盈余为7 733万元，而所有省份的经费超支总额仅为48 543万元，可见区域差距之大。

综上所述，关于地级市文化馆，中西部地区的人力资源情况及其专业化程度普遍低于全国平均水平，东北地区文化馆的人员配置状况相对较好；文娱活动及参与度的区域差异较大，呈东—中—西梯度递减的态势，而举办的培训和公益讲座会效益最好的分别是东部地区和东北地区；在经费收支方面，东部地区图书设备购置费用最多且经费盈余状况最好，中部地区则是图书设备购置费用少且普遍存在经费超支现象。关于县级文化馆，与地级文化馆相似，东北地区人员配置状况较好，中西部相对较差；东部地区的文娱活动及参与度普遍较好，而中部地区在馆均文化服务人次，东北地区在展览参观、西部地区在公益讲座方面有待进一步提升；在经费收支方面，也与地级馆相似，中部地区的馆均图书设备购置费最低，西部地区也多低于全国平均水平，此外，在经费超支省份中，半数以上为西部省份。关于乡镇文化站，东北地区的乡镇文化站的站均人数最少且多为专业技术人员，这与其地级和县级文化馆数量呈明显的对比，东部地区的乡镇文化站人员配置状况最好；与人员配置状况相对应，东部地区在文化服务及社会效益指标方面表现突出，远高于其他地区，而东北地区则在服务次数和指导团队数量等方面均不如其他地区；在经费收支方面，与地级和县级文化馆相似，东部地区的经费收支状况都较宽裕，西部地区经费超支现象较为突出。

二是不同省域文化馆的层级差异。

首先是文化馆的人力资源情况及其专业化水平。

如表4-5所示，东部地区中，地级—县级比为1.50，县级—乡镇级比为3.96，地级—乡镇级比为5.92。中部地区中，地级—县级比为2.05，与东部相比，地级—县级差距扩大了0.55倍；县级—乡镇级比为5.64，与东部地级区相比扩大1.68倍；地级—乡镇级比为11.56，与东部地区相比扩大了5.64倍；西部地区，地级—县级比为2.16，与中部和东部的差距进一步拉大，分别扩大了0.11倍和0.66倍；县级—乡镇级比为5.04，与中部地区相比缩小了0.6倍，与东部相比扩大1.08倍；地级—乡镇级比为10.89，与中部地区相比缩小了0.67倍，与东部相比扩大了4.97倍。东北地区中，地级—县级比为1.53，小于中西部地区，仅比东部地区大0.03倍；县级—乡镇级比为9.36，与其他地区相比，差距进一步拉大，比西部地区增加4.32倍；地级—乡镇级比为14.36，也是层级差距最大的区域。

表4-5 各地区文化馆的层级差异

地区	具体指标	地级—县级	县级—乡级	地级—乡级
东部	人力资源情况及其专业化水平	1.50	3.96	5.92
	文娱与展示等活动及其公众参与度	1.29	3.35	4.32
	知识与文化传播的服务情况及其受益面	1.45	—	—
	设备等硬件投入及其运营的财务情况	2.55	2.93	7.48
中部	人力资源情况及其专业化水平	2.05	5.64	11.56
	文娱与展示等活动及其公众参与度	1.77	4.71	8.32
	知识与文化传播的服务情况及其受益面	2.56	—	—
	设备等硬件投入及其运营的财务情况	5.29	4.73	25.00
西部	人力资源情况及其专业化水平	2.16	5.04	10.89
	文娱与展示等活动及其公众参与度	1.27	5.00	6.35
	知识与文化传播的服务情况及其受益面	1.54	—	—
	设备等硬件投入及其运营的财务情况	5.86	2.62	15.36
东北	人力资源情况及其专业化水平	1.53	9.36	14.36
	文娱与展示等活动及其公众参与度	1.78	6.24	11.12
	知识与文化传播的服务情况及其受益面	2.84	—	—
	设备等硬件投入及其运营的财务情况	4.88	9.60	46.85

资料来源：基于《中国文化文物和旅游统计年鉴》（2020年）数据计算得出

其次是文化馆提供的文娱与展示等活动及其公众参与度。

具体来看（见表4-5），东部地区中，地级—县级比为1.29，地级—乡镇级比为4.32，县级—乡镇级比为3.35，即地县两级的文化馆提供的服务差别并不明显，层级差距主要体现在县和乡镇两级。中部地区中，地级—县级比为1.77，与东部相比差距扩大了0.48倍；地级—乡镇级比为8.32，与东部地区相比差距扩大了4倍；县级—乡镇级比为4.71倍，与东部地区相比扩大了1.36倍。西部地区中，地级—县级比为1.27，与东部地区基本持平；地级—乡镇级比为6.35，相比中部差距有所减小；县级—乡镇级比为5.00，高于中东部地区。东北地区中，地级—县级比为1.78，和中部地区差别不大；地级—乡镇级比为11.12，是所有区域中层级差距最大的地级区；县级—乡镇级比为6.24，也是所有区域中差距最大的地区。

再次是文化馆在知识与文化传播的服务情况及其受益面。

地级与县级主要从馆均训练班培训人次和馆均公益性讲座参观人次指标加以观测，而乡镇级由于统计数据缺失，故不参与比较。具体来看（见表4-5），东部地区的地级—县级比为1.45，地级与县级文化馆差距较小；中部地区的地级—县级比2.56，与东部相比，高出1.11倍，县级文化馆与地级文化馆的差距明显增大；西部地区的地级—县级比1.54，地级与县级差距较小，仅略高于东部地区；东北地区的地级—县级比为2.84，是所有区域中地级与县级差距最大的地区。

最后是文化馆（站）建设的设备等硬件投入及其运营的财务情况。

地级与县级主要从经费盈余状况和馆均图书设备购置费指标来看，但乡镇级更需要从资产总额、固定资产比重、村（社区）活动室面积等多方面加以观察。具体来看（见表4-5），东部地区的地级—县级比为2.55，地级—乡镇级比为7.48，县级—乡镇级比为2.93，县级与乡镇级间的差距略大于地级县级间的差距。中部地区的地级—县级比为5.29，地级—乡镇级比为25.00，县级—乡镇级比为4.73，分别是东部的2.07倍、3.34倍和1.61倍。西部地区的地级—县级比为5.86，比中部地区高出0.7倍；地级—乡镇级比为15.36，县级—乡镇级比为2.62，与中部地区相比差距均有所减小。东北地区的地级—县级比为4.88，地级—乡镇级比为46.85，县级—乡镇级比为9.60，其中地级与乡镇级之间和县级与乡镇级之间差距均为最大的区域。

综上，在人力资源及专业化水平指标方面，地级—县级差异总体呈现从东向西逐渐增大的态势，东部地区最小；县级—乡级差异中，东北地区的最大，其次为中部地区，东部地区的层级差异最小；地级—乡级差异也是东北地区差异最大，东部地区差异最小。在文娱活动及其公众参与度指标方面，东北和中部地区的地级—县级差异较大，东部和西部地区的层级差异相对较小；东北地区的县级—乡级差异最大，其次为中部地区，东部地区的层级差异最小；地级—乡级差异与县级—乡级相似，但差距进一步拉大。在文化服务及其受益面指标方面，也是东北地区的地级—县级差异最大，中部次之，东部地区的层级差异最小。在文化馆硬件投入及其运营状况指标方面，西部地区的地级—县级差异最大，中部地区的层级差异略低于西部，东部地区的层级差异最小；县级—乡级差异中，东北地区最为突出，西部地区差异最小；东北地区的地级—乡级差异最大，其次为中部和西部地区，东部地区的地级—乡级差异最小。

从指标差异来看，东部地区的层级差异总体上最小；从地级—县级差异来看，东北地区的文娱活动及其公众参与度指标和文化服务及其受益面指标的地级—县级差异最明显，西部地区文化馆硬件投入及其运营状况指标和人力资源及专业化水平指标的地级—县级差异最明显；从县级—乡级差异来看，东北地区各项指标的县级—乡级差异均为最大，且明显大于地级—县级差异。

综上，以人民为中心是中国共产党领导群众文化百年建设一以贯之的基本理念，在基层公共文化领域主要体现为地域根植性，这一宝贵品格渊源于新民主主义革命时期，成型于新中国成立初期，经历曲折发展之后，新世纪尤其是新时代以来，进入新的发展阶段，基层公共文化服务的赋能与功能重塑，推动了地域根植性的再建构，以社会主义核心价值观为引领，开展综合服务，凸显地方特色，成为城乡基层群众所期待的文化家园。如今的高质量发展，要求更深层次的赋能，例如，专业化作为基层公共文化服务高质量发展的内在依托，其根本是以人为核心的专业化能力打造，包括建立职业资格制度，像美国已经建立的图书馆职业资格制度，日本也拥有公民馆的主事制度，而国家职业资格制度的建立及其专业人员的培养无疑需要国家层面的精准赋能；同时也要求更高层次的功能重塑，又如，数字化是基层公共文化服务高质量发展的必然趋向，但市县文化馆专业人员数量有限，数字化建设面临系统优化与层级调适的新要求，省级文化馆具有体系化优势，应当充分发挥省级文化馆的引领作用，统筹全省的相关力量。[①]

基层公共服务直接面向广大城乡基层群众，是基层治理的重要内容，以理性经济人假设为基础的成本—收益、投入—效能等一般逻辑分析尽管仍有解释的合理性，但更应当看到基层公共服务的专门化乃至精细化趋向，具有各自的内在特性，呈现独特的演化脉络，需要构建多样化的策略组合。不仅如此，基层公共服务基于却不限于基

---

① 李国新. 文化馆发展十一讲［M］. 北京：国家图书馆出版社，2020：7—8。

层治理，循着现代国家科层制的外观形态，易于将基层公共服务视为体制末端的基层化，无意中以区县为分水岭，也易于将不同门类的公共服务部门化，基层化与部门化相互交织，加之当前体制特征之一是资源向上富集与责任向下聚集并存，基层公共服务难免遭遇困难，以致妨碍人民群众对美好生活的期待与追求。新冠肺炎疫情肆虐之初，社区普遍存在着人员短缺和结构老化的问题，仅依靠社区原有力量难以承载突发公共卫生事件的巨大冲击，未有准备的社区工作人员只能直接上阵，各地各级政府和企事业单位人员大量下沉充实社区，但卫生防疫、心理疏导等专业力量仍然不足，这与本章分析的基层公共文化服务专业化难题颇有相似之处；但随后，跨部门、跨层级、跨区域整合协同机制等确立，一线抗疫力量的应对显得灵敏且有力。实际上，基础性服务能力的构建是以人民为中心的现代化国家建设的基本要义之一，我国基层社会正在经历深刻而复杂的变化，如何重塑基层仍有众多问题亟待探讨，但可以明确的是，基础性服务能力与基础性资源权力并不具有对应同构关系，是国家能力在基层公共服务的综合体现，根本上讲，党领导下的多层级治理体制是我国的独特优势，应当得到更充分的体现，在促进基层公共服务做出系统优化的同时，纵向治理层级关系转变为高层级统筹下前台高效能服务与后方强有力支撑的协同关系。

第五章

公共博物馆的城乡空间特质及其治理创新

　　博物馆是衡量一个地区历史文化深度与社会人文水平的重要参照，在当前博物馆大型化、现代化的趋势下，不少观点认为博物馆主要集中于城市，与乡村公共文化服务以及乡村文化振兴的关联性并不明显；同时，与本书第三、第四章所研究的图书馆和文化馆相比，博物馆具有明显的特殊性，与文化馆相比，博物馆属于专业型场馆，对展览的内容有较高的专业需求；与图书馆相比，博物馆的类型更为多样，包含了历史、科技、艺术以及综合等多样化的主题。那么，博物馆在乡村文化振兴中究竟扮演着怎样的角色，与城市中的博物馆相比又有何异同，其空间机制呈现怎样的特点，以及如何优化博物馆的治理机制等问题将是本章着力探讨的核心内容（见图5-1）。

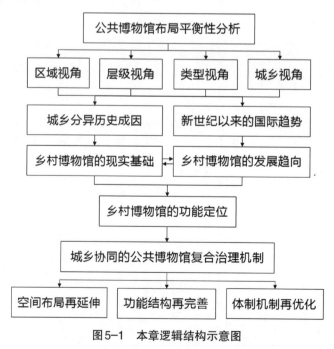

图5-1　本章逻辑结构示意图

一、公共博物馆布局均衡性的多视角分析

公共博物馆的建设依赖文化部门、相关行业以及多种社会化力量的共同投入，特别是在当前博物馆大型化、智慧化、体验化的趋势下，建设和运营好一座博物馆所需要的资源投入是十分巨大的，故而在地方经济社会发展水平较低的情况下，不见得每一级政府都有充分的资源来支撑公共博物馆，其布局的不平衡性是可以预期的。不过，随着近年各地经济发展水平的不断提升和对文化建设重要性的日益关注，公共博物馆布局的均衡性如何，这正是本章研究首要关注的问题。在这里，我们主要选择了四个主要视角进行观察。

（一）区域视角："隆起"与"陷落"的区域发展态势

顾名思义，公共博物馆布局的区域均衡性主要考察的是博物馆在不同地区的分布是否均衡。由于公共博物馆的建设涉及可供展示的各类物质和非物质的资源、支撑博物馆建设和运转的财政情况、地区人口数量规模等许多方面的因素，因此区域视角下并不是绝对意义上的布局均衡，而是与区域文化资源、财力资源、人口规模等相匹配的相对均衡。

1. 在总体格局上，历史文化资源分布与经济发达地区高度重合

我们首先将国家文物局《2019年度全国博物馆名录》的 5 535 个公共博物馆落于 GIS 地图内，从直观上便可以清晰地发现其所呈现的空间集聚特点，总体上，公共博物馆主要集聚在两类地区：

一是历史文化资源丰富的地区。我国公共博物馆的空间布局基本上与历史文化资源的分布格局相仿，与历史文化名城的分布特点十分接近[①]，主要包括以下五个区域：1. 以黄河中下游地区，包括黄河沿线的陕西、山西、河南以及山东西部地区以及京津冀地区，这里是中华文明的主要发祥地之一，也是中国北方社会经济最为发达的地区；2. 太湖流域地区，包括太湖流域周边的江苏、浙江、上海等省市，这里是河姆渡文化和良渚文化的发祥地，也拥有发达的工商业文明；3. 长江中游地区，以湖北、湖南以及江西等省份为中心，拥有发达的楚文化，集聚了一批历史文化名城；4. 川渝地区，这一地区拥有自春秋战国以来大量的历史文化遗迹遗址；5. 东南沿海地区，包

---

① 杨杰.从地域分布看中国历史文化名城［J］.惠州学院学报（社会科学版），2009，29（04）：29—34.

括广东、广西、福建等省份的沿海地区。这一地区的特点是自史前和先秦时期一直保存着自身的地理文化特色。二是经济发达地区。一些公共博物馆高度集聚的地区，同时也是我国经济最发达的地区，两者高度重合，如长三角、珠三角、京津冀、川渝等地区均是我国经济发展水平较高的地区，这些地区的地方政府财政实力雄厚，对城市文化建设的意愿较高，因而这些地区有重组的人力、物力和财力充分挖掘本土历史文化、行业文化、社会文化资源，推动公共博物馆的发展。相应地，对于一些历史文化资源同样丰富的地区（特别是老少边穷地区），公共博物馆的建设受制于经济条件的制约而略显滞后。

2. 在区域格局上，东部与西部"隆起"，中部与东北"塌陷"

如果将我国东部、中部、西部、东北四大区域分别进行观察，可以发现四大区域公共博物馆的绝对数量变化既有相近之处，也存在明显差异。相似之处在于，四大区域公共博物馆数量都处于增长状态，根据统计，我国四大区域博物馆机构数在1998—2008年间处于平缓增长阶段，2008年后出现了较大幅度的增长趋势。但值得注意的是，恰恰是2008年，西部地区公共博物馆的数量超越中部地区，在绝对数量上东部＞西部＞中部＞东北的格局自此形成，至今没有变化，且西部地区的增长态势仍然要明显高于中部地区（见图5-2）。截至2019年年底，东部地区和西部地区在博物馆机构总量上明显高于中部和东北地区，东部地区的博物馆数量是中部地区的1.71倍，是东北地区的5.57倍，西部地区的博物馆数量是中部地区的1.29倍，是东北地区的4.22

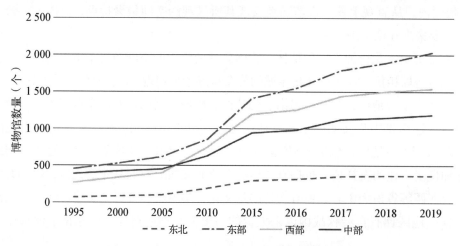

图5-2　1996—2019年我国分区域博物馆机构数

资料来源：《中国文化文物和旅游统计年鉴》（1997—2020年）

倍。具体来说，东部的山东、江苏、浙江、河南四省在总量上遥遥领先，达到300个以上，其中山东博物馆数量最多，共有541个；安徽、湖北、广东、陕西、四川和甘肃省博物馆数量均在200个以上；此外，河北、广西等11个省份的博物馆数量也都超过了100个。相比之下，东北地区的辽宁、宁夏、海南等省份的博物馆数量相对较少，在省级行政区（除直辖市外）中排名靠后。

由于各地区域面积差异巨大，仅仅对不同地区博物馆的总量比较并不能充分反映公共博物馆建设的区域差异。因此，还需要对公共博物馆建设人均指标情况进行比较。在这里，主要对公共博物馆的建设水平和服务水平两方面进行分析，分别选取了"百万人拥有博物馆机构数""万人拥有博物馆建筑面积"两项指标，用以反映博物馆基础设施建设的人均投入情况，再引入"万人可参观的博物馆展览数"和"人均拥有博物馆藏品数"两项指标，用以反映博物馆提供的服务和物品的水平，上述四项指标的数据主要来源于《中国文化文物和旅游统计年鉴》（2020年）（见表5-1）。

在公共博物馆的建设水平方面。东部和西部地区的优势依然明显，"百万人拥有博物馆机构数"西部地区最多，平均每百万人拥有的博物馆数量达到4.04个，其次为东部地区和东北地区，两地区相差并不明显，均为每百万人拥有3.5个左右，中部地区最少，每百万人的博物馆数量仅为3.19个；"万人拥有博物馆建筑面积"呈现出东部地区＞西部地区＞中部地区＞东北地区的格局，其中湖北省每万人拥有博物馆建筑面积最大，为460.13平方米，其次为北京市的430.97平方米，此外，上海、江苏、浙江、陕西、甘肃、宁夏等东、西部省份也在300平方米以上。相比而言，中部地区的情况较差，中部六省份多在全国平均水平之下。

在公共博物馆的服务水平方面。"万人可参观的博物馆展览数"东部地区优势显著，大部分东部省份的这一指标高于全国平均水平；西部和中部的情况基本相当，与东部地区的差距比较明显。中部地区的这一指标依旧靠后，中部六省份依然都低于全国平均水平。"人均拥有博物馆藏品数"西部地区最多，其次是东部地区，中部和东北地区要低于全国平均水平，其中，中部地区仅为西部地区的52.5%。

从以上分析可以发现，在区域视角下，我国公共博物馆建设的不均衡情况比较明显，东部地区无论在博物馆总量还是关键人均指标上都占据着领先地位。但出乎意料的是，与西部地区公共文化建设相对薄弱的一般印象不同，在2008年后，西部地区公共博物馆的建设力度明显加大，博物馆的重要人均指标上均不落下风。与之形成对比的是，中部与东北地区形成了相对的"塌陷"格局，在总量与人均指标上都落后与东部地区，甚至西部地区。特别是中部地区，博物馆建设停滞不前，与其他区域的差距在不断拉大。

表 5-1   2019 年我国博物馆建设区域差异

比较项目 区域	百万人拥有博物馆 机构数（个）	万人拥有博物馆 建筑面积 （平方米）	万人可参观的 博物馆展览数 （个）	人均拥有博物馆 藏品数（件／套）
东部	3.75	237.64	0.14	275.28
中部	3.19	191.77	0.07	173.72
西部	4.04	194.60	0.09	331.05
东北	3.38	153.17	0.10	205.82
北京	3.76	430.97	0.12	943.99
天津	4.35	202.11	0.16	455.79
河北	1.79	103.10	0.06	52.04
山西	4.24	243.68	0.06	368.61
内蒙古	4.92	296.57	0.09	377.77
辽宁	1.49	118.98	0.05	134.06
吉林	3.98	166.93	0.14	238.26
黑龙江	5.15	182.96	0.13	265.80
上海	4.04	348.81	0.18	834.78
江苏	4.28	344.44	0.14	233.78
浙江	6.26	302.50	0.24	244.45
安徽	3.44	150.66	0.08	129.69
福建	3.27	243.90	0.24	171.09
江西	3.06	145.93	0.07	96.05
山东	5.37	281.54	0.12	435.01
河南	3.53	125.96	0.09	119.12
湖北	3.59	463.13	0.09	344.13
湖南	1.69	91.76	0.04	91.63
广东	2.09	128.47	0.12	105.76

（续表）

比较项目 区域	百万人拥有博物馆 机构数（个）	万人拥有博物馆 建筑面积 （平方米）	万人可参观的 博物馆展览数 （个）	人均拥有博物馆 藏品数（件/套）
广西	2.64	117.10	0.06	63.53
海南	2.86	174.39	0.14	156.58
重庆	3.33	228.23	0.12	178.19
四川	3.06	171.71	0.07	485.66
贵州	2.51	87.77	0.03	31.33
云南	2.88	124.52	0.08	319.65
西藏	1.99	239.89	0.01	189.01
陕西	7.59	350.52	0.13	992.12
甘肃	8.46	338.12	0.24	199.18
青海	3.95	164.31	0.03	110.80
宁夏	7.91	341.01	0.12	491.59
新疆	3.57	137.50	0.05	89.67

资料来源：《中国文化文物和旅游统计年鉴》（2020 年）

（二）层级视角："市市有博物馆"的目标已基本实现

我国公共博物馆从隶属关系上可以分为中央、省、市、县四级，其建设支出和运营由相应层级政府财政提供支撑，由于不同层级公共博物馆在服务功能、财力保障、建设标准、展品资源等方面存在着明显的不同，因而可以预计，不同层级博物馆在建设上势必存在比较显著的差异。具体来看：

1. 建设水平：由高到低的层级梯度差异明显

为了比较不同层级公共博物馆的建设情况，分别从四组指标进行考察：第一组指标是馆均建筑面积（万平方米）反映博物馆基础设施建设；第二组指标是馆均一级品数（件/套）、馆均基本陈列（个）、馆均临时展览（个）反映博物馆提供的产品和服务；第三组指标是馆均参观人次，反映公众的参与性；第四组指标是馆均财政补助收入反映管理部门对其支持力度。

　　总体来看，四组指标都呈现出中央级、省级、市级、县级层级梯度递减的情况，也就是说，中央级博物馆占绝对优势地位，县级博物馆占绝对劣势地位（见表5-2）。特别是在一些指标上，高层级与低层级公共博物馆之间的差距十分巨大。例如，在"馆均一级品数"方面，中央级博物馆分别是省级的4.8倍、市级的116.7倍、县级的350.0倍，而省级又是市级的24.1倍、县级的72.5倍；又如，在"馆均财政补助收入"方面，中央级是省级的10.9倍、市级的65.6倍、县级的202.2倍，而省级又是市级的6.0倍、县级的18.5倍。

表 5-2　2019 年我国各层级博物馆建设情况

比较项目　　　　　　　　　层级	中央	省	市	县
馆均建筑面积（万平方米）	16.45	1.96	0.76	0.46
馆均一级品数（件/套）	7.00	1.45	0.06	0.02
馆均基本陈列（个）	11.33	3.45	3.10	2.54
馆均临时展览（个）	27.00	7.11	4.50	2.24
馆均参观人次（万人次）	847.77	90.50	31.97	15.61
馆均财政补助收入（千元）	522 653	47 779	7 973	2 585

资料来源：《中国文化文物和旅游统计年鉴》（2020年）

　　2. 覆盖情况：省、市级高度覆盖，县级区域差距显著

　　根据国家文物局出台的《博物馆事业中长期发展规划纲要（2011—2020年）》提出的"新建和改扩建一批地市级综合性博物馆和文物大县博物馆及其他县级博物馆"[1]，国家大力推动县级层面普遍建设公共博物馆，但是，从数据统计情况来看，不同地区、不同层级公共博物馆的覆盖情况还存在着明显差异，在省级和市级博物馆逐步建设完成后，县级公共博物馆的建设浪潮在全国渐次展开，速度不尽相同。从不同行政层级公共博物馆的覆盖率来看，我国各省（自治区、直辖市）在省级层面都已经建立了公共博物馆，达到了全覆盖；在地级层面，各省份也基本已经实现了全覆盖；在县级覆盖层面，北京、上海、天津、浙江等达到相当高的覆盖率。

――――――――――

[1]《国家文物局关于印发博物馆事业中长期发展规划纲要（2011—2020年）的通知》（文物博函〔2011〕1929号）。

表5-3　2019年我国各地区博物馆县级覆盖率

地区	县级覆盖率	地区	县级覆盖率
上海	6.13	福建	1.53
北京	5.06	江西	1.43
天津	4.25	四川	1.40
浙江	4.07	山西	1.35
山东	3.95	内蒙古	1.21
江苏	3.59	广西	1.18
陕西	2.75	海南	1.17
重庆	2.74	云南	1.09
甘肃	2.60	贵州	1.03
宁夏	2.50	湖南	0.96
河南	2.15	新疆	0.85
安徽	2.09	河北	0.81
湖北	2.07	辽宁	0.65
广东	1.98	青海	0.55
吉林	1.78	西藏	0.09
黑龙江	1.60		

资料来源：国家文物局《2019年度全国博物馆名录》

　　根据所属的层级，我国公共博物馆从中央、省级、地市级、县级，建设水平在总体上由高到低逐层递减，这与各级公共博物馆的功能定位、服务范围、资源支撑等的差异有关，并不能说明各级博物馆建设水平的不均衡。进一步的分析表明，随着国家和地方对公共博物馆建设支持力度的加强，公共博物馆在不同层级行政区设立的覆盖情况正在逐步扩大，目前，省级和地市级已经基本实现全覆盖，县级公共博物馆的建设速度也在加快，特别是在一些发达地区，也已经实现了县级博物馆的全覆盖。

（三）类型视角：多元化的建馆办馆格局正在加速形成

　　在我国，公共博物馆分属于不同的部门和机构进行管理，因而类型差异也是分析公共博物馆发展均衡性的重要视角。参考国家文化和文物部门的相关文献，公共博物馆的分类方法主要有以下几种：一是按所属领域分类，博物馆包括综合性博物馆、历史类博物馆、艺术类博物馆、自然科技类博物馆和其他类别博物馆等至少五类[1]；二是按所属系统类型分类，博物馆包括文物部门主办博物馆、其他部门主办博物馆和民办博物馆三类[2]。此外，按照是否免费开放分类，博物馆还可以分为免费开放博物馆和未免费开放博物馆两类。

需要指出的是，我国文化年鉴中对公共博物馆的分类方式发生过变化，在1996—2000年间，公共博物馆按照机构性质分为综合性、纪念性、专门性三类，而2001年之后，又从三类划分为五类；同时，2004年开始，相关统计年鉴中开始提供分系统类型的博物馆数据，鉴于数据的可得性，本章对博物馆系统类型的分析年限为2004—2019年。

1. 领域类型分析：以综合性和历史类博物馆为主的多元格局更加明显

在我国公共博物馆中，综合类博物馆长期以来占据主流地位，在专业类博物馆中，历史类博物馆的数量相对较多，且得到了比较大力度的支持。但从2001年以来的年份来看，综合性博物馆的数量占比在下降，其他类型的博物馆则普遍上升，博物馆所属领域多元化的趋势明显。例如，综合性博物馆的数量占比从2001年的53.65%下降到2019年的35.48%，年均下降1%；相对应的是，其他类型博物馆的机构数占比从2001年的5.57%上升到2019年的16.23%，年均增长0.6%。其中，历史类博物馆发展速度最快，获得的支持力度也最大，如从2001—2019年，历史类博物馆的数量占比虽然占比有所下降，但财政补助的占比却增加了15.13%（见表5-4）。

目前，以综合性博物馆和历史类博物馆为主导，艺术类、自然科技类等其他类型多元发展的格局日益清晰，截至2019年年底，公共博物馆数量呈现"综合性博物馆 > 历史类博物馆 > 其他类博物馆 > 艺术类博物馆 > 自然科技类博物馆"的情况，综合性、历史类博物馆机构数占比合计达到70%左右。相应地，政府对公共博物馆的财政投入也更加偏向这两类博物馆，综合性和历史类博物馆获得的财政拨款占比和上级补助收入占比均达到了83%以上，与此形成鲜明对照的是，2019年艺术类博物馆（占公共博物馆总量的10%）仅获得4.39%的财政拨款占比和1.71%的上级补助收入占比，其他类型博物馆以16.23%的机构数占比仅获得7.20%的财政拨款占比和7.64%的上级补助收入占比。

---

[1] 参见：2001年以后出版的《中国文化文物统计年鉴》。
[2] 参见：2004年以后出版的《中国文化文物统计年鉴》。

表 5-4　我国公共博物馆按所属领域建设情况（2001—2019 年）

类型	年份	机构数量占比（%）	从业人员占比（%）	公用房屋建筑面积占比（%）	财政补助收入占比（%）	上级补助收入占比（%）
综合性	2001	53.65	46.34	45.36	54.11	44.60
	2019	35.48	40.04	48.18	44.31	31.29
历史类	2001	35.14	36.41	39.22	24.46	43.50
	2019	34.47	38.42	28.78	39.59	57.79
艺术类	2001	4.33	10.80	9.98	17.09	4.84
	2019	10.09	6.00	5.61	4.39	1.71
自然科技类	2001	1.31	1.66	1.55	1.59	0.42
	2019	3.72	4.42	5.47	4.51	1.57
其他	2001	5.57	4.77	3.90	2.75	6.64
	2019	16.23	11.13	11.95	7.20	7.64

资料来源：《中国文化文物和旅游统计年鉴》（2002—2020 年）

2. 所属系统分析：我国博物馆系统类型建设的基本情况

以文物部门为主导的局面非常突出，其他部门和民办博物馆增长明显，多元化趋势比较明显。长期以来，我国大多数公共博物馆为文物部门主办，行业部门、企业、社会组织等举办的公共博物馆处于补充位置。截至 2019 年年底，我国公共博物馆按所属系统分类，数量呈现"文物部门主办博物馆＞非国有博物馆＞其他部门主办博物馆"的格局，文物部门主办博物馆机构数占比达到 68% 左右。在财政投入方面，文物部门主办的公共博物馆也获得了更多的资源，其获得的财政拨款占比高达 87%，上级补助收入占比也达到 50%，均远高于其数量占比。作为对比的是，数量占 21.28% 的非国有博物馆仅获得了 2.91% 的财政拨款和 30.81% 的上级补助收入。显然，文物系统仍然是我国公共博物馆获建设和发展的主要力量（见表 5-5）。

不过，如果从较长的时段进行观察，其他部门和非国有的公共博物馆数量在快速上升，多元化的趋势同样十分明显。例如，从 2004—2019 年，文物部门主办的博物馆数量占比从99.03%下降到67.81%，年均下降2.08%；其他部门举办的博物馆数量从0.97%上升到10.91%，年均增长0.66%，非国有博物馆则从2004年的0上升到21.28%，年均增长1.42%。

表5-5　2004—2019年我国博物馆各系统类型主要投入指标占比变化对比

类型	年份	机构数量占比（%）	从业人员占比（%）	公用房屋建筑面积占比（%）	财政补助收入占比（%）	上级补助收入占比（%）
文物部门	2004	99.03	98.24	98.60	99.28	98.95
	2019	67.81	78.25	72.46	87.30	49.97
其他部门	2004	0.97	1.76	1.40	0.72	1.05
	2019	10.91	11.72	11.31	9.79	19.22
非国有	2004	0.00	0.00	0.00	0.00	0.00
	2019	21.28	10.03	16.23	2.91	30.81

资料来源：《中国文化文物和旅游统计年鉴》（2005—2020年）

　　非文物部门主办公共博物馆的趋势在东部发达地区则更为明显。在空间分布上，尽管文物系统博物馆在绝大多数省市占绝对主导地位并没有改变，但在山东、浙江等东部省份，非国有博物馆数量已经与文物系统博物馆数量基本平齐；在中部地区，虽然文物系统主导的博物馆数量较多，但所有省份均呈现出非国有博物馆数量多于行业系统博物馆的特点；需要指出的是，在北京、上海等行业领域发展水平较高的地区，行业系统主办的博物馆数量非常多，呈现出行业系统博物馆>文物系统博物馆>非国有博物馆的情况。

（四）城乡视角：公共博物馆的城乡二元结构相当突出

　　我国城乡文化之间的二元结构仍然明显，在第三、第四章对图书馆和文化馆的分析中发现，虽然以公共财政为支撑的两类文化设施在国家和地方的大力推动下不断推进由城及乡的全面覆盖，确实基本实现了图书室、文化站在村居最基层的广泛建立。相比之下，公共博物馆的布局和建设显然不及前述两类设施的力度，全国范围内，地市级博物馆基本实现全覆盖，而县级博物馆则参差不齐，更不用说村居最基层。当然，在不少看来，博物馆以展品为核心，而城乡基层（特别是乡村）并不具备搜集和展示具有意义的展品的条件，因而并不需要将博物馆建在农村。那么，我国公共博物馆建设的城乡均衡性究竟如何？为了回答这一问题，本章尝试搜集我国乡村博物馆的分布信息，但由于既有的统计年鉴中并未涉及，故而仍然采用了《2019年度全国博物馆名录》，从中提取出所在地点为"村"的博物馆，并以此为基础进行空间分布分析。

1. 空间分布：建立在农村的博物馆与全国总体分布格局相似

根据2021年统计，在天眼查数据库中所在地为"村"的公共博物馆共有230个，占总数的4.48%。建立在农村的博物馆分布情况与我国公共博物馆的总体分布格局基本相似，即与历史文化资源分布和地区经济实力密切相关，驻地为村的博物馆最多的省份依次为山东（25个）、江苏（19个）、河北（14个）、安徽（13个），这四个省份均为历史文化比较悠久的文博大户。在区域格局上，东部地区设立在农村的博物馆数量最多，中部和西部地区次之，东北地区数量较少，低于全国平均水平。

2. 类型特征：历史类博物馆占据绝对主导

从博物馆类型来看，与公共博物馆以综合性展馆为主导的情况有明显不同，设立在农村地区的公共博物馆中，历史类博物馆占80%以上，其中又以纪念名人和重大历史事件的博物馆居多，其次为艺术类博物馆、综合类博物馆和自然科技类博物馆数量相对较少。当然，不同省份之间的类型也有较大差异，例如，湖南省以名人纪念类的场馆为主，且多分布在该省东部，山东、江苏以历史纪念类展馆和民族民俗类展馆为主，浙江省以历史纪念类和专题类展馆为主，陕西以民族民俗类、历史纪念类、名人纪念类展馆为主，四川以艺术类展馆为主。

不难发现，分布在农村地区的博物馆大多是因为历史遗址、遗迹、名人故居、重大事件而建立，从本质上来说，这些博物馆并非专门针对本地居民建立。实际上，大部分位于农村地区的公共博物馆或多或少都需要相应的财力资金投入，规划、设计和建设，并非以所在地农村居民为服务对象，许多博物馆投资巨大，往往成为旅游景区的组成部分之一。一方面，博物馆的文物资源可以转换为旅游资源，且遗址、旧址、故居等不可移动的博物馆更具有一定的旅游吸引力。如北京市西周燕都遗址博物馆，位于北京市房山区琉璃河镇董家林村东，坐落在西周燕都遗址的东城墙外，馆内通过大量的出土器物和墓葬车马坑等遗存勾勒出燕国古都的繁荣景象；另一方面，一些农村博物馆知名度远低于城市博物馆，故而乐于建立在景区周边获得知名度以及商业机会（尤其是农村的非国有博物馆）。如临沂市海迎相机博物馆，由山东临沂沂水的贾先生建立，是一个以收藏国产相机为主题的专题博物馆，为了让更多的人了解国产相机的历史，便将博物馆搬到了四门洞村萤火虫景区。[①]

　　农村地区公共博物馆表面上位于乡村，实际上却与乡村"割裂"，不仅如此，这样的布局情况还隐含着一些问题：第一，农村地区居民在事实上缺乏博物馆服务。尽管农村地区的博物馆数量达到230个，服务对象也涵盖了城市和农村居民，但由于乡村居民经济水平、文化需求、移动能力与城市居民相比有很大的差别，一些设在农村的博物馆，农村居民并不可能经常享用，加之大多数的博物馆集聚在城市地区，农村地区居民在享用博物馆服务上存在很大短板。第二，农村地区的博物馆缺乏对乡土文化的展示。一方面，建立博物馆的农村地区毕竟是少数，大部分的乡村地区面向本地村民和外来游客的展示窗口也相当之少；另一方面，由于这些博物馆以历史类为主，大多集中反映特定的历史要素，缺乏对所在地文脉的整体性展示。实际上，农村地区既缺少对外展示的窗口，也缺少对乡土文化追忆的空间。

　　基于上述四个视角的分析，不难发现，我国公共博物馆布局的不均衡性是客观存在的。当然，不均衡的原因是多方面的，例如，公共博物馆需要财力支撑，需要展品提供，发达地区自然更有条件；再如，不同层级博物馆服务功能定位不同，建设进度不一。但令人遗憾的是，城市与乡村公共博物馆建设的差距巨大，甚至不少人质疑，乡村博物馆是否有建设的必要，为此，需要回到历史进程和国际比较探寻今后发展的参照。

二、公共博物馆城乡发展分异的形成过程

　　应该说，新中国成立以来乡村博物馆建设是农村文化工作的重要组成部分，在不同的发展时期乡村博物馆被赋予了不同的职能，处于不断的变化之中，伴随城乡博物馆的功能分异，逐步形成当前公共博物馆城乡相对失衡的格局。

（一）新中国成立之初：城市与乡村博物馆的同步探索

　　新中国成立之初，博物馆作为文化工作的重要阵地，被赋予了比较强烈的政治教育意义。1950年召开的全国文物处长会议上，提出文物工作"应该把图书馆、博物馆从少数人手中解放，变成面向广大群众经常进行教育的有利场所"，文物工作的重点

[①] 萤火虫水洞景区是四门洞村的主要旅游资源，为国家4A级景区，每年客流量均达到100万人次。

随之发生改变。[①] 次年，文化部发布《对地方博物馆的方针、任务、性质及发展方向的意见》（以下简称《意见》）对博物馆提出了明确的要求。[②]

不过，受到经济等方面的限制，当时的博物馆主要以改建或修复为主，新建造的情况仅属于个例。[③] 博物馆率先在一些大城市设立，如文化部以北京历史博物馆和故宫博物院为重点，从陈列内容、藏品管理、观众宣传教育、制度等方面清除旧时代的影响；南京、上海、东北等地通过举办具有教育意义的社会历史和自然历史展览、建立适应群众文化成都的陈列讲解工作制度，发挥博物馆的社会教育作用。[④] 从当时的情况来看，这一时期博物馆以反映地方地志情况的综合型展馆为主，专门性博物馆数量较少，文化部的《意见》对展馆类型和内容提出了明确的要求。[⑤]1956年，全国博物馆工作会议召开，首次明确了我国博物馆的基本性质，即著名的"三性二为"理论。[⑥] 此后，我国博物馆快速发展，从1955—1957年间，我国博物馆数量达到73个，增长了46%；其中增长最快的是纪念性博物馆，从11个增长为23个。[⑦]

相比城市地区，尽管农村地区要发展博物馆面临着更大的挑战，但建立在乡村的博物馆也体现出了科学研究、文化教育、文化遗产和自然标本收藏这三大功能，并成为政治教育的工作阵地。例如，1957年山西省长子县鲍店小学认为农村儿童存在严重的政治思想问题，农村儿童对城市的热爱要远远高于自己家乡。针对这种现象，该村于同年6月成立了"乡土博物馆"，馆内的陈列涵盖自然资源如动植物标本、经济社会建设如家乡农业建设图片、革命历史等，通过乡土题材文物的展示来激发儿童热爱祖国、热爱家乡的热情，从而引导儿童的政治思想教育。[⑧]

[①] "健全与扩充图书馆和博物馆业务，以提高人民政治觉悟、文化水平和推广科学普及运动。"参见：吴文遴.关于全国文物处长会议的传达及西北文物工作要点 [J].文物参考资料，1951（01）：53—56.

[②]《意见》指出"博物馆事业的总任务是进行革命爱国主义教育，通过博物馆使人民大众正确认识历史，认识自然，热爱祖国，提高政治觉悟与生产热情"。参见：沈雁冰.中央人民政府文化部指示——对地方博物馆的方针、任务、性质及发展方向的意见 [J].文物参考资料，1951（12）：1.

[③] 同上。

[④] 同上。

[⑤]《意见》要求"各大行政区或省、市博物馆应当是地方性和综合性的，即以当地的'自然资源'（包括地理、民族、生物、资源等）、'历史发展'（包括革命史）、'民主建设'（包括政治、经济、文化等方面的建设成绩）三部分为陈列内容，使之与地方密切配合"。

[⑥] 其中"三性"指："科学研究机关""文化教育机关""物质文化与精神文化遗存和自然标本的主要收藏所"；"两为"是博物馆的基本任务："为科学研究服务""为广大人民服务"。参见：郑振铎.全国博物馆工作会议总结报告（提纲）[J].文物参考资料，1956（06）：10—12.

[⑦] 王宏钧.中国博物馆学基础 [M].上海：上海古籍出版社，2001：104.

[⑧] 让儿童热爱乡土、热爱劳动——山西长子县鲍店小学"乡土博物馆"介绍 [J].文物参考资料，1958（09）：51—52.

（二）20世纪50年代后期至60年代初：博物馆的城乡联动初步展开

"大跃进"期间，我国博物馆建设出现较大波动，在快速增加后又经历大幅减少，从1957年的73个迅速增加到1958年的360个，增长了5倍，之后博物馆数量在"调整、巩固、充实、提高"八字方针的贯彻中有所减少，由1959年的480个减少到1963年的215个。[①]在把农业发展放在国民经济首位的思想指引下，乡村博物馆建设成为这一阶段博物馆工作的重要组成部分，博物馆以及展览活动是开展宣传教育的主要方式，博物馆建设沿着县、乡、社的行政层级逐步向下延伸。1958年3月，文化部召开全国文物、博物馆工作会议，会上提出博物馆"大跃进"工作，发动文物和博物馆工作者"办展览也上山下乡去"。[②]同年7月文化部会议通过的《文物、博物馆事业五年发展纲要》明确指出"1958年全国争取有四分之二的省，可以达到县县办馆、社社有展览室"。在这一思想指导下，县级博物馆和公社展览室的数量大幅上升，会议结束后1个月，河南省就上报基本实现"县县有博物馆、社社有展览室"的目标，仅洛阳、许昌两专区就建立27个县地志博物馆、农村展览室23 000处。[③]

表5-6　1958年9月全国县博物馆、社展览室数量统计

地区	县博物馆	社展览室
河南	122	34 383
山东	106	14 612
浙江	149	836
山西	91	18 000
河北	7 544（此数统计在社展览室的总统计数内）	
吉林	40	191
黑龙江	35	18
广东	3 166（此数统计在社展览室的总统计数内）	

---

① 沈庆林."大跃进"和国民经济调整时期的中国博物馆（1958年—1965年）[J].中国博物馆，1996（03）：77—87.

② 在全国文物、博物馆工作会议上钱俊瑞副部长的讲话[J].文物参考资料，1958（03）：4—6.

③ 王冶秋.十一个省（市、自治区）文物、博物馆现场会议小结[J].文物参考资料，1958（09）：6—10；关于县县办博物馆、社社办展览室的建议[J].文物参考资料，1958（10）：1—2.

（续表）

地区	县博物馆	社展览室
宁夏	5	—
江苏	9	—
安徽	22	1 504
福建	81	895
湖北	55	817
湖南	91	1 500
贵州	24	—
云南	8	374
新疆	—	2
陕西	27	1 226
总计	865	85 068

资料来源：文物参考资料，1958年第11期

　　为了保障在公社等乡村地区开展展览室建设，这一阶段还明确了省级博物馆与县馆、社展览室之间的关系。其一，提供流动展览服务，通过上山下乡等方式为农民提供服务，如福建省博物馆在1958年10月分别前往南平、龙岩、福安三个专区的炉旁、矿山巡回流动展出，展览内容为各地的钢铁生产经验，以此促进钢铁生产任务的完成。[①]其二，加强辅导县馆、社展览室工作，县、社在短时期内建立相当数量的博物馆和展览室，在管理和运行上必然存在着许多问题，因此需要省级博物馆应当加以辅导，加强交流与联系。正如1962年，文化部对省级博物馆提出的要求就包括"博物馆的陈列要普及自然科学尤其是农业科学的知识，从而更好地为农业服务"。[②]

　　与此同时，在农村兴起的另一类博物馆是地主庄园和贫雇农住宅博物馆，具有鲜明的阶级教育功能特点。地主庄园博物馆所用房屋是原来地主住宅的一部分，同时

---

① 董文松，黄淑惠."为钢铁而战"小型展览——深入炉旁、矿山流动展出［J］.文物参考资料，1958（12）：6.
②《关于博物馆和文物工作的几点意见（草稿）》（1962年8月22日）。参见：国家文物局编.中国文化遗产事业法规文件汇编（1949—2009）上［M］.北京：文物出版社，2009：44—47.

选择一个具有代表性的地主庄园附近的贫农住宅建立贫雇农住宅博物馆形成鲜明对比，陈列内容基本上还原当时的室内布置。例如，陕西省长安县马厂村于1958年10月建立了该省第一座地主庄园和贫雇农住宅博物馆[①]，在1963年社教运动中，地主庄园博物馆演变成了更有政治指向的阶级教育展览馆，展示的内容不在于单纯的地主与贫雇农生活对比的形式，而是要突出强调阶级压迫、阶级剥削和阶级斗争的残酷性，如前述的长安县马厂地主庄园博物馆变更为马厂地主罪证馆。阶级教育展览馆直至改革以后才逐步退出历史舞台，如陕西的阶级教育展览馆所在的地主庄园或被占用，或还返房主，只有一少部分改换为"民宅"，以民俗类博物馆的形式继续行使博物馆的职能。[②]

当然，过于快速推开的县博物馆和社展览室建设很快遭遇问题，难以为继。1962年，中共中央提出"调整、巩固、充实、提高"方针，文化部开始纠正"大跃进"以来博物馆事业发展的失误，同年拟订《关于博物馆和文物工作的几点意见》的草案，对博物馆的陈列、藏品、群众工作、文物保护工作、革命纪念建筑物和古建筑的保护工作等提出了新要求。随后，"撤销了一批市、县展览馆和内容重复，没有特点，文物不多，观众很少的专、市、县博物馆以及纪念意义不大的纪念馆"[③]。至此，将博物馆及其展览室向农村地区推广的"县县办馆、社社有展览室"目标，仅仅在4—5年后就告一段落。

"文革"期间，我国博物馆事业受到了极大的阻碍，历史遗迹、革命遗址、古建筑都遭受了破坏，各地博物馆的文物库房也被冲击，有的博物馆甚至被撤销或裁并[④]，到1977年，我国博物馆共300个，相比1959年的顶峰时期，减少了36.5%。

（三）改革开放初期：城市博物馆的高速发展阶段

改革开放以后国家逐步恢复博物馆工作，与此前博物馆工作兼顾城乡相比，改革后有关博物馆的政策主要服务于城市地区的博物馆建设，着力推动市级以上博物馆的规范化和现代化。1979年5月，国家文物局出台首个系统的省级博物馆管理法规，即

---

① 其建馆目的是"为了教育下一代认识今天的幸福日子是在党的领导下经过尖锐的阶级斗争与广大群众的不懈努力而获得的，知道过去地主是个什么样子，以及他们怎样对农民进行剥削"。参见：长安县马厂地主庄园博物馆［J］.文物，1959（01）：42—44.
② 张礼智.陕西省博物馆百年史［M］.西安：三秦出版社，2014：63.
③ 沈庆林."大跃进"和国民经济调整时期的中国博物馆（1958年—1965年）［J］.中国博物馆，1996（03）：77—87.
④ 苏东海."文化大革命"时期的中国博物馆（1966年—1976年）［J］.中国博物馆，1996（03）：88—94.

《省、市、自治区博物馆工作条例》(以下简称《条例》),对博物馆进行了新的界定[①],和新中国成立初期的《意见》相比,《条例》兼顾了综合性和专业性这两类博物馆的发展,同时,将博物馆的性质从"科研、教育、收藏"调整为"收藏、教育、科研",从功能性质次序的改变反映出,收藏功能被进一步强化。

在加强规范化建设的同时,扩大博物馆的空间覆盖面也是改革后相关工作的重要任务。当时,与"大跃进"时期提出的"县县办馆、社社有展览室"的目标相比,国家有关部门采取了更加务实的态度,将覆盖面集中于地市级,提出"市市有博物馆"的目标。虽然将目标从县级办馆提升为市级办馆,建设数量大幅减少,但也几经波折。该目标最早明确提出可追溯到1981年,国务院批转国家文物事业管理局《关于加强文物工作的请示报告》的通知。[②]在同年启动实施的国家"六五"计划中,明确指出要开展市博物馆的建设,"充实、提高现有博物馆,目前尚无博物馆的市,要逐步建立博物馆"。但是,1987年国务院印发《关于进一步加强文物工作的通知》,对"市市有博物馆"的目标进行了一定的回调,提出要建立具有中国特色的社会主义博物馆体系,明确"当前博物馆的主要任务是整顿、充实国家级和省级博物馆"。

进入20世纪90年代后,博物馆工作的重心从数量增长转向现代化建设,一些地方在旧馆基础上新建了一批现代化的大型博物馆,以1991年建成的我国第一个大型现代化博物馆——陕西历史博物馆为开端,上海、河南、西藏、山东、浙江、江西等省级博物馆(或新馆)相继落成;同时,一些行业兴建的专题性博物馆和民办博物馆也得到了长足发展。[③]在此基础上,《文化事业发展"九五"计划和2010年远景目标纲要》又再一次将"市市有博物馆"纳入发展目标,成为"九五"期间的重要工作任务。

在改革开放后的十多年间,我国公共博物馆建设取得了长足发展,博物馆数量快速增长,一批高等级现代化博物馆的建设水平逐步与国际一流博物馆接轨。据统计,1980—1990年,我国平均每年新建博物馆64个,即平均每5.5天新建一个博物馆,到1990年我国博物馆数量已突破1 000个。当然,博物馆的快速发展也必然伴随着一些问题。例如,1991年全国博物馆工作座谈会纪要上指出当前博物馆存在经费短缺、机构不健全、法制不完善、管理水平较低、陈列形式陈旧、专业和管理人才缺乏等

① 《条例》指出"省、市、自治区博物馆是国家举办的地方综合性或专门性博物馆,是文物和标本的主要收藏机构、宣传教育机构和科学研究机构"。
② 其中提出,应"适当发展一些专区、省辖市和文物较多的重点县的博物馆","发展有关民族、民俗以及具有地方特色的各种类型博物馆"。
③ 郑广荣,李耀申.中国博物馆事业述略[J].中国博物馆,1998(03):2—6.

问题。①

　　除此之外的主要问题是城市和乡村博物馆建设差距不断拉大，国家政策指导和财力支持建设的博物馆主要是市级以上的公共博物馆，县级博物馆以及广大乡村地区的展览室等的发展相对迟缓。在农村地区，政策支持建设的博物馆更多被定位为展示民风民俗的功能，主要鼓励少数民族地区筹建民俗博物馆和民族村寨博物馆。②同时，在西方"新博物馆学运动"的影响下，一些地方也将新博物馆学强调的以人为本、人本关怀等理念引入国内，在乡村地区探索建设"生态博物馆"，整体保护和展示特定乡村地区的自然环境、人文环境、有形遗产、无形遗产等，如1998年，在与挪威政府的合作下贵州建立了亚洲第一座生态博物馆——贵州六枝梭戛生态博物馆。因此，尽管在这一时期我国乡村博物馆的发展并未实现数量的快速增加，但进行的诸多探索尝试仍然对当前以及未来乡村博物馆的发展具有启示意义。

（四）21世纪以来：乡村特色博物馆的迸发

　　进入21世纪，国家和地方对博物馆建设的重视程度进一步提升，此后，国家层面出台的与文化相关的文件、规划、条例等不少均涉及博物馆发展的内容，比较重要的包括：2005年，文化部通过《博物馆管理办法》，这是新中国成立以来第一个最具规范化的行业法规，对博物馆的性质、设立条件、藏品管理、展示与服务等都做了明确规定；2008年，中央宣传部发布专门文件③，推进文化文物部门管理的博物馆免费开放；2015年，国务院颁布《博物馆条例》（以下简称《条例》），这是新中国成立以来博物馆发展的第一个全国性行政法规，是中国博物馆事业发展的重要里程碑，《条例》从博物馆的性质、功能、展示、服务等全方面提出了明确的要求（见表5-7）。在持续不断的政策推动下，博物馆建设进程再一次提速，根据统计，从2006年至2015年，全国范围共新建2 235个博物馆，这一数字相当于新中国成立以来60年新建博物馆的数量总和，平均每年新建248个博物馆，平均每天新建1.5个博物馆。在农村地区，经济社会的发展催生出乡村居民对文化服务的强烈需求，对乡土传统文化和历史文脉的传承意识也更加突出，尽管乡村博物馆并不在公共财政支持序列范围之内，但在不少地方仍然开展了多样化的尝试探索。例如，2014年中国农村博物馆在浙江省东阳市花园村开馆，这是一家面向全国的综合性民办博物馆，

---

① 全国博物馆工作座谈会纪要［J］.中国博物馆，1991（03）：7—9.
② 胡骏.社会主义新时期我国博物馆事业的回顾（1976—1988）［J］.中国博物馆，1991（04）：1—12.
③《文物局发布关于全国博物馆、纪念馆免费开放通知》（中宣发［2008］2号）。

其馆长由中农办原主任、中国扶贫基金会会长段应碧担任，馆内记录了新中国成立以来农村政策制度的演变以及以名村为代表的中国农村现代化发展历程和历史成就；又如，河北衡水魏圈村在2016年建立我国首家以京杭大运河为主要内容的村级博物馆——码头镇运河记忆博物馆，博物馆为魏圈村的闲置小学改造而来，由运河民俗展览馆、运河名人纪念馆、运河古戏台三部分组成，再现了运河文化，唤起了村民的乡愁记忆，吸引了附近村民和周边县市游客的参观；此外，一些省份还将乡村博物馆建设纳入到全省战略之中，如山东省从2014年起由多部门联合在全省实施的"乡村记忆工程"，在全省范围内建设"乡土博物馆"，留住齐鲁特色乡愁。[①]2018年5月，山东省发布《山东省推动乡村文化振兴工作方案》，明确提出了建设100个"乡村记忆"博物馆（优秀传统文化和非物质文化遗产展示馆）的任务要求。当然，与我国数量众多的乡村单元和农村人口相比，现有的乡村博物馆建设无疑还处在起步阶段，习近平总书记提出的"农村是我国传统文明的发源地，乡土文化的根不能断，农村不能成为荒芜的农村、留守的农村、记忆中的故园"，我国乡村博物馆发展仍任重道远。

表 5-7 《博物馆管理办法》（2005）和《博物馆条例》（2015）的对比

	《博物馆管理办法》	《博物馆条例》	不同之处
性 质	本办法所称博物馆，是指收藏、保护、研究，展示人类活动和自然环境的见证物，经过文物行政部门审核、相关行政部门批准许可取得法人资格，向公众开放的非营利性社会服务机构	本条例所称博物馆，是指以教育、研究和欣赏为目的，收藏、保护并向公众展示人类活动和自然环境的见证物，经登记管理机关依法登记的非营利组织	《条例》增加了博物馆教育功能
陈列展览	与本馆性质和任务相适应，突出馆藏品特色、行业特性和区域特点，具有较高的学术和文化含量	主题和内容应当符合宪法所确定的基本原则和维护国家安全与民族团结、弘扬爱国主义、倡导科学精神、普及科学知识、传播优秀文化、培养良好风尚、促进社会和谐、推动社会文明进步的要求；	《条例》对陈列展览的要求更加具体

---

① 季晨.加速农村博物馆建设刍议［A］.中国博物馆协会博物馆学专业委员会.中国博物馆协会博物馆学专业委员会2015年"致力于社会可持续发展的博物馆"学术研讨会论文集［C］.中国博物馆协会博物馆学专业委员会，2015：5.

（续表）

	《博物馆管理办法》	《博物馆条例》	不同之处
陈列展览	与本馆性质和任务相适应，突出馆藏品特色、行业特性和区域特点，具有较高的学术和文化含量	陈列展览的主题和内容不适宜未成年人的，博物馆不得接纳未成年人。 博物馆应当配备适当的专业人员，根据不同年龄段的未成年人接受能力进行讲解；学校寒暑假期间，具备条件的博物馆应当增设适合学生特点的陈列展览项目	《条例》对陈列展览的要求更加具体
社会服务	博物馆应当根据办馆宗旨，结合本馆特点开展形式多样、生动活泼的社会教育和服务活动，积极参与社区文化建设	博物馆应当根据自身特点、条件，运用现代信息技术，开展形式多样、生动活泼的社会教育和服务活动。参与社区文化建设和对外文化交流与合作。 国务院教育行政部门应当会同国家文物主管部门，制定利用博物馆资源开展教育教学、社会实践活动的政策措施	《条例》更强调博物馆的社会服务功能以及对未成年人的服务

三、国际发展转向与乡村博物馆功能再审视

世纪之交是现代博物馆转型发展的重要阶段，博物馆的功能、理念、运营方式等发生了全方位的深远变革，对当前我国快速发展的公共博物馆事业，以及乡村博物馆的建设和发展都具有非常重要的启示意义。

（一）21世纪以来博物馆的全球性危机

在人类文明近现代的发展历程中，博物馆始终扮演着重要角色，成为城市乃至国家文明程度的代表，一些拥有大量珍贵藏品的博物馆在世界范围内都拥有极大的影响力，成为一座座光彩夺目的人类文明地标。然后，就在人类即将迎来新千年之际，博物馆的一场全球性危机却已悄然来临，这从全球博物馆界的年度盛会上就可窥见端倪。2001年7月1日，在西班牙巴塞罗那举行的第19次国际博协（ICOM）全体会议和第20届国际博协全体大会，将"管理变革：博物馆面临着的经济与社会挑战"确定为大会主题[1]，之所以在世纪之交将"变革"作为全球博物馆发展讨论的主题，与其说是对21世纪的殷切展望，不如说是全球博物馆人日益感受到的紧迫危机。

---

[1] 王宏钧编.中国博物馆学基础（修订本）[M].上海：上海古籍出版社，2001：6.

　　国际博协时任主席雅克·佩罗特（Jacques Perot）开门见山指出："当代的经济和社会问题影响着每个博物馆和博物馆工作人员。近年来博物馆已越来越快地触及这些新的问题，新的财政政策，新的管理手段，对信息使用、网页和电子商务的新认识，都已成为许多博物馆每天必须注意的问题"，"博物馆在长期发展过程中，其组织形式和管理体制已发生了变化，博物馆所处的社会也发生了变化，国际博协成员都应认识到，博物馆须置身于变化和多元的世界中，同时也应保持自身特性"。[①]的确如此，20世纪80年代后，全球不少国家都迎来了经济快速发展期，新一轮科技革命推动产业变革，互联网和信息技术呈现井喷式的发展态势，与之相伴的是社会新思潮的不断涌现，传统的博物馆发展日益艰难。

　　一方面，科学技术的快速发展对博物馆的传统展示方式形成冲击。20世纪80年代后，个人电脑和互联网在全球范围逐步普及开来，与当下"互联网+博物馆"日益深入的融合不同，处于世纪之交时的博物馆刚刚开始受到互联网的冲击。通过互联网，人们获取知识的能力大幅提升，能够获得不同时代、不同地方的信息，而不必专门前往某个展馆，这在一定程度上加剧了博物馆观众的流失。另一方面，作为公共服务载体的博物馆面临着日益沉重的财政压力。财力不足并不是博物馆面临的新问题，作为不以赢利为目的的社会公益性文化教育事业，博物馆尽管在西方国家往往有社会公众的资助，但国家和地方财政投入仍然是其财力的主要来源。随着展馆数量、规模、数量及展示效果的不断提升，博物馆的财力紧张问题日益突显。英国著名博物馆学家赫德森曾在其撰写的《八十年代的博物馆》中强调，经费短缺已日益成为世界博物馆的普遍性问题。[②]即使在今天，公共博物馆的财政危机依然是普遍存在的难题，例如，有147年历史的纽约大都会艺术博物馆（Met），作为由纳税人支持的公共博物馆，每年从市政府获得2 600万美元的支撑，但即便如此，大都会艺术博物馆仍然负担着近4 000万美元的财政赤字，被迫裁员，不仅如此，由于财政危机没有得到有效解决，时任馆长兼首席执行官康柏堂于2017年6月正式辞职；又如，英联邦公共部门联盟（CPSU）在2016年4月发布的一份统计报告显示，澳大利亚国家博物馆在过去六年中削减了15%的员工，澳大利亚国家档案馆等其他文化机构也削减了10%的员工以应对经济问题。[③]

---

① 王宏钧编.中国博物馆学基础（修订本）［M］.上海：上海古籍出版社，2001：6.

② ［英］肯尼斯·赫德森著，王殿明等译.八十年代的博物馆——世界趋势综览［M］.北京：紫禁城出版社，1986：125.

③ 思·睿言.博物馆"难以言说"的困境：如何吸引年轻人？［EB/OL］.2007-05-18. http://sike.news.cn/statics/sike/posts/2017/05/219518671.html.

　　更重要的是，社会多元价值观念的涌动使博物馆的吸引力大幅下降。经济全球化、政治多极化、文化多元化成为21世纪以来发展的大趋势，博物馆在长期发展中形成的组织形式和管理体制已经无法充分适应这些变化。在第19次国际博协全体会议中，博协成员达成共识"博物馆所处的社会也发生了变化，博物馆须置身于变化和多元的世界中"。面对不断变化的社会文化思潮，全球范围的博物馆必须寻求根本性的改变——将"以人为本"作为21世纪博物馆发展的新宗旨。20世纪80年代初期，国际博协前执行委员、国际博物馆学委员会主席、日本学者鹤田总一郎就致力于提倡人（社会公众）与物（博物馆藏品）结合的研究，他认为，"以往博物馆的学术研究太重视物了，所以我把人与物结合的研究作为重要问题提出。博物馆必须把对人的研究提到与物平等的水平上才能成为真正的博物馆学研究。博物馆学本应是研究人对物的研究，现在倒过来了，把物的研究放在前面，我们应该再倒过来，研究人如何利用物"①。实际上，这是推动博物馆的发展转向。

　　21世纪以来，从博物馆的发展来看，"以人为本"和"人与物相结合"已经成为不同国家和地区博物馆发展的共识，渗透在博物馆建设和运营的各个方面，也形成了外在和内在的丰富内涵。就外在层面而言，可以理解为将"以人为本"体现为更好地服务公众，增强博物馆中人的体验性。例如，1998年英国博物馆协会讨论了在博物馆定义中进一步强调博物馆是为公众、为社会服务的。如今，提高公众的参与性已经成为博物馆保持生命力的必然选择，如纽约大都会艺术博物馆的慈善晚会、伦敦泰特现代美术馆的夜间工作坊、上海博物馆的亲子互动课程等②，各家博物馆都在寻求不同的方式与公众对话，提高公众的参与度。就内在层面而言，"以人为本"理念更重要的意涵是重组人和物的关系，博物馆所展示的内涵从以"物"为主向"物与人的结合"转变，从而赋予博物馆新的意义和展示方式。博物馆应该致力于研究人和物的关系，其中的"物"是一种文化遗产，博物馆的收藏不是强调其实用性，而是强调其意义。"博物馆的物是物化的观念，物的博物馆化过程就是赋予物以意义的过程。博物馆的本质是社会需要的、由博物馆机构反映出来的人与物的结合。或者说博物馆的本质是人与物关系的形象化。"③正是在此背景下，一种以所在地居民为主体，有别于传统意

---

① 中国博物馆通讯［J］.1987（4）.
② 思·睿言.博物馆"难以言说"的困境：如何吸引年轻人？［EB/OL］.2007–05–18. http://sike.news.cn/statics/sike/posts/2017/05/219518671.html.
③ 中国博物馆通讯［J］.1994（11）.

义上的博物馆展示内容的新型博物馆模式——生态博物馆，日益受到关注并在全球范围扩散开来。

（二）生态博物馆：乡村博物馆发展的重要趋向

生态博物馆（Ecomuseum）也被称作广义博物馆，这一理念萌发于20世纪70年代，由国际博协时任主席乔治·亨利·里维埃在1971年国际博协第九次大会时首次提出，将其视为未来博物馆发展的重要方向。在他的大力倡导下，"克勒索蒙特索矿区生态博物馆"等第一批生态博物馆在法国应运而生，引起世界范围的广泛反响。此后，许多博物馆领域的学者和专家试图对生态博物馆做出定义，尽管不同学者的观点不尽相同（见表5-8），但彼此的观点也具有共通性，大多将生态博物馆界定为采用整体性地展现方式，对所在地人民生产生活和文化习惯的集中反映。与传统意义上的一般博物馆相比，生态博物馆具有显而易见的独特性，在载体、功能、内容、方式等方面都具有不同之处（见表5-9）。

表5-8　生态博物馆的概念界定

提出者	概念界定
乔治·亨利·里维埃	生态博物馆在空间上、时间上、人与自然的关系上、管理人员上，都与一般的博物馆不同
希微贺	生态博物馆是由地方当局和居民共同筹划、建造和运作的设施。地方当局负责提供专家、设备和资金，而当地人民则依靠他们自己的意愿、知识和个人力量推动工作。所以生态博物馆是地方人民关注自己的一面镜子，以寻求把他们祖祖辈辈在各个生态领域获得的成就做出解释。它也是当地居民让参观者拿着的一面镜子以便更好地了解当地的产业、生活习惯和共同崇敬的事物
南茜·福勒	生态博物馆是管理教育、文化和机能变化的机构，有时称邻里博物馆或街区博物馆。它既是考察文化机构性质与结构的框架，又是使其民主化的过程

资料来源：相关文献[①]

[①] 甄朔南、沈永华. 现代博物馆学基础知识问答［M］. 北京：中国博物馆协会，2000：9；［美］南茜·福勒著，罗宣，张淑娴译. 生态博物馆的概念与方法——介绍亚克钦印第安社区生态博物馆计划［J］. 中国博物馆，1993（04）：73—82.

表 5-9   生态博物馆与一般博物馆的区别

一般博物馆	生态博物馆
藏品	遗产
建筑	社区
观众	居民
科学知识	文化记忆
科学研究	公众知识

资料来源：相关文献[1]

　　生态博物馆的出现和蓬勃发展与城乡关系的演化关系密切，某种程度上，甚至可以说，生态博物馆就是城乡关系变化的产物。随着"二战"以后发达国家和地区城市化进程的不断加速，各类"城市病"也在许多地方蔓延开来，从而引发了人们对城市化进程的反思，也萌发了对回归乡村生活的向往，一种反城市化的思潮悄然出现。在此背景下，以典型的乡村社会文化生态作为核心展示内容，客观体现乡村生产生活方式的"生态博物馆"，受到人们的关注与青睐，体现人们现代文化意识、生态意识的不断觉醒。[2]

　　欧洲不少国家的乡村地区都曾广泛开展生态博物馆的相关实践。[3]在我国，生态博物馆的理念也在世纪之交时引入，并在2000年前后开展了相关的实践，当时的实践格外关注人类学资源丰富和民族、民间、民俗文化独特的少数民族地区。1998年，在与挪威政府的合作下贵州建立了亚洲第一座生态博物馆——贵州六枝梭戛生态博物馆，之后一批生态博物馆又陆续建成。从生态博物馆的发展情况来看，少数民族地区是实践探索的重点，原因在于这些地区大多生活在比较偏僻的山区，对外联系较为不

---

[1] 苏东海 . 关于生态博物馆的思考［J］. 中国博物馆，1995（02）：2—4.

[2] 苏东海 . 国际生态博物馆运动述略及中国的实践［J］. 中国博物馆，2001（02）：2—7.

[3] 例如，北欧国家曾出现保护乡土文化的"活态博物馆"运动，其特点是以一个特色文化乡村为核心，将其视为一个活态的天然生态博物馆。在这个文化空间里，当地的文化节日、集市贸易、婚丧嫁娶、民居民宅、表演游戏、歌舞弹唱、玩具器物等各种可移动与不可移动文物、有形与无形遗产都是其组成部分和表现形式，借以弘扬当地传统文化；又如，意大利于2000年前后推动乡村"生态博物馆"的实践，一些学者与当地政府、社区、文化和旅游协会共同创造设计提出实施方案，以生态博物馆为载体，将当地的自然环境、文化遗产和民众的生产生活方式一体化地、整体性地展示给意大利国民和外来参观者，借此保护乡村的自然生态和人文景观。参见：杨福泉 . 意大利乡村"生态博物馆"对云南乡村文化产业的启示［N］. 中国文物报，2006-06-23（005）；苏东海 . 国际生态博物馆运动述略及中国的实践［J］. 中国博物馆，2001（02）：2—7.

便，因而生活方式、民间习俗和文化观念等受外界影响较小，民族文化保存较好，同时，这些地区往往气候温暖、山清水秀，拥有大片的原始森林和奇特的地貌①，较为适合向其他地区展示其文化、生态、地理环境的多样性特点。

尽管生态博物馆的出现丰富了博物馆的展示形式，也为乡村博物馆的发展提供了可能，但生态博物馆也存在一定的局限性。这一理念的萌发与实现不可忽视的历史背景，即对人类城市文明和工业文明的反思，因而往往选择远离城市的较为纯粹的乡村社会乃至少数民族地区作为展示对象，本质上来说，这样的生态博物馆将乡村社会整体作为展示物，面向乡村社会以外的人所展示，而忽视了本地居民对自身文化脉络、文化遗产进行保护和传承的需要。同时，一个社区、一个村寨在社会迅速发展中，其生活方式和文化特质不可能始终"定格"在一种状态。因此，对于当前我国乡村博物馆的发展而言，生态博物馆的发展给予了重要启示，也就是整体性地保护和展示乡村生产生活方式与文化生态的重要性，但同时，也必须对既有的生态博物馆理念进行再发展，不仅要将乡村博物馆作为城市化进程中保存传统文化的载体，更要成为乡村文脉传承与文化重建的依托，让城市和乡村居民都更好地了解乡村，增进认同。

（三）乡村博物馆功能再审视："教育、研究、欣赏＋记忆承载"

从上文的分析可以发现，在当前我国乡村博物馆的实践中具有两种倾向：一是将乡村博物馆混同于一般意义上的城市博物馆，在当前我国城市博物馆不断呈现大型化、高端化、现代化的趋势下，忽视了城乡资源条件和文化需求的差异，或是盲目在乡村地区建设大型展馆，导致与农村群众的实际需求相割裂，或是以不具备博物馆建设条件为由减少了乡村博物馆的建设；二是将乡村博物馆片面地作为对特色的乡村文化、民族文化的展示载体，类似于一般意义上的生态博物馆理念，本质上仍是以乡村外部群体的需求为导向，甚至为了促进旅游观光业发展的要求，而非本地农村群众。在博物馆发展日益强调"以人为本"的今天，上述两种倾向都不同程度地忽视了博物馆所在地乡村居民本身的文化需要，应加以克服，同时对乡村博物馆的功能进行重新审视。

新中国成立以来，我国城乡博物馆经过了波折的发展历程，博物馆的功能定位也几经调整，从新中国成立初期的"科学研究、文化教育、文化遗产和自然标本收藏"

---

① 单霁翔.从"馆舍天地"走向"大千世界"——关于广义博物馆的思考[J].国际博物馆（中文版），2010，62（03）：69—75.

三大功能，到改革开放后对"收藏、教育、科研"三项主要功能位序的调整，再到2015年国务院颁布的《博物馆条例》，明确"教育、研究和欣赏"是公共博物馆建设的三大功能。站在乡村发展的角度上，乡村博物馆既具备上述的三种功能，又具有自身的特殊性。

在教育功能上，乡村博物馆应当立足农村群众，特别是农村青少年，使其了解故乡的历史，了解先辈们所创造的物质和精神文化；在研究功能上，以乡村博物馆为载体，对所在乡村的历史文脉、物质与非物质文化遗产等进行全面的梳理和研究，为乡村本地居民和乡村以外的群体提供具有特色的研究样本；在欣赏功能上，乡村博物馆通常并不具备展示文物资源的条件，而是更多地以图片、文字形式展示乡村内部与外部的信息，因而可以成为乡村内外群体欣赏的载体，一方面为外来的群体提供了解当地的平台，甚至成为旅游的目的地，另一方面也为本地居民提供欣赏和了解乡村以外世界的窗口。除了上述三大功能外，乡村博物馆应当真正站在乡村本土农民的视角，对乡村博物馆承载的功能进行考量，因此，乡村博物馆还应突出一项功能——记忆承载功能，将博物馆所在地的发展历程、重大事件、重要人物、民风民俗等内容尽可能地通过博物馆进行保存和继承，成为农村居民的共同回忆。

四、城乡协同的博物馆布局优化及治理创新

（一）空间布局再延伸：推动博物馆体系向农村有效覆盖

一方面是逐层拓展博物馆建制覆盖。

我国公共文化设施建设通常采用一级政府建设一级设施的要求，根据设施类型的差异，明确其建设覆盖的最底层级，如曾经提出的"县县有图书馆、乡乡有文化站"等。在博物馆建设方面，也曾有类似的要求，如曾经提出的"县县有博物馆、社社有展览室"，后来又提出了"市市有博物馆"的目标。尽管不同地区和不同省份在实施这一目标时面临的难度不尽相同，对于东部地区来说可能早已完成，而中西部一些贫困地区却可能颇为艰难，但这样的目标导向却为博物馆的发展布局明确了重要导向和地方政府责任。

正如本章前文基于层级视角的分析所述，根据2015年国家文物局公布的公共博物馆名录情况来看，各省级行政区均已经建立了省级博物馆，达到全覆盖；全国地市级政府也已经基本实现了市级博物馆的全覆盖，仅有西藏自治区（71%）和海南省（50%）尚未实现，可见经过数十年的努力，改革以后提出的"市市有博物馆"目

标基本已经实现；县级层面的建设情况则不甚理想，仅有北京和上海两座直辖市实现了全覆盖，甘肃、天津、江苏等省（直辖市）的县级公共博物馆覆盖率达到了90%以上，河北、青海、西藏三省（自治区）的覆盖率仍在50%以下，县级博物馆建设的区域差异较为明显。

目前，我国博物馆总数约4 692家（国有博物馆3 582家、非国有博物馆1 110家），全国平均29万人拥有1家博物馆①，根据国家文物局发布的《国家文物事业发展"十三五"规划》提出的目标，到2020年，"全国博物馆公共文化服务人群覆盖率达到每25万人拥有1家博物馆，观众人数达到8亿人次/年"。在国家级、省级、市级博物馆已基本完成覆盖的基础上，应将建设的重点适当向县级、乡镇级层面和农村地区倾斜。

一是推动"县县有博物馆"建设。县是我国推动城乡公共文化统筹发展的基本单元，进一步加强县的公共文化资源建设，发挥县在面向农村地区的公共文化资源服务核心作用势在必行，强化县级博物馆建设有助于增强县级行政区公共文化资源的集聚度和多样性。目前，我国县级博物馆覆盖率已经达到较高水平，特别是在东部和中部发达地区，县级博物馆的覆盖率已经达到了80%以上，且部分博物馆处在规划和在建状态，完全具备提出"县县有博物馆"目标的条件。当然，对于中西部相对落后地区，需要加强中央和省级对县博物馆建设的支持力度，可参照小型馆建设标准，即建筑面积在4 000平方米以下，馆藏文物在1万件以下。

二是鼓励乡镇级和村居级乡土博物馆（展览室）建设。改革以来，对于乡镇级博物馆建设并没有明确要求，并不在公共博物馆体系建设的范畴之内。但正如本章前述的分析，城乡博物馆实际上有着不同的功能指向，相对来说，城市博物馆的功能更加全面，展馆面积、展品数量、现代化程度更高，而乡村博物馆除了展示乡村的重要历史遗址、名人故居等，更应该以本地居民为服务对象，以促进本土文化传承、增进文化归属感为主要目的。在此方面方可以参照山东省乡村记忆博物馆的建设经验，通过设立一批乡村（社区）博物馆（传习所），收藏、保护、展示反映传统乡村生活生产、世代延续、文化传承、节庆习俗及社会变迁的物证以及展现传统乡村住民与自然和谐相处经验智慧的实物、图片和音像资料。②同时，参照这一建设模式，也可以探索在部分历史文化悠久的村、经济实力强村建设乡土博物馆（展览室）。

---

① 国家文物局. 到2020年全国每25万人就有一座博物馆［EB/OL］. 2017–02–21. http://news.sina.com.cn/o/2017–02–21/doc-ifyarzzv3615052.shtml.

② 《山东乡村记忆博物馆建设指南（试行）》（2016年6月）。

另一方面是加强重要地区博物馆设置。

在本章第一部分基于区域视角的分析中发现，目前我国公共博物馆的分布呈现明显的区域集聚现象，博物馆集聚的区域主要集中在历史文化资源丰富和经济比较发达的地区，如环太湖地区、珠三角地区、黄河中下游地区等。之所以博物馆的空间分布形成这样的特点，与博物馆对文化文物资源和经济财力基础的高度依赖有关，对于一些历史文化资源丰富但经济较为落后的地区、具有战略重要性的地区来说，博物馆的建设和发展的滞后不仅导致公共文化服务资源匮乏，也意味着博物馆所承载的文化战略价值尚未得到充分体现。

一是加强对东北地区博物馆建设的扶持力度。根据前文分析，东部地区曾依托强大的经济实力在博物馆建设方面领先全国其他地区；西部地区自2008年以来快速跟进，在博物馆的总体指标和人均指标上都取得了不俗的进展；中部地区的博物馆建设进程相对较弱，已经处于西部地区之后，但由于总体存量博物馆资源较多，未来的发展基础比较良好。但当前东北地区的博物馆建设则如果这一地区经济发展的总体形势一样，已经处于较长时段的停止困顿期，在总量指标和人均指标上均处于全国的靠后位置。在新一轮振兴东北的大背景下，博物馆的建设和发展对于东北地区同样重要，有助于提升东北城市文化形象、提振东北人文精神、增加旅游文化资源等。例如，在东北地区经济发展处于比较困难的时期，依托东北地区与东部地区的对口合作关系，开展博物馆新建和改造方面的对接和援助，加强博物馆展示和运营方面的合作，提高东北地区博物馆的建设和运营水平，提高造血能力。

二是加强边疆地区博物馆建设。当前我国公共博物馆的空间分布主要集中在大陆地区，胡焕庸线（黑河—腾冲）在我国公共博物馆的分布中同样适用，公共博物馆主要集中在胡焕庸线以东地区，而在其以西地区则数量极少，特别是在几大少数民族自治区、南海地区，呈零散分布的态势（因仅考虑公共博物馆，不排除少数非公立博物馆在这些地方设立的可能）。实际上，公共博物馆不仅具有服务公众文化需求，发挥教育、科研等功能，在边疆民族地区更是国家主权的重要文化标志。因此，建议由国家文化部统一布局在边疆地区（特别是存在领土争议地区）集中设立一批公办博物馆，展示我国对该区域有效管理的历史证据，展现中华民族在这些地区长期以来生活的文化遗留，体现具有中华民族特色的民俗民风遗产。

三是国家发展战略的重要节点。公共博物馆的建设主要由各级政府、行业部门承担，各级政府设立的博物馆主要服务于本级政府辖区范围。在当前国家大力推进"一带一路"倡议、京津冀一体化、长江经济带等重大战略建设的背景下，建议由国家层面统筹规划，省级地方政府具体承担，沿国家重要战略轴向规划建设一批博物馆，服务国家重要战略需要。例如，在"一带一路"重要节点城市规划建立"一带一路"博物馆，利用既有博物馆设施设立专区，展现所在地区在"一带一路"中的历史地位，突出与沿线国家和地区的交往历史。

（二）功能结构再完善：实现城乡博物馆的功能错位发展

一方面是明确乡村博物馆的独特功能。

随着城市的发展，城市的空间结构不断演化，城市中心地区的功能一般都经历了从宗教功能、政治功能、经济功能到文化功能的转变历程，许多城市将博物馆等作为城市中心的核心设施，从而推动文化发展与城市竞争力的共生共荣。[①]近年来这一趋势仍在延续，不少城市都在推动规划建设博物馆或新馆，尤其是在城市新区、新城建设中，往往将博物馆等现代化大型文化设施作为城市地标，彰显城市文化品牌和历史文脉。在此过程中，也产生了某种认识上的误区，即公共博物馆必须是大型化、现代化的。实际上，这一理念在21世纪以来世界范围内的讨论中已经进行了深刻的反思，博物馆应当契合于地方人文、社会和经济实力等实际情况。对于农村地区而言，并不具备复制城市博物馆建设的条件，而是应当结合农村博物馆建设所预期达到的功能目标进行规划。

一是突出乡村博物馆独特功能。根据2015年国务院颁布的《博物馆条例》，"教育、研究和欣赏"是公共博物馆建设的三个主要目的，也即博物馆的三大功能。与以往相比，博物馆的教育功能得到突出强调，列入首要目的，旨在以博物馆为载体，鼓励对青少年、社会公众等不同群体开展教育活动的优势；研究功能是博物馆有别于一般性文化设施的重要特色，馆藏的文物、遗迹、艺术品等均具有研究价值；欣赏是对于社会公众而言一般功能，博物馆应当满足受众对文化欣赏的需要。对这上述三大功能，许多城市博物馆无疑是具备的，乡村博物馆也应当具备这三种功能，但囿于其资源条件的有限性，功能的实现程度各有不同：教育功能是最基本的功能，是乡村博物馆建设的首要目的；研究功能则对于本地居民相对较弱，但对外来受众来说却可能具有很好的研究价值；欣赏功能也应当得到强化，根据所在地居民的需要，提供相应的展览展示物品。

---

① 林拓.世界文化产业与城市竞争力［J］.马克思主义与现实，2003（04）：21—31.

　　二是建立乡村博物馆建设标准。博物馆建设需要以财力基础为保障，特别是在当前博物馆大型化、现代化的趋势下，博物馆的财政压力更加突出。对于农村地区而言，乡镇政府财力本身就十分有限，正如本研究对图书馆和文化馆的研究所指出的，乡镇财力的有限性和不稳定性极大地限制了该级公共文化设施的建设和有效运行。所以，对于本就已经捉襟见肘的不少乡镇来说，推动乡镇级博物馆建设就更加显得力不从心。因此，农村地区的博物馆建设必须与城市大型公共博物馆相错位，建立适应于乡村地区实际情况的"乡镇博物馆建设导则"，在公众需求和地方财力允许的基础上，建设合理规模的博物馆。

　　另一方面是增强乡村综合服务中心展示功能。

　　对于一些经济发展水平相对落后的地区来说，建立独立的乡村博物馆难度较大，加之建设后长期运维费用、展品资源无法得到保障，以及乡村居民对博物馆展览展示功能需求的有限性，并不具备在乡镇及村级普遍建设独立博物馆的可能。因此，对于此类地区，应当以现有的综合性文化服务中心等既有设施为载体，增强文化展览展示功能。

　　一是由县级统筹推进各镇村特色文化资源挖掘和策划。乡镇及村级单元各类资源有限，建议以县为单元统筹开展下辖各镇村文化资源的挖掘整理工作，在此基础上，开展专业性的展览展示策划，为镇村历史文化、遗址遗迹、非物质遗产等的展示提供素材。同时，要充分利用吸纳数字传播和流动传播技术，依托农村公共文化数字资源平台，提供文化展览数字化产品，建立数字博物馆；同时，积极组织开展乡村巡回展示，讲一些具备流动展示条件的展品送下乡，解决农村居民享受博物展览文化服务的"最后一公里"问题。

　　二是支持综合性公共文化设施完善展览展示功能。2015年，国务院办公厅印发《关于推进基层综合性文化服务中心建设的指导意见》（国办发〔2015〕74号），明确了各地基层综合性文化设施应当具有的基本服务项目，其中就包括了展览展示服务，因此，乡镇和村级的综合性公共文化设施本身就应当具备展览展示服务的能力。对于一些不具备独立建设博物馆的地区，应当充分利用这些综合性设施，完善其展览室建设，为乡村居民和外来人士了解民风民俗和历史文脉提供载体。

（三）体制机制再优化：建立城乡联动的博物馆治理机制

　　一方面完善博物馆自身的法人治理结构。

　　推动公益性文化事业单位建立以理事会制度为核心的法人治理结构，是当前完善我国城乡公共文化治理体制机制的重要任务之一。实际上，在诸多类型的公共文化设施中，博物馆是最早开始探索法人治理结构的设施之一。[①]早在1922年，天津博物馆在成立伊始就确立了董事会章程，此后设立的故宫博物院、上海玻璃博物馆等也都采用了理事会的治理结构。2010年后，国家启动博物馆定级评估工作，建立理事会也是重要的评估内容，截至2016年，全国已有十几个省份的数十家博物馆开展了试点。[②]

依托博物馆建立理事会，完善法人治理结构的契机，城乡博物馆建设也有机会得到更大力量的推动。目前，我国博物馆理事会大致采用三三制原则，即由政府代表、博物馆代表、社会代表共同组成理事会。[③]因此，在市级和县级博物馆理事会的组建过程中，适当平衡城乡代表数量，可考虑来自农村地区的代表进入理事会。

另一方面积极鼓励社会多元主体自主办馆。

根据本章第一部分中对不同博物馆类型的分析，长期以来，我国博物馆以政府举办为主，文物部门为主导的地位非常突出，相关的财政投入大部分都投向了文物部门主办的博物馆中，截至2015年，这一比重仍然高达77%。不过，从2004年至2015年的较长时段来看，这种结构正在发生比较明显的改变，文物部门的主导地位虽然没有改变，但其他部门和民办博物馆增长明显，博物馆多元化发展的态势正日益清晰，特别是在上海、北京等东部地区，行业举办和民间自发举办的博物馆数量已经超过了文物部门建设的博物馆，同时，博物馆的类型也从综合性展馆为主导向综合性、历史类、科技类等多元类型方向发展。

在此基础上，要进一步鼓励社会力量在农村地区建立博物馆，支持企业、社会组织、社会公众以一定的主题和展品为基础自建博物馆，探索建立社会自办博物馆建设的负面清单和支持名录，对合法合规建立的自办博物馆给予一定的奖励和资源支持。支持有条件的省份探索建立乡村博物馆发展基金，与文化创意企业合作，对乡村博物馆文化衍生产品开发、文化IP营销等提供支持，增强社会自办博物馆的造血能力。选择一些起步较早的、运行效果较好的社会自办博物馆作为试点，在各个地区打造一批样板标杆，依托各地公共文化服务平台宣传建设的成功经验，提炼可复制可推广的模式，引导社会力量自办博物馆的健康发展。

---

① 王静.建立健全博物馆法人治理结构的示范意义［J］.博物馆研究，2015（03）：13—18.
② 王玲.我国博物馆法人治理结构探析［J］.管理观察，2017（01）：85—87.
③ 同上。

第六章

公共文化设施的城乡综合布局：案例城市分析

公共文化服务设施为城市和乡村居民提供良好的文化空间，提高民众素质，成为城市形象的代表，进而影响城市品位。现代城市文明程度不是以城市有多少商店、多少宾馆、多少高楼大厦来衡量，而是以这个城市拥有的博物馆、图书馆、美术馆的规模和数量来衡量[①]，伦敦大英博物馆、巴黎卢浮宫博物馆、美国国会图书馆等已成为代表城市品位的标志性建筑。

根据《公共文化服务保障法》（2016 年）第十四条规定，"公共文化设施是指用于提供公共文化服务的建筑物、场地和设备，主要包括图书馆、博物馆、文化馆（站）、美术馆、科技馆、纪念馆、体育场馆、工人文化宫、青少年宫、妇女儿童活动中心、老年人活动中心、乡（镇、街道）和村（社区）基层综合性文化服务中心、农家（职工）书屋、公共阅报栏（屏）、广播电视播出传输覆盖设施、公共数字文化服务点等"[②]。

国外较早对公共文化设施空间布局的理论基础和研究方法进行了研究，20 世纪 60 年代后，随着部分欧美国家城市更新的推进，博物馆、文创中心等新文化空间得到快速发展。库珀将韦伯工业区位论扩展到多个公共设施的区位求解模型中，创新性地提出了公共设施区位—配置模型[③]；泰茨基于城市公共设施分布公平和效率特征考虑，进一步提出公共设施区位理论，开创了地理学研究的新领域[④]；此后，西方学者的研究主要集中在城市公共服务设施供给的社会公平、区位效率及空间分异等方面[⑤]。国内关于公共文化设施综合布局的研究主要集中在设施配置水平及规模[⑥]、设施

① 单霁翔. 博物馆的社会责任与城市文化［J］. 中原文物，2011（1）：91—106.

② 《中华人民共和国公共文化服务保障法》（中华人民共和国主席令［第六十号］）。

③ Cooper, L. Location-Allocation Problems［J］. Operations Reasearch, 1963, 11(3): 331–343.

④ Teitz, M. B. Toward a theory of public facility location［J］. Papers of the Regional Science Association, 1968, 21(1): 35–51.

⑤ Lineberry, R. L. Who gets what: measuring the distribution of urban services［J］. Social Science Quarterly, 1974, 3(54): 700–712; McAllister, R. M. Equity and efficiency in public facility location［J］. Geographical Analysis, 1976, 2(8): 47–63.

⑥ 冯雨峰，黄扬飞. 省域城乡文化设施建设的调查与分析——以浙江省为例［J］. 城市规划，2006（12）：40—44.

时空演化①、空间布局及其影响因素②等方面的研究。现有研究主要集中在北京③、上海④、广州⑤等少数大城市，对文化设施的时空分析研究较为有限，空间表达相对较少，对表象分布下的深层次空间联系和数学关系的定量研究更是有限。

城市文化设施的空间集聚状况体现了这个城市的文化功能在空间布局上的发展状况（张景秋，2004）⑥。随着社会分层和空间极化趋势的加强，必将促使城市公共服务设施供给的空间格局演变，社会分异特征日渐显化（高军波等，2010）⑦。本章所选取的上海、武汉、成都这三座城市都是国家中心城市，也是长江上、中、下游的核心城市，还是中国东、中、西部的重要代表性城市，同受长江文化的影响，可清晰看出中国近代化从东向西逐步扩展的进程，具有一定可比性。

其中，上海为中西交汇之地，是我国现代城市的重要策源地，也是我国公共文化设施建设发展的先驱者，当前上海的公共文化设施已颇具规模，无论是数量还是规模在全国都处于领先行列。武汉是有着3 500多年建城史的历史文化名城，位于中国中心腹地、南北交汇的地理枢纽，是中国近代化最先起步的地区之一，公共文化设施的历史较长且发展较快。成都是国家中心城市和西部代表性城市，拥有4 500年城市文明史和3 000年城市建设史，是中国唯一自建城后名称和城址都从未变更过的城市，作为全国统筹城乡公共文化建设试验区，成都市提出将建成中西部最具影响力、全国一流和国际知名的"文化之都"的发展目标，对公共文化设施建设十分重视。基于此，本章选取上海、武汉和成都作为典型案例城市，通过对多种设施之间及其城市空间关系的综合布局分析，探讨影响空间格局的关联因素及其对城市发展的影响。

---

① 魏宗财，甄峰，单樑，牟胜举，明立波．深圳市文化设施时空分布格局研究［J］．城市发展研究，2007（02）：8—13.
② 刘润，杨永春，任晓蕾．1990s末以来成都市文化空间的变化特征及其驱动机制［J］．经济地理，2017，37（02）：114—123.
③ 张景秋．北京市文化设施空间分布与文化功能研究［J］．北京社会科学，2004（02）：53—60；张宝秀，张妙弟，李欣雅．北京中轴线的文化空间格局及其重构［J］．北京联合大学学报（人文社会科学版），2015，13（02）：17—23，51.
④ 李贞．基于GIS的陆家嘴公共文化设施空间布局及优化研究［J］．上海城市规划，2016（6）：51—56；郭淳彬．上海文化设施布局规划研究［J］．上海城市规划，2012（6）：33—37.
⑤ 李倩，甘巧林，刘润萍，郝爽．广州市中心城区公共文化设施空间分布研究［J］．中南林业科技大学学报（社会科学版），2012，6（02）：145—148.
⑥ 张景秋．北京市文化设施空间分布与文化功能研究［J］．北京社会科学，2004（02）：53—60.
⑦ 高军波，周春山，江海燕，叶昌东．广州城市公共服务设施供给空间分异研究［J］．人文地理，2010，25（03）：78—83.

　　本章中的公共文化设施是以政府为投资建设主体的狭义的公共文化设施，包括美术馆、博物馆、图书馆、文化馆（宫）、基层综合性文化服务中心五种类型。通过政府网站及POI数据提取等方式进行设施数据收集，包括图书馆、博物馆、文化馆（宫）、美术馆、社区文化活动中心等；在百度数据搜索整理的基础上，结合《2019年度全国博物馆名录》以及其他统计资料对文化设施数据进行补充；最后，通过百度等搜索引擎，查询各场馆的建馆时间，并基于ArcGIS平台进行数据库建设及空间定位，按照类别、时间等基本属性进行专题地图绘制，分析比较不同类型文化设施的空间分布特征，进而探究其变化发展趋向。数据来源为中科院资源环境科学数据中心（http://www.resdc.cn/）提供的"中国县级行政边界数据""1995年和2015年全国国内生产总值空间分布公里网格数据""1995年和2015年全国人口空间分布公里网格数据"，Harvard Dataverse 提供的"中国夜间灯光栅格数据2000—2018"以及各省市统计年鉴、地方志及政府公报数据等，基于案例城市提取研究区域进行分析处理。

一、上海城乡公共文化设施综合布局分析

（一）演进脉络

　　自1843年开埠后，上海逐渐成为东西方交流的中心城市和移民城市，作为新文化运动的发源地和中外文化的重要交汇点，上海是中国电影发祥地、中国图书出版重镇和中国戏剧大码头。这里产生了上海第一家近代公共图书馆"上海书会"（1849年创办）、中国第一家博物馆"震旦博物馆"（1868年创办）、中国第一家少年宫"中国福利会少年宫"（1953年创办），以及大上海、大光明等远东一流文化设施。但新中国成立前上海文化建设总体呈畸形发展状态，优质的文化设施较少，且主要集中在租界地区，缺乏面向大众的公共文化设施。经过新中国成立初期与改革以来的巨大发展，截至2020年，上海市拥有博物馆138家[①]，其中实现免费开放的超过80%，平均每16万人拥有1座博物馆，年观众接待量超过2 100万人次；美术馆81家，均全部实现免费开放；图书馆243家，其中市级图书馆2家，区级图书馆23家，街镇图书馆216家，每10万市民拥有1.2家图书馆，人均藏书3.27册。

---

① 界面新闻.上海已建成243个公共图书馆、138个博物馆、81个美术馆［EB/OL］.2019-10-20. https：// baijiahao.baidu.com/s?id=1647875347154340301&wfr=spider&for=pc.

　　由于美术馆的建成时间数据不易获取，本研究主要对图书馆（区县级以上）、文化馆和博物馆的建成时间进行分析，通过互联网资料查询方式，共可查出75%的场馆建成时间。由图6-1可知，上海市的公共文化设施建设，分别在20世纪30年代、新中国成立初期、2000年以及2015年出现了四次高峰期。其中，20世纪30年代前主要是公共图书馆建设较多；新中国成立初期，图书馆开始大规模建设，博物馆、文化宫也开始日益增多，上海图书馆、上海博物馆和上海工人文化宫等设施都是在这一时期建设的。20世纪90年代以来，博物馆开始大量建设，在1990—2015年新建的公共文化设施中，博物馆占总量的80%以上。总体而言，上海市公共文化设施经历了数量上由少到多、类型上由单一到丰富、空间上逐渐层级化的过程，公共文化设施建设可分为三个主要时期，并与不同的城市发展阶段息息相关。

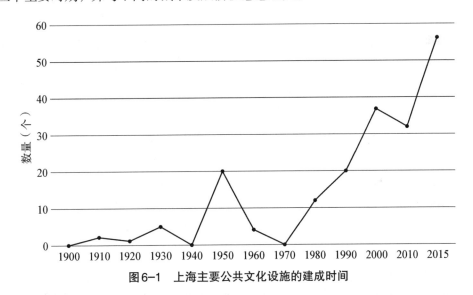

图6-1　上海主要公共文化设施的建成时间

　　晚清民国。上海市公共文化设施建设萌芽于19世纪中期，在20世纪30年代达到高峰后，又很快回落。这与上海受西方文化的影响较深和民国政府"大上海计划"有关，使得20世纪30年代上海市公共文化设施较快发展，但抗战爆发之后，公共文化设施建设受到极大冲击。其中，图书馆的发展最能体现当时公共文化设施建设的坎坷历程，"近代图书馆，非特为社会教育的中心点，而且为一切教育的中心"[①]，"图书馆"这个概念是外国传教士和侨民带到上海的，现代意义上的公立图书馆在20世纪初期方才真正出现。

———————————
① 杜定友.图书馆学通论［M］.上海：商务印书馆，1925：5.

　　自上海开埠后，英、法、美列强先后在上海县城以北地区，沿黄浦江及苏州河设立租界，这也间接促进了上海市公共文化设施发展的近代化进程。1847年，上海最早的宗教图书馆天主教堂藏书室，由耶稣会传教士梅德尔在徐家汇创办；1849年，上海图书馆的前身上海书会（ShanghaiBook Club）在英租界创办，被认为是上海第一家公共图书馆，经费主要来自会员的会费和社会的支持，它所倡导的巡回文库理念更接近现代图书馆的特征；1871年，亚洲文会北中国支会图书馆创办，采用了当时最先进的《杜威十进分类法》《卡特著者号码表》等技术，曾被西方论著称为是"在中国境内最好的东方学图书馆"；1894年，西方传教士创办的上海圣约翰大学图书馆，是上海最早的学校图书馆，并最早在中国实行开架借阅制度；1897年，徐家汇藏书楼建成，这是晚清时期西方传教士在中国的藏书中心，是传教士专用图书馆，不向一般市民开放。

　　1901年，格致书院藏书楼建成，这是第一所面向国内读者开放的图书馆。1906年，上海第一家由中国人经营的图书馆，国学保存会藏书楼成立，公开阅览、定时开放。1920年后，由民间建立的通俗图书馆兴起促进了政府兴办的公共图书馆的产生，如申报流通图书馆和上海通信图书馆等。1931年，在南市文庙建成了上海第一家市立图书馆，四年后建成了近代化的上海市图书馆。到1936年时，包括158家学校图书馆在内，上海市共有300多家公共图书馆。抗战期间，图书馆发展受到严重影响，1947年全市图书馆恢复至75家。[①]总体而言，这段时期是上海市公共文化设施发展的萌芽期，以图书馆建设为主，受宗教、战争等因素的影响较大，经历了由集中于租借向全市扩展、由民间建立向政府兴办、由传统通俗图书馆向近代化图书馆转变的发展历程。

　　新中国成立初期。这一时期上海的市、区县、街镇（公社）文化设施体系初步形成，在改造旧有文化设施的基础上，积极推进新文化设施建设工作。

　　就图书馆而言，发展最好的，新建数量也最多。新中国成立初期，上海各图书馆都是由市教育局领导管理的，1952年改由市文化局领导，上海图书馆原隶属于上海市文物管理委员会，后改由市文化局领导。1956年，市人民图书馆所属的各区阅览室陆续下放各区，在此基础上建立了许多区县级图书馆，并在1954和1956年先后召开图书馆工作会议，明确了图书馆发展的方针任务，并对各馆之间的分工做了具体安排：上海图书馆和市历史文献图书馆等3所专业图书馆主要为科学研究服务；市人民图书

① 搜狐网 . 一座城市和她的图书馆们［EB/OL］. 2016-07-17. http://www.sohu.com/a/106003819_148712.

馆、各区图书馆和市少儿图书馆主要为广大人民群众和少年儿童服务。1958年"大跃进"时期图书馆数量最多，市区的街道、里弄图书馆达836家，郊县公社图书馆达61家。[①]随着郊区扩大为10个县（原属江苏省的7个县划归上海），各县图书馆在这两年内相继建成。但由于办馆指导思想上受到"大跃进"的高指标、"浮夸风"和急于求成错误思想的影响，使这些在短时间内办起来的许多基层图书馆未能巩固。

为此，上海市文化局决定调整市级公共图书馆的设置布局，帮助解决部分经费来源问题，以及培训管理人员，使图书馆数量逐步趋于稳定，每个街道设一家图书馆，视情况将里弄图书馆进行合并或撤销，并受区文化管理部门和街道办事处的双重领导。具体而言，上海图书馆与三所专业图书馆合并（当时称"四馆统一"），市人民图书馆撤销建制，改建为卢湾区图书馆，市少年儿童图书馆也一度并入上海图书馆作为它的少儿分馆（1987年恢复独立建制）。20世纪60年代上海初步建成了较为完整的市—区（县）—街道（乡镇）三级公共图书馆网和少年儿童图书馆网。在"文革"中，各级公共图书馆停止活动多年，有四所区图书馆与其他单位合并，改成文化科技馆，县图书馆撤销了建制，部分区县馆的藏书损失严重。如徐汇区图书馆1966年藏书12万册，"文革"中被毁5万册，另有大量散佚，到1973年恢复开放时，仅存3.7万册；青浦县图书馆1966年藏书5万册，"文革"中书库被打开，大批图书被抢劫和撕毁；许多图书馆工作人员被批斗和受迫害，多数街道里弄和农村图书馆（室）停止了活动，大量图书散佚。

就文化馆（宫）而言，上海最早的群众文化机构是民国时期设立的民众教育馆和农民教育馆等，新中国成立以后的文化馆也是在此基础上发展起来的。这段时期，覆盖城乡的市群众艺术馆、区县文化馆、街道（乡镇、企业、公社）文化站三级群众文化体系基本形成，受市文化局、总工会、团市委三个部门分系统主管，主要开展文化娱乐、时事宣传等活动。上海市工人文化宫成立于1950年，是上海总工会直属的文化事业单位，是"工人的学校和乐园"，主要是为工人服务的。青少年宫的发展学习苏联经验，全市各区县设立少年宫，各乡镇街道设立"少年之家"和少儿活动室。中国福利会少年宫是全国第一家少年宫，成立于1953年，提出缔造未来就是要"把最宝贵的东西给予儿童"，主要是为少年儿童服务的。

就博物馆而言，在1949年以前，上海有自建的上海市博物馆和中国医学会医史博物馆，还出现过规模很小、鲜为人知的警察博物馆。新中国成立以后，上海的博物

---

① 鲁静.公共文化服务供给有效性的空间评价与空间机制研究［D］.上海：华东师范大学，2017.

馆事业开始快速发展，对原有博物馆进行了改造提升。1956—1966年，建成开放了上海自然博物馆动物分馆、韬奋纪念馆，嘉定、松江、青浦等县也相继建立了县级博物馆，并参照苏联地志性博物馆模式，各区县博物馆均设有地方史、革命斗争史、自然资源、社会主义建设部分。与公共文化馆、图书馆相比，这一时期，博物馆的新建数量相对较少。总体而言，这一时期公共文化设施体系初步形成，区县级图书馆、文化馆和博物馆基本实现全覆盖，街镇的图书馆、文化站覆盖率也有大幅提高；经费主要由政府帮助解决，场馆的宣传教育功能较为突出。

改革开放以来。改革开放以来，各类公共文化设施全面恢复，重新走上正常发展轨道，公共文化服务开始不断延伸，更好地惠及了基层和广大社会公众。1978年年初，市文化局召开文、博、图工作座谈会，动员公共文化馆、博物馆、图书馆为实现社会主义现代化贡献力量。

在图书馆方面，区县图书馆的独立建制得以确立，逐步恢复了区县、镇街、村社等各级图书馆（室）的正常活动，并进行整顿加强，少儿图书馆也有了较大发展。区（县）图书馆的建制，改变过去实行的按照行政区划限于一区（县）一馆的做法，而是根据实际需要与可能，有的区（县）设置了两所以上的区（县）级图书馆或者设置分馆。1979年，对街道里弄图书馆进行全面整顿时，主要解决了合理布局、经费、人员和隶属关系问题，原则上每个街道设一个馆（不再设里弄图书馆），逐步形成每个街道办一个街道图书馆和一个街道少儿图书馆的格局。1980年后，郊县公社文化中心（站）建立，图书馆（室）是它的不可缺少的组成部分。1987年，市文化局制定了《上海市区县图书馆管理办法》和《关于加强乡镇图书馆（室）建设的意见》，管理更加规范化。21世纪初至今，在全市范围内建成了三级图书馆网络化服务体系，图书服务点不断增加，全市各级公共图书馆基本覆盖了"一卡通"网络。

在文化馆方面，从市到村、社区全覆盖的四级群众文化服务网络基本形成，服务内容上也由只组织文艺活动的"小文化"转向了包含科教文卫体的"大文化"；管理机制上，由条块垂直管理，转向与工厂、学校、部队等部门横向协作管理。文化馆在"以文养文"的理念指导下，进入了有偿经营服务的发展阶段。1997年《上海市公共文化馆管理办法》颁布，进一步强化了文化馆的公共服务功能。2004年，上海开始整合社区图书馆、老年大学等基层公共文化服务资源，在各街道（乡镇）统一配置综合性社区文化活动中心，社区文化活动中心受区县级文化馆的业务指导。

在博物馆方面，改革开放以后，上海自然博物馆植物分馆、上海历史文物陈列馆（后改为上海市历史博物馆）建成开放，博物馆事业取得了新的更大发展。自1986年被列为国家历史文化名城之后，上海的博物馆事业开始迅速发展，新建了23个博物馆、纪念馆、陈列馆。据统计，新中国成立至今，上海市共新建博物馆123家，其中包括4家国家一级博物馆，分别是上海博物馆、中国共产党第一次全国代表大会会址纪念馆、上海鲁迅纪念馆和上海科技馆。当前，上海市博物馆有三种领导隶属关系，分别是市文管会直属单位、区县文化局所属单位以及其他系统所属单位。博物馆的机构设置的基本模式是"三部一室"，即办公室、陈列部、保管部和群工部，主要负责科学研究、文物标本收藏和宣传教育。总体而言，这一时期基本形成市、区、镇街和社区（村）四级公共文化设施网络，"十五分钟公共文化服务圈"日益完善，公共文化服务不断向基层延伸；公共文化设施免费力度不断加大，100%的图书馆、美术馆以及80%的博物馆均已实现免费开放，管理体系更加规范化，民营设施数量持续增多；信息化水平大幅提升，创建了全国首个实现省域全覆盖的文化数字化服务平台"文化上海云"。

（二）布局特征

本章以上海市各区县为研究区域，通过中国科学院资源环境科学与数据中心提供的POI数据，对2005、2010、2015、2020年上海市博物馆、图书馆、文化馆、美术馆、科技馆的设施数据进行了提取，共涵盖各级博物馆234个、图书馆478个、文化馆603个、美术馆230个、科技馆58个。通过进行空间分析可知，上海市公共文化设施存在以下特征：

上海市公共文化设施总体呈中心集聚—边缘分散的状态。由公共文化设施的核密度图可知，文化设施空间分布不均衡，圈层结构特征明显，密度最大的地区是中环线以内，即与强大的中心城区相比，上海市郊区的公共文化设施发展较为滞后。中环以内集中了55%左右的各级公共文化设施，主要分布在黄浦、徐汇、静安、虹口等区，这是文化设施分布的核心区，而闵行、松江和嘉定等区的区级以上公共文化设施数量相对有限，且分布相对分散，是公共文化设施的外围地带。总体来看，上海市公共文化设施分布存在着核心与边缘不均衡，核心区内部与边缘区内部也不均衡的状态。在核心区内部，黄浦江和苏州河是上海的水文命脉，沿黄浦江和沿苏州河是文化设施的主要分布地区，而边缘地带的文化设施具有明显分散组团的结构特征。

中环以内是上海的核心区域，拥有发达的商业商务区，完善的市政配套设施和便捷的交通网络，各类文化设施分布十分密集，且不同类型设施的分布特点各异。这里共集中了上海市70%以上的美术馆，68.5%的博物馆，65.2%的区县级以上图书馆和57.9%的文化馆（宫）。美术馆的集聚程度最高，主要分布在黄浦江沿岸地区，受消费指向影响较为明显，而街镇级图书馆和社区文化活动中心的占比均在45%左右。

　　上海区级层面均设置图书馆、文化馆和博物馆（见图6-2），其中，图书馆和文化馆主要分布在行政中心附近，而博物馆的分布则相对较为分散。具体来看，各区街镇级图书馆和社区文化活动中心多数在10—15个之间，以浦东新区数量最多，街镇级图书馆普遍要多于社区文化活动中心；多数的区仅有1个区级图书馆，静安、黄浦、长宁、徐汇、宝山在2个以上外；文化馆的数量也相对较少，多数区的文化馆数量在2个以上，以黄浦区数量最多，这主要是由于文化馆、文化宫、青少年宫等场馆的集中布局；博物馆的数量相对较多，但不同区之间的差别也较大，其中黄浦区、浦东新区和徐汇区的博物馆数量在10个以上，其他区多在5个以下；在上海市各区中，黄浦区的区级以上文化设施分布最为集中，浦东新区的区县级以下文化设施分布最为集中。

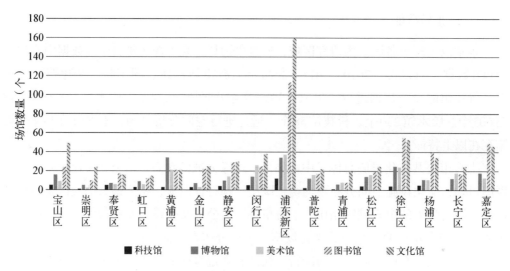

图6-2　上海市各区县公共文化设施数量（2020年）

　　当前，上海市公共文化设施整体空间分布呈现"一心双轴、一环多圈"的特征（见图6-3）。"一心"指以人民广场为核心的中环以内地区，公共文化设施类型全面且级别较高，较多服务全市的市级文化设施，包括上海博物馆、上海当代艺术馆、上海工人文化宫等场馆。"双轴"是指"宝山—五角场—外滩—上海体育馆"的沿黄浦江发展轴和"浦东空港—陆家嘴—外滩—大虹桥枢纽—青浦"这两条文化设施密集带。

其中，前者依托租界起步最早，上海的公共文化设施也是从这一地区开始逐步向外发展的，沿线多为级别较高的文化设施；后者具有北密南疏的差异，轴线以北地区，包括嘉定、宝山和浦东北部地区设施密集，而南部的闵行、松江、青浦、金山和奉贤则相对稀疏。特别是随着嘉定、闵行、松江等郊区人口的快速增长，公共文化设施已明显较为落后。"一环多圈"是指中环及嘉定、青浦、松江、奉贤等郊区设施集聚区，在行政中心附近多建有文化馆、图书馆等文化设施。不同区的公共文化设施集聚有所不同，嘉定和青浦区的类型较为齐全，松江区的博物馆数量较多，而金山区和奉贤区的文化宫数量相对较多。

图6-3　上海市县区级以上公共文化设施空间结构（2020年）

（三）关联因素

根据设施的功能特点和建设来源，将公共文化设施分为特色资源主导型和行政推动主导型两大类。在我国现行体制下，尽管两者均与政府的扶持有关，但相对而言，前者主要生成于地方文脉与特色资源，主要包括博物馆、纪念馆、科技馆、美术馆等，例如，淞沪抗战纪念馆建于上海，但不太可能建于当时与淞沪抗战关联不大的成都；而后者主要形成于政府直接的行政推进，与行政区划紧急相关，包括公共图书馆、文化馆、文化宫等。本研究在空间格局及其结构特征分析的基础上，从历史文脉、人口分布、经济密度、交通通达度、城市化水平（采用灯光指数分析）、行政中心设置、与商业中心的关系等方面，对公共文化设施的关联因素进行了探讨。具体来看：

特色资源主导型设施的空间布局

一是与近现代上海历史文脉基本一致。中心城区是最繁华的区域，历史文化资源高度集聚，形成了博物馆、美术馆高度聚集区。川沙新镇是中国历史文化名镇，也是浦东新区的重要公共文化设施集聚带，宋氏家族故居、黄炎培故居、张闻天故居等均位于此。而作为浦东新区最大的镇，川沙先后由五个镇合并而成，并对已有的图书馆、文化活动中心等公共文化设施进行了保留式整合。[①]

二是与轨道交通的发展基本一致。上海市公共文化设施的服务范围主要集中在中北部地区，服务面积广且已连片分布。在郊区中，3 000米内设施服务区覆盖率较高的区主要集中在嘉定区、闵行区、青浦区东北部和松江中部地区。由于城市路网设置、人口密度较低等原因，南部市区的设施服务区覆盖率较低。结合人口分布状况可知，除少数地区外，当前上海市的主要人口密集区公共文化设施覆盖度普遍较好，但不同地区的设施服务类型有所差别，特别是在南部地区，美术馆和博物馆的设置数量较少。对上海城市主干道做500米的缓冲区分析（步行约5分钟时间），将此图层与公共文化设施图层进行叠加分析，发现有80%以上的公共文化设施位于城市主干道500米范围内，表明上海公共文化设施向城市主干道集聚的特征明显。从设施布局与轨道交通的关系上看，有69%的博物馆类文化设施分布在轨道交通各站点半径1 000米以内，其中，中心城区有94.3%的博物馆类文化设施位于轨道交通1 000米范围内，由此可见，博物馆类设施的空间布局与轨道交通的发展存在一定的相关关系。[②]

三是与商业中心空间分布关系密切。在分析了商业中心等影响因素的基础上，进一步分析商业中心对公共文化设施分布的影响。如图6-4所示，当前上海市共有28个市级和地区商业中心[③]，其中市级商业中心有12个，都集中在中环以内，包括南京西

---

① 鲁静 . 公共文化服务供给有效性的空间评价与空间机制研究 [D] . 上海：华东师范大学，2017.

② 同上。

③ 上海市政府网 . 上海文广地图 [EB/OL] . http://map1.shanghai-map.net/shwg/.

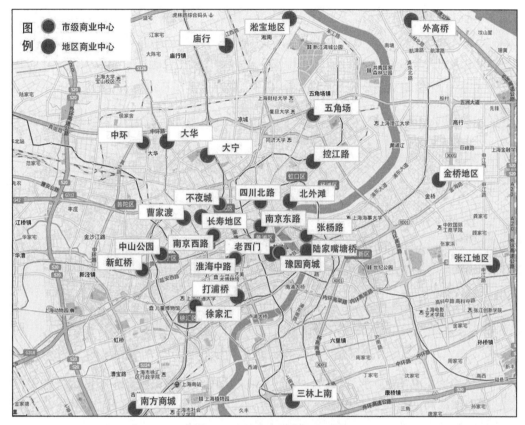

图6-4 上海市商业中心分布图

路、徐家汇、五角场等商圈。

通过对商业中心周边一公里商圈内的文化设施分析，商业中心对公共文化设施的影响程度由大到小依次为博物馆（27.9%）＞区级以上图书馆（21.7%）＞文化馆（18.4%）＞设施总量（17.0%）＞街镇级图书馆（14.3%）＞社区文化活动中心（13.6%）。美术馆在1 000米商圈内的占比较多，空间分布集中性较高，有超过60%以上的美术馆分布在中心城区的黄浦江沿岸。由此可知，博物馆和美术馆倾向于分布在商业中心周围，受商业中心的影响相对较大，越基层的文化设施受商业中心的影响就相对越小。

行政推动主导型设施的空间布局

一是设施布局呈现行政中心偏向。行政中心偏向，即公共文化设施主要分布在政府所在地周边，文化设施的区位与行政中心的关联度较高，一定程度上体现了文化设施区位选择的政府意志。由于上海是直辖市，因此选择区县行政中心作为研究对象，分析区县级行政中心对于公共文化设施分布的影响。从距区县行政中心距离与公共文化设施比重的关系来看（见图6-5），行政中心对公共文化设施的影响较大，距政府驻地3 000米范围内的区县级以上文化设施，占总量的比重多在60%以上。

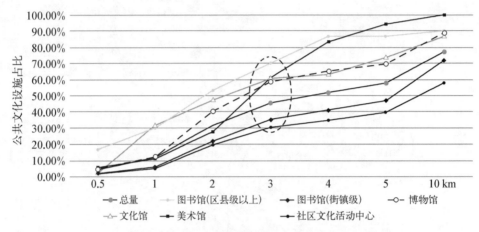

图6-5　距行政中心的远近与各类公共文化设施占比状况

　　具体来看，在3 000米范围内，图书馆和文化馆的比重要明显多于博物馆和美术馆，即图书馆和文化馆受行政中心的影响更大，更多地分布在行政中心周边，其中以图书馆最为显著。到距行政中心4 000米范围时，博物馆和美术馆占比开始超过文化馆，图书馆的增幅也明显放缓。街镇级图书馆和社区文化活动中心受行政中心的影响明显较弱，有大量设施分布在5 000米范围之外，其中10 000米以内的街镇级图书馆占总量的71.88%，而社区文化活动中心仅为58.04%。基于上述分析可知，行政中心对公共文化设施的分布影响较为明显，其中图书馆和文化馆的影响最为突出，其次为博物馆和美术馆，公共文化设施的行政层级越低，受行政中心的影响就相对越不明显。
　　二是设施覆盖率存在梯度差异。①上海市人口分布主要集中在中心城区，人口重

_____

① 基于上海市人口分布数据、设施数据，按照一定服务半径，分析服务半径中的人口占该区域人口比例，进而评价各区域的人口设施协调度。服务半径的确定主要跟设施定位和等级有关，如高等级的服务半径自然比较大，甚至不存在服务半径，因为类似于博物馆就有一定专业性，对感兴趣的人群具有较强的吸引力。因此，本研究首先对公共文化设施数据进行空间定位，主要是乡（镇、街道）级以上文化设施，包括社区文化中心等，并绘制1 000米范围的缓冲区；人口数据（2015年）来源于中国科学院资源环境科学数据中心（www.resdc.cn），得到上海市人口分布的栅格密度图，并对栅格图进行栅格转点；将设施缓冲区与人口进行叠加，赋给叠加区内人口属性为"已覆盖"；绘制1 000×1 000米的格网，分布汇总每个格网内的总人口和"已覆盖"人口总量；将"已覆盖"人口总量和总人口进行比较，分析每平方千米内的设施覆盖度；基于同样的方法，将千米格网换为行政区划图，分析各街道、乡、镇的设施覆盖度。

心明显偏北，黄浦江沿岸分布较为集中，受长江和黄浦江的影响较明显；郊区的人口分布多呈块状分散分布，东南和西南地区有大片的人口稀疏区；在主城区与昆山之间人口密度相对较高，有连片蔓延发展的态势；此外，松江、青浦地区也有部分人口高密度区。与人口密度相比，上海市的公共文化设施分布更为集中，公共文化设施也是主要分布在中心城区内部，只是分布范围更加集中，但沿黄浦江蔓延的态势仍十分明显；与人口的发展态势相比，主城区与昆山之间的设施配置相对较为滞后，上海东南部、西南部和沿海地区存在着较多的服务盲区，如滴水湖周边地区等。

通过对设施覆盖率的分析可知，上海市公共文化设施布局与人口空间分布是基本一致的，中心城区与各郊区行政中心附近的设施供给水平较高，15分钟公共文化服务圈基本形成。从格网覆盖率来看，市辖区交界地区和沿江沿海地区的设施覆盖率较低，如闵行区与松江区的交界处、浦东新区的部分滨海地区等；中心城区内部也存在着点状的设施覆盖率较低的地区，主要集中在徐汇区南部、普陀区桃浦镇、长宁区西部部分地区等。从乡（镇、街道）覆盖率看，中心城区与郊区的梯度差别明显，如长宁区新泾镇与闵行区新虹街道空间相连，但二者的设施覆盖率却存在着明显差距，长宁区新泾镇的设施覆盖率为57.59%，闵行区新虹街道仅有2.78%，又如徐汇区与闵行区交界的街镇中，徐汇区的街镇设施人口覆盖率均在50%以上，而闵行区的街镇覆盖率则多在30%以下；中心城区的设施覆盖率多在40%以上，郊区的设施覆盖率差别较大，其中青浦区夏阳街道、松江区岳阳街道、嘉定区嘉定镇街道的设施覆盖率明显高于周边街镇。

综上，上海市公共文化设施主要分布在中环线以内，存在着"宝山—五角场—外滩—上海体育馆"的沿黄浦江发展轴和"浦东空港—陆家嘴—外滩—大虹桥枢纽—青浦"两条文化设施密集带；公共文化设施布局与人口空间分布基本一致，基层文化服务设施网络基本形成，市辖区交界地区和沿江沿海地区的设施覆盖率较低，中心城区与郊区乡（镇、街道）的设施覆盖梯度差别明显；公共文化设施与经济发展水平和交通通达度具有较强的空间关联，但城市化水平的提升对公共文化设施的设置并不存在直接的因果关系；行政中心和商业中心对区县级以上的文化设施具有较明显的影响，其中图书馆和文化馆受行政中心的影响较明显，而博物馆和美术馆受商业中心的影响更大。

（四）相关分析

自开埠以后，上海在城市布局上租界与国民政府辖区相互分割，市政、道路交通等各自为政。为绕开租界割裂的旧市区，1927年上海特别市成立后，在江湾五角场地区规划建设新的市中心，集中配置市级文化设施与行政办公等核心功能。在租界地区的带动下，这时期五角场地区已被纳入上海市的城市化进程，基础设施建设快速推进（见图6-6）。1930年，"大上海计划"的各项工程开始建设，以新的市政府大厦为中心，完成了图书馆、运动场、博物馆等公共文化设施，并修建了五条辐射状干道。后因抗战爆发，规划未能完全实现，但初步形成了五角场地区的空间布局结构，至今仍完好地保留着旧上海市立博物馆（现长海医院影像楼）、旧上海体育场（现江湾体育场）、旧上海图书馆（现杨浦区图书馆）等古典复古式建筑。

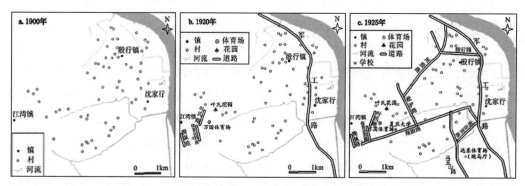

图6-6　1900—1925年江湾五角场地区景观的演变①

　　新中国成立以后，上海城市空间扩展的摊大饼式特征较明显，城市建设也一直局限在280平方千米的旧城区范围内。1951年，为解决工业用地扩展等问题，上海市编制了《上海市发展方向图（草案）》，提出对沪西、沪东、沪南三个工业区加以整理，并扩充北新泾工业区和彭浦工业区，还规划了虬江、长桥、吴淞、浦东四个工业区。1956年，《上海市1956—1967年近期规划草案图》提出建立近郊工业备用地和开辟卫星城的规划构想，市长办公会议决定，在桃浦、彭浦、漕河泾、吴淞等处建立工业区，首先集中开发闵行，同年闵行区图书馆等设施建成。

　　1958年，宝山、嘉定、松江等10个县划归上海市，在这期间，建成了一批区级公共文化设施，包括宝山图书馆、奉贤图书馆、青浦博物馆、崇明博物馆等场馆。20世纪70年代，为加快重工业发展，先后于1972年和1978年增设了金山和宝山—吴淞两个卫星城，分别发展石化和钢铁工业。为适应新的发展形势，金山县图书馆也于

① 图片来源：张晓虹，孙涛.城市空间的生产——以近代上海江湾五角场地区的城市化为例［J］.地理科学，2011，31（10）：1181—1188.

1974年从朱泾镇西林街迁到健康路280号，1982年时又迁到朱泾镇文化路110号，馆舍也在数年之间扩大了1 000多平方米。到1997年县改区时，金山图书馆总馆舍面积已达3 511平方米，是1974年时的5.72倍。1958—1978年间，上海市形成了中心城区—近郊—卫星城三个工业圈层，公共文化设施也初步形成了"中心大集聚，外围小集中"的基本格局，对工业集聚发展和卫星城建设都起到了积极的促进作用。

1984年《上海市城市总体规划方案》提出要按照"中心城—分区—地区—居住区"的规划布局进行建设和改造中心城，并提出了要以"虹桥机场—涉外区—上海展览馆—市政中心—南京路商业中心—外滩—陆家嘴"作为东西方向的主要街道、广场和建筑群，以"十六铺—中山东路—外滩—吴淞路—四平路"作为南北方向的主要街道、广场和建筑群，而这一时期中心城区的公共文化设施也主要分布在这两条轴线附近（见图6-7）。20世纪90年代，上海市的城市总体规划提出要把上海建成具有丰富

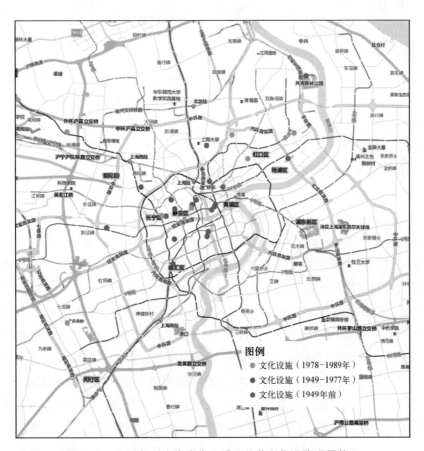

图6-7　1980年时上海市中心城区公共文化设施设置状况

历史文化内涵、海派文化氛围、高品质文化气息的现代化国际大都市，并确定了12个历史风貌区。

21世纪以来，上海市城市更新力度不断加大，一批新型的文化设施正在迅速发展。以苏州河老工业区为例，大量工业用地被置换为居住和商业等用地类型，一些老厂房被改建成艺术家社区和创意产业园区。如莫干山路的创意产业园区M50，由原纺织厂改造而成，已被上海市政府规划为上海特色文化街区，汇集了包括澳大利亚东廊艺术、意大利比翼艺术中心等艺术团体。这一时期，上海市中心城区与郊区均有较多的新建文化设施，尤其是博物馆、美术馆等设施，现代文化产业与传统文化设施（资源型设施为主）之间的空间阻隔正在被打破。在演艺场所建设方面，除了中心城区继续按照规划布局推进专业剧场建设外，随着城市人口分布的变化和百姓文化消费的提升，郊区的区域标志性剧场也不断增加，优质文化演艺资源也在向郊区不断扩散，如已建成的闵行城市剧院。公共文化设施布局对于发挥城市公共服务职能、提高居民生活质量及改善城市品质均起到了重要作用。

《上海市城市总体规划（1999—2020）》表明，上海的城市发展空间从"浦江时代"拓展到"长江时代"，确立了包括中心城、新城、中心镇、一般镇的城镇体系及中心村在内的五个层次，随着浦东和虹桥两机场的功能协调日益完善，"一心双轴、一环多圈"的文化设施空间结构也逐步形成。如图6-8所示，2005—2020年间，上海市公共文化设施经历了"集聚——扩散——再集聚——再扩散"三个阶段，2005年时公共文化设施高度集中在中心城区；2005—2010年间，在中心城区公共文化设施集聚范围扩大的同时，松江、嘉定、闵行等外围节点也在快速发展；2010—2015年间，公共文化设施的集聚程度进一步提升，核密度估计值由2010年最高4.89增至2015年最高12.36；2015—2020年间，集聚范围进一步扩大，城市周边的花木街道、凌云路街道、独江路街道等副中心相继形成，近郊的方松街道、嘉定镇街道、南翔镇、山阳镇等区域的公共文化设施数量也在快速增加。

《上海市城市总体规划（2016—2040）》草案提出构建"中央活动区—城市副中心—地区中心—社区中心"的公共活动中心体系。《上海市"十三五"时期文化改革发展规划》首次提出以"两轴一廊"建设文化集聚带，以"双核多点"建设文化功能区，其中"两轴一廊"指东西、南北两轴及苏州河沿岸都市文化景观长廊，"双核多点"分别指人民广场文化核心功能区和浦东花木地区文化核心功能区，浦东花木地区与人民广场功能区形成隔江呼应，承担了打造上海文化新枢纽的重任。当前上海市明确提出将上海文化定位为国际文化大都市，但仍缺乏有国际代表性的文化集聚区，花

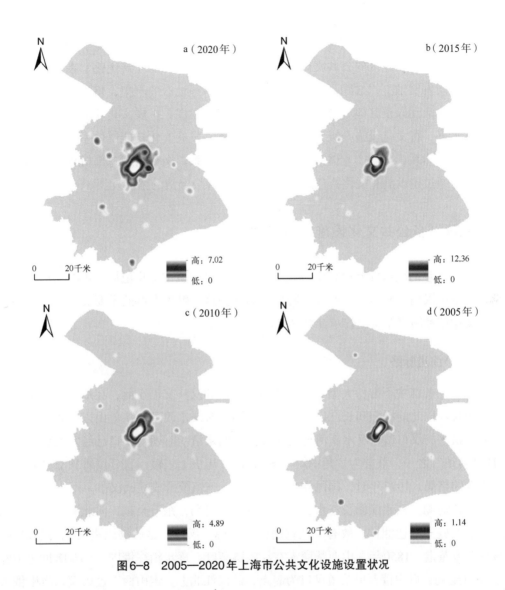

图6-8　2005—2020年上海市公共文化设施设置状况

木等地区的文化设施集聚度与综合性等方面都有待提升。

　　针对不同层次的需求，上海市的文化设施规划应分为社区层面和全市层面两个部分。在社区层面，构建及完善物理空间纵向布局的"文化场馆层"，网络空间立体布局的"文化场馆网"，社会空间横向布局的"文化场馆圈"；完善功能性文化硬件设施，尤其是市场服务性功能设施建设，创造中心广场空间、街巷空间、小型活动空间等丰富的开放性、人性化空间体系；采用星系状布局概念，将文化设施分散到地区和次一级地区的中心，提高居民对公共文化活动的参与率。

在全市层面，促进沿黄浦江文化设施发展轴向南延伸，重视嘉定、松江、闵行等人口经济发展较快地区的公共文化设施建设，引导城市功能完善优化；在"浦东—虹桥"东西向发展轴上，鼓励高层次文化设施在花木等地区的聚集，将文化设施、公共空间、商业活动以及其他城市系统集中设置、混合发展，扩展文化功能区的辐射范围和服务水平，将文化设施升级为公共文化综合体；发展文化功能链体系，主要包括公共文化设施体系、文创产业体系、文化市场中介体系、文化组织总部机构、著名文化街区等，通过建设具有文化特色的空间环境推动社会经济的整体发展。

二、武汉城乡公共文化设施综合布局分析

在数千年的城市发展历程中，武汉积淀了深厚的城市文化记忆，逐渐形成了江汉汇通、楚风汉韵、兼容并包的城市特色，而作为这座魅力古城的重要文化载体，博物馆、文化馆和图书馆正是传承江城文脉的精神宝库。

（一）演进脉络

武汉是长江中下游特大型组团式城市，长江和汉江交汇于此，在地理上，将武汉划分为长江以北的汉阳和长江以南的武昌。明代时汉水改道，从龟山以北入江，嘉靖年间，新兴的汉口镇在汉水新河道北岸形成。明末清初时期，汉口已经发展成为天下"四大名镇"之一，被誉为"楚中第一繁盛处"。历史上三镇一直延续着独立开发、各自为政的格局，1927年时，国民党由广州迁来，三镇统合成立武汉市。

晚清时期。从武汉循长江水道行进，可西上巴蜀，东下吴越，向北溯汉水可至豫陕，经洞庭湖南达湘桂，故有"九省通衢"之称。汉口，是武汉码头文化的起源地，号称东方茶港。1850年，山西帮商人在汉收购茶叶，逐步销往俄国。[①]从18世纪中叶至20世纪初，以中俄万里茶道汉口为起点，经汉江北上，走山西，过大漠，至中俄边境的恰克图，进而通欧亚，可与丝绸之路媲美。19世纪，全国40%的会馆在湖北，而汉口的会馆数量，多达200余所，仅次于帝国首都。[②]1861年汉口开埠，拉开了武汉城市建设现代化的序幕，也促进了武汉近代图书馆的诞生。英、德、俄、法、日五国先后在老汉口镇下游长江沿线开辟租界，汉口的对外贸易总量很快就超过了广州，几

---

① 武汉地方志编纂委员会办公室.武汉市志（1840—1985）［M］.武汉出版社，1999.
② 凤凰网.汉口五百年——天下名镇［EB/OL］.2016-12-26. http://v.youku.com/v_show/id_XMTg4NDg2MjkzNg%3D%3D.html.

乎与上海市持平。到 1889 年，张之洞任湖广总督，着手"湖北新政"，在武汉建立了相对完整的近代工业体系，主持修建了汉阳铁厂、卢汉铁路、两湖书院等工程，促进了城市商品经济的发展。与此同时，在不断增长的社会需求的刺激下，公园、电影院、美术馆、博物馆、图书馆等近现代新式公共文化设施也快速发展起来。

在"西学东渐"与政府推动社会教育这两种力量的交汇，促进了武汉近现代新式公共文化设施的产生。1903 年，文华公书林建立，首创我国开架式图书馆模式。张之洞对武昌、汉口、汉阳三镇实施不同定位：武昌做文化，汉口开商埠，汉阳建工厂。为普及文化知识，提高民众素质，张之洞认为欲达此目的，必须从"劝读"入手。因此，1904 年创立民众图书馆，后改为湖北省图书馆，这也是我国首次打出的图书馆旗号[①]；设立湖北省立宣讲所，负责宣讲教育、修身、历史、地理、白话新闻等内容。随后，汉阳郡人士在武昌创建了武昌质学会图书馆、图书纵览室以及日知会创立的阅览室等。

民国时期。辛亥革命以后，武汉作为南京国民政府统治的中心区域，特别重视民众教育事业的发展，文化馆的前身民众教育馆大量出现。在原有民众图书馆基础上，在武昌新增了 5 座图书馆分馆，后均改名为通俗图书馆。1912 年年初，湖北的通俗图书馆数量已达 44 个，拥有 18 000 部藏书，平均每日有 1 800 人阅览。[②]五四运动和北伐战争以后，民众教育的呼声日益高涨，1929 年，将部分通俗图书馆改称民众教育馆，汉口特别市教育局在文庙设立了汉口第一民众教育馆，四年后改为汉口市实验民众教育馆。1934 年已有湖北省立实验民众教育馆、湖北省立教育学院附设东湖民众教育馆、汉口市立实验民众教育馆、武昌县立金口民众教育馆、汉阳县立第一民众教育馆五所。在图书馆方面，据《全国公私立图书馆一览表》统计，1936 年时武汉各类图书馆达到 168 个，占湖北省总量的 57.73%，包括 1 个省立图书馆、1 个公立图书馆、1 个私立图书馆以及 165 个附设图书馆；从设立时间来看，1927—1936 年间设立的图书馆数量占 93%，仅 1934 年就有 47 座新建图书馆，达到了民国时期图书馆建设的顶峰。

抗战初期，武汉一度成为战时首都，各种宣传时事的小型书刊阅览室、图书馆应运而生，包括量才图书馆、蚂蚁图书馆、青救图书室、妇女图书室、救亡图书室等。其中，蚂蚁图书馆首创无条件借阅办法；救亡图书室更是将图书室建到了伤兵医院、

① 刘志斌.武汉公共图书馆的起源和发展［J］.新文化史料，1998：64—66.
② 李希沁，张淑华.中国古代藏书与近代图书馆史料［M］.北京：中华书局，1982：256—257.

大街小巷，及时为各界民众提供精神食粮。武汉失陷后，停办汉口市实验民众教育馆，原有图书设备全部散佚，湖北省立图书馆将馆藏图书装箱运至秭归和恩施，日伪政府设立了汉口市民众教育馆和汉口市立图书馆。抗战胜利后，湖北省图书馆从恩施迁回武汉，改名湖北省武昌图书馆，开架陈列图书有一万余册；在汉口长春街新建汉口市立图书馆，并先后新建了中山公园和黄兴路两个分馆。近代武汉拥有最早的省立公共图书馆之一（湖北省立图书馆）、最早提供公共服务的私立图书馆（武昌文华公书林）、最大的学校图书馆（国立武汉大学图书馆）和著名的市立公共图书馆（汉口市立图书馆），等等。

　　新中国成立初期。 武昌、汉口、汉阳三镇在行政区划形成一个整体，1957年武汉长江大桥和汉水大桥建成，武汉三镇更连为一体。在图书馆建设方面，1951年在汉口市立图书馆的基础上建立武汉人民图书馆，后改名为武汉图书馆。1976年以后，在文化馆图书室的基础上，先后建立了13个区、县图书馆，如武汉市江岸区建立的武汉市第一个区级少儿图书馆。武汉图书馆承担着武汉市中心图书馆职责，负责全市各区、街道图书馆的业务指导与协作协调，以促进公共图书馆服务水平的全面整体提升。针对偏远地区存在的图书少、距离远等问题，武汉市图书馆还专门改装推出了"汽车图书馆"，为郊县图书网点义务送书。

　　在文化馆建设方面，新中国成立以后，武汉的文化馆建设速度明显加快。1949年，武昌实验民众教育馆和汉口市民众教育馆分别由省、市人民政府接管，建立武汉市人民教育馆，后改名武汉市人民文化馆。武汉市人民文化馆设行政、宣教、文艺股、电化教育队以及印刷厂，主要包括图书阅览、识字教育、科学普及、时事宣传四大任务。为满足群众日益增长的文化需求，1950—1959年间，相继建立了汉阳、武昌、江岸、硚口、江汉、东西湖等6所城区文化馆和惠济、福城、东湖、南湖等4所郊区文化馆，以及为服务武钢建设而建的青山工地文化馆（后改为青山区文化馆）。1956年成立了湖北省群众文化馆、武汉市群众文化馆和武汉青少年宫，其中武汉青少年宫是武汉市第一座，也是当时国内仅有的5所青少年宫之一。"文革"期间，武汉全市文化馆被关闭取消，图书被运到造纸厂化成纸浆，设备被没收，人员下放。

　　改革开放以来。 新建文化宫（青少年宫）数量明显增多，1979—1990年间，共新建了6所文化馆（宫），其中有4所为文化宫（青少年宫），分别是硚口区青少年宫（1982）、青山区青少年宫（1986）、江汉区青少年宫（1987）、武汉市儿童活动中心（1990），武汉市的文化宫建设主要集中在20世纪80年代。各文化馆努力扩大社会文化服务范围和提高活动档次，逐步形成了市、区、街、居委会四级社会文化网。在博

物馆建设方面，武汉的起步相对较晚，新中国成立前没有一座博物馆，直到1953年才出现了首座湖北省博物馆。随着国民经济的恢复和发展，从1956年到1963年，先后建立了湖北省地质博物馆、屈原纪念馆、二七纪念馆和武昌农讲所旧址纪念馆。"文革"期间，修复了毛泽东旧居。改革开放以来，相继建成了八七会议会址纪念馆、八路军武汉办事处旧址纪念馆、辛亥革命武昌起义纪念馆等数十座博物馆，多数集中在2000年以后建成。2011年，武汉提出建设"博物馆之城"，到2020年时，武汉地区平均每十万人拥有一个博物馆，博物馆总量超过百家，共统计到103家，主要包括楚文化博物馆、首义文化博物馆、红色文化博物馆、工业文化博物馆、科教文化博物馆、武汉城市历史博物馆等六大品牌。

（二）空间结构特征

本章的POI数据来源于中国科学院资源环境科学与数据中心，包括2005、2010、2015、2020年武汉市博物馆、图书馆、文化馆、美术馆、科技馆数据，共涵盖各级博物馆103个、图书馆234个、文化馆183个、美术馆63个、科技馆38个。通过进行空间分析可知，武汉市公共文化设施存在以下特征（见图6-9）。

通过ArcGIS的核密度分析可知，武汉市公共文化设施分布呈明显集聚态势，主要集中在7个中心城区，设施数量由中心城区向郊区快速递减，在郊区未出现明显的集聚现象（见图6-9、6-10）。武汉市公共文化设施沿江集中分布的特征明显，核密度高值中心正处在汉江与长江的交汇点附近，且高值区主要分布在汉口片区，武昌的中高值区域面积较大，汉阳的核密度梯度差较大，覆盖面积仅为汉阳区总面积的1/3左右。从各区核密度斑块覆盖率来看，武昌区的覆盖率最高，其次为江汉区、汉阳区和江岸区，再次为洪山区、青山区和东西湖区，江夏区、蔡甸区、新洲区和黄陂区的覆盖率最低。

与特大型组团式的城市格局不同的是，武汉市的公共文化设施分布却呈现出显著的"单核集中"状态，郊区并不存在明显的高值区。通过核密度分析可知，其高值中心就位于汉水入江口附近，以汉水入江口为圆心进行圈层分析，得出不同圈层内的设施分布状况（见图6-11）。由图6-11可以看出，武汉市72.9%的公共文化设施都集中分布在距离汉水入江口15千米范围内，距离越近，公共文化设施的数量就越多，0—5 000米范围内的文化设施数量就占总量的35.3%；距汉水入江口30千米以后，设施数量就日益减少，均在5个以内。

具体来看（见图6-12），在文化馆分布方面，除武昌区、汉阳区数量较多外，其

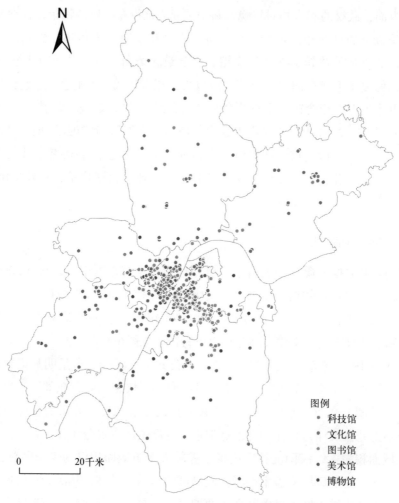

图6-9　武汉市公共文化设施空间分布（2020年）

他各区均为1—2之间，这与武昌区分布有较多的文化宫及省市级文化设施有关。在图书馆分布方面，各区相对较为均衡，平均每区有公共图书馆1—2个。在美术馆分布方面，与其他场馆相比，美术馆的集中程度最高，主要分布在洪山—武昌片区。在博物馆分布方面，武汉市的四大场馆中，博物馆的数量最多，主要集中在洪山—武昌片区、汉阳—江汉片区。总体而言，武昌区、洪山区的设施总量最多，两区均为旧武昌县属地，其中武昌区的博物馆优势最为明显，洪山区的美术馆数量要多于其他区的总和；新洲区、汉南区、硚口区的公共文化设施数量相对较少；博物馆、美术馆的数量要明显多于文化馆和图书馆，且博物馆、美术馆的空间集聚性更高。

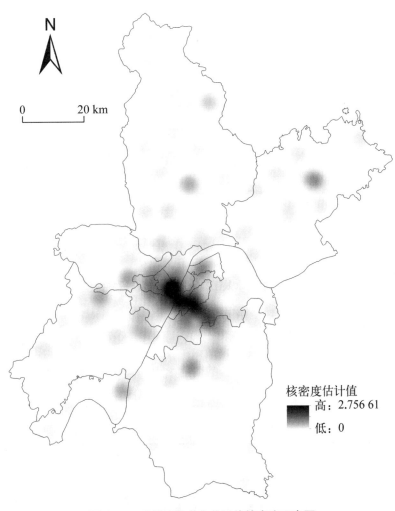

图6-10　武汉市公共文化设施核密度示意图

　　一般而言，公共文化设施的配置应与城市发展相协调，即随着城市的扩张，公共文化设施也应逐步扩展。但通过对2000—2018年间，武汉市夜间灯光数据演化和公共文化设施建设状况进行对比发现，武汉市公共文化设施建设与夜间灯光指数密切相关，夜间灯光指数增幅较大的区域也是公共文化设施建设较为密集的区域（见图6-13）。

　　综上所述，武汉市公共文化设施空间分布呈现以下主要特征："单核集中"特征明显，总体呈以汉水入江口为中心向外圈层分布；博物馆、美术馆的空间集中程度更高，而图书馆和文化馆的空间分布更为均衡；武昌区的博物馆和洪山区的美术馆优势

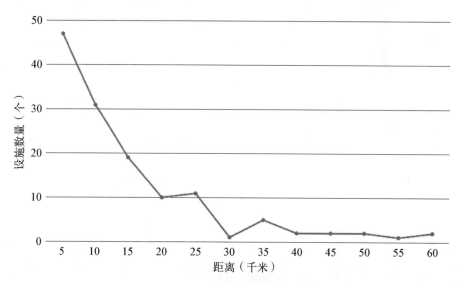

图6-11   以汉水入江口为中心的圈层设施数量

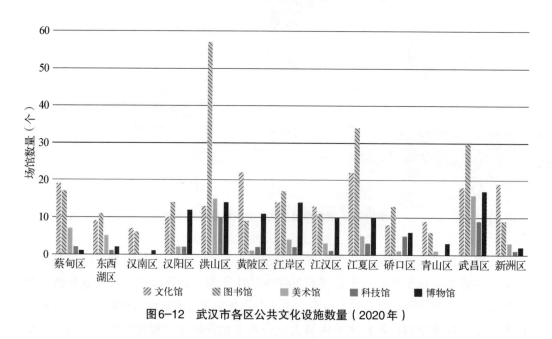

图6-12   武汉市各区公共文化设施数量（2020年）

最为明显；沿江地区较为密集，武汉市城市发展与公共文化设施建设的关联特征并不明显。基于此，本节将武汉市公共文化设施仍然分为特色资源主导型设施和行政主导型设施两类。从经济发展、人口分布、行政中心等方面，对公共文化设施的空间布局及演化进行分析，进而探讨影响武汉市公共文化设施布局的关联因素。

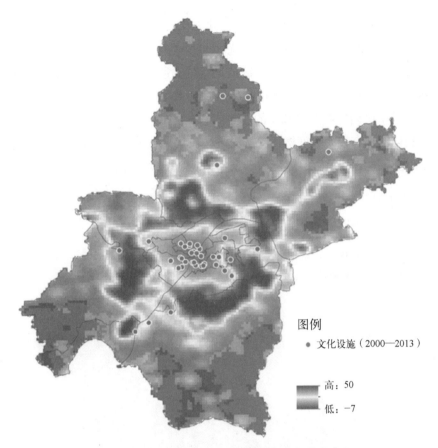

图例

● 文化设施（2000—2013）

高：50

低：−7

图6-13　武汉市夜间灯光演化与公共文化设施的空间关联示意图（2000—2013年）

（三）关联因素

特色资源主导型设施的空间布局

一是早期公共文化设施周围集聚度高。本研究选取了武汉市6所早期的主要文化设施，分别是湖北省立图书馆、武昌文华公书林、汉口市立图书馆、汉口市立民众教育馆、湖北省立实验民众教育馆和湖北省博物馆。除湖北省博物馆是新中国成立后设立以外，多是在清末民初建立的文化场馆。对这6个场馆进行5 000米的缓冲区分析，并与武汉市现有文化设施进行空间叠加，可以得出其覆盖的场馆比率高达49.6%。这表明武汉市的公共文化设施建设具有较强的历史传承性，传统文化场馆对周边地区的文化设施具有较为明显的影响。

二是经济增长较快的地区新建较多。在早期文化设施布局对公共文化设施影响的基础上，进一步探讨地区生产总值变动与公共文化设施设置的空间关联。如图6-14所示，1995—2015年间，武汉市国内生产总值增长幅度较大的地区主要位于中心城区，其中江岸区、江汉区、硚口区和汉阳区的增幅最为明显，国内生产总值增幅较大的格网（1 000×1 000米）主要集中在这三个区；而武昌区、青山区、蔡甸区和汉南区有较多的格网是呈国内生产总值减少的态势；新洲区的增长幅度相对有限，黄陂区和江夏区内多数格网都有较大幅度增长。从经济增长状况与公共文化设施的空间关联来看，84.6%的新增公共文化设施集中在经济规模有较大幅度增长的地块，其中有近50%的公

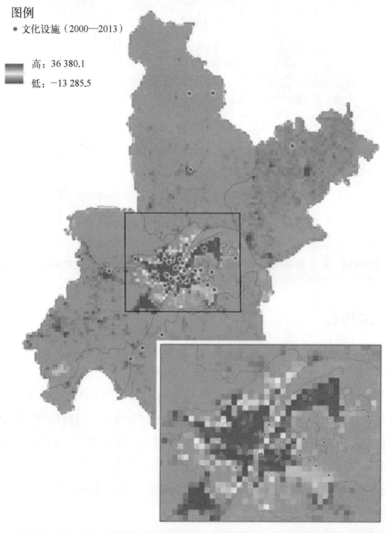

图6-14　武汉市国内生产总值增长状况与公共文化设施的空间关联示意图（2000—2013年）

共文化设施所在地块国内生产总值增长在1亿元以上。这表明，武汉市的公共文化设施建设与经济增长有着较为密切的关联，经济增幅越快的地区，新建公共文化设施也相对越多。

三是人口增长对设施建设有一定影响。在人口增长与公共文化设施的关系方面（见图6-15），除个别设施外，80%以上的新增公共文化设施均建在人口净增加的格网内。但具体来看，主要集中在人口增幅较小的地块，新增设施所在格网的人口增量多数都在1 000人以内，人口增幅较大的地块周边新增设施数量相对较为有限。1990—2015年间，武汉市人口增幅较大的地区主要集中在中心城区，包括江岸区、江汉区、硚口区等，而新增的公共服务设施也集中分布在这一地区。由此可知，人口增长对武

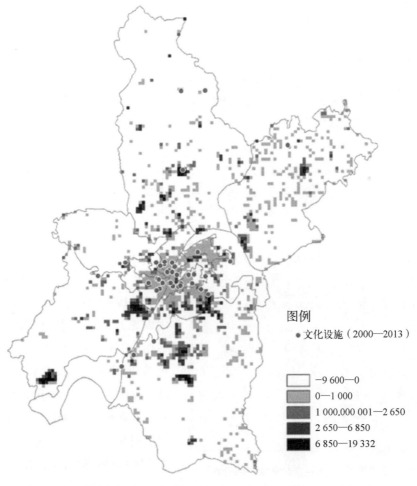

图例

● 文化设施（2000—2013）

☐	−9 600—0
▨	0—1 000
▨	1 000,000 001—2 650
▦	2 650—6 850
■	6 850—19 332

图6-15　武汉市人口增长与公共文化设施的空间关联示意图（2000—2013年）

汉市公共文化设施建设有一定的影响，部分人口快速增长地区的公共文化设施建设水平有待进一步提升。

行政推动主导型设施的空间布局

本研究以文化馆为例，具体分析行政推动主导型文化设施分布与行政区划变动的内在关联。"武汉"的概念大约出现在明代中期，是武昌、汉阳的合称，仅是地域概念。汉口原属汉阳，汉水改道为武汉三镇的出现奠定了地理基础，明嘉靖年间置汉口巡检司。1899年，张之洞主持把汉口从汉阳县划出，设夏口厅。这段时期，武汉的公共文化设施多为图书馆和阅览室，主要分布在武昌。湖广总督府驻地在武昌，且张之洞督鄂时大力发展武昌的文教事业，这就使得清末时期主要的公共文化设施均分布在武昌，包括文华公书林、湖北省图书馆等。

民国时期，地方行政制度有所调整。1912年，改江夏县为武昌县，废汉阳府留汉阳县，改夏口厅为夏口县，行政区划意义上的武汉三镇正式形成。1926年，改武昌县城区为武昌市，夏口县与汉阳县城区并为汉口市。1927年，武汉国民政府将武昌、汉口、汉阳三镇合并为京兆区，取名"武汉"，作为临时首都，三镇首次统一行政建制。1929年，南京国民政府成立以后，又将武汉分治，组建武昌市政委员会，为湖北省省会；汉口为特别市，即院辖市；汉阳为汉阳县。1927—1936年间，是武汉市公共文化设施建设的重要时期，共新建图书馆151座，5所民众教育馆（1934年），其中有3所民众教育馆位于武昌（见图6-16）；由于经费短缺等原因，县立民众教育馆先后裁撤，仅保留了湖北省立实验民众教育馆和汉口市立实验民众教育馆，在抗战后重新开放，具有强大的生命力。

图6-16　武汉市1934年民众教育馆空间分布

资料来源：据《武汉三镇市街实测详图》（1930年）改绘

　　1949年，合武昌市、汉口市和汉阳县城为武汉市，由中央直辖；1954年改为湖北省辖市。由于经费投入不足、专业人员过少、民众关注点不同等原因，省立实验民众教育馆举办的活动越来越少，最终在1949年撤销，汉口市立实验民众教育馆改为武汉市人民文化馆。1949—1953年武汉直辖期间，共新建了9所区级文化馆，而在1954—1978年间，仅新建了6所文化馆，分别是青山区文化馆（1955年）、湖北省群众文化馆（1956年）、武汉市群众文化馆（1956年）、武汉市青少年宫（1956年）、东西湖区文化馆（1959年）、汉南区文化馆（1978年）。

　　如图6-17所示，1969年时，武汉三镇建成区面积明显增大，汉口的增幅最为显著，其次为武昌和汉阳。就文化馆增量而言，武昌和汉阳的文化馆数量变化不大，汉口的新增数量最多，从1934年仅有1所增加到1969年的6所，这与汉口地区的区级行政中心数量增多有关，新设立了江汉区等行政区，武汉市级文化馆也逐步在汉口地区布局，如武汉市群众艺术馆、武汉市青少年宫。这段时期，湖北省级文化设施和武汉

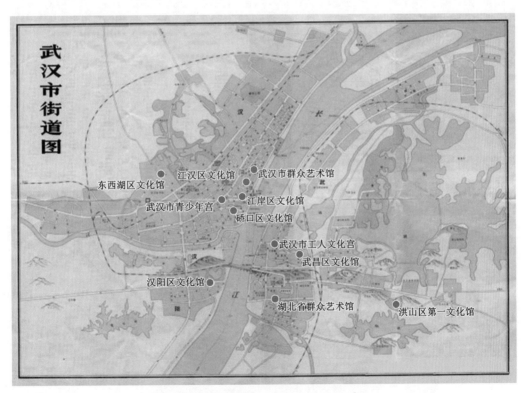

图6-17　1969年武汉文化馆（宫）空间分布

资料来源：据《武汉市街道图》（1969年）改绘

市级文化设施开始出现分区化发展，如湖北省图书馆、湖北省博物馆、湖北省群众艺术馆都分布在武昌，而武汉市群众艺术馆、武汉市青少年宫、武汉市图书馆、武汉博物馆却均分布在汉口。

武汉市近现代公共文化设施的出现要比上海迟，两者都是首先产生于由外国人创办的图书馆，至于文化馆的首次创办均为民国时期设立的民众教育馆，20世纪20年代时各类公共文化设施开始大规模建设。与上海不同的是，武汉市的文化宫（青少年宫）和博物馆类设施的建立时间较晚，改革开放以后才开始大规模建设。"文革"期间，武汉市的公共文化设施建设基本处于停滞状态，因此，对比图6-17和图6-18可知，改革开放初期，汉口的公共文化设施建设已经开始逐步赶超武昌。

1979年，原属咸宁地区的武昌县和原属孝感地区的汉阳县划归武汉市领导，同年武昌县图书馆建成，汉阳县图书馆也于三年后建成。1983年，孝感地区的黄陂县和新

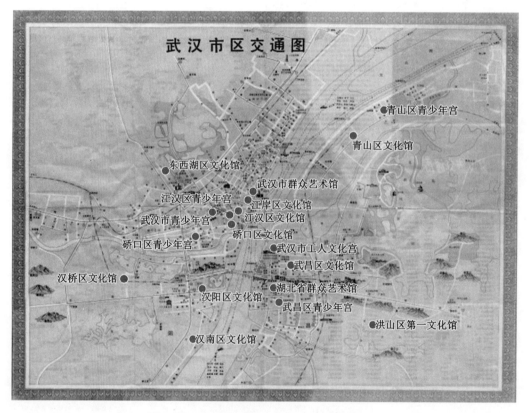

图6-18　1981年武汉文化馆（宫）空间分布

资料来源：据《武汉市区交通图》（1981年）改绘

洲县划归武汉市管辖，而就在同一年，黄陂图书阅览室与县文化馆分离，成立黄陂县图书馆，正式独立建制。1984年设立武汉市汉南区，不久之后，汉南图书馆与汉南区文化馆分离。如图6-19所示，1992年之后，汉阳县、武昌县、新洲县、黄陂县先后撤县设区，不同程度上促进了这些地区公共文化设施的建设。

　　具体而言，武汉市区级行政中心对公共文化设施的建设具有显著的影响（见图6-20），73.7%的文化设施分布在距离区级行政中心5 000米范围内的地区，各类文化

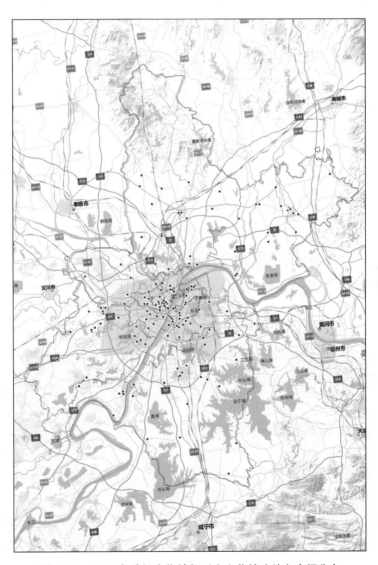

图6-19　2020年武汉市街镇级以上文化馆（站）空间分布

设施均分布在距离区级行政中心15千米范围内，在距行政中心3千米范围内，平均每千米分布有约20所文化设施。图书馆和文化馆受行政中心的影响相当明显，两所设施全部分布在距离区级行政中心5千米范围内；其次为博物馆，在距区级行政中心3千米范围内增长较快，占65.4%；美术馆受区级行政中心的影响较小，分布相对较为均衡，没有明显的高值区。

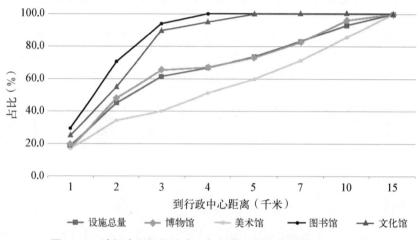

图6-20　武汉市区级行政中心与公共文化设施设置的空间关联

综上，武汉市的特色资源主导型文化设施建设具有较强的历史传承性，与经济增长有着较为密切的关联，新建的资源型文化设施主要建在经济增长较快的地区；人口增长对资源型文化设施建设有一定影响，但影响程度相对有限；行政推动主导型文化设施受行政区划的影响较为明显，撤县设区等行政区划变动不同程度上促进了地区公共文化设施建设，区级以上行政中心对行政主导型设施具有较强的吸引力，而对美术馆等资源型设施的影响则明显较弱。

三、成都城乡公共文化设施综合布局分析

成都市将建成中西部最具影响力、全国一流和国际知名的"文化之都"作为战略目标，提出要打造"图书馆之城""博物馆之城""文化广场之城""非物质文化遗产之城"和"文化创意之城"。在此目标下，相继制定了《成都市民办博物馆发展规划（2010—2015）》《成都市创建国家公共文化服务体系示范区规划（2011—2015）》《成都市中心城区公共文化基础设施布点规划（2012—2020）》《成都市文化产

业发展"十三五"规划》等，并出台了全国首部《城市文态建设规划纲要》。在公共文化建设领域，成都走在西部前列，已基本构建起网络布局一体化、运行管理科学化、服务供给均衡化的公共文化服务体系，多次当选"最具幸福感城市"。基于此，本节以成都为研究对象，分析其公共文化设施的发展历程、特征及其对城市发展的影响。

（一）演进脉络

20世纪初，受西学东渐和变法维新运动的影响，社会教育日益受到重视，成都市各类文化设施建设也开始起步，并得到快速发展。

晚清时期。成都在20世纪初就已有图书馆的创设，"1900年，简州人傅崇矩在成都桂王桥北街创办图书局，内设阅报公所两处，陈列报章六七十种，供众阅览"[①]。"1904年，成都吴可因于会府北街设书报阅览楼，该阅览楼有座位130余个，每日上午10时至下午4时开放，陈列中外书籍及华洋报章，任人取阅。"[②]1905年，四川总督锡良特制定《补习学堂简章》，并于次年在省城贡院（成都）创办了首家补习学堂，该学堂以"堂不专等，教不专科，但使一艺成名，便亦生存有"为宗旨，开创了四川补习教育的先河，同时也是全国最早的补习学堂。1906年，四川总督部堂奉令通饬各属广设半日学堂，招贫苦子弟入堂读书，授以识字教育和生计教育等课程，兴起之初多为私人所办，后学校和政府创办的学堂也不断增加。1907年后，成都各县相继开办宣讲所，宣讲每日时事及民生问题，后被民国时期的通俗教育讲演所取代。1910年，成都市还出现了"简易识字学塾""科学研究所""保节工艺院"等社会教育机构。这段时期，成都市的社会教育机构以补习学堂、宣讲所和识字学塾为主，尚未出现图书馆等专门的公共文化设施，与上海、武汉相比，现代文化设施产生的时间相对较晚；以书报阅览和识字教育为主，并已开始关注生计教育；文化设施包括官办、民办等多种形式，经费来源以社会捐助和政府拨款为主。

民国时期。民国元年（1912年），四川图书馆创立开馆，设于少城公园，标志着四川省公共图书馆的正式诞生，此后各市县图书馆相继设立。后因省图书馆"省款支绌""名为省立而款则动之市府"而移交成都代管，更名成都市立图书馆，即为今成都图书馆的前身，四川图书馆自此中辍。1940年，四川省立图书馆第二次建馆，馆址

①　中国人民政治协商会议四川省委员会.四川文史资料选辑［M］.四川：四川人民出版社，1961：137.
②　成都官报书局.四川官报［M］.成都：该局［发行］，1904（28）：3.

为成都城守东大街即前清城守衙门。部分县图书馆因各种原因时办时辍，或因人员变动而停办，或合并于民众教育馆。1944年，成都市调整了县图书馆的机构设置，将部分县图书馆并入民众教育馆，使县级图书馆数量明显减少，后因缺少经费而无法维持，多数县立图书馆名存实亡。此外，抗战时期，上海光华大学、南京金陵大学等校图书馆为避战乱，西迁成都[①]，其中维持时间最长的高校之间的合作以及由此而产生的高校图书馆之间的馆际合作是位于成都华西坝的"五校合作"[②]。

成都市博物馆起步较早，1914年就拥有西南最早的博物馆，也是全国高校中唯一综合性博物馆（华西协和大学博物馆）。1924年成都市立通俗教育馆博物馆建成，是综合性的公立博物馆，陈列工业品、农业品、教育、美术、金石、史地等实物。1941年四川博物馆建成，初建时在郫县犀浦，抗战胜利后迁回成都，包括考古、历史、民族、人类等内容，后改建为四川省博物馆。次年，四川省立科学馆成立，位于成都县民教馆内，以自然科学为主要内容，拥有2 500余件藏品（1945年数据）。此外，新中国成立前成都市还有私立的成都天府中学博物馆（1934年成立）和希诚博物馆（1945年成立），分别以民俗和文物为主要展览内容。

成都市最早的文化馆是成立于1924年的成都市通俗教育馆，由著名社会教育家卢作孚出任筹备主任，是在原少城公园商品陈列馆的基础上改组扩充而成。主要提供各种形式的展览、群众性文体活动和群众性集会等服务，到20年代中后期，成都市通俗教育馆已成为成都市民日常生活中不可缺少的重要活动场所，也是成都历史上第一个大型的市民文化活动中心。[③]市民必须买票才可读书、看展览和听音乐会等，将下层民众排除在外，因此这段时期，成都市通俗教育馆的性质主要是城市知识分子的休闲场所。1935年，成都市通俗教育馆改为成都市民众教育馆，以社会教育为主要目标，逐步改变以往到馆娱乐的作风，通过教育车、学习班等方式主动走向社会，在更多的市民中开展社会教育活动，各县民众教育馆也相继成立。1939年，四川省政府规定了抗战时期民教馆的中心工作，即举行抗敌宣传、实施民众训练和发动后方服务。[④]成都市民众教育馆十分重视妇女儿童的全面发展，增强儿童的体质和妇女的思想水平，多次举办运动会、足球比赛等具有团体对抗性的体育活动，丰富了城市的文化生活，一定程度上培养了市民的公共精神。

① 成都地方志编纂委员会.成都市志·文化艺术志［M］.成都：四川辞书出版社，1999：12.
② 王晓军.略论抗战时期图书馆馆际合作［J］.图书情报工作，2012，56（15）：72—77.
③ 毛文君.20世纪20—30年代的成都市民众教育馆［J］.文史杂志，2002（1）：10—12.
④ 朱煜.抗战大后方的民众教育馆——以四川省和重庆市为中心的研究［J］.近代史研究，2017（4）：105—117.

　　新中国成立初期。这一时期成都市图书馆和文化馆的变动较明显，而博物馆的新建数量较少。具体来看，在图书馆发展方面，新中国成立初期，成都有公私立图书馆、群众阅览室和文化馆阅览室10余处，规模小、藏书少[①]，县级图书馆多附设于文化馆内，以文化馆图书室的形式普遍存在，主要是服务基层。1956年，各地"以着手现有的县文化馆图书室为基础，筹建县图书馆"[②]，如青白江区图书馆、龙泉驿区图书馆、郫县图书馆、大邑县图书馆的设立。部分工厂也陆续在工会俱乐部内开设图书馆（室），如成都市劳动人民文化宫图书馆、川棉一厂工会图书室、成都无缝钢管厂工会图书室、成都飞机工业公司工会图书馆。"文革"期间，成都各级图书馆停馆，借阅和其他业务停滞，藏书被封存或者焚毁，图书馆数量没有增加。这段时期，图书馆数量虽然变化不大，但公共图书馆的管理体制和职能作用不断完善，改变了民国时期的馆藏图书概不外借的旧例，开办有集体和个人外借业务、定点定期送书下乡等活动。

　　在博物馆发展方面，地标性博物馆的建立是这一时期的主要特征，一系列考古重大发掘，促进了成都文博事业的发展。1953年杜甫草堂纪念馆建立，1958年成都市规模最大的综合型博物馆成都博物馆建立，到80年代末期，成都共有博物馆6所。在文化馆发展方面，这段时期成立了成都市劳动人民文化宫、成都市青少年宫、成都市群众艺术馆等机构，以设施与组织形态为主要构成因素的公共文化网络初步形成。1950年，人民政府接管了成都市立民众教育馆，在两年内先后在市内建立了10个人民文化馆。1953年，根据中央"整顿、巩固文化馆"的方针，依据"一县一馆"的原则，将原有文化馆调整为5个。与此同时，全市试点建立民办公助文化站5个，三年间增至62个，1957年时，将民办公助文化站转为群众自办的俱乐部。"文革"期间，群众艺术馆、文化馆多不能正常开展工作。

　　改革开放以来。图书馆、博物馆和文化馆都得到了充分了发展，成都市博物馆总数全国第一，并且正在创建"博物馆之城"和"图书馆之城"。在图书馆发展方面，80年代，各类图书馆的办馆条件得到改善，在加强借阅流通工作的同时，还开展咨询、检索、课题、跟踪等项目服务。到1989年，成都共有科研、教育及工会系统等各类图书馆（室）2 000余个，其中公共图书馆16个（省馆1个、市馆1个、区馆5个、县馆9个），市郊农村乡镇部分文化站设有图书室。共计藏书516万册，收藏文献在

---

① 成都地方志编纂委员会.成都市志·文化艺术志［M］.成都：四川辞书出版社，1999：12.
② 李忠昊，王嘉陵，谢青，程歌，陈雪樵.四川省公共图书馆的历史回顾——"四川省公共图书馆现状分析与发展战略"之一［J］.四川图书馆学报，2006（04）：2—8.

100万册以上的图书馆近10个，共有阅览席位2 161个，全年接待读者134万人次，流通图书292万册次，在各图书馆中，四川省图书馆为全国十大图书馆之一。[①]90年代以后，计算机技术和通信技术的发展，促进传统图书馆向兼有知识中心、文化中心和信息中心功能的现代图书馆转变。图书馆数字化建设加快进行，建立了全国文化信息资源共享工程四川省分中心，可通过上网终端充分利用图书馆的数字化文献资源。

在博物馆发展方面，伴随着武侯祠、永陵博物馆、成都市博物馆等的恢复挂牌，以及民营博物馆、艺术馆的快速发展，为成都博物馆事业发展开辟了新的方向。截至2021年5月，成都市共有博物馆160家，其中国有博物馆50家、非国有博物馆110家，博物馆总量和非国有博物馆数均位居全国第一。[②]在成都，博物馆的文化表达各具特色，成博看金沙看太阳神鸟、金面具，武侯祠看三国故事，永陵看五代伎乐……[③]成都理工大学地质博物馆是西部最大的地质科学类自然博物馆，川菜博物馆是世界唯一一家以菜系文化为主题内容的博物馆，以及西南第一家医药卫生专业博物馆成都中医药大学医史博物馆。以馆藏特色展品为原型创作的文创产品也较多，包括日用品、文房用品、陶瓷器、饰品服饰、电子产品等，如成都博物馆的经穴漆人、武侯祠的武侯黑茶、杜甫草堂的木艺竹艺等，文化创意产业得到快速发展。

在文化馆发展方面，改革开放以后，成都市全面推行以县级文化馆、图书馆为中心的总分馆制建设，支持条件较好的地区推行文化低保工程，探索以留守妇女、留守儿童以及城市社区居民为服务对象的文化项目；完善县级文化事业单位（博物馆、图书馆、文化馆等）法人自主权，优化文化事业单位的治理结构，"以文补文"给文化馆的活动带来了新的活力；不断创新公共文化服务平台，统筹妇女儿童活动中心、文化馆（宫）等场所的资源设施，鼓励向社会免费或优惠开放各类文体设施。2010年，成都基层文化阵地管理工作会召开，标志着全市公共文化服务体系建设重心从硬件环境建设逐步向软件环境建设为主转变，并制定出台了《成都市乡镇（街道）综合文化站（中心）管理办法》。

作为全国统筹城乡公共文化建设试验区，成都市在文化设施建设坚持城乡文化资源共享和城乡文化统筹发展，拓展了城市文化产业，丰富了城市居民的文化生活，探

---

① 成都地方志编纂委员会.成都市志·文化艺术志［M］.成都：四川辞书出版社，1999：12.
② 四川大小事.力争到"十四五"末成都博物馆数量超320座.最新数据显示，成都市现有博物馆160家，非国有博物馆的数量和质量均是全国第一［EB/OL］.2021-05-18. https://baijiahao.baidu.com/s?id=1700108680626254600&wfr=spider&for=pc.
③ 同上.

索出了一些先进的地方经验。其发展理念是以地市级大中型文化设施为龙头，区县级文化设施为骨干，街道（乡、镇）综合文化站为支撑，以社区（村）文化活动室为基础，覆盖全市城乡地区。成都已经实现了覆盖城乡、均衡协调发展的文化网络以及文化设施的基层全覆盖；推进实施了人性化的城市空间结构和多中心网络化的城乡空间格局，初步形成了"青山绿水抱林盘，大城小镇嵌田园"的城乡形态。在城乡公共文化服务体系构建中，成都的农村文化建设获得了持续不断的发展动力，与城市文化建设"直接并轨"，按照城市社区模式，落实包括公共文化设施建设在内的各项工作，让农村居民获得共享文化资源的平等待遇，促使传统农民转变为新型农民、产业工人或城市市民。

（二）空间结构特征

本研究以成都市各区县为研究对象，POI数据来源于中国科学院资源环境科学与数据中心，包括2005、2010、2015、2020年成都市博物馆、图书馆、文化馆、美术馆、科技馆数据。通过百度等搜索引擎，查询各场馆的建馆时间，并基于ArcGIS平台进行数据库建设及空间定位，按照类别、时间等基本属性进行专题地图绘制（见图6-21），分析比较不同类型文化设施的空间分布特征，进而探究其发展变化规律。共提取到成都市各级博物馆103个、图书馆234个、文化馆183个、美术馆63个、科技馆38个。通过进行空间分析可知，成都市公共文化设施存在以下特征。

成都区县级以上公共文化设施主要集中在四环以内的"中心城五城区"（见图6-22、6-23），包括青羊区、武侯区、锦江区、成华区和金牛区，其中青羊区作为成都的政治文化中心，公共文化设施数量最多（见图6-23）且级别较高，如四川省图书馆、四川美术馆、成都图书馆等均位于青羊区。就郊区而言，龙泉驿区、郫都区和温江区的公共文化设施总量在10个以上，都位于中心城区的东西两侧，明显呈现出"东西多、南北少"的态势。就所辖县市而言，都江堰市和新津县的设施总量超过10个，比其他县多6个以上区县级公共文化设施，这与两地民营博物馆数量较多有关。成都市公共文化设施的"一主多副"的多中心组团特征明显，美术馆的集中度最高，其次为博物馆，图书馆和文化馆的集中度最低，多中心的组团格局主要与博物馆的分散集聚有关。

图书馆、文化馆和美术馆数量平均每县在1.2—1.5个之间，而博物馆平均每县有5.4个，其中，图书馆和文化馆每县至少一个，而有部分县市没有建立美术馆或博物馆，如金堂县和蒲江县。由图6-23可以看出，依据公共文化设施总量，成都市各区

图6-21　成都市公共文化设施的空间布局（2020年）

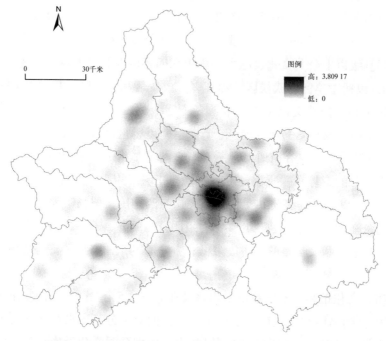

图6-22　成都市公共文化设施的核密度分析图（2020年）

县可分为三个层级，分别是大于14个的区县，包括青羊区、武侯区、龙泉驿区和郫都区；10—14个的区县，包括都江堰市、温江区、金牛区和新津县；10个以下的区县，包括双流区和锦江区等其他区县。在设施总量较多的层级中，其构成均为"2+2"，即两个中心城区和两个郊区或郊县；在中心城区内部，南部地区的设施数量多于北部，而就全市而言，北部地区的设施分布更加密集。

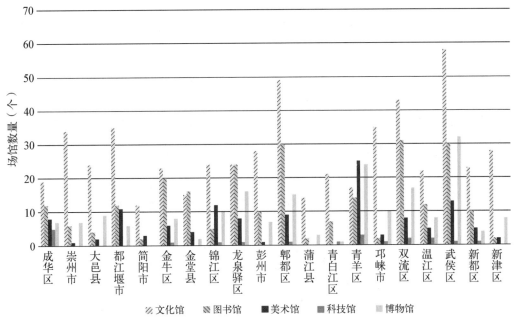

图6-23　成都市各区县公共文化设施数量（2020年）

就区级设施状况而言，青羊区各类设施数量均有明显优势，美术馆、博物馆和图书馆占总量的比重都在15%以上，其中成都市近1/4的美术馆分布在青羊区；武侯区、龙泉驿区和郫都区的博物馆数量较多，武侯区、温江区和金牛区的美术馆数量分布较多。将各类设施数从大到小依次排列，观察各区的变化幅度，可以看出，各区之间美术馆下降速度最快，其次为图书馆和博物馆，下降速度相对较慢，文化馆的降幅和降速均为最小。就行政区划差异而言，无论是设施总量还是具体某类设施，都明显存在着平均每区＞平均每市＞平均每县的状况，即区的公共文化设施建设水平明显高于县级市和县，区建制在博物馆、美术馆建设方面优势明显，对于图书馆建设也具有较大优势；与县建制相比，县级市在博物馆、文化馆建设方面具有较为明显的优势。

成都市的公共文化设施空间演化以1949、1978、2000、2012年为四个节点可分为五个阶段，明显呈现出由中心向外围逐年扩张的态势。由图6-24可以看出，成都市公共文化设施的建设不断向外围推进，1978年以前，公共文化设施主要分布在中心城区，周边区县有零星分布，多为区县图书馆和文化馆（由于多数美术馆建成时间不易查询，故主要包括博物馆、文化馆和图书馆）；1978—1999年间，城市公共文化设施不断向近郊扩展，包括温江区、郫都区和龙泉驿区等；2000—2011年间，公共文化设施建设继续向外围推进，这一时期都江堰市和新津县的新建设施较多；2012年以来，城市边界地区也有了较多的新建设施，公共文化设施分布更加的普遍均衡。

具体而言，1949年以前，新建设施以图书馆和博物馆为主，二者占比在85%以上；1949—1977年间，新建设施以文化馆（宫）为主，占总量的61.9%，包括四川省文化馆、成都市劳动人民文化宫等都是在这段时期建设的；1978—1999年间，共有73.7%的新建设施为博物馆，以国有博物馆为主，包括成都博物馆、武侯祠博物馆都

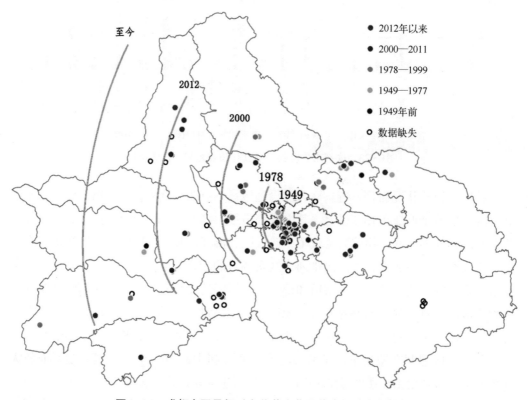

图6-24　成都市区县级以上公共文化设施空间扩张年轮图

是在这段时期建成的；2000—2011年间，新建设施仍以博物馆为主，共有66.7%的新建设施是博物馆，但这段时期的民营博物馆数量明显增多，也更具特色，如皮影博物馆、川菜博物馆的建设等；2012年以来，新建博物馆的比重有明显提升，且仍以民营博物馆为主，特色也更加鲜明，出现了直升机博物馆、巴金博物馆等，对地方文化的挖掘更加深入。

　　成都市的公共文化设施空间结构为"一主一轴多组团"的特征（见图6-25），其中"一主"为四环以内的城市中心区，主要包括天府广场文化中心、温江文化副中心、城北文化副中心、龙泉驿文化副中心和天府新城文化副中心；"一轴"为"都江堰市—郫都区—天府广场—龙泉驿区—简阳市"文化发展轴；"多组团"指都江堰、新津、温江等文化组团，距中心城区文化设施密集区有一定距离，独立性相对较好。天府广场是成都市公共文化设施的结构中心，包括四川省图书馆、四川美术馆、成都博

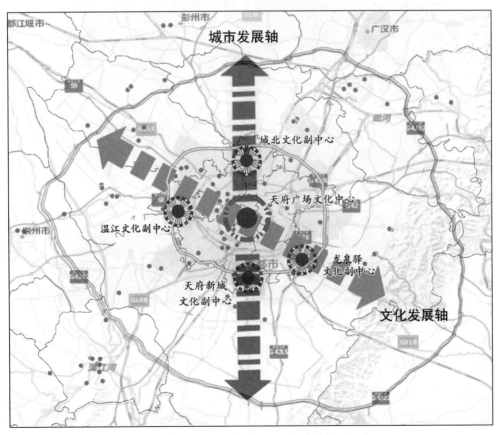

图6-25　成都市区县级以上公共文化设施空间结构（2020年）

物馆等省市级文化设施在此集聚（见图6-26），构筑成都区域公共文化发展极，服务全市乃至全省范围。此外，在中心城区内部，还存在着一条南北向的文化发展轴，其走向为"成都体育中心—四川科技馆—天府广场—四川体育馆—华阳广场"，但其仅局限于中心城区内部，向北未能连通新都区，向南未能进一步延伸至天府新区，对双流区的带动作用较有限。虽然南北向发展是成都市重要的城市发展轴线，交通设施也比其他方向密集，但文化设施建设却相对滞后。

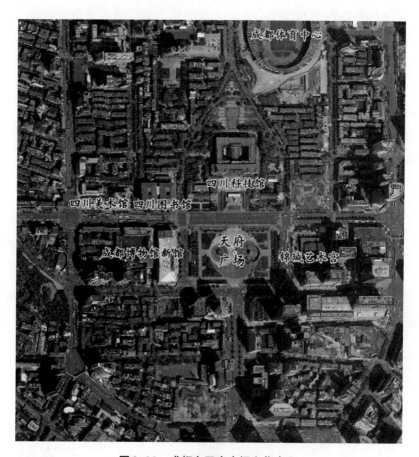

图6-26　成都市天府广场文化中心

（三）关联因素

特色资源主导型设施的空间布局

一是与成都旧城文化空间高度契合。历史古城中的历史建筑、文化遗址等具有地标意义的场所，多具有深厚的文化积淀，是人们进行文化活动的重要空间区域。本研究中的成都旧城指的是府河、南河两河环抱的老城及其周边地区，其肌理网络保持了与战国时期开明成都城的规划网格的相似性[①]，拥有武侯祠、杜甫草堂、青羊宫等大量文化资源。随着城市更新与改造的不断推进及文化休闲产业的快速发展，博物馆等资源型文化设施也层出不穷，如永陵博物馆、水井坊遗址博物馆、隋唐窑遗址博物馆、武侯祠美术馆等。这类公共文化设施受地域根植性的影响较大，历史遗址或特定的文化空间对其设置的影响较大，因此成都市博物馆集中分布在历史文化资源丰富的青羊区和武侯区，占博物馆总量的近1/3。此外，公共文化空间的外部性及规模效应也是特色资源主导型文化设施选址的重要原因，需要借助其他设施的正外部性共同发展，这也促进了博物馆的空间集聚。如成都博物馆周边集聚了慧园博物馆、成都蜀锦织绣博物馆等众多民办博物馆。

二是与经济发展水平密切相关。资源型文化设施除了受特定空间的影响之外，受市场的影响日益增强，市场导向成为越来越多文化设施选址的关键因素，特别是民营场馆，这与其同时具有公共性与营利性的属性有关。这类文化设施的开发主体已经由最初的政府向企业和社会拓展，产生了政府与资本主导、资本主导、社会主导等多种经营模式。2005年之后，随着文化政策的不断优化，各类资源型设施快速发展，呈现出节事化、网络化、专业化的发展趋势，以专门的文旅公司作为开发主体，通过举办成都非物质文化旅游节、金沙太阳节等节事活动，进行全方位的营销与宣传，强化场馆之间的交流互动，促进成都公共文化服务水平的整体提升。由图6-27可以看出，成都市资源型文化设施与国内生产总值的空间分布密切相关，80%以上的资源型文化设施分布在经济产出大于10 000元/平方千米的地块中。这表明资源型文化设施的设置与地区经济发展水平关系密切，经济发展水平越高的地区，资源型设施的设置就相对越多。

三是与人口空间分布状况基本一致。一般而言，人口较多的地方市场就相对越大，资源型文化设施为接近市场消费群体，集中分布在人口密度与人流量都较大的中心城区内。如图6-27所示，资源型文化设施分布与人口分布状况密切关联，即人口较多的地区，资源型文化设施数量也较密集，仅中心城区就集中了50%左右的公共文化设施，郊区和郊县（市）的人口高值区也分布有大量的公共文化设施。而行政主导型文化设施，特别是乡（镇、街道）以下级别的文化设施，受经济和人口的影响就相对较小，一定程度上解决了居民的基本需求，但由于公共文化设施空间配置的有所重

---

① 张蓉.先秦至五代成都古城形态变迁研究［M］.北京：中国建筑工业出版社，2010：11.

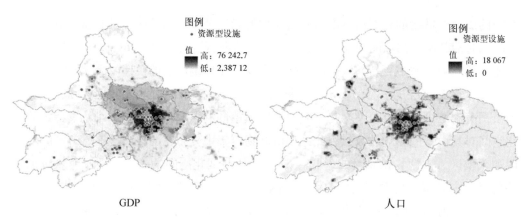

GDP　　　　　　　　　　　　人口

图6-27　特色资源主导型文化设施分布与国内生产总值和人口的关系示意图

叠，在部分地区也出现了浪费和不均的问题。公共文化设施的空间分布应以服务半径和服务人口为依据，重点考虑满足居民的实际需求。

　　行政推动主导型设施的空间布局

　　一是受行政区划的影响较明显。与博物馆等资源型文化设施相比，图书馆、文化馆等行政主导型文化设施受行政中心的影响更为明显，多分布在行政中心周边。行政因素，特别是在新中国成立初期，对成都市公共文化设施建设具有鲜明的主导作用。当时成都市建立了高度集中的公共文化管理体制，政府对各级文化机构进行严格管理，包括人事任免、活动内容等均靠行政指令完成，因此这一时期建立的许多文化设施多分布在行政中心附近，如彭州市文化馆。当前，成都已初步形成了省、市、县、乡四级公共文化服务网络，公共文化设施按行政区划设置的特征更为明显，一县（区）一文化馆、一县（区）一图书馆，乡乡建有文化站。

　　二是与城市空间扩展密切相关。行政主导型设施受规划等政府行政因素影响较大，较为容易获得政府财政拨款和支持。政府将公共文化设施建设视为提升政府形象、进行地方营销的重要载体，良好的公共文化服务设施有助于聚集人气和吸引投资。在成都，文化空间正成为制度转型期城市空间转型（旧城改造、城乡统筹）、经济/产业转型、文化转型（文化体制改革）、社会转型（城市生活）的重要抓手。[①] 通过对成都市夜间灯光数据和行政主导性设施的叠加分析，近十年来，有近2/3的行政主导型文化设施分布在城市空间拓展地区。这表明在城市空间转型的同时，成都市对

① 刘润，杨永春，任晓蕾.1990s 末以来成都市文化空间的变化特征及其驱动机制［J］.经济地理，2017，32（7）：114—123.

社会转型、文化转型也同样十分重视，通过规划、引导、配套等服务，促进城市公共文化服务水平的提升。

从上海、武汉和成都公共文化设施的比较可以看出，这三座城市的公共文化设施建设与中国现代化进程密切相关。上海市 1843 年开埠，1849 年上海第一家近代公共图书馆上海书会创办；武汉市 1861 年开埠，1903 年，首创我国开架式图书馆的办理模式的文华公书林建立；成都市虽未被开为商埠，但 1890 年近邻重庆开埠，洋商机构迅速增加，1905 年基督教各差会决定联合在四川政治文化中心成都建立华西协和大学，1914 年华西协和大学博物馆开馆。其中，上海、武汉的第一所公共文化设施都是由西方人建立的，上海书会是由西侨社团创办，武昌文华公书林是由韦棣华女士创办，而成都的第一所公共文化设施则是由清政府于 1912 年创办的四川图书馆。

就空间布局而言，武汉市集聚程度最高，集中分布在汉水入江口周围，单核集中特征最为明显；上海市次之，中环以内分布较多，但已出现了沿黄浦江南北发展轴和浦东—虹桥东西发展轴两条轴线；上海和武汉的公共文化设施在沿江地区较为集中，而成都多中心特征更为明显。具体而言，特色资源主导型的博物馆、美术馆的空间集中程度更高，而行政图书馆和文化馆的空间分布更为均衡，上海市辖区的博物馆、社区美术馆等发展相对较好，而成都市民营博物馆发展迅速，已是中国博物馆最多的城市，而民营博物馆分布更多地遵循市场机制，加之政策引导，形成了多中心的分布格局。上海市公共文化设施与经济重心和人口重心有所偏离，嘉定、松江、闵行等区发展迅速，但公共文化设施却相对缺乏，城市公共文化设施重点过于偏北，对南部影响较弱；武汉市的公共文化设施布局过于集中，对远郊地区的辐射较弱，公共文化设施过于集中在沿江地区，而夜间灯光数据显示近十年来城市迅速向外扩展，但公共文化设施并未跟进，这对于新建城区人口集聚及设施充分利用都较为不利；成都市公共文化设施相对较为均衡，但西北—东南发展轴并未形成有机统一，南北发展轴主要局限在重心城区内部，南部天府新区经济发展较快，但公共文化设施设置却进展较为缓慢。

就关联因素而言，上海、武汉、成都特色资源型设施受历史文脉的影响明显，但近年发展正在向经济和人口重心转移，上海市文化设施是从原租界地区逐步向外扩散，并沿黄浦江南北发展，近年主要是跨黄浦江向东发展，重点培育花木副中心；武汉传统文化设施集中在长江以南的武昌区，武昌是原湖北省府，随着江北地区经济发展，公共文化设施重心跨长江向江北转移；成都市传统文化设施集中在青羊区和武侯区，近年来向东和向北发展趋势明显。行政中心和商业中心对区县级以上文化设施有较明显的影响，图书馆和文化馆受行政中心影响突出，而博物馆和美术馆受商业中心影响更大；公共文化设施与经济发展水平和交通通达度具有较强的空间关联，新建设施主要在经济增长较快的地区；人口增长对公共文化设施建设有一定影响，但程度有限，而城市化水平提升对公共文化设施设置并不存在直接的因果关系；行政推动主导型文化设施受行政中心及政策因素影响较大，而特色资源型文化设施，特别是民营场馆，受市场影响正日益增强。

第七章

大中城市新建设施布局：趋向及问题

　　大中城市的新建公共文化设施集中反映了当前设施布局的新动向，也反映了不同城市对公共文化服务的策略安排。表面上看，新建文化设施在空间上大多位于城市化地区，与乡村的联系并不紧密。实际上，新建公共文化设施特别是大型设施服务范围涵盖城乡，也是城乡联动与融合的主力军，更重要的是，在城乡地域变动中，新建公共文化设施在地域上就可能处于城乡交界地区或混杂地区（如乡镇或开发区、辖村的街道等）。因此，大中城市新建设施布局对于乡村文化振兴中的载体建设及优化同样具有重要意义。

　　尽管我国城市涵盖直辖市、副省级市、地级市、县级市，但通常意义上讲的大中城市主要是前三者，尤其地级市由于覆盖面广，其公共文化设施在现代公共文化服务体系中占据重要地位，而新建设施不仅是城市公共文化中心的重要组成部分，更是城市的形象和地标。近年，为了改变馆舍缺乏或设施陈旧等问题，国家和地方积极推动地市级公共文化设施改建新建。继"十五"县级公共图书馆文化馆建设、"十一五"乡镇综合文化站建设规划之后，2012年国家发改委、文化部和国家文物局共同编制的《全国地市级公共文化设施建设规划》（以下简称《规划》）正式发布，明确提出公共文化设施建设的新重点，大中城市尤其是地级市由此逐步兴起大规模的市级及以上公共文化设施新建热潮。2019年以来，随着各地逐步开展国土空间规划的编制工作，又进一步加强了大型公共文化设施的规划和建设工作。与此同时，国家有关部门多次对文化设施的建设和运营情况进行监测，关注重点主要集中于地市级设施的体量、馆藏量和建设进度等，至于新建设施的布局选址始终未能纳入关注视野。实际上，布局选址关乎新建设施服务的有效范围和公众使用的便捷程度，对其能否有效发挥作用、能否充分获得群众认可至关重要。为此，本章对近年我国新建地市级公共文化设施的布局情况进行全面排查，在地域范围上涵盖全国地市级政区，考察时段适度上推至"十一五"中期的2008年，以期把握当前新建公共文化设施的空间特征及其问题。

一、新建公共文化设施的空间布局趋向

近十年来，全国1/3左右的大中城市（不含直辖市和县级市）新建文化馆（文化中心）、公共图书馆、博物馆、美术馆、剧院等公共文化设施250所以上，其中截至2016年已建成176所，占总量的70.7%，其他在建的情况不详。由图7-1可以看出，在已建成文化设施中，主要集中在2011—2014年，占总量的60.9%，尤其是2014年，共建成30所左右，为历年最高水平。

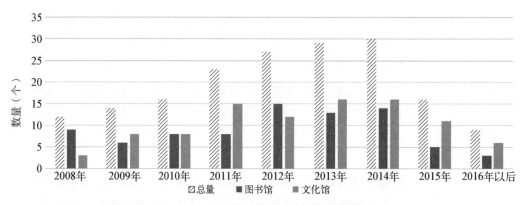

图7-1   2008年以来我国公共文化设施的新建状况

就建设周期来看，佛山图书馆、临沂图书馆、大同图书馆等均为五年，部分规模较小的图书馆时间较短，按照3—5年的建设周期计算，2008年以后，我国新建公共文化设施速度明显加快；2015年以后，多数场馆处于在建或筹建状态，由于建设周期较长等原因，导致新建成的公共文化设施数量较少。

从场馆类型方面来看，2012年以前，在已建成的场馆总量中，图书馆的占比较高，2008年时，75%的已建场馆为图书馆。以2012年为分界点，图书馆比重逐年下降，从2012年的56%，下降到2013—2014年的40%多，再降为2015—2016年的30%多，而与此同时，新建文化馆的数量则在逐年增多。

从新建场馆的面积来看，2008年以来，新建文化设施呈日益大型化的趋势。如图7-2所示，2008年时，新建文化设施中，20 000平方米以上场馆占比不足总数的20%，而到2015年以后，比重增长为总量的50%以上，波动上升态势明显。

可见，近十年来我国新建地市级文化设施以2014年为转折点，新建文化设施呈现逐年增加，后显著减少的态势；前期新建图书馆比重较大，后期则主要是新建文化馆；大型场馆日益增加，新建场馆呈现日益大型化的趋势。

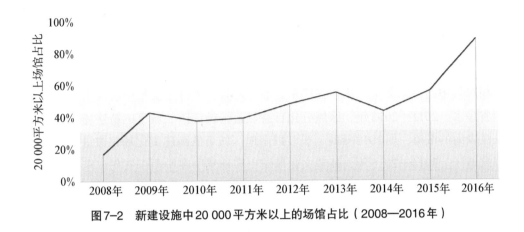

图7-2　新建设施中20 000平方米以上的场馆占比（2008—2016年）

　　不同省份新建公共文化设施的数量差异较为明显，如图7-3所示，2008年以来，仅有7个省份的新建文化场馆数量在10所以上，其中广东省最多。76.7%的省份新建场馆数量不足10所，其中贵州、西藏、海南、吉林、宁夏、青海、山西以及直辖市的新建场馆数量在5所以下，多数为西部地区省份。

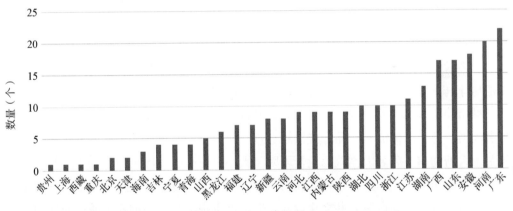

图7-3　各省新建公共文化设施数量（2008—2016年）

　　从空间特征来看，2008年以来，珠三角的新建公共文化设施空间分布最为集中，其次为中原地区、苏皖交界和湘赣交界等地区。从分布区域来看，新建设施的区域分布较为均匀，东中西差异不大，已建成的文化场馆中，东部占33.9%，中部占30.2%，西部占29.0，东北地区占6.9%。总体上看，西部地区的新建场馆偏少，相对集中于中部和东部地区。

　　不同省份的新建设施类型也有较大的差别，长江以南的省份，以及多数东部沿海省份的新建场馆主要为文化馆，图书馆的数量相对较少，如山东省、广西壮族自治区。而长江以北的中西部地区，图书馆的数量则明显较多，如河南省、陕西省。

从文化场馆的演化态势来看，2010年以前，东中西分布是较为均衡的，但区域内部是相对集中的，东部主要集中在广东、浙江两省，中部主要集中在河南省，西部以四川省最多。2011—2012年，区域分化日益显著，长江以北城市的新建场馆数量要多于长江以南的城市，而2013年时，长江以南地区城市的新建文化场馆数量则要多于长江以北地区。2014—2015年，新建文化场馆更多地集中在中西部省份，东部主要分布在广东省和山东省。建成年份缺失的场馆，多数分布在东部和中部地区。

综上可知，在空间布局特征方面，我国新建公共文化设施主要集中在胡焕庸线以东地区，以珠三角、中原地区、苏皖交界和湘赣交界地区最为集中；西部主要存在建成场馆数量相对较少的问题，而中部和东部主要是覆盖面相对有限的问题；长江以南及东部沿海省份，以新建文化馆为主，而长江以北的中西部省份，新建图书馆的数量则相对较多；在演化态势方面，新建文化设施呈先均匀分布，后相对集中的分布态势。那么，当前新建的公共文化设施究竟呈现出怎样的空间布局趋向呢？

趋向一：城市空间扩张的重要载体。其中最为突出的倾向是布局于新城新区，选址于新城新区范围的新建公共文化设施约占38%、选址于非新城新区的约占60%、选择原址重建的约占2%。

公共文化发展与城市空间结构具有密切关系。一般说来，工业化条件下，城市中心区承担着生产或制造的职能，城市边缘区则提供原材料；经济发展到一定水平后，城市中心区承担着研发、设计、管理和控制等职能，城市边缘区则提供相对廉价的劳动力，并生产低成本产品；经济社会进一步发展后，城市中心区的文化地位更趋突显，大博物馆、著名歌剧院、芭蕾剧院、大小电影院、大图书馆、音乐厅等向城市中心区不断集中[1]，当前我国不少城市的中心区更新仍然遵循着这一逻辑，选址城市中心区域新建或重建地市级公共文化设施。但值得重视的是，当前不少城市新建的公共文化设施已超越城市发展的这一通常逻辑，而是将新城新区作为公共文化设施布局的重要承载区。截至2017年，全国设立地市级及以上级别的新区220多个[2]，不少新城新区拥有地市级乃至省级的公共图书馆、文化馆、博物馆、美术馆等，使之成为城市行政、金融、商业、教育等的核心区域，也成为承载公共文化功能的"新核心"。

①　林拓. 世界文化产业与城市竞争力［J］. 马克思主义与现实，2003（04）：21—31.
②　数据来源：庄良. 中国城市新区与市辖区空间设置关系研究［D］. 上海：华东师范大学，2017.

　　实际上，城市公共文化的重要设施向新城新区转移，不仅是对市域范围内城市和乡村公共文化服务体系重构，更对乡村文化振兴的空间格局等产生直接影响。以合肥市为例，该市将文化馆从原本位于市中心城隍庙附近的旧址迁移至新馆，新馆位于滨湖新区，新旧馆址的直线距离达到近16千米，新馆选址位于滨湖新区的核心地带，在新区战略空间中占据重要的地位。以市文化馆为先导，安徽省科技馆、安徽美术馆、安徽百戏城等3个重要公共文化场馆陆续落成；无独有偶，南宁市《中心城区公共文化设施布局规划（2011—2020）》中指出，2015年落地的7个重点公共文化场馆中，6个落户于五象新区，包括广西文化艺术中心、南宁市群众艺术馆（南宁市社会艺术培训中心）、南宁市图书馆（新馆）、南宁博物馆、民歌博物馆、南宁市科技馆等。[①]更重要的是，这一位于五象新区的大型公共文化设施集聚区，成为南宁市公共文化"一轴一心六区多点"空间布局中的"一心"。实际上，新城新区建设的重要定位之一在于优化以往的城乡空间结构，并确立新的城乡发展格局，而新建公共文化设施作为新城新区"文化中心"的主要构成，其职能定位是与新城新区的发展定位相辅相成的，因而也更加突出省市级公共文化设施在推动公共文化城乡统筹联动发展中的作用。

　　趋向二：新建多类设施的空间聚合。以往由于老城区土地紧张等原因，地市级公共文化设施的空间布局相对分散，当前这一情况正发生改变，不同类型的新建设施大多呈现不同规模的空间集聚现象，大致可分为多馆型与单馆型。

　　一是多馆型，即新（改）建的公共图书馆、文化馆、博物馆等场馆各自单独建馆，集聚于新城新区的特定区域内，通常出现在一些拥有较强财力基础的地市。山东省具有代表性，2008年以来，山东省17个地级市中的15个新建了"城市文化中心"，其中，大部分城市的"城市文化中心"包含单独建馆的公共图书馆、群众艺术馆、剧场等设施，总建筑面积基本均在120 000平方米以上，一些城市（如日照市等）文化中心的总建筑面积更达到了440 000平方米。

　　以济南为例做具体分析，济南作为省会城市，空间集聚现象更为明显。济南文化中心位于济南西部新城核心区腊山河与中央轴线交汇处，这一中心不仅包括市一级的大型公共文化设施，还包括若干省级的设施，主要由图书馆、美术馆、群星文化广场、群众艺术馆、省会大剧院等组成（见图7-4）。济南文化中心的建

---

① 韩沛.广西文化艺术中心将成五象新区文化地标［EB/OL］.2013-09-25.http://www.nnwb.com/html/2013-09/25/content_42444.htm.

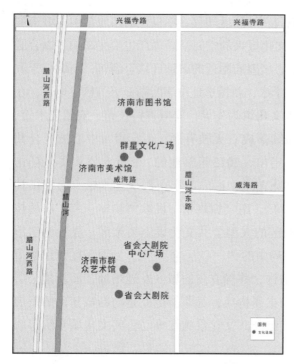

图7-4　济南文化中心组团结构示意图

设改变了济南市原有的公共文化设施体系格局。以往大部分省级、市级文化设施多分布于天桥区、市中区、历下区等中心城区，山东省《"十二五"时期文化改革发展规划》提出"加快规划建设一批重点文化设施，高标准建设省会文化中心、省美术馆新馆等第十届中国艺术节场馆"，而其中多座场馆正位于济南西部新区的城市文化中心区域内。随着这一区域的建设，济南市的公共文化设施体系格局也发生改变，根据《济南市城市总体规划（2006—2020）》，文化中心所处的西部新城腊山区块成为四个省市级文化中心之一。

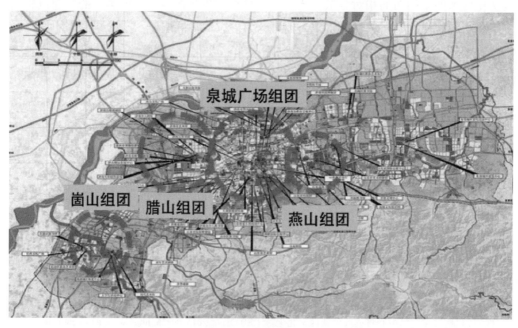

图7-5　济南市四大省市级文化中心结构图

再以江苏省扬州市为例。2010年10月，扬州市文化艺术中心正式启用，该中心是"扬州有史以来最大的文化建设项目"和"投资最大的公共文化设施"。该中心由图书馆新馆、美术馆、音乐厅等组成。从空间布局来看，该中心又与先前落成的扬州博物馆—中国雕版印刷博物馆、扬州国际展览中心、扬州会议中心等构成环明月湖的城市公共文化中心。根据《扬州市城市总体规划（2010—2020）》，扬州市将建立"一主三副"的城市中心格局，其中，"一主"为老城区文昌阁商业中心，"三副"分别为东部、南部、西部三个区级中心。而在"三副"中，东部区级中心主要打造市级行政以及都市区综合性商务中心；南部区级中心为培育中的预留区域，主要为城市南部工业区及居住区提供相应的公共服务设施配套；西部区级中心是文化艺术中心等大型公共文化设施集聚区域，具有会展、科技、文体等职能，以及承担城市生活性公共服务配套功能，成为市级文化中心。

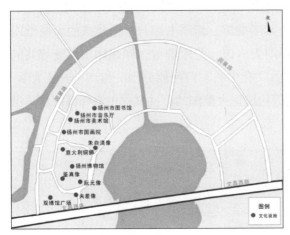

图7-6　扬州环明月湖公共文化中心组团结构

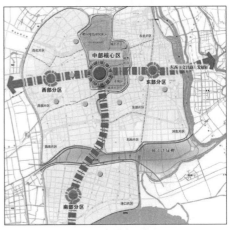

图7-7　扬州城市中心体系示意图

二是单馆型，即把多个公共文化机构集中于同一单体场馆，多出现于一些财力相对较弱的城市。舟山市是较为典型的案例。作为浙江省陆域面积最小的地级市，舟山市财力基础相对较弱，且可供公共设施建设的地块较为有限，故而建设具有复合文化功能的单体场馆——舟山海洋文化艺术中心更符合舟山实际。舟山海洋文化艺术中心于2012年年底落成投入使用，中心坐落于临城新区千岛路东侧，集图书馆、文化馆（美术馆）、博物馆和城市展示馆四馆于一体。该中心的建立不仅在于强化舟山公共文化服务体系的功能核心，也是当地设立以海洋经济为主题的国家级新区的重要文化地标，进一步塑造舟山海洋文化形象。[1]

---

① 石艳红等.文化馆里到底有啥"文化"？［N］.舟山晚报，2013-01-05（2）.

趋向三：文教高端设施的圈层组合。以往地市级公共文化设施依照功能独立建馆的比例较低、空间布局相对分散，而近年多种大型公共文化设施纷纷从老城区迁出，相应形成高度集聚，引发了城乡公共文化设施体系的结构性变化，尤其在公共文化与教育体系的顶层机构，市级及以上大型设施从原本在老城区的松散分布跃升为高层次的空间集聚，构成公共文化设施体系的强中心，进而引发公共文化体系的重组。不仅如此，为了进一步强化这一中心的能级，一些城市在大型公共文化设施集聚的基础上，再以高校、研究院、档案馆等公共文化相关机构组成外围圈层，构成公共文化组团的多层结构，彼此间相辅相成、良性互动；两者既可更加充分便捷地利用彼此的特色资源，又与之相互融合，进一步增强本地区作为公共文化中心的总体能级。

例如，2013年，黑龙江省大庆市图书馆新馆落成。新馆坐落于大庆市高新区，是黑龙江省内建筑面积最大的地市级公共图书馆。新图书馆与早前建成的大庆歌剧院、大庆博物馆、大庆群众艺术馆、百湖美术馆、艺术群落、摩码休闲广场等共同组成公共文化体系的中心。同时，在公共文化中心东西两侧分别又与八一农垦大学、东北石油大学、哈尔滨医科大学医学院等构成更大范围的公共文化中心外部圈层（见图7-8）。

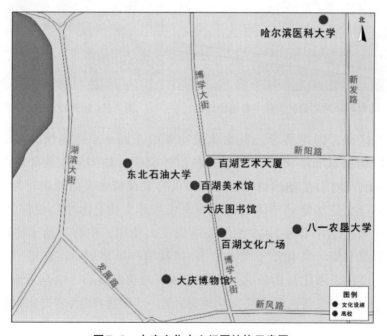

图7-8　大庆文化中心组团结构示意图

　　需要指出的是，公共文化设施从旧的城市中心区迁出，表面上看来与人口密集的中心城区相疏离，但实际上是与新的城镇体系格局相匹配的。作为市级以上的大型公共设施，以往有观点认为，尽管市域范围内所有区县的群众都是其潜在受众群体，但受制于交通与技术条件，这些设施的有效辐射范围难以超越中心城区或市辖区。随着经济社会发展，近年来许多城市在总体规划中纷纷依托高铁、高速路网、城际铁路、信息工程等加强市域范围城镇体系的有机联系，而与之相配套的大型公共文化设施辐射范围也随之大幅扩展。不少公共文化功能组团都位于快速交通干线周边，如上文提及的济南文化中心毗邻济南高铁站。2013年，济南文化中心的场馆已作为第十届中国艺术节的主要场馆群投入使用，在筹备建设中，场馆群与高铁站之间已经建立多条通道，增强该中心的交通可达性。又如扬州环明月湖公共文化中心毗邻扬州火车站与启扬高速，距离仅 2 000 米左右，极大地便利了市域范围内非中心城区居民的使用。

　　基于上述分析，本章尝试构建公共文化组团的空间模型。新城新区的公共文化空间组团大致呈现圈层结构，内层为公共图书馆、文化馆、博物馆、大剧院、文化广场等大型公共文化设施，外层位高校、档案馆、研究所等机构，内外圈层形成交互联动，公共文化组团大多毗邻交通干线，借此扩展组团的有效辐射半径（见图7-9）。

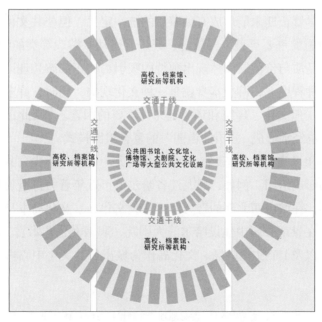

图7-9　公共文化组团空间结构示意图

　　总体而言，当前公共文化的新型组团对于城乡公共文化服务的意义不仅在于新（改）建场馆的资源存量、条件环境等均较以往明显改善，服务能力与水平大幅提升，更在于升级后的多种公共文化设施形成空间集聚，成为公共文化服务体系的强中心，进而引发城市和乡村公共文化服务体系的重组；加之不少新城新区是基于城乡发展的总体格局而加以设置，与之相适应的公共文化组团也能够在统筹城乡文化中发挥更大的作用。不仅如此，在公共文化基本组团的基础上，公共文化设施还时常与行政、游憩、商务等功能的设施形成复合组团模式，呈现出不尽相同的空间模式与机制。

二、文化设施与城市功能的空间融合

　　在空间集聚基础上，不同城市基于战略定位与功能融合，大多将公共文化设施与游憩、商业、行政等城市其他功能设施形成复合组团，导致公共文化设施布局选址的差异，与其他功能板块设施的联系更为紧密。

　　模式一："文化+游憩"组团。

　　"文化+游憩"组团主要凸显公共文化设施的休闲性，通过新建公共文化设施与城市生态、体育、休闲等的结合，增强区域吸引力。早在1933年发布的《雅典宪章》中就已指明，游憩是现代城市的四大基本功能之一。随着城市的发展，游憩功能的重要性愈发凸显，尽管长期未能形成有关游憩的统一定义，但公共文化设施越来越多地被认为是游憩设施的重要类型。与旅游、娱乐、运动、游戏等类的游憩目的地相比，文化设施在精神品质与价值层面体现出独特的吸引力，正如游憩理论的权威学者史密斯所指出的，某种程度上，游憩本身就是一种文化现象，同时，许多事物可以将旅游者吸引到目的地，但文化、传统和环境是尤为重要的因素。[①]因此，新城新区大型公共文化设施建设也经常形成"文化+游憩"的复合组团模式。

　　在众多的游憩设施中，生态绿心的游憩指向尤为明确，不少公共文化设施正是与重要的生态绿心形成组团。例如，黑龙江省哈尔滨市近年着力打造独具北方特色的国际文化魅力之都，在城市西北部的群力新区建设文化岛。文化岛本身就建设成原生态湿地景观公园，在景观公园中建设哈尔滨大剧院、职工文化艺术宫、综合馆等3个大型公共文化设施以及1个文化广场。文化岛作为城市公共文化中心再与南侧的太阳岛

---

① ［加］斯蒂芬·L.J.史密斯著，董必虎等译.游憩地理学：理论与方法［M］.北京：高等教育出版社，1992：132.

形成"文化+游憩"组团，甚至文化人工岛还在造型上采用了弯月形造型，也与对岸太阳岛旅游区形成相对应的创意意象。[①]

从哈尔滨城市发展"北跃、南拓、中兴"的空间策略来看，由于"文化+游憩"复合组团的形成，大剧院等公共文化设施也成为城市绿心的组成部分，在哈尔滨城市空间结构中占据中心位置。某种程度上，文化岛、太阳岛生态绿心、城市整体战略之间形成多赢局面。首先，与城市绿心的结合加之城市整体重心的调整更有利于文化岛充分发挥辐射效应；其次，太阳岛生态绿心本身就是重要景区，对岸人口岛的建设也为景区带来新的亮点；最后，城市"北跃"战略需要向人口岛所在的松北区扩展，而人口岛正位于城乡交界地带，恰恰可成为"北跃"的战略支点，文化岛使松北区承载部分重要的城市核心功能，吸引城市流向这一区域的集聚。

除生态绿心之外，体育设施也是典型的游憩目的地，因而一些城市也将新城新区的公共文化设施与体育设施相结合。例如，云南省曲靖市建设文化体育公园，将"五馆一中心"（博物馆、美术馆、图书馆、科技馆、规划展示馆、体育中心）等集中于公园内；"五馆一中心"总占地面积599亩（约399 333平方米），总建筑面积209 000平方米。又如，四川省资阳市将市图书馆、市美术馆建设于城市游憩核心——三贤文

图7-10　哈尔滨市公共文化中心人工岛区位示意图

① 王迎超.哈尔滨市文化中心松北开建2012年竣工［EB/OL］.2010-08-11. http://heilongjiang.dbw.cn/system/2010/08/11/052669285.shtml.

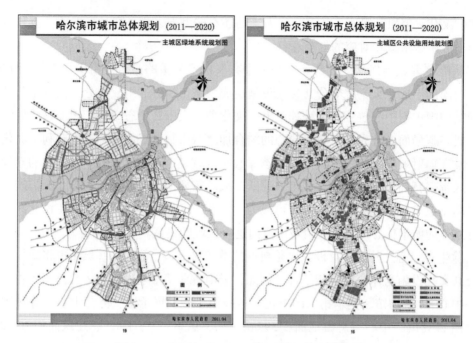

图7-11　哈尔滨"文化+游憩"复合组团规划图

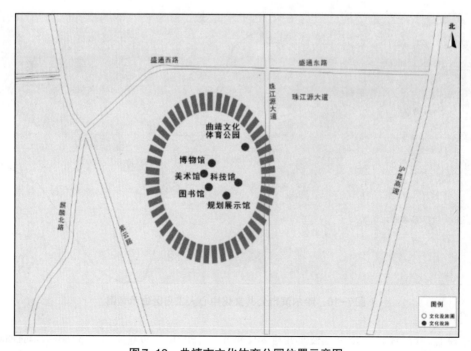

图7-12　曲靖市文化体育公园位置示意图

化公园东侧，同时在公园西侧规划建设三贤商业广场。三贤文化公园本身就具有公共文化功能，旨在纪念苌弘、王褒、董钧三位资阳籍的人文先祖，因而公共文化设施、文化公园、商业区块等构成"文化—游憩"组团。

需要指出的是，以往对公共图书馆等的选址通常强调应避免毗邻体育场馆、旅游景点等喧嚣嘈杂的设施与地区，例如，2008年颁布的《公共图书馆建设标准》指出，公共图书馆的选址宜位于满足"环境相对安静"等条件的区域，似乎游憩设施与之相悖。现实情况是，"文化+游憩"的组团模式越来越集中，在征地、资金投入、项目

图7-13 曲靖市文化体育公园"五馆一中心"布局图

资料来源：曲靖市科协.曲靖市"五馆一中心"开工建设［EB/OL］. 2010-11-29. http://www.qjkp.cn/Show News. aspx?NewsId=484.

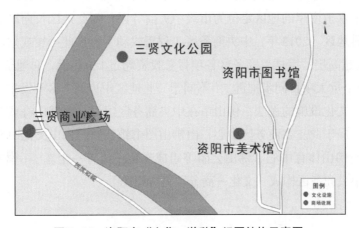

图7-14 资阳市"文化—游憩"组团结构示意图

管理、后期运行等方面比分散建设更易操作。

事实上，对这一问题的新近认识是，随着技术的进步，旅游景点、体育设施、公共文化设施等的环境冲突已可基本避免，而毗邻高人流的非公共文化设施反而有助于增强组团区域对人流的黏性，从而提高公共文化设施的使用效率。在实地调研中，上海市宝山区的图书馆与体育中心新馆建设也采用了组团模式，区图书馆领导T先生的观点就比较具有代表性："我认为这种综合体还是很合适的，像我们这种模式，最早的时候有点担心，体育是吵的，我们是静的，但实际上并不会矛盾。我觉得公共图书馆，如果建在一个综合体附近，特别是餐娱的便捷，对读者的黏性会更强。因为边上有一个体育中心，有很多餐饮，对我们的读者也是一种黏合。原来离开了去吃饭了，就不一定回来了。我们现在这个文体综合体，体育运动这些人，运动完常常也会到这边来；我们这边的人也会被那边所吸引到那边去。"

模式二："文化＋商业"组团。

"文化＋商业"组团主要突显公共文化设施的品质性。新城新区长期作为城市发展较为忽视的边缘地区，缺乏承载商务发展所必需的基础条件，其中既包括道路、市政设施、公共交通等硬件基础，也包括管理水平、文化环境等软件基础。长期以来，商务区的公共文化建设被有意或无意地忽视，大批新兴商务区成为"文化洼地"。在商务区竞争日趋激烈的背景下，公共文化环境等软基础成为决定商务区品位的关键因素之一，缺乏良好的公共文化环境不仅影响了新兴商务地区的总体价值，也因无法满足在此工作的白领等的现实需求而缺乏吸引力。因而新近的趋势是，在一些新城新区的开发中，推动大型公共文化设施的配套甚至先行建设，作为地区整体发展前期的"文化预热"。

广东省佛山市就是典型例证。《佛山市城市总体规划（2012—2020）》将位于佛山新城北部东平水道南岸的地区定位为市级中央商务区，而此地区长期以来都是开发程度较低的农村地区。2013年，中央商务区工程正式动工，在此区域规划建设数十栋高150米以上的超高层写字楼，商务区各项目总投资超过150亿元，总建筑面积接近180万平方米，8个重大项目同步推进。[1]不同于一些地区中央商务区开发中，先建设商务区再配套公共文化设施的做法，佛山市在中央商务区建设之前就已将城市大型的文化与体育设施布局于此。在商务区中心，由佛山图书馆新馆、佛山文化中心、佛山城市规划展览馆与佛山体育中心、佛山公园等组成文化—体育—生态于一体的新城内核，并进一步与中央商务区构成"文化—商务"复合组团。

---

[1] 张远铭.佛山新城中央商务区下月动工［N］.广东建设报，2013-03-26（1）.

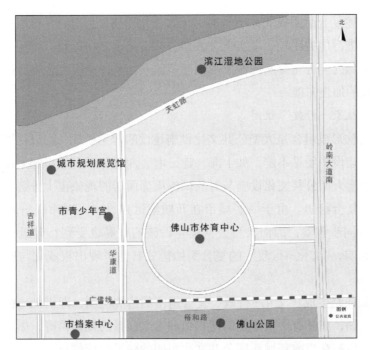

图7-15 佛山新城公共文化中心布局示意图

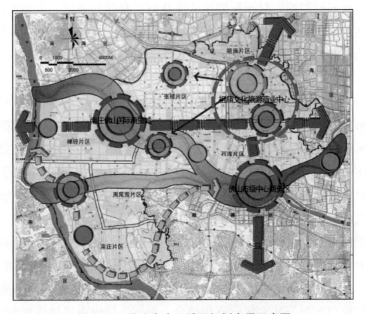

图7-16 佛山市中心城区规划布局示意图

资料来源：张远铭.佛山新城中央商务区下月动工［N］.广东建设报，2013-03-26（1）

当然，上述复合组团模式并不是绝对化的非此即彼，甚至时常难以辨明，指明各种模式也并非进行优劣比较。事实上，大型公共文化设施在行政、游憩、商务等功能设施的复合组团内能否充分发挥作用受到诸多因素影响，能级复合提升后也有赖其他相关配套设施的加强完善。

模式三："文化＋行政"组团。

与行政机构形成组合是大型公共文化设施建设的常见模式，在以往不同层级、不同规模的城市建设中屡见不鲜，如上海、连云港、湘潭等不少城市都采用了这样的模式。当前，新建大型公共文化设施与行政机构毗邻而居的现象也十分普遍，构成"文化＋行政"的复合组团。由于一些城市在新城新区建设中，对市级行政中心与公共文化中心进行同步调整，因而大型公共文化设施的布局也受到行政机构布局规律的影响，受此影响，"文化＋行政"的复合组团模式日益呈现出权威化与服务化的两种偏向。

权威化偏向是生成"文化＋行政"复合组团的传统机制，即借助地标性公共文化设施的象征意涵，如具有历史厚重的博物馆和未来前景的规划馆等，彰显政府机构的权威性，这一机制在当前新城新区公共文化组团的建设中依然显著。例如，福建省泉州市于2014年年底启动泉州市公共文化中心工程，中心位于泉州市行政中心轴线中段，由泉州科技与规划馆、泉州东海工人文化宫、泉州图书馆、泉州大剧院等组成，总建筑面积达到350 000平方米。实际上，将公共文化中心设置于此并非出于公共文化体系本身的考虑，而是行政中心设置的结果。早在2011年泉州市政府从鲤城东迁至晋江和洛阳江入海口的新行政中心所在地，就已经将公共文化中心建设纳入规划。从选址情况来看，根据《泉州市城市总体规划（2008—2030）》，新行政中心三面环海一面临山，是泉州市域范围的几何中心，以及城市环湾发展带的核心，意在推动泉州城市空间格局从沿江时代、环湾时代走向海洋时代。然而，在不改变现有交通体系格局的情况下，这一布局安排对于城乡公共文化设施体系而言，可能并不利于最大限度地发挥服务辐射作用，尤其是图书馆作为日常使用频率较高的公共文化设施，迁移至滨海地区后将大幅增加读者的通勤成本和时间成本。

服务化偏向主要是在转变政府职能与建设服务型政府背景下，不少城市成立专门的行政服务中心等机构，将原本分散于不同职能部门的行政审批业务集中于同一个机构进行，故而形成的"文化＋行政"复合组团；不是由政府本身，而是将行政服务中心等服务性机构与大型公共文化设施相结合。例如，杭州市建设钱江新城市民中心，中心由六座呈环形的大楼以及裙楼组成，建筑面积超过360 000平方米，进驻中心的机构包括杭州市行政审批服务管理办公室、市民之家（市民在此可办理包括市民卡、住房公积金、房产证、婚姻登记等18类187个具体事项）、杭州市青少年发展中心、杭州市资源交易中心、杭州市图书馆新馆、杭州市规划展览馆以及会议中心等。同时，杭州大剧院也与市民中心遥相呼应，构成具有较强服务功能的"行政—文化"复合组团。

三、新建公共文化设施布局的问题及应对

我国现行的相关标准和规定对公共文化设施布局确立了必要的原则要求，《公共图书馆建设标准［建标108-2008］》第十七条对公共图书馆选址的要求是"宜位于人口集中、交通便利、环境相对安静、符合安全和卫生及环保标准的区域"。《文化馆建设用地指标［建标128-2008］》第九条对文化馆选址的要求是"应在城镇人口集中、交通便利（大城市和特大城市应满足公交便利）、环境优美、适宜开展群众活动的地区。宜结合城镇广场、公园绿地等公共活动空间综合布置，避免或减少对医院、学校、幼儿园、住宅区等需要安静环境的建筑的影响"。国务院2003年颁布的《公共文化体育设施条例》也要求："公共文化体育设施的建设选址，应当符合人口集中、交通便利的原则。"综观上述标准和规定均强调将地市级公共文化设施布局在人口集中地区，主要目的在于便于大众使用。

然而，当前实际情况却并未遵循这一要求。根据上文分析，公共文化设施新建于条件较成熟的新城、新区，对公共文化服务乃至城市功能的确可以产生重要作用。然而，不容忽视的是，当前不少新城新区存在着基础设施配套较差、人口集聚程度较低等问题，公共文化设施成为行政或商业的某种"附属"，大幅增加了公众使用成本。

不仅如此，一些新建地市级公共文化设施存在的"门槛"对公众使用造成影响。例如，对宁波市东部新城的调查发现，该区域集聚了宁波市图书馆新馆、文化广场、科技馆等一批公共文化设施，但存在有形与无形的两重"门槛"，造成"去大众化"现象。所谓有形门槛是指，东部新城布局大量高级别的公共文化设施，但一些文化设施收费较高，增加周边群众享受公共文化服务的成本；所谓无形门槛是指，一些公共文化设施开展的活动主要面向相对"高端"的"精英群体"，对年龄、文化层次、整体形象、专业标准等设置了较高的要求，不少城乡居民"想学而不能学"。

更重要的是，对区县及以下设施的带动效应不足。大中城市新建公共文化设施的

本意在于强化城市辖区范围内的公众服务，而不仅限于大中城市的市辖区范围。但实际上，新建设施对市辖区范围之外的地区却很难发挥直接有效的服务功能。一方面，大中城市公共文化设施服务的有效范围通常为该市政府驻地所在的区县或城市建成区范围，居民数量仅是该地市级政区的所有常住人口的一部分，对于其他县市乃至市辖区郊区很难形成有效的服务；另一方面，大中城市公共文化设施对市级以下设施仅具有一定的指导功能，由于县级和乡镇级（含村居）的公共文化设施的管理运营均由相应层级政府承担，大中城市的市级设施实质性影响受到限制，其公共文化设施布局的变化本身并不能完全改变下辖区县、街镇居民难以使用的问题。

基于此，首先必须优化新建地市级公共文化设施的布局选址。明确不同类型公共文化设施的布局规范，针对公共图书馆、文化馆、博物馆以及美术馆、规划馆等设施特点，在相应的规范标准中深化细化布局要求，既服务城乡大众文化需求，又契合城市发展整体布局，既促进不同类型设施优势互补，又避免彼此功能干扰冲突；依托城际交通枢纽增强公共文化设施应更好地发挥对辖区范围内整体的有效服务，依托高铁、高速路网、城际铁路、信息工程等为郊区县居民使用公共文化设施提供便利；注重新建公共文化设施选址中的公众参与，合理设置公共设施选址的听证制度，利用政务微信、微博等新媒体平台，广泛征集公众意愿，提高地市级公共文化设施布局的公众认可度与满意度。

其次是完善已落成地市级公共文化设施的综合配套。完善设施周边公共交通配套，增加公交线路设置，加强轨道交通对设施和人口密集区域的连接作用，提高市辖区及周边邻近地区范围内城乡居民的使用便利性，改善设施周边交通路网，减少过境通道对设施周边通行的影响；完善设施周边现代服务配套，优化公共文化设施周边的游憩、商务、休闲、运动等功能设施布局，充分兼顾公共文化设施功能特点和大众使用时的就餐、交流等的必要需要；完善设施周边专业机构配套，充分发挥公共文化设施的资源优势，例如，协调周边档案馆、研究院所等知识性机构的设置，激发组合效能。

再次是加强地市级公共文化设施在流动与数字服务中的作用。就流动服务而言，积极利用流动服务车、文化大篷车、流动借阅点等，将地市级公共文化资源直接用于服务周边区县群众需求，弥补区县、乡村公共文化设施的资源短板；就数字服务而言，依托国家和省市文化数字服务共享工程平台优势，充分利用地市级公共文化设施在人才、资源等方面的优势，开发具有地方特色的公共文化服务产品。此外，注重流动服务设施的服务效率和有效性，加强与民间社会团体的合作，更好地提升流动和数字服务成效，避免无效服务导致新的资源浪费。

与此同时，加快与完善跨层级的公共文化设施的层级联动。针对地市级公共文化设施与区县、乡镇乃至村居公共文化设施相疏离的问题，促进不同层级的服务联动。例如，积极探索与完善公共文化设施总分馆等制度，以地市级公共图书馆、文化馆为总馆，区县以及乡镇设施为分馆，统筹资金安排，适时改革公共文化设施管理体制，提高地市级政府对区县、乡镇公共文化设施的转移支付规模；加强总馆对设施体系资源的总体调度和配置，加强总馆在分馆资金调配、人事考核等方面的作用；为公众使用提供便捷化途径，通过建立智能终端、移动应用程序、一卡通跨馆服务等方式，提高大众使用的便利性。

第八章

基于空间区位与地域资源的服务载体创新

前文主要探析了以文化设施为主的服务载体，但乡村文化服务的载体形态却是多样化的存在，故而本章拟进一步探讨其他形态的公共文化服务载体。当然，其他载体形态仍然是复杂多样的，不可能一一穷尽，因此，本章不宜采用菜单式的罗列再逐一做出考察，而是基于空间区位与地域资源展开分析，主要聚焦三个方面：一是城市扩张进程中兼具城乡特点也是公共文化服务较为薄弱的城乡接合部地区究竟如何实现载体创新？二是众多公共文化设施难以广泛覆盖的"乡村末梢"依托信息技术等构建的新载体面临怎样的问题又该如何破解？三是当前不少地方基于地方特色资源正在着力打造公共文化服务的新型载体形态，究竟呈现出怎样的动向与特点？

一、城乡接合部的公共文化服务载体创新

随着中国城市化进程的不断快速推进，城乡接合部作为城市发展过程中所形成的特殊地域实体开始不断大量涌现。[①]这对公共文化服务资源的均衡配置提出了迫切需求。来自德国的地理学家赫伯特·路易斯在1936年正式提出城乡接合部的定义[②]，普里后来给乡村—城市边缘带下了明确的定义，把它定义为都市区域的增长边缘上的一个复杂的过渡带。国内学者于20世纪80年代中期开始关注和讨论这一地域现象，并衍生出与其概念较为相似的其他定义，比如"城市边缘区"和"城乡交错带"等。

我国很多学者对城乡接合部进行定义[③]，但目前关于城乡接合部的概念界定并没有

---

① 易承志.大城市城乡接合部公共服务资源是如何配置的？——以上海市J镇为例［J］.中国农村观察，2015（06）：70—83，96—97.

② 张建明，许学强.城乡边缘带研究的回顾与展望［J］.人文地理，1997，12（3）：5—8.

③ 罗小龙等（2000）从生态学角度把城乡接合部定义为介于城市生态系统与农村生态系统之间，城乡景观随机融合、城乡协调稳定发展的脆弱生态交错过渡地域，并指出作为城市与乡村两大生态系统直接发生作用的界面，城乡接合部这一特殊系统呈现出动态的复杂性及显著变异性等特点；周学义（2003）从国土规划的角度把城乡接合部表述为存在于城市周边乡村的一个用地行为不规范、土地市场秩序混乱、交易活跃的区域；王（转下页）

比较明确的说法，研究的视角差别导致城乡接合部的概念也有所不同。综上所述，就空间范围来看，城乡接合部位于内部市区和郊区相连接的地域，用地类型处于混杂状态；就经济和社会特征来看，城乡接合部不仅有城市与乡村的两重性，同时还具有城市向乡村的过渡性的特征，其人口与社会结构特征方面过渡性尤为显著。在城乡接合部地区，城市里的居民与来自农村地区的居民聚集在一起，另外本地常住人口与外地流动人口不断会聚于此，不同职业类型、日常生活方式、思想观念、文化层次以及心理素质不同的群体共存于此。从形成过程来看，城乡接合部处于一个不断动态发展的过程中，随着城市版图的不断扩大，原有的城乡接合部渐变为城区，新的城乡接合部又在城市更外围的地区形成。目前有不少研究表明，城乡接合部普遍存在着公共文化服务较为薄弱等问题。城乡接合部的公共文化服务体系普遍存在以下的问题。

一是现行公共文化管理体制导致公共文化载体资源较为缺乏。这与我国层级化公共文化设施布局有直接的关系，尤其是区县—街镇—社区（村）这三级公共文化设施布局基本上按照区域面积或者人口规模进行配置。政府基于资源集约化的考虑而将大量公共文化服务设施集中于中心城区，城乡接合部地区往往达不到这一布局标准，从而导致公共文化服务较为落后。如李楠以北京市城乡接合部地区为例，开展文化设施和居住社区调研，发现北京中心城区大中型规模的公共文化设施则较密集，而城乡接合部地区仅有四个大中型公共文化设施，城乡接合部地区大部分区域大都不在大中型设施的服务范围之内。[①]更为重要的原因是，公共文化服务存在多头管理和条块分割的问题，导致部门职能重叠，资金投入不均衡，许多部门面临公共文化资源缺乏统筹的局面，综合效益难以有效发挥。条块分割造成各级政府部门一般会从在自己局部利益出发来考量问题，不能形成政府合力，势必造成公共文化服务效能低下、活力缺乏的问题。同时，城乡接合部大多数处于城市和乡村过渡处，利益之间的纠缠关系在隶属于不同政府的部门尤为突出，不同层级政府在公共文化服务方面缺乏管理和投入的主动性，这更加剧了城乡接合部公共文化资源的匮乏。[②]二是人口不断涌入导致对公共文化服务的需求上升。城市化意味着城市人口的增加和基础设施的消耗，大量人口

（接上页）顾娜（2001）从行政区划角度定义城乡接合部为城市近郊区，是国家行政划分认可的，位于城区周围，并在经济、政治、文化等方面与城区关系密不可分，共同发展的地带；国务院（2002）发布关于加强城乡规划监督管理的通知中提到"城乡接合部"概念，规定"城乡接合部"是指规划确定为建设用地，国有土地和集体所有用地混杂地区以及规划确定为农业用地，在国有建设用地包含之中的地区。

① 李楠.城乡结合部地区基本公共文化设施调研思考——以北京市为例［A］.中国城市规划学会.城乡治理与规划改革——2014中国城市规划年会论文集（08城市文化）［C］.中国城市规划学会，2014：13.
② 周学义.土地·经济·就业——简论城乡结合部的形成及其解决对策［J］.劳动保障世界，2003（10）：30—32.

源源不断地从农村流向城市。来到城市的居民需要充足的住房、良好的教育条件以及其他环境设施[①]，但城市政府又难以给予外来居民和城市居民同样的生活条件；城乡接合部因其房价和物价相对较低，往往成为外来务工人员向城市进军的一个跳板。[②]像位于杭州市市区中部的拱墅区，外来务工人员约占到总人口的一半，原有的公共文化设施难以满足城乡接合部现有的居民需求。同时，作为连接城市与农村的城乡接合部，其经济不断发展，居住在此的群众对公共文化服务的需求层次也在不断上升。三是城乡居民的复杂构成引发一些不良倾向的蔓延。城市居民和农村居民相互混杂，还有许多外来务工人员等其他流动人口。刚进入城市的农民需要给自己重新定位，外来务工人员公共文化生活内容需要充实和提高，而原来的大部分城市居民相比外来人口对公共文化的需求层次更高。[③]多元文化共存在城乡接合部的现象决定了这一地区公共文化服务的层次必须具有多样性，从而才能满足不同层次结构类型的居民对文化的迫切需要。但目前，符合人民群众欣赏习惯，能满足不同层次文化需求的内容产品在城乡接合部十分稀少，因此导致居民的参与乏力，一些文化服务场地甚至处于空壳状态。加之基层文化机构不健全，当地居民的文化需求缺乏必要的引导，不良积习或多或少地影响乡风民俗，可能会对社会稳定和团结有影响。例如江苏省苏州市姑苏区古城边缘地区（城乡接合部）的街道社区尽管新建设施多，但该地区的居民多为拆迁户，当地政府提供的文化产品不合当地居民的口味，导致居民别向他求，有些居民甚至组建起了低俗的"烧香队"。四是文化活动因文化队伍素质较低而难以开展。农村生活的痕迹或多或少存在于城乡接合部，文化能人少，文化活动难以充分开展，因而文化队伍素质滞后是导致城乡接合部公共文化薄弱的重要原因。

　　在新型城镇化背景下，不少地方政府就此展开积极探索，取得实质性的进展。当然，不少地方从公共文化服务的参与主体——人才队伍着手，培育草根团队。例如，江苏苏州市姑苏区鼓励古城街道开展反映城乡接合部百姓自己生活面貌的群文创作，并让区文化馆为街道的草根文艺团队提供一对一的艺术指导，从而提升草根团队的竞争力，帮助基层创作出更多文艺佳品。但尤为值得关注的是，破解城乡接合部公共文化服务难题的多样化载体创新。就目前看来，主要有以下几种模式。

---

① 任焰，潘毅. 宿舍劳动体制：劳动控制与抗争的另类空间 [J]. 开放时代，2006（3）.
② 刘杰. 我国城市化进程中城乡接合部的功能定位分析 [J]. 贵州社会科学，2013（04）：28—32.
③ 新京报. 堡头文化中心从"舞台"到"窗台"[EB/OL]. 2017-09-24. http://epaper.bjnews.com.cn/html/2012-11/02/content_385863.htm?div=-1.

一是统筹增置型模式，即一些经济发展程度较好的地方在城乡接合部地区统筹增设相应层级的综合服务设施。出于实现城乡公共服务均衡发展的目的，个别有条件的省市突破传统公共文化服务机制的限制，加大对城乡接合部公共文化设施的投入力度。比如北京市朝阳区率先在公共文化设施方面创新公共文化机制，提出"四级文化网络"的定义，即在区与乡镇之间添置一级公共文化设施。朝阳区垡头地区位于北京东部郊区，周边不仅有传统乡村村落聚集，同时有新型公寓住宅区，还有外来建设者居住于此，是典型的城乡接合部。倘若按照以往的"三级文化网络"难以满足居民文化服务需求，为此，朝阳区在现有的三级文化设施网络基础上，根据环境、人口、资源、需求来统筹合理规划地区文化中心，这一"四级文化网络"使公共文化设施有效地实现了对城乡接合部的覆盖。2009年朝阳区政府在垡头投资建立"黑砖"文化中心，包括地上六层和地下三层，每层都承担不同的文化职能：一层是"黑钻剧场"，二层是阅览室和捐书驿站，三楼是文化居委会，四楼以上有图书馆，还有各类文艺学习的教室、工作室，至于地下一层是电影院、展厅，地下二层是社区文艺团队排练室、老年活动室，还有舞蹈教室、乒乓球室等。这一文化中心切实满足了周边地区老百姓对文化的多样需求。

二是共建共享型模式，即促进分属于不同部门的公共文化载体资源进行整合和共建，从而实现不同部门文化产品的共享，这一模式有利于打破条块分割、难以统筹的局面。比如浙江杭州市拱墅区以"三联模式"实践文化统筹协调。"三联"分别指"文化联盟""文化联姻"和"文化联群"，从多层次上推进公共文化资源的整合和共享。"三联模式"的实践使杭州市文化存量得到盘活，全区文化资源实现有效整合，改变长时间文化部门存在的"单兵突进"的尴尬局面，拱墅区公共文化服务效能和质量有效提升。[①]"三联模式"不仅使杭州拱墅区公共文化设施实现了全覆盖，并建成了一系列在国内享有盛誉的公共文化品牌活动，如运河元宵灯会等。

三是全员覆盖型模式，即公共文化服务向不同阶层的群众覆盖以实现公共文化服务均等化的目的。不少地方政府在城乡接合部地区以外来务工人员及其子女作为重要抓手。外来务工人员并不是均匀地分布于城市之中，而是聚集在城乡接合部地区。对于城乡接合部来说，如何增强外来务工人员文化认同感，推进公共文化服务均等化，也是考量的重要内容。拱墅区外来务工人员约占总人口的50%。出于提升外来务工人员和其家属的文化生活，拱墅区率先推出工地图书馆，为外来务工人员在工地上

① 阮可，郭怡.公共文化服务协调机制研究［M］.杭州：浙江大学出版社，2015：112—113.

提供小型阅览室，丰富务工人员的文化需求。当前已经完成了八家工地图书馆的建设工作。除了文化设施的覆盖外，拱墅区还举办一系列文化活动专门服务于外来务工人员。如区宣传办举办新杭州人广场诗会；区总工会举办外来务工人员才艺大比武，人员涉及酒店管理人员、厨师、保安员；拱墅区企业会在除夕时节邀请留守的外来建设者举办各类专场迎新晚会。长沙市开福区洋湖街道地处城乡接合部，同样也是外来务工人员大量聚集的一个地方，外来务工人员子女和留守儿童享受到的公共文化服务十分有限。为了促进公共文化服务的均等化，在该地的时任文化站站长丁玲的倡导下，文化站里成立了一个专门为外来务工人员子女和留守儿童提供长期免费艺术培训的活动地点——小小向日葵营地培训班。

四是自我服务型模式，即通过城乡接合部地区居民的基层组织，根据居民需求来提供公共文化服务。这一模式的目的是建立以需求为方向的公共文化服务供需机制。建立以需求为导向的公共文化服务提供机制，建立健全自下而上的公共文化服务需求表达机制，才有可能确保公共文化服务的有效性。[①]例如，北京市朝阳区垡头地区文化中心率先开创了"文化居委会"，即公共文化服务的自我管理体制。黑庄户、十八里店、王四营、豆各庄、南磨房和垡头"五乡一街"的100多个居委会主任和一些居民就是这个文化居委会的成员。文化中心活动类型的举办和未来发展计划由文化居委会来决定。通过让居民自己决定项目，充分体现并满足了居民的自我文化需求。

二、"乡村末梢"的公共文化服务载体创新

尽管大量农村公共文化设施逐步建成与完善，但在不少农村地区，常规固定设置的文化设施还面临许多问题，如乡村综合文化站（中心）服务能力有限、村落形态分散造成设施利用不便、乡村较高品质的公共文化服务缺乏等；甚至在中西部地区的一些地方，由于地形复杂、人口分散、基础薄弱，公共文化设施很难建设或有效发挥作用，这一问题通常被称为公共文化服务载体的"最后一公里"难题。由于公共文化服务载体难以深入乡村末梢，导致面向农村地区的公共文化服务因缺乏有效途径而备受影响。因此，破解公共文化服务的乡村末梢难题极为迫切。需要指明的是，与以往研究相比，本书对所谓乡村末梢难题的认识并不局限于公共文化服务在物理空间遭遇的阻隔，也包含公共文化在乡村居民诉求回应与价值塑造等精神层面的差距，因为后者关系到乡村公共

---

① 蒯大申. 现代公共文化服务体系的内涵与基本特征［N］. 文汇报，2014-02-24（010）.

文化服务能否真正触及人心，是关乎乡村文化服务成效的关键。目前，在解决乡村难题方面，主要举措是由不同层级的公共文化设施及其服务人员向乡村地区提供公共文化的流动与数字服务，故而本节将着重对流动与数字服务的空间模式、布局及其效能等进行审视，并基于缩短物理差距与心理差距的双重目标提出相应的调适策略。

（一）流动服务的空间模式及服务效能的区域差异

通常而言，公共文化流动服务载体主要是利用流动舞台车、流动图书室、文化下乡小分队等深入村庄，为乡村群众提供文化演出、辅导开展群众文化活动等。为了对公共文化流动服务的特点拥有更为直观的认识，以全国最早开展公共文化流动服务之一的内蒙古鄂尔多斯为例进行分析。鄂尔多斯地广人稀、农牧民高度分散居住，固定设置的文化设施很难在牧区发挥作用。因此，改革开放以来文化站在全国范围内恢复建立时，鄂尔多斯采用的方式并非是大量布局文化站，而是向有限的文化馆（站）配置流动文化车。[①]全境100多所文化馆、乡镇文化站陆续配备流动文化车，带着文化站的图书、电影、科技资料、娱乐器具等在村庄和农牧民聚居区巡回，采用"三定一日"制（定点、定时、定线，过文化日）的流动方式提供服务。此后，随着乡镇体制改革，乡镇综合文化站数量减少，牧区镇的平均面积达到6 000多平方千米，人口密度同步降低，不少牧区降至3—4人/平方千米，固定公共文化设施与农牧民的距离进一步拉大。为此，鄂尔多斯采用加强流动服务方式，提高流动服务文化车的数量与质量，保障基本公共文化服务在农牧区的均等化与便利化。[②]

从鄂尔多斯的案例可以发现，公共文化流动服务主要采取了将固定公共文化设施服务向乡村末梢延伸的方式，流动服务既可以由乡镇文化站提供，也可以由较高层级的文化馆提供。不同层级的公共文化设施均可以成为流动服务的提供者，因而公共文化流动服务可以被视为一种跨地域、跨层级的公共文化服务方式，不仅能够延伸公共文化服务覆盖的地域范围，也可以由较高层级的公共文化设施弥补低层级设施的资源短板，由此可见，流动服务搭建了城乡公共文化治理跨地域跨层级联动的重要途径。基于上述分析，不难理解，公共文化流动服务的主要目的是为了解决乡村群众居住分散以及乡村文化资源匮乏等问题。显然，中西部乡村地区对流动服务的需求更为迫切，应当成为流动服务重点强化的地区。那么，我国公共文化流动服务的现实布局情

[①] 流动文化车最早由当地传统的勒勒车（蒙古式牛车）改装而成，随后逐步由机动车所取代。
[②] 陈瑞春.让公共文化服务流动起来［N］.中国文化报，2013-07-10（2）.

况是否如此？下文主要从流动服务设施的数量配置与服务效能两个层面进行考察。

　　本节选取《中国文化文物统计年鉴》及《中国文化文物和旅游统计年鉴》中文化馆（站）流动舞台车数量作为主要观测指标。首先对流动服务车的总量及其区域分异进行分析。图8-1表明，2008—2012年，全国流动舞台车数量持续增长、观众人次趋于稳定，流动舞台车总量年均增长26.2%；流动舞台车演出场次在2009年出现较大幅度的下降后实现连续增长；观众人次则在2009年后逐步趋于稳定，2012年服务人次达到1.05亿，约占我国农村户籍人口的16%。图8-2表明，尽管演出场次不断增多、服务人口趋于稳定，但由于流动舞台车总量的持续增加，车均演出场次（PPA）与服务观众人次（PAA）都呈现下降趋势。进一步对各省市①的地域差异情况进行观察，发现全国不同地区具有较为明显的地域分异。从流动舞台车的配置情况来看，农业人口中每万人流动舞台车数量较多的地区除北京、上海、天津三个直辖市外，其他大多为西部省份以及东北的吉林、黑龙江。究其原因，在于发达地区流动服务的投入较为充沛，同时，西部及东北省份的农村地区地域广阔，对流动文化车的需求较大，因此配置数量较多。

　　以上结果表明，农业人口较多的中西部地区流动舞台车配置数量较多，那么这些流动舞台车配置较为充裕的省份是否具有较高的服务效能？对此，由于缺少流动服务满意度等主观测评数据，我们很难进行直接测算，不过，可以利用已有数据从不同侧面对服务效能进行分析，分别计算各省（自治区、直辖市）的"车均服务观众人

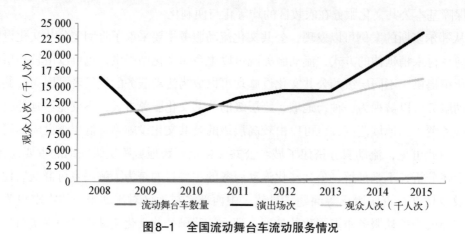

图8-1　全国流动舞台车流动服务情况

资料来源：《中国文化统计年鉴》（2008—2016年）

---

① 港澳台地区除外，福建省因缺少统计数据而空缺，本节下同。

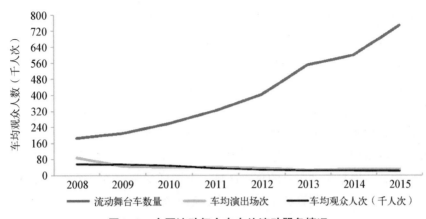

图8-2　全国流动舞台车车均流动服务情况

资料来源：《中国文化统计年鉴》（2008—2016年）

次（PVAA）""车均演出场次（PVPA）""观众人数占农业人口比重（PAP）"。其中，PVAA反映出流动舞台车服务的乡村群众规模，PVPA表征流动舞台车的使用频率，PAP体现出流动服务对乡村群众的覆盖情况。三者计算公式分别如下：

车均服务观众人次（PVAA）=流动舞台车数量/全年观众总人次；

车均演出场次（PVPA）=流动舞台车数量/全年演出总场次；

观众人数占农业人口比重（PAP）=流动舞台车服务人次/农业人口数量。

PVAA与PVPA均与流动舞台车的数量直接相关，两者呈现的空间布局情况也基本一致，呈现自东向西递减趋向，这与前文分析的流动舞台车分布数量的递减方向形成反差：一、东部的山东、江苏、上海、浙江以及中部的河南、湖北、湖南等省（直辖市），现有流动舞台车的效率相对较高；二、北京、天津、山西、河北、湖南、广东、广西、吉林、黑龙江等省（自治区、直辖市）的效率次之；三、新疆、西藏、内蒙古、青海、甘肃、四川、云南以及江西等省（自治区）的流动舞台车效率较低。

相对而言，PVAA与PVPA的局限性在于无法反映不同省份流动舞台车的多寡与当地乡村居民数量之间的匹配关系。这一弊端可以通过计算PAP进行一定的矫正。可以发现北京、上海、浙江、辽宁、宁夏、广西等流动舞台车配置较多的省（自治区、直辖市），服务覆盖的农村人口情况也在全国名列前茅。相比之下，西藏、青海、内蒙古等尽管流动舞台车配置同样较多，服务的乡村人群比重却相对较低。显然，PAP也大致呈现出自东向西递减的趋势，与PVAA、PVPA表现出的情况基本相近。

通过对上述三项指标的计算，结合我国不同地区农村的基本情况，可以对结果进行以下分析：一、在珠三角、长三角、环渤海等发达城市群，流动文化服务设施的配置力量相对较为雄厚，由于交通便捷、人口集中等因素，流动舞台车等的服务效率相对较高；二、河南、湖北、湖南等中西部农业人口大省，农业人口集中，流动舞台车等的服务效率较高，但流动服务设施的总量相对较少，这意味着这些地区适当增加流动服务设施的配置将更好地改善其乡村地区的公共文化服务；三、少数民族地区以及黑龙江等省份农村地域广阔、人口聚居程度较低，因而尽管配备的流动舞台车等设施设备相对较多，但服务效率与覆盖人口却并不理想。进一步结合前文对流动服务基本指向的分析可以发现，广大西部地区因地形复杂、集聚度低等原因难以建设或有效运行固定化设施，故而是流动服务的重点区域，但同样受制于地域条件等的影响。尽管西部地区流动服务设施的配置数量相对较多，服务效能却相对较低，这意味着城乡公共文化服务及治理不仅需要进一步加大流动文化投入力度，同时更需要突破传统的流动文化服务思维。寻求新的解决途径（部分中东部地区同样迫切），在此背景下，公共文化数字服务的重要性不断凸显。

（二）数字服务的空间布局及均衡化与地方化的两难

由于在传统的流动服务在偏远地区仍然存在瓶颈，因此，进入21世纪，数字化信息化技术的发展为破解公共文化乡村末梢的难题提供了新的解决方案。"全国文化信息资源共享工程"（简称"文化共享工程"）等数字服务战略自2002年起正式启动。文化共享工程由文化部、财政部共同领导实施，旨在通过网络信息技术，对文化信息资源进行数字化的加工和整合，并通过覆盖全国所有省、自治区、直辖市和大部分地（市）、县（市）以及部分乡（镇、街道）、社区的文化信息资源网络传输系统，实现优秀文化信息在全国范围内的共建共享，最大限度为城乡社会公众所享用。[①]

作为传统流动服务的新组合，与之相比，公共文化数字服务具有怎样的空间布局特征？可根据不同阶段工程建设情况分析其空间布局网络的构成。2002年文化共享工程正式启动后，当年文化部下发《全国文化信息资源公共工程实施方案》，提出建设"国家中心—省级分中心—基层中心（服务点）"的三级网络体系，以及相应的"135"网络联网计划目标，即实现1个国家中心、30个以上省级分中心和5 000个以上县、乡（镇、街道）和社区基层网点的联网。实际上，迟至2007年6月底，这一目标就已经实现，已建成各级分中心和社区基层服务点8 626个，包括1个国家中心、33个省级分中心、1 821个市/县级分中心、5 799个基层服务点，其他类型的服务点976个。截至2014年年末，文化共享工程已建成1个国家中心、33个省级分中心、2 843个市/

① 陈雪樵.数字图书馆与文化共享工程［M］.北京：中国环境科学出版社，2008：42—43.

县支中心、35 523个乡（镇、街道）基层服务点、70万个村（社区）基层服务点，基本建立了覆盖城乡的六级公共数字文化服务网络（见表8-1）。[①]

表8-1　"全国文化信息资源共享工程"预期目标与实际建设数量

年份	2002 年（目标）	2007 年	2014 年
国家中心	1	1	1
省级分中心	30	33	33
市/县级分中心	—	1 821	2 843
基层服务点	5 000	6 775	735 523

资料来源：《中国文化统计年鉴》（2008—2016年）

公共文化数字服务的基本指向不仅在于为偏远地区提供服务，也为公共文化资源匮乏和服务能力较弱的基层公共文化设施提供补充，丰富的数字化文化资源在乡村基层得到便捷使用。为此，数字服务必须建立更加完善的设施层级体系。事实上，与当前文化馆（站）基本覆盖到乡（镇、街道）、公共图书馆基本覆盖到县（市）相比，"十一五"期间，文化共享工程已经基本实现县县建有支中心和"村村通"[②]，为此主要通过两方面策略进行推进。

策略之一：构建技术层面的三层级体系。文化共享工程通过技术手段使公共文化产品和服务进入公共文化固定设施难以有效覆盖的边远地区，"国家中心—省级分中心—基层中心（服务点）"这三层级之间根据特定地区的具体情况，建立了不同的资源联结与共享方式：一、针对大部分地区的互联网方式，由国家中心提供标准化的信息资源联合目录和数据同步端口，三级中心之间通过互联网实现资源的互联互通，在网络服务条件较差的地区，则在省级中心建立镜像，将元数据与对象数据储存于本地服务器；二、针对网络不发达地区的卫星加光盘方式，国家中心将资源打包后通过卫星广播或光盘刻录等方式发送，基层中心可利用卫星接收设备下载资源（见图8-3）。截至2014年年底，数字资源总量达到408.68 TB。[③]

① 文化部等多部门联手推动《意见》贯彻落实［N］. 中国文化报，2015-01-22（1）.
② 中国新闻网. 全国文化信息资源共享已基本实现"村村通"［EB/OL］. 2010-12-19. http://www.chinanews.com/cul/2010/12-19/2731575.shtml.
③ 中国文化报. 文化部等多部门联手推动《意见》贯彻落实［EB/OL］. 2015-01-22. http://www.ndcnc.gov.cn/zixun/yaowen/201501/t20150122_1051777.htm.

策略之二：强化机制层面的跨部门协调联动。文化共享工程能够如此快地在村（社区）级别实现基本全覆盖，不仅得益于信息技术手段克服空间阻隔的先天优势，也与工程实施推进采用的跨部门协调联动方式密不可分。其中主要举措就是与"农村党员干部现代远程教育试点工作项目""农村中小学现代远程教育工程"等的合作，依托上述两项工程已有的基层服务点，增设文化共享工程的相关服务。加之，农家书屋、村（社区）综合文化服务中心等业已建立的庞大网络，文化共享工程的快速覆盖才得以实现，成为破解公共文化乡村末梢难题新的有力手段。

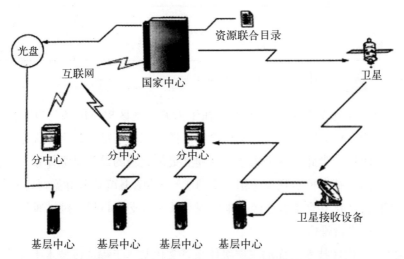

图8-3　"全国文化共享工程"框架结构示意图

资料来源：陈雪樵编著.数字图书馆与文化共享工程［M］.北京：中国环境科学出版社，2008：55

从空间覆盖范围来看，文化共享工程等数字服务构建了覆盖最为广泛的城乡公共文化服务体系，在为乡村居民提供更为丰富的高品质文化产品的同时，也为相关主体开辟了跨区域与跨层级参与治理的新途径，国家层面可利用掌握的相关资源直接面向基层乡村提供服务，弥补一些偏远地区城乡统筹联动乏力等问题。与流动服务相比，公共文化的数字服务似乎在更大程度上实现了资源的优化配置，当然，这并不意味着数字服务将取代流动服务。事实上，两者并非此消彼长而是相辅相成，流动文化向乡村居民提供了更多真实可感的文化活动，是虚拟的数字服务所难以提供的，两者可相得益彰地形成应对乡村末梢难题的新型组合方式。这也符合中央政府的战略规划部署，新近颁布的《关于加快构建现代公共文化服务体系的意见》将"大力发展流动服务与数字服务"作为统一的任务板块，促进两者相互融合的意图明显。除此之外，为了促进数字服务发挥更大的作用，必须注重均衡化与地方化的两难关系。

毋庸讳言，技术层面与机制层面的双重推进有效保障了"文化共享工程"的全面覆盖，极大地推动了基本公共文化服务的均衡化发展。然而，由于不同区域发展水平、文化特色、民俗民风等的显著差异，在加强数字服务均衡化的同时，还应当关注数字文化服务的地方化问题。例如，在一些发达地区就出现了省级分中心试图整合市以及区县分中心的情况，本意在于更好地整合资源，加强对整体文化资源的集约利用，但由于一些区县已经建立有适合自身文化特点的数字服务系统，难以与省级系统进行整合，造成了不必要的潜在矛盾。同时，在已经实现整合的地区，由于大量信息需要通过较高层级的服务器集中处理，导致运行负荷过大，服务效能大打折扣。与之相比，在一些落后地区，由于缺少充分的财力、人力等资源支撑，当地丰富的地方文化资源难以被充分整合转化为数字资源，由此造成至少三方面问题：其一，均衡化的资源往往不符合当地农村群众的需要，数字公共文化的供给与需求出现显著偏差；其二，均衡化的公共文化数字资源体量过于庞大，反而不利于那些并不具备熟练操作能力的农民群众使用，易于导致"数字鸿沟"问题转化为新的"数字阻塞"问题；其三，均衡化的公共文化数字资源存在冲击地方特色文化资源的风险，倘若地方特色资源未得到有效的保护，可能加剧流失。对此，可探索地方数据分库与国家/省级资源总库的优化衔接方式，在保障均衡化的数字文化服务同时，为农村群众提供喜闻乐见的具有浓厚地方特色的数字文化产品。

三、基于地域资源的公共文化服务载体创新

为了更好地实现供需衔接和更为优质的城乡公共文化服务，不少地区基于当地的地域资源在公共文化服务的载体创新方面做出积极努力，构建不少新型载体，至少包括生活化载体、数字化载体、节庆化载体等创新形态；有的地区还对服务载体进行了系列化设计和联动化策划，有效破解了公共文化服务供给与需求不对接、群众参与公共文化活动不方便、公共文化阵地空壳现象突出、公共财政资金使用效能不高等难题，有效推动了公共文化服务效能的提升。在这里，本节结合有关实践经验案例，对新近的动向做出必要的分析。

（一）生活化载体

我国城乡公共文化服务一直存在着这样的两难困境，即一方面专门建设的公共文

化设施数量有所不足，群众的日常生活圈中文化设施数量有限、距离较远，需要花较多的时间成本和交通成本才能"亲近"文化服务，方便快捷享受到公共文化服务难；但另一方面专门建设的公共文化设施知晓率低、利用率低、人气不旺，城乡公共文化服务的目标难以实现。为此，拉近文化设施、文化服务与人民群众日常生活的距离，把公共文化服务融入人们的饮食、出行、居民日常生活点等就不失为破解这种困境的有效路径，公共文化服务生活化载体的建设和创新运用显得十分必要。从目前来看，这种生活化载体的建设大致有两种形式，一种是公共文化服务设施的生活化，另一种是公共文化服务活动的生活化。

公共文化服务设施的生活化主要是将公众日常生活的茶馆、礼堂和地铁等转为重要的城乡公共文化服务载体。

其中，文化茶馆是公共文化服务融入居民日常饮食生活的典范，主要有河南省南阳市邓州的"文化茶馆"和四川省成都市锦江区的"主题茶馆"两种模式。邓州"文化茶馆"模式的特色在于充分利用当地遍布城乡的 3 000 多家茶馆开展公共文化服务。自北魏以来，邓州人到茶馆喝茶就渐成风气，边喝茶边聊天儿、娱乐、议事已经成为邓州人 1 000 余年的生活习俗，但其中不乏一些不健康的影响因素在茶馆滋生和传播。同时，由于经费不足，设施数量不够，造成公共文化服务与群众的"远距离"，政府的政策宣传、文化教育也"下不去"。为此，自 2005 年开始，邓州市采取"政府引导，合理共建，自我管理，自主经营"的建设模式，开始试点在全市重点街区和集镇建设文化茶馆，至 2012 年年初已经建成文化茶馆 1 200 个①，基层公共文化设施严重不足的问题得以极大缓解。更为重要的是，文化茶馆的建成使用有效地促进了公共文化服务与人民日常生活的紧密融合，方便了市民更为便捷地接受公共文化服务。茶馆本是市民最普通的休闲、娱乐和信息交流场所，邓州文化茶馆的成功之处在于因势利导、顺势而为，引导市民将读书看报、看演出、看影视节目、打乒乓球、打桌球、参加科技培训、参加远程教育、了解时事政策等健康的文体活动作为新的休闲、娱乐内容，将原来的闲聊式信息交流功能进一步拓展为社情民意的"晴雨表"、科技致富信息的发布会和百姓参与政事的民主议事"大厅"，也让时事政策、道德教化、法制宣传、科技培训、文艺活动等政府工程通过茶馆这一载体得以"亲近"市民，于无声处完成了公共文化服务和社会治理工作。在文化茶馆的建设过程中，除了市直单位如市图书

---

① 王玮皓 . 3 000 多茶馆遍布城乡 邓州兴起文化茶馆热［EB/OL］. 2017-09-19. http://roll.sohu.com/ 20120809/ n350200713.shtml.

馆在茶馆设立流动图书借阅室、文化馆定期或不定期组织文艺演出之外，还引导群众参与建设，并通过开展文化茶馆群众才艺电视大赛等形式培育文艺人才、活跃文化氛围。

　　如果说邓州文化茶馆建设主要走的是拓展茶馆的综合文化功能路径，目的是让公共文化服务融入日常生活，那么成都市锦江区的"主题茶馆"建设则走的是"一茶馆一主题、一茶馆一特色"的特色化主题文化功能路径，目的是让社会主义核心价值观融入人们日常生活。与邓州一样，在成都，在茶馆喝茶、"摆龙门阵"已经成为成都人日常生活的重要组成部分，可谓"茶馆是个小成都，成都是个大茶馆"。成都市锦江区正是顺应成都人的这一生活习俗，以茶馆为载体，在宣扬社会主义核心价值观的同时让公共文化服务走进了千家万户，取得了形塑公共文化精神的典型经验。至2015年年底，锦江区已经选取了7家茶馆作为试点，其中，悦来茶园以川剧为主题、88号青年空间创客茶馆以敬业诚信的"创新创业"为主题、刘家花园茶楼以志愿服务为主题、大慈雅韵茶堂以传统曲艺为主题、五福茶馆以居民自治为主题、东篱翠柳居茶坊以茶文化为主题、活水公园茶楼以孝文化为主题。[①]这些主题茶馆的主题选取标准是茶馆的资源优势、地理位置等特点，比如，活水公园茶楼定为以孝文化为主题即根据周边老人居多需要进行"孝道文化"氛围打造的实际；88号青年空间创客茶馆定为创新创业主题是根据其紧邻成都市商业中心春熙路以及IFS、远洋·太古里等成都新地标性建筑的地理位置而且具有青年群体聚集的特色。[②]另外，与邓州文化茶馆由政府与茶馆共建不同，成都锦江区主题茶馆建设主要通过社会化运作方式展开，比如，悦来茶园定期演出的川剧精品折子戏就是政府购买的文化项目之一。88号青年空间创客茶馆本是一家青年茶馆，2012年由锦江区社会组织发展基金会出资打造建设、共青团锦江区委指导、太阳树青年创意服务中心管理运作；2015年由锦江区双创办、锦江区文明办正式授牌为"创客茶馆"，实现了从青年空间到创客茶馆的蝶变。[③]

　　地铁公共文化是公共文化服务融入居民日常出行生活的典范。典型的是北京的文化地铁和上海的地铁文化。两地共同的做法主要有两点：一是，都致力于打造主题文化专列。其中，北京已打造4号线图书地铁专列，手机扫描二维码就可以免费阅读国

① 人民网.茶文化＋核心价值观　盘点成都锦江区7大主题茶馆［EB/OL］.2016-06-09. http://sc.people.com.cn/n2/2016/0606/c345167-28465849.html.
② 四川文明网.88号创客茶馆："敬业""诚信"的青年人聚落［EB/OL］.2017-04-21. http://www.scwmw.gov.cn/yw/201704/t20170421_865857.htm.
③ 周娜.创客茶馆：茶馆文化与创业创新相结合　让核心价值观深入人心［EB/OL］.2016-05-30. http://cd.wenming.cn/zt2016/hzjzg/ckcg/201605/t20160530_2588557.shtml.

家图书馆的图书并免费全本阅读车厢内向公众重点推荐的电子书籍，除此之外，"地铁图书馆"还定期组织各类主题活动。[①]上海已打造2号线、7号线、10号线等多条主题文化专列，截至2016年一共开出了30多列文化专列。上海文化专列每条线的主题不同，如2014年2号线主题是动漫之旅，7号线是十大名花，10号线是城市地铁影像[②]；同一条线每年每季的主题也有变化，如10号线2014年的主题为"世界28座城市地铁影像"，2016年的主题为"上海历史文化风貌之旅"或"党的诞生地"。二是，都致力于运用文化元素打造文化地铁站。比如，北京地铁8号线的北土城站采用"中国风"设计，以青花瓷为主要设计灵感；上海南京东路站内的壁画为"中华第一街"，展示南京路今昔风貌。

　　相对而言，上海文化地铁内容更为丰富，主要表现在：一是，除了文化主题专列和文化地铁站之外，还由上海交响乐团、民族乐团、轻音乐团等专业艺术院团和社区乐团、高校学生等多类型主体共同打造"地铁音乐角"。[③]不仅如此，通过上海公共文化中心的地铁公共文化数据库关键词查询功能可知，地铁公共文化建设真正被纳入整个上海的公共文化服务体系建设之中。二是，上海地铁文化所涉及的公共文化门类范围更为广泛，涵盖了文学艺术、绘画艺术、音乐艺术、舞蹈艺术、建筑艺术、摄影艺术、电影艺术等多个门类。三是，合作共建地铁公共文化的主体更为多样，其中，协调单位是上海市文广局，参与单位包括各区县人民政府、市文广局等市级文化职能部门、市规土局等局委、文化馆等文化事业单位、市城市雕塑委员会、上海申通地铁集团、民营企业和民间公益团体。

　　文化礼堂是公共文化服务设施与农村居民日常生活相融合的又一探索。典型的是浙江省着力建设的农村文化礼堂。农村文化礼堂是浙江省为打造农民精神文化家园而建设的集学教、礼仪、娱乐于一体的长效型农村文化综合体，主要由礼堂、讲堂、文体活动场所和展示展览设施等组成[④]，突出"以身边人讲身边事、以身边事教身边人"[⑤]。按照2017年发布的《农村文化礼堂建设标准》，农村文化礼堂要结合村办公场所、祠堂、广场、公园绿地等公共空间统筹布置，可与其他公共设施如村办公场所、

① 许心怡.北京把图书馆"搬"上地铁　盘点中国最文艺的地铁站［EB/OL］.2015-01-16. http://culture.people. com.cn/n/2015/0116/c87423-26396356.html.
② 洪伟成.上海地铁变身"文化列车"［EB/OL］.2014-08-25. http://www.zjwh.gov.cn/dtxx/2014-08-25/168540. htm.
③ 同上.
④ 摘自《农村文化礼堂建设标准》（2017年版）中对"农村文化礼堂"的术语界定.
⑤ 浙江文化礼堂打造农民自己的精神家园［EB/OL］.2014-08-22. http://gz.wenming.cn/china_Towns/Towns_ zhuanti/wenmdyx/20140821_whlt/.

祠堂、养老建筑等合建，或独立新建。①这些场所基本涵盖了农村居民的日常休闲生活圈。依托文化礼堂，乡风民俗、道德教化、礼仪教育、文化传承等凝聚村民认同感、归属感、幸福感，主题培训、技能展示、休闲健身、看书上网、跳舞观影等活跃村民身心、丰富村民生活。部分地区还通过购买社会服务，把优质文化资源引入文化礼堂，使村民足不出村就能享受到优质的公共文化服务。比如，浙江嘉善县通过合作协议的形式把上海市曲艺家协会、上海海风演绎经纪公司、上海仕民文化传播有限公司和上海文化名人等优质文化资源引入"文化礼堂"开展相声、小品、戏剧、脱口秀等公益演出活动。②

　　公共文化服务活动的生活化主要是将公共文化服务活动融入公众日常的生活习惯与生活习俗之中，从而形成城乡公共文化服务的新型载体。

　　武汉的"武汉之夏"和渭南的"一元剧场"等堪称公共文化服务活动生活化的典型，其共同特点是紧密结合市民的生活习惯开展公共文化活动。其中，武汉市的"武汉之夏"是顺应市民生活习俗而创建的公共文化活动载体的典型案例。武汉是我国著名的火炉城市，炎热的夏季不但气温高而且持续时间长。很早以前，武汉人就形成了在街头消暑纳凉的生活习惯。随着城市规模的扩大和人群的聚集，在外纳凉的武汉市民从与亲人、邻居的闲聊、吹拉弹唱等自娱自乐慢慢过渡到参与各种有组织的群众自发式文化活动。湖北地方政府顺应群众的这一生活习俗，因势利导，使这一项民间的群众自发形成的群众文化活动上升为享誉全国的特色群众文化活动。现有资料表明，湖北地方政府的因势利导始于1978年，此后便一年一届，至今举办了40余年。究其特色，主要有两点：一是，"武汉之夏"本身来源于群众自发组织的群众文化活动，具有深厚的社会基础，后来政府主导也积极践行"把群众从文化的需求者转变为供给者"的思想，群众参与广泛是其重要特点。"武汉之夏"在个性化项目设计上很重视适应不同人群、不同年龄的文化娱乐需求，让普通群众能够积极参与，如琴台音乐节群众合唱比赛、"一飞冲天"群众舞蹈大会、流行音乐PK赛等就很受不同年龄段群众的欢迎，2012年登台演出的社会文艺团体达到800个，参与群众达600万人次。③二是，主题鲜明、形式多样、可拓展性强，突出了活动的娱乐性和参与性。每届"武汉之夏"的主题明确，包括1987年的"歌颂改革开放辉煌成就"、2009年的"慰问农民

---

① 摘自《农村文化礼堂建设标准》（2017年版）中"选址与规模"相关条款。

② 嘉善县．"文化礼堂"：打造老百姓的精神家园［EB/OL］．2016-09-19. http://www.jiaxing.gov.cn/mljx/jrjx/ms/jsx/201609/t20160920_634015.html.

③ 徐超，王永娟．"武汉之夏"走过三十六载：群众既享有又创造［EB/OL］．2013-08-28. http://ent.ifeng.com/live/review/detail_2013_08/28/29096802_0.shtml.

工"、2017年的"喜迎十九大"。同时，每年的"武汉之夏"除了专业院团的名家、大
腕儿表演之外，更多的是群众性表演，表演形式丰富多样，而且每年还会衍生出许多
规模适度、趣味性、参与性较强的活动内容和形式[①]，其中的开幕式从最初的单一相
声晚会到后来的街头大家唱、文化夜市等综合性活动。活动中除了开闭幕式上是大型
活动之外，基本上采取小规模活动的形式展开，适合市民娱乐和参与，也易于普及和
模仿。

　　如果说"武汉之夏"顺应了市民在特殊气候条件下的生活习俗，"一元剧场"则
顺应了市民的周末休闲文化生活需求。陕西渭南的"一元剧场"是渭南市政府购买
的、渭南市秦腔有限责任公司负责实施的"政府扶持、企业参与、院团服务、百姓受
惠"[②]的一项公共文化活动，具体做法是每个周末组织一场以全本大戏为主的文艺节
目并象征性地收取一元钱票价，因此也被称为"周末一元剧场"。渭南市民大多喜欢
秦腔但苦于专业院团票价贵，同时，专业院团因为体制不灵活在激烈的市场竞争中难
以生存下去。渭南市政府敏锐地把脉了市民的文化生活需求，将文化院团的文化体制
改革与公共文化服务相结合，2007年推出了"一元剧场"。专业化的优质演出+象征
性的一元票价引发了渭南市民的观戏热情，"一元剧场"不仅满足了市民的文化生活
需要而且救活了濒将破产的文化院团——渭南市秦腔剧团。如今，当年苦无生计的渭
南市秦腔剧团已经成长为渭南市秦腔有限责任公司，"一元剧场"也已经成为公司注
册的品牌产品。"一元剧场"的成功不但为公共文化服务活动的载体创新提供了典范，
也为文化院团的文化体制改革和文化产业发展提供了新的思路。

　　值得注意的是，在一些人口密度低、文化资源较为稀缺、不利于大型群众文化活
动开展的地区，如新疆、内蒙古等边疆地区，则往往利用市民生活中的节会、集市，
甚至是聚会活动点、人群临时聚集点等一切可以利用的集体活动时间或地点开展公共
文化服务，成为公共文化服务生活化的重要内容。比如，新疆和硕县乃仁克尔乡的
"流动书屋"流动阅读点设在牧民的聚会活动点，赤峰市巴林右旗的草原流动小书屋
开设在小额信贷户的聚集点。

（二）数字化载体

　　前文对数字服务的空间格局已做出分析，在这里，主要探讨当前构建数字化载体

①　徐超，陈文胜，王永娟.江城夏夜　文化醉人——"武汉之夏"群众文化活动三十五载回眸［EB/OL］.
2012-09-28. http://edu.ifeng.com/gundong/detail_2012_09/28/17958933_0.shtml.
②　姜范."一元剧场"带来了什么［N］.经济日报，2011-11-26（3）.

的新动向与新经验。近年来，新一轮信息化浪潮扑面而来，大数据、物联网、云计算等现代信息技术对思维方式、生活习惯和文化消费产生广泛而深刻的影响。为此，以信息化、数字化手段提升服务效能成为公共文化服务机构和部门载体创新的重要方向，必并逐渐摸索出了体现地方特色的重要经验。

　　一方面，公共文化服务机构纷纷"触网"，致力于公共文化服务"互联网+"的数字化设施建设和数字化资源建设。常见的数字化设施有数字图书馆、数字文化馆、数字博物馆等。比如，中国国家图书馆建设了中国国家数字图书馆。在数字图书馆，读者除了可以在线访问数字化文献资源库之外，还可以听取国图的在线讲座、报告和公开课，观看在线展览、公益性文艺演出和经典电影；目前已拥有有效数字图书资源达175万种并在全国范围内建立起了4 000余家中国数字图书馆分馆。[①]深圳数字文化馆集成了"文化资讯""公共文化品牌活动""艺术精品荟萃""文化产品配送中心"和"非物质文化遗产展示"等数字化栏目，其中，文艺精品荟萃包括艺术展览、音乐欣赏、舞蹈欣赏、戏曲欣赏和综艺欣赏等丰富的数字化视频资源；中华艺术宫数字博物馆全面开放数字展厅，实现并提供360度全场景游览功能，运用"虚拟游览"功能，观众几乎可以游览整座艺术宫。

　　不仅如此，在数字博物馆上，实现了实体博物馆难以实现的功能，即对两幅艺术作品进行"对比研习"。同时，通过数字化放大，读者可以观摩到的作品细节更甚于实体博物馆，从而丰富了观众的观赏体验。这种公共文化设施的数字化不仅方便了人民群众的在线访问、观看和欣赏数字化资源，而且便利了公共文化机构运用大数据收集、挖掘和分析人民群众的文化欣赏行为，为进一步改善服务资源的供给和服务方式提供了大数据，也为准确评估服务效果提供了参考和依据。

　　更为重要的是，公共文化设施的数字化载体打破了固有的传统观念，将原来的公共文化服务场所变成了自我学习的个性空间，要求原来的一对多服务方式转变为点对点的服务方式。这就要求公共文化设施载体必须具备更加个性化的服务内容和更精准化的服务方式，其中上海博物馆尤为典型。该博物馆利用移动端的陈列导览系统在手机等移动用户终端上实现了导览、实时定位、解说、交流等多样功能，为场内观众和场外观众提供不同面向的精准服务，为观众提供了更好的学习空间和更大的乐趣。[②]

　　另一方面，部分地区公共文化服务机构运用互联网思维，强化公共文化服务的

①　参考中国数字图书馆数字资源介绍：http://www.cdlc.cn/about/szzy.aspx.
②　婉玕. 从上海博物馆的数字化看智慧博物馆之路［EB/OL］. 2017–04–20. http://www.szzs360.com/news/2017/4/2017_1_zs19093.htm.

"互联网+"建设。近年来，随着移动互联网的日益普及和大数据、云计算的发展，公共文化服务的"互联网+"和"公共文化云"建设风起云涌，渐成公共文化服务的标配。与公共文化服务"+互联网"仅仅是将数字化载体作为公共文化设施实体的补充不同的是，公共文化服务的"互联网+"和"公共文化云"是一种基于互联网思维下的公共文化传播方式，真正代表了公共文化服务数字化的发展方向。但就其与互联网、大数据、云计算等先进技术的融合程度而言，目前公共文化服务的"互联网+"有大致三种模式：数字文化网模式、文化淘宝模式和公共文化云模式。其中，处于初级阶段的是数字文化网，处于高级阶段的是公共文化云，处于中间阶段的是文化淘宝。

　　数字文化网的典型当推国家数字文化网及其在各省市建立的分中心网站。数字文化网的功能主要是公共文化资讯传播、数字文化资源点播，其本质还是公共文化数字资源的网络化传播，因此还属于互联网思维的初级运用——互联网传播和点播阶段。与数字文化网不同，文化淘宝是一种具有交互功能的"互联网+"公共文化服务模式，典型的是浙江舟山的"淘文化网"。"淘文化网"是舟山市于2014年开通的全国首个公共文化服务社会化运作平台。在"淘文化网"上，舟山人能够像淘宝网购物一样下单订购文艺演出、电影等文化产品及其演出时间、演出地点和演出节目。[①]这种模式最大的优势是将原来的"政府购买、政府下单、政府考核"变成了"政府购买、百姓下单、百姓考核"，公共文化产品实现了更好的供需对接。另外，该模式解决了原来对公共文化服务配送单位开展有效考核的难题："淘文化网"每一场演出完成后，由订购单位在线评价，政府按照团队演出效果、团队口碑、路程远近、群众评价来确定补贴经费并根据点播频率确定十大"民星"团队排行榜。如此，既提高了财政资金的使用效益又增强了演出团队的责任感和使命感，老百姓也真正拥有了"用脚投票"的权利和"我的地盘我做主"的参与积极性。一些民间文艺团队也借此找到了在竞争中不断发展壮大的良好平台，从而形成政府、演出团队和百姓共同参与、共建共赢的公共文化服务良性循环机制，公共文化服务效能得以大幅提升，地方文化得以真正实现大发展大繁荣。也正是由于舟山"淘文化网"的成功，引起了许多城市的关注并已在江苏镇江得到成功复制，镇江市已经开通"淘文化——镇江公共文化产品和服务社会化运作平台"，浙江省文化厅也已经决定将"淘文化网"推广到浙江全省。更为重要的是，

---

① 陈妤，汤赛虹."淘文化网"舟山首创的公共文化服务平台［EB/OL］. 2015-05-25. http://www.zhoushan.cn/newscenter/zsxw/201505/t20150525_715827.shtml.

2015年，舟山市在原有淘文化公共文化服务和产品的平台基础上，进一步扩充服务范围和容量，着力于打造淘文化产业平台，截至2016年3月，已吸引500余家文化企业入驻①，"淘文化"正式升级为产业文化品牌。

与舟山"淘文化网"不同的是，上海的浦东文采会致力于打造公共文化供给侧改革的浦东样本，采取了固定展示、现场展演、移动应用程序线上推广等综合型陈展方式，公众可以同时在网上和现场淘宝，使得公共文化服务信息更加透明，群众的选择更加多样，供需衔接更加便捷。②同样是文化淘宝模式，浙江嘉兴的"文化有约"正步入更高的发展阶段。在2011年刚启动建设的时候，"文化有约"的建设目标是实现公共文化服务的"资讯便捷、双向互动和零距离参与"；2013年"文化有约"2.0版借鉴团购网模式全新升级为"团购式"互联网平台——"文化有约"网，群众可以在线预约、参与文化活动，这与"淘文化网"的功能类似。2015年，"文化有约"进一步升级为3.0版，增加了摇号、众筹等功能。目前，在供需互动上，"文化有约"不但通过互联网平台、移动应用客户端和数字电视终端三大预约服务平台实现了免费培训、辅导、演出、讲座、展览、场地等文化服务的"菜单式"和"订单式"预约，而且以文化众筹彰显了群众主体地位。在"文化有约"的"我要参与"众筹平台上，有三个模块："活动征求""发起活动"和"活动应聘"。"活动征求"模块用于市民对文化场馆推出的活动项目进行投票，活动项目达到最低支持人数才能推出，以此彰显市民对文化活动的投票和选择权；"发起活动"模块用于市民自主发起文化活动招募项目，达到最低支持人数后同样可以组织推出，发起人有优先参与权，以此彰显市民对文化活动的组织和发起权；"活动应聘"模块用于市民应聘参与相应项目的组织，应聘成功者可以享受相应待遇或活动奖励，以此彰显市民对文化活动的参与和享受权。

公共文化云尤为值得关注。2016年上海市民文化节期间正式上线的"文化上海云"的实质是一个集成上海市公共文化服务资源的一站式网状结构数字化平台，可以实现公共文化信息的全方位覆盖、多终端访问、跨平台多通道发布。③文化云的目标是运用大数据、云计算、云存储通过文化系统公共文化数据资源、社区文化活动中心和社会化主体文化资源的互联互通，实现公共文化设施、资源的有效供给和市民的有

---

① 李庆禹.浙江舟山启动淘文化产业平台［EB/OL］.2016-03-21. http://www.mcprc.gov.cn/whzx/qgwhxxlb/zhejiang/201603/t20160321_461074.html.

② 民生社会.文化也有"网上淘宝"？不信，小布带你去探班［EB/OL］.2017-01-25. http://sh.qq.com/a/20170125/013170.htm.

③ 上海文明网."互联网＋"助力公共文化服务"文化上海云"三年计划［EB/OL］.2015-04-17. http://sh.wenming.cn/yw1/201504/t20150417_2564322.htm.

效需求无缝对接并便利居民足不出户共享公共文化资源，同时，形成线上平台与线下文化场馆的实时互动和精准对接，不久的将来还可以实现按需求按人精准定制公共文化服务。目前，在上海公共文化云平台上有780多家市、区县、乡（镇、街道）三级公共文化设施实现了互联互通并集合了每年23.6万场公共文化活动信息。[①]通过公共文化云，上海市民或文化团体可以实现如下功能：一是，快速查询和预约感兴趣的公共文化活动。通过手机应用客户端、网络和微信公众号，市民可采取附近搜索、兴趣分类与热点推荐等多种方式实现快速查询并通过手机验证码或二维码扫描实现快速预约。二是，快速预定和免费使用公共文化场馆的场地和设施。通过网上登记审核的上海市文化团体可以通过"文化上海云"服务平台免费预约使用公共文化场馆的排练厅、练琴房、艺术教室等场地和设施，场馆设施均在地图上标注其距离和路线。三是，在线评价公共文化活动。在云平台的"互动区"，市民对参加的公共文化活动质量和效果可以做出点评，市民的点评和满意度将作为公共文化服务考核评级的重要依据。而对于公共文化服务机构而言，"文化上海云"同样有其独特的功能，比如基于大数据收集、分析和挖掘市民的文化喜好并定向精准推送文化活动，还可以助力市民构建自己的文化兴趣小组和团队，等等。

与"文化上海云"类似的是，2013年北京市东城区建设的公共文化服务一站式平台——东城区公共文化服务导航网和2014年重庆市巴南区建设的公共文化服务物联网。其中，北京市东城区的公共文化服务导航网实现了市民所需公共文化活动的导航式服务和足不出户实时同步在线观赏公共文化演出的现场直播，让公益性文化活动打破场地限制而惠及更多百姓，市民不仅可以网上看直播，还可以网上学习、点播和互动式交流。东城区导航网还开发了"电脑自动选号赠票系统"，可以实现各类公益演出票的在线自动选号，老百姓在线登记手机号和身份证号就能预订公益性演出票。[②]重庆市巴南区的公共文化服务物联网逐渐形成"你点我送、互联互通、政府购买、社会参与"的公共文化服务菜单式服务新模式[③]，目前已上线演出、培训、展览和讲座等多个文化信息资源库，包括200余套文艺演出节目、10余个艺术门类培训、60余位签约专家。该网络平台的主要架构为"全市性主平台+所有区县子平台+所有乡镇终端

---

① 姜丽钧."文化上海云"上线，市民可通过互联网预订公共文化活动［EB/OL］. 2016-03-27. http://www.thepaper.cn/newsDetail_forward_1449174.

② 李佩.东城区率先推出全国首个公共文化服务导航网［EB/OL］. 2013-05-03. http://www.bjwmb.gov.cn/zxgc/sskd/t20130503_518326.htm.

③ 中国文化报.公共文化服务物联网实现菜单式派送［EB/OL］. 2015-08-07. http://www.fdi.gov.cn/1800000121_21_82346_0_7.html.

平台"，主要功能包括实现各需求主体的文化服务菜单式"点菜"，其具体方式包括网上、微信、电话、线上线下等多种形式；实现各级配送主体的标准化配送服务；以文化需求为导向，实现公共文化服务的网上"在线申请—点单预约—安排配送—考评反馈"的标准化流程服务和群众意见顺畅反馈评价体系。

综上，北京、上海、重庆三市建设的一站式数字化平台都具有预约公共文化服务和互动交流的功能，但也各有自己独特的功能，如上海文化云可以实现文化团体预约使用公共文化场馆的场地和设施，北京东城区可以实现公共文化活动在线直播和自动选号赠票，重庆市巴南区可以实现公共文化服务的标准化配送，其目的都是为了更好地实现公共文化服务的供需精准对接，更大程度便利公众使用公共文化设施和享受公共文化服务，尽可能提高公共文化设施利用率，从而最大限度地提升公共文化服务效能。

（三）节庆化载体

在节假日，人们的休闲时间较平日更多，对文化生活的需求更甚，公共文化活动也容易积聚较高的人气，因此，在重大文化节庆引领群众开展公共文化活动已经成为很多地方的普通做法。比如，河南省在每年的农历小年到元宵节期间，都会开展主题为"春满中原"的公共文化活动，内容包括富有地域特色的豫剧表演、唱秧歌、踩高跷、舞龙舞狮等民俗文化活动和各级文化服务机构开展的培训、讲座、展览、音乐会等群众文化活动以及电影下乡、戏剧下乡等文化下乡活动；广东省采用政府购买服务的方式专门安排优秀粤剧团的"春班"演出、"周日音乐下午茶"的低票价惠民音乐会、专场低票价或免费观看的惠民文艺演出和各个非物质文化遗产名录项目保护单位、代表性传承人的文化遗产展示、展演活动，等等。

其中最有特色而且已经形成全国性节庆品牌的当属浙江丽水的乡村春晚。浙江丽水的"村晚"是典型的乡村群众自办文化迎接新春的文化习俗，发源于浙江丽水市庆元县月山村。[①]从1981年开始盛行并连续举办的庆元县"月山村晚"算起，至今已持续40余年，若从其起源的1946年算起则历史更为悠久，被誉为"中国式乡村过年之文化样本"。[②]究其特色，主要有三点：一是，将春节年俗与乡村文化、民族文化充分

---

① 胡兴旺. 2017年全国"乡村春晚"在丽水启动［EB/OL］. 2017-01-15. http://zjls.wenming.cn/wmjj/201701/t20170115_3052870.html.

② 赵月枝，龚伟亮. 乡土文化复兴与中国软实力建设——以浙江丽水乡村春晚为例［J］. 当代传媒，2016（03）：51—55.

融合的原生态乡土文化品牌。丽水"村晚"节目大多来自村民从田间地头和衣食住行中汲取的艺术灵感，节目中既有民族文化与传统文化的融合（如畲乡景宁"村晚"），也有乡土文化与国际文化的交流（如侨乡青田"村晚"），还有熬豆浆、磨豆腐、包山粉饺等乡村民俗和松阳高腔、遂昌昆曲等非遗项目。[①]二是，由村民自筹、自编、自导、自演，是群众参与广泛的真正原汁原味的"草根舞台"。据统计，2016年丽水的772台"村晚"，吸引了80多万当地群众和20多万外地游客参与，其中农民导演就有700多名，产生了30多万"村晚民星"。三是，将公共文化与文化旅游不断渗透、融合发展的文化盛宴。目前，丽水"村晚"已形成千台阵容、百台特色、十台样本、一台引领的乡村春晚品牌发展格局[②]，丽水乡村春晚之代表"月山春晚"被写进《浙江高中语文》读本。2016年，772台丽水"村晚"拉动和辐射14亿多元的产业发展。为了吸引更多的外地游客来丽水赏民俗过大年，丽水文化部门还开设了丽水"村晚"淘宝店。

除了充分利用重大传统文化节日开展公共文化服务，一些地区还积极利用特色文化资源打造文化节日并借势开展群众特色文化活动。这种特色文化资源一般有三类，第一类是文化遗产。比如，安徽省蚌埠市利用2006年即列入第一批国家级非物质文化遗产名录的花鼓灯特色文化资源打造了"中国·蚌埠花鼓灯歌舞节"，并借势开展特色群众文化活动。与此类似的还有四川郫县（现改名为郫都区）的"望丛赛歌会"。望丛赛歌会本是人们在望丛祠内祭祀望帝和丛帝两位古蜀帝王演变而成的民俗文化活动，至今已有1 500多年的历史。1983年望丛赛歌会重新开启，并借势开展各种文化、娱乐、体育活动，至今已连续举办30多年。2017年，望丛赛歌会作为第六届中国成都国际非物质文化遗产节主要活动之一，由文化部、四川省人民政府、联合国教科文组织主办，已经上升为全国性的中国传统民歌节暨第三十四届望丛赛歌会[③]，成为成都郫都区的著名公共文化服务品牌。

第二类是民间文化。比如，浙江嘉兴秀洲的农民画艺术节。嘉兴市秀洲农民画是独具江南水乡风格的民间绘画，汲取了传统的剪纸、刺绣、灶画、蓝印花布等民间艺术，具有独特的审美情趣，后在政府文化机构的组织、扶植下成为一种群众性的艺术活动。1983年，9名农民美术爱好者创作的14幅作品在浙江省首届工农画展上展出，其中7幅作品获奖，3幅被省选送全国农民画展，其中《南湖菱歌》荣获全国一等奖，

① 方列.浙江丽水：587台"乡村春晚"让山村充满年味［EB/OL］.2015-02-19. http://news.xinhuanet.com/local/2015-02/19/c_1114407773.htm.
② 陈建生.丽水"村晚"如何成为"全国样本"？［EB/OL］.2015-06-08. http://news.eastday.com/eastday/13news/auto/news/csj/u7ai4081746_K4.html.
③ 李晓东.成都：望丛赛歌会彰显传统民歌新魅力［N］.光明日报，2017-06-12（9）.

《乡情》和《闻鸡起舞》被列为文化部出国展品,从此掀起了秀洲画乡的建设之路。30多年来,秀洲区培育了一大批乡土画家(其中骨干人才170多名),创作了大量的作品,画乡建设体系逐渐完善。至今,"秀洲·中国农民画艺术节"已连续举办7届,2001年10月举办的首届中国农民画艺术节即吸引了全国23个省(自治区、直辖市)的63个画乡参加。[①]

第三类是人文地理。比如,"舟山群岛·中国海洋文化节"就是充分利用特殊的海洋人文地理创造的文化节日。2015舟山群岛·中国海洋文化节以"蓝色文明,互通互融"为主题,共举办了开幕式休渔谢洋大典、中国舟山—希腊莱夫卡达友好城市签约仪式、"海上丝路海洋文明对话:中国与希腊"等16项海洋文化、旅游、经济等相关内容的活动。尤其是作为海洋文化节闭幕式的中国海洋歌会,演出了上海、杭州、海南等沿江沿海城市地区具有浓郁地方特色的海洋歌曲类节目。俄罗斯、印尼、巴西等沿海国家艺术团队也参加了演出。共有中外来宾、20多个国家的艺术家和市内外观众等10.75万人次直接参加项目活动[②],使得海洋文化节事实上成为群众文化的盛会。

除此之外,很多地区还创造出公共文化活动的专门节庆——市民文化节或群众文化节,可谓公共文化服务节日化载体的创新运用。其中,部分群众文化节由传统民族习俗转化而来,时间较短,大多在1—3天,如内蒙古自治区杭锦旗将传统民族习俗——敖包祭祀(每年农历五月初三)确定为"杭锦文化节",开展那达慕竞技体育、蒙古象棋大赛、文艺演出、诗歌朗诵比赛、龙舟比赛、文化产品交流会等十几项文化体育活动。首届(2012年)杭锦文化节参与规模达到2万人次,占杭锦旗总人口的1/7。

表8-2　部分地区市民(群众)文化节情况

节日名称	时间	主要活动
上海市民文化节	全年	每年根据节庆与时令安排,2016年包括乡土文化大展、中华古诗词大赛、市民手工大赛、市民写作大赛、市民烹饪大赛等
乐清市市民文化节	4月启幕,贯穿全年	包括精品文艺大展演、文化团队大巡演、市民才艺大比拼、百姓舞台大联动等项目

① 嘉兴市文化广电新闻出版局.嘉兴市公共文化服务创新案例[M].北京:中国社会科学出版社,2016:94—100.

② 2015舟山群岛·中国海洋文化节闭幕[EB/OL].2015-07-17. http://www.chnlib.com/wenhuadongtai/2015-07-17/30688.html.

（续表）

节日名称	时间	主要活动
阳江市群众文化节	7月至10月	2016年包括风筝文化节、群众歌会、公园艺术节、文化大讲堂、名家书画展等
天津市武清区群众文化节	3月至年底	2016年包括"夕阳红"中老年时装秀、"曲苑争辉"系列活动、"梨园荟萃"系列活动、"悦动武清"广场舞大赛等
辽宁省群众文化节	8月中旬到9月底	2015年包括"图书馆嘉年华系列读书活动""省市群众文化联动系列展演"等

资料来源：本研究根据相关资料整理

表 8-3　各省群众性文化活动品牌活动

省份	品牌活动
黑龙江	"高雅艺术进校园""送欢笑到基层""城市之光"和"金色田野"
河北	"书香河北"
上海	上海市民文化节
广东	"开心广场·百姓舞台"惠民文化活动
内蒙古	"全民读书月"
云南	"大家乐"群众文化广场活动、"文化大篷车·千乡万里行"
青海	文化科技卫生"三下乡""四进社区""送欢乐下基层"
宁夏	"清凉宁夏"
河南	"文明河南·欢乐中原""文明生活·教你一招""春满中原""百城万场"
湖南	"欢乐潇湘""雅韵三湘"

资料来源：本研究根据相关资料整理

　　事实上，结合传统民俗将群众文化活动打造成一个地方性的重要节庆，不仅节省活动宣传与实施的成本，最大限度地调动群众参与的积极性，还配套以丰富多样的文体活动，能有效地改善群众的文化生活状况。部分地区群众文化节来自文化部门的精心策划，时间较长，往往一周以上，有的长达半年乃至贯穿全年，目的是搭建常态化运行的群众文化活动平台，提高群众的公共文化参与程度和全社会文化资源的利用率，尤其是激发基层群众的文化活力和文化创新力，实现群众的自我服务与自我教育。另外，一些群众文化节还通过发动专业艺术场所承办各类群众文化活动赛事来提高群众文化与专业院团同场竞技的机会和群众对"草根文化"的自豪感。比如，上海市民文化节充分发动上海音乐厅、东方艺术中心等专业艺术场所，承办各类群众文化活动赛事，使得普通市民有机会到国际体操中心、中华艺术宫、东方艺术中心等世界一流演艺殿堂展示才艺，无疑激发起参与者心中强烈的自豪感；此外在国际文化节庆期间，上海市民文化节还会组织将国际文化展品及服务推送到社区，使基层群众零距离接触国际前沿文化产品，使"草根化"的群众文化生活同时具有"国际范儿"。值得注意的是，国家公共文化发展中心也发起并主办了一个全国性的群众文化节——"文化奔小康——中国县域群众文化节"，以与企业和地方政府共建的方式举办，2013年开始在全国区县巡回演出，在把国家级文化资源和文艺表演送到区县的同时，也为群众和企业参与文化活动提供了更为宽广的舞台和更高的平台。[①]

　　值得关注的是，除了前文所论及的生活化载体、数字化载体、节庆化载体等之外，不少部分地区正在推进载体的系列化设计和联动化策划。系列化设计方面，部分地区已经着手设计系列性的群众文化活动，如重庆市沙坪坝区2016年的"百姓舞台"大型群众文化活动就具有系列化的考量：在活动内容上，民间技艺大赛暨第二届家庭才艺大赛是技艺类比赛，校园歌手大赛和广场舞比赛是歌舞类比赛，少儿故事比赛是说讲类比赛，动手、动口、动腿的均有；在参加活动的年龄层次上，既有少儿、青少年也有中青年；在参加的规模上，既有个人也有家庭和团队；宁波市着力打造群众文化活动链——"天天"系列文化惠民工程，包括天天演、天天读、天天乐、天天看、天天听、天天学、天天练七大工程。在联动化策划方面，部分地区致力于区域联动，着力于打造区域联动载体。典型的如江苏苏州吴江市提出并实施的"区域文化联动"项目。从2003年的"三镇联动"起步，吴江市逐步实施了"十镇联动"、"长三角"区域联动和京杭大运河（江苏）区域联动。与通常的区域联动不同的是，吴江市的区域联动不单单是联动，也打造联动载体。比如，吴江市到各个镇巡回表演的节目是自10个镇各自创作、排演的节目中抽调而成的综合节目，与纯粹的镇与镇之间的联动交流并不相同。就此而言，城乡公共文化服务载体的系统性创新正隐然呈现。

---

① 王申. 中国县域群众文化节"唱响"阆中古城［EB/OL］. 2013-11-13. http://roll.sohu.com/20131113/n390094198.shtml.

下 篇

乡村文化振兴的
主体构成及其共治

第九章

专业型组织的空间格局及其治理策略

我国公共文化领域各类组织形态较为复杂，须在研究开始前进行公共文化组织及其分类方法的说明。目前，学术界对其大致有狭义与广义两种界定。狭义层面的文化组织与政治组织、经济组织相对应，是人们之间相互沟通思想、联络感情、传递知识和文化的社会组织，一般不追求经济效益，属于非营利性组织[①]；广义层面，认为"文化组织是涉及文化领域的所有组织的统称，所有与文化生产、管理、经营、保护等相关的组织都可以被称为文化组织"[②]。文化社会组织是狭义的主体部分，着重强调由社会群体自主建立、自主运行，主要涵盖了民间自办的各类文化艺术团体、协会、学会、研究会、俱乐部等；广义的文化组织包括与文化相关的所有组织，即文化行政组织、文化产业组织、文化事业组织、文化社会组织以及政党组织。不同类型文化组织的空间格局及多元共治是本书的中心问题，因而对所涉及的公共文化组织类型必须加以分析。

一、城乡公共文化组织的复杂构成及分类

研究城乡公共文化组织空间格局必须首先对公共文化组织类型构成做出分析，但关键问题是我国公共文化组织构成极其复杂。

特征一是"同类法人但不同功能"。例如，文化类的协会组织，虽同属社团法人性质但职能差异显著。主要存在两种协会组织，其一是基于特定行业建立的行业协会组织，其二是基于共同利益与旨趣等建立的非行业性协会组织。尽管两者法人属性相同，但构成方式及功能却存在诸多差异：就前者而言，文化类行业协会组织（Culture Industry Association）主要由属于某一共同文化行业的企事业单位等组成，在特定的文化行业（如报纸行业协会、动漫行业协会等）中形成的联合体，主要在于共同推动

---

① 凌金铸. 公共文化行政学［M］. 上海：上海交通大学出版社，2012：3.
② 张晓磊，竹立家. 文化与行政发展［J］. 中国行政管理，2007（2）：32.

特定文化产业发展、维护产业秩序、保障产业利益等；就后者而言，主要为大批因共同领域或旨趣自发建立的协会组织，如音乐（家）协会、摄影（家）协会、民间文艺（家）协会、美术家协会、作家协会、舞蹈家协会、戏剧家协会、书法家协会、收藏家协会、京剧协会等。尽管两者都与公共文化息息相关，但其治理模式与运作机制却具有显著差异，行业协会组织主要对接文化产业，相对偏重行业内部大企业的利益，而非行业性的协会组织则主要对接文化事业和社会公众，因而更偏重对会员普遍利益的维护。[①]两者在城乡公共文化治理中具有不同的职能作用，但现行注册登记方式却难以加以区分，易于造成相关治理的混淆。此外，不少地方还普遍还存在一些与之功能相近的文化组织，这些组织或是未合法注册，或是未以"协会"命名却具有协会之实等，使情况更趋复杂。

特征二是"同类功能但不同法人"。即一些公共文化组织承担相近的职能但法人类型却明显不同，这在艺术院团等组织中比较突出。艺术院团是城乡公共文化服务的主要力量之一，也是改革开放后文化体制改革的先导。自20世纪80年代以来，大量艺术院团开展市场化改革，成为自负盈亏的单位。进入21世纪，又涌现出一大批企业性质的民营院团，短时间内快速激增。同时，在不少地方政府政策引导和群众自发需求推动下，建立了众多非营利性艺术团体，属于民办非企业单位，由此形成了艺术院团事业组织、企业组织、社会组织并存的格局。不少地方公共文化活动采购面向三者同等开放，但由于法人类型不同，三者在登记注册、会计核算、分配模式等方面存在较大差异，统筹管理难度较大。除了经过正式登记注册的文化组织，还存在大量未经过正式认证的文化组织，这些组织以书友会、俱乐部、沙龙等形式广泛存在，数量众多，也是组织公共文化活动的事实主体。

上述复杂情况直接关系到城乡公共文化服务参与主体的构成，但通过分析其形成过程有助于厘清公共文化组织发展的影响因素及类型。实际上，促成当前我国公共文化组织复杂多样的最为重要的原因正是文化体制改革引发的变化，文化行政部门逐步由管直属单位人、财、物的微观管理领域向管政策、管法规、管规划的宏观管理领域转变，由管理直属单位向管理文化事务转变[②]，政府将主要精力集中在文化政策调节、文化市场监管以及保障基本公共文化服务等宏观领域，这为文化组织多样化奠定制度基础，激活多元主体参与公共文化服务，相应地，文化事业组织、文化产业组织、文

① 林拓，虞阳，张修桂.现代商会与国家治理：历史与国际的视角——兼论我国商会的"中国特色"［J］.复旦学报（社会科学版），2015（3）：9—16.
② 凌金铸.公共文化行政学［M］.上海：上海交通大学出版社，2012：8—9.

化社会组织等发生巨大变化。

就文化事业组织而言，长期以来，事业单位是公共文化服务的主干力量，各类剧院、艺术团、戏剧团等根据国家计划安排为城乡居民提供文化服务，故而文化事业单位成为国家文化体制改革的重点。1980年文化部主持召开的全国文化厅局长会议首次明确专业艺术院团等事业单位的体制改革问题，此后，文化事业单位改革形成公益性事业单位和经营性企业单位这两条基本路径。循此思路，新闻出版、图书发行、电影放映等领域引入市场化机制，大量事业单位采用"以文补文""多业助文"和承包经营等方式进行转轨，逐步成为具有自主性的市场主体。2005年中办、国办印发的《关于深化文化体制改革的若干意见》细化文化事业单位进一步改革的三类转轨路径，第一种是公益性文化事业单位（如国家兴办的图书馆、博物馆、文化馆、群众艺术馆等），第二种是国家重点扶持的事业单位（如党报党刊、电台、通讯社、社科研究机构、体现民族特色和国家水准的艺术院团等），第三种是需转企改制的文化事业单位。当然，诸如事业单位的产业化倾向、政事分离不彻底等问题尚未能得到彻底解决，增加了公共文化服务参与类型的复杂性。

就文化产业组织而言，从单一所有制主导转向多元所有制并存，产业细分与业态创新加大文化市场复杂程度。我国文化体制改革的重要方向是提高市场化程度[①]，而文化市场本身高度复杂，伴随现代文化市场体系的建立与完善，文化产业组织涉及的领域不断扩大，也催化了传统的文化行业的精细化分离，同时，社交媒体、智慧技术、个性化定制等的发展，文化产业组织的业态变动与创新频率不断加速[②]。当前，在数字化转型大潮驱动下文化产业组织日益呈现出纷繁多样的形态，正如《"十四五"文化产业发展规划》中指出的，"加快发展新型文化企业，推动传统文化业态企业提高数字化发展能力"，数字文创等新业态模式正加快成为城乡公共文化服务的重要组成部分，并提高农村地区文化服务的可达性。致使城乡公共文化的组织类型复杂程度提升。

就文化社会组织而言，从参与公共文化服务的辅助力量转为重要主体，组织形式日趋复杂多样。纵观改革开放以来的相关重要制度安排，多强调鼓励社会自主组建文化组织。然而，在较长一段时间内，由于我国采取民政部门与主管部门"双重登记"等较为严格的社会组织管理方式，文化社会组织发展存在较高门槛。近年，不少地方

① 傅才武，宋丹娜.我国文化体制的缘起、演进和改革对策［J］.江汉大学学报（社会科学版），2004（2）：163.
② 陈少峰.文化产业业态变化与文化企业经营策略研究［J］.北京联合大学学报（人文社会科学版），2014（1）：33.

相继出台鼓励政策，采用政府购买服务等方法将文化社会组织纳入服务采购对象，促进其发展。社会文化的多样性本身就决定了文化社会组织的复杂多元，在推动国家治理体系和治理能力现代化的过程中，包括文化服务组织在内的社会组织管理制度处在持续深入改革的过程中，文化社会组织构成的复杂程度也必将进一步提升。

此外，从登记管理方式来看，我国公共文化事业、产业、社会组织施行不同的登记注册制度，其中又分别包含多种亚类，登记注册制度较为复杂。例如，官方认定的文化社会组织主要包括民办非企业单位、社会团体、基金会三种，成立条件与登记制度彼此不同。根据国务院有关条例，民办非企业单位是指"企业事业单位、社会团体和其他社会力量以及公民个人利用非国有资产举办的，从事非营利性社会服务活动的社会组织"①，包括可开展营业性演出的艺术团等；社会团体是指"中国公民自愿组成，为实现会员共同意愿，按照其章程开展活动的非营利性社会组织"②，文化类的学会、研究会等以及大部分行业协会都属于社会团体范畴。两者看似差别不大，实则有根本差异。

与此同时，我国经济社会的巨变催生出了复杂多元的文化形态③，文化组织的复杂构成与文化本身的高度复杂性密切相关。一方面，文化不同于其他领域，存在高度分化的亚文化生态，基于一定的共同文化旨趣就可以成为组织建立的基础；另一方面，人类的结社行为本身就可以被视为一种文化活动，因而结社方式、组织结构、运作模式等难以避免地存在差异。仍以协会组织为例，根据不同的文化形态至少涵盖以下类型：表演类，涵盖音乐、舞蹈、戏剧、乐器等的表演，如国际标准舞协会等；书画类，为书法、绘画等领域的协会组织，如书画协会、老年人画会等；研究类，针对某一文化领域开展研究的社会组织，如文化发展研究所、陶瓷文化研究所、京剧艺术研究中心等；媒介类，涵盖文化艺术传播、公共文化载体平台等，如文化艺术交流协会、公共图书馆协会等；其他类，包括一些针对专门领域建立的协会组织，如艺术摄影协会、民间艺人协会、观赏石协会、交响乐爱好者协会等。④

基于此，为减少公共文化组织复杂构成对分析的干扰，本书结合相关分类方法，将以组织在乡村以及城市公共文化服务中的现实功能为依据对组织类型进行划分，主要涵盖专业型组织、自办型组织与枢纽型组织三类。具体而言，专业型组织主要由事

---

① 《民办非企业单位登记管理暂行条例》（国务院令第 251 号）。
② 《社会团体登记管理条例》（国务院令第 250 号）。
③ 邹广文，宁全荣 . 当代中国文化形态及其走向［J］. 北京行政学院学报，2012（4）：122.
④ 黄江平，王展 . 发挥民间文化团体在文化建设中的积极作用——上海民间文化团体的现状调研与政策建议［J］. 上海文化，2014（8）：95.

业与企业性质的专业艺术院团组成，自办型组织大多为非营利性的文化类社会组织，枢纽型组织则主要是各类文化协会组织尤其是行业协会。基于对上述类型公共文化组织空间格局的分析，探明发展的基本情况与空间分异，从而为乡村文化多元共治格局的构建确立空间支撑。

表 9-1　公共文化组织的分类

组织类型	观测对象	组织性质	法人类别	主要特点
专业型组织	艺术院团	企业、事业	企业、事业	企业与事业型的艺术院团提供较为专业性的艺术演出
		社会组织	民办非企业单位	民办非性质的艺术院团多由民间自主创立，贴近农村乡土实际
自发型组织	自办文化组织	社会组织	民办非企业单位社会团体	成员通过共同宗旨和共同的文化爱好而建立的组织
枢纽型组织	文化协会组织	社会组织	社会团体	连接政府、企业、社会等的重要枢纽型组织

资料来源：本研究自行整理

二、专业院团城乡偏向的基本状况 *

专业型公共文化组织是指具有一定文化艺术水平和从业资质，具备为城乡居民提供较高水准的专业化公共文化服务能力的企事业单位，各类专业艺术表演院团（以下根据行文需要简称"专业院团"或"院团"）是其主要组成。长期以来，体制内的艺术院团等专业型文化组织（多为事业单位）是政府主导下乡村公共文化服务的主干力量，"院团下乡"也是统筹城乡公共文化服务的主要举措之一。20世纪80年代初，全国文化体制改革将引入市场化机制作为重要举措，而专业院团的市场化正是文化体制改革全局的先导[①]，此后专业院团的市场化程度不断提高。本节探讨的中心问题是，市场化程度的提升究竟对专业院团的城乡空间格局产生怎样的影响？

---

* 本节所引材料与数据均不包括港澳台地区。
① 凌金铸.公共文化行政学［M］.上海：上海交通大学出版社，2012：6.

历年有关乡村振兴的重要文件中，纷纷强调加强乡村振兴的文化支撑，文旅部印发的《"十四五"公共文化服务体系建设规划》中再次强调"加强城市对农村文化建设的对口帮扶，形成常态化工作机制"。根据这一要求，城乡文化院团作为重要的文化资源，应当加强对乡村地区的倾斜。可以作为对比的是，西方研究显示，资本主导下公共文化服务具有较为明显的空间偏向，优质的公共文化资源往往更加趋近精英阶层集中的地区，因而在郊区化时期，随着精英阶层向郊区迁移，许多文化团体等的重心也向城郊发生一定转移[1]，换言之，公共文化组织对乡村关注的目的旨在吸引城郊的精英群体，而非真正意义上的农民等普通居民。诚然，这一情况的出现与西方城市化程度高，农村人口比重较低不无关系[2]，但从中引发的关键问题是，我国专业院团改革的主要方向就是提升市场化程度，那么，市场化程度的提升是否对其城乡偏向产生影响？或者说，其服务的城乡格局是否会偏向于高收入群体更加集中的城市地区？倘若呈现明显的城市偏向，无疑会对乡村文化服务产生负面效应。这是专业型组织空间格局研究最为关注的问题，为了回应与解决这一问题，需要首先对近年专业院团市场化程度进行必要的观察。

专业院团的数据来源于《中国文化文物统计年鉴》（2005—2018年）、《中国统计年鉴》（2005—2020年）、《中国文化文物和旅游统计年鉴》（2020年）以及具有较高信度的网络资料。数据显示，2004年以后，事业单位性质的院团数量逐步趋于稳定，而企业性质的院团数量则快速增长（见图9-1），执行事业单位会计制度的院团占比从2004年的93%下降至2019年的17.8%，相应地，执行企业会计制度的专业艺术院团则从7%上升至超过80%[3]（见图9-2），企业化院团已经成为公共艺术活动的主要力量。这一结果表明，专业院团市场化改革的结果与国家战略方向是一致的，即加快对专业艺术院团内部经营机制的改革，努力由行政管理模式转向市场导向的企业管理模式。[4]

从较长时段上看，农村地区是专业艺术院团服务的重点所在。为了检验其市场化水平的不断提高对其在乡村公共文化服务中产生的影响，本节着力从"农村演出场

① S. Zukin. Loft Living: Culture and Capital in Urban Change [M]. London: Century Hutchinson, 1988.
② 宋正娜，陈雯，袁丰，王丽. 公共设施区位理论及其相关研究述评 [J]. 地理科学进展，2010（12）：1500b.
③ 中国网—中国国情中心. 艺术表演团体 [EB/OL]. 2012-11-01. http://www.china.com.cn/guoqing/2012-11/01/content_26974851.htm.
④ 人民网. 专业艺术院团体制改革历程及展望 [EB/OL]. 2003-06-23. http://www.people.com.cn/GB/wenhua/27296/1930381.html.

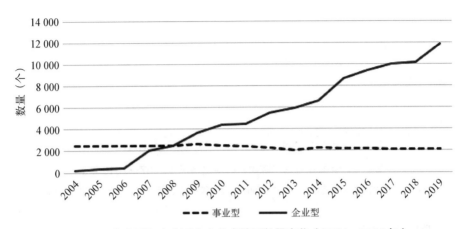

图9-1　事业型与企业型专业艺术院团数量变化（2004—2019年）

资料来源：《中国文化文物统计年鉴》（2005—2018年）、《中国文化文物和旅游统计年鉴》（2020年）

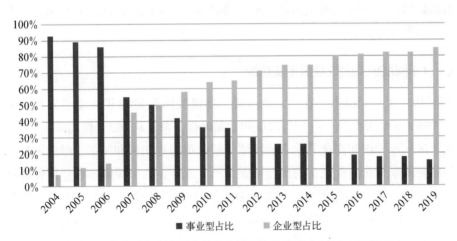

图9-2　事业型与企业型专业艺术院团占比变化（2004—2019年）

资料来源：《中国文化文物统计年鉴》（2005—2018年）、《中国文化文物和旅游统计年鉴》（2020年）

次占比"[①]和"农村观众人次占比"[②]这两个关键指标进行测算。结果显示，自1996年以来，农村演出场次占演出总场次的比重始终基本维持在60%以上；农村观众人次占总观众人次比重，自2007年有统计以来基本维持在67%左右（见图9-3），表明专业艺术院团服务相对偏向农村地区。同时，考虑到我国的城镇化率在1996—2015年的20年间，从29.4%提高到56.1%，增长超过26个百分点，可以认为，全国范围专业院团

---

① 农村演出场次占比 = 专业院团全年农村演出场次 / 专业院团全年演出总场次。
② 农村观众人次占比 = 专业院团全年农村观众人次 / 专业院团全年观众总人次。

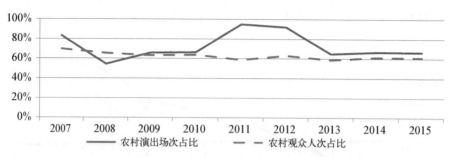

图9-3　全国专业艺术院团农村演出情况（2007—2015年）

资料来源：《中国文化文物统计年鉴》（2007—2016年）、《中国统计年鉴》（2007—2016年）

服务较为明显地向农村地区倾斜。

　　为了更深入地探讨专业院团发展的农村文化服务，本节拟进一步从不同层级院团数量级增长情况，不同层级院团农村演出活动场次，不同层级院团农村演出场次占比情况等方面展开分析。

（一）不同层级院团数量级增长情况

　　我国从"九五"以来，省级、地市级、县级院团数量增长幅度差异显著（见图9-4）。1996—2015年期间，我国省级院团数量略微下降，从202个院团降至187个，这与《关于进一步加快和深化艺术表演团体体制改革的通知》和《关于继续做好艺术表演团体体制改革工作的意见》的出台不无关系；此外，地市级院团数量同样降低且幅度超过上一级，从1996年的774个降至2015年的503个；相较而言，县级院团数则从1 670个上升到10 080个，增长了5倍多，尤其是"十二五"以来，县级院团得到长足

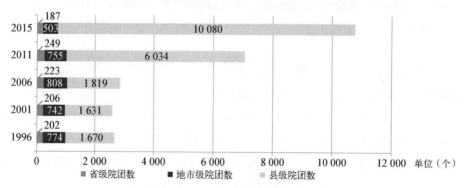

图9-4　省级、地市级、县级院团数量示意图（1996—2015年）

资料来源：《中国文化文物统计年鉴》（1997—2016年）

发展，从2006年的1 819个跃升至6 034个，增长了3倍多。究其原因，原县级文化事业单位成功转企，加之政策驱动下民营性质团体快速发展，出现了县级这类基层院团的极大增长。其中，民营团体的实际增长量不可小觑，正逐渐成长为基层文化艺术团队的主力军。

（二）不同层级院团农村演出活动场次

各级艺术表演团体在农村进行的演出活动总量呈现快速增长趋势（见图9–5）。具体而言，省级艺术表演团体在20年间，从3 000场增至20 900次，增长了近6倍；地市级艺术表演团体尽管在1996年在农村进行的演出活动量是20年前的16倍，然而，经过四个"五年计划"后，两者仅有约两倍的差距，2015年地市级艺术表演团体的农村演出场次是44 500次，仅增长了0.93倍；相比之下，县级艺术表演团体的农村演出场次总量始终最大，2001年稍微下降后于2011年迅猛增加至934 700次，"十二五"末又翻一番，达到1 325 400次。

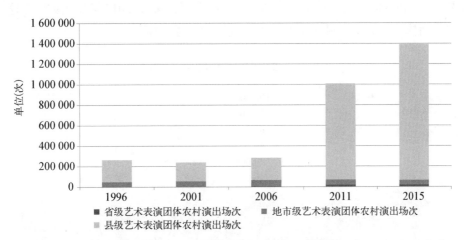

图9–5 省级、地市级、县级艺术表演团体农村演出场次示意图（1996—2015年）

资料来源：《中国文化文物统计年鉴》（1997—2016年）

县级艺术表演团体为农村文化服务贡献最大（见图9–6），20年间，平均每个团体在农村演出128.9次，地市级艺术表演团体演出72.6次，省级演出51.4次；然而，省级团体在2011年之后，平均值赶超地市级，2015年高达111.8次，仅次于县级的131.5次，增长之快，得益于国家加快完善公共文化服务体系的政策导向与各类支持以及均等化的逐步实施。

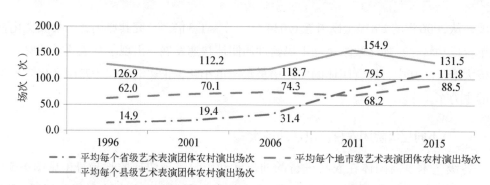

图9-6　省级、地市级、县级艺术表演团体农村平均演出场次示意图（1996—2015年）

资料来源：《中国文化文物统计年鉴》（1997—2016年）

（三）不同层级院团农村演出场次占比情况

从不同层级艺术表演团体的农村演出场次与全国演出总场次的比重变化情况看（见图9-7），县级团体因贴近基层，农村市场是其发展的主阵地。1996年数据显示，县级艺术表演团体的农村演出场次占当年三级总量的4/5，2015年高达95%，这说明基层艺术团体的发展是乡村文化振兴不可或缺的重要一环。

图9-7　省级、地市级、县级艺术表演团体农村演出场次占全国总场次比重示意图（1996—2015年）

资料来源：《中国文化文物统计年鉴》（1997—2016年）

（四）省级比较与双向梯度分异

进一步对专业艺术院团"农村演出场次占比"的省际差异进行比较研究。根据专业院团农村演出占比情况，全国省级单元（不包括港澳台）大致可以划分为四个层面（见表9-2）。

表9-2 省级文化团体情况汇总表

比较项 省份	A 剧团数（个）															B 从业人员（人）															C 财政补贴（千元）									
	1996			2000			2005			2010			2015		
	A	B	C	A	B	C	A	B	C	A	B	C	A	B	C
辽宁	6	875	10 176	6	836	17 180	6	838	31 315	4	917	93 010	4	689	143 028
吉林	6	796	7 384	5	724	13 467	5	745	29 686	6	672	87 489	4	654	100 931
黑龙江	6	828	7 912	6	784	17 349	6	945	36 731	6	975	93 725	4	1 125	183 036
北京	12	2 332	30 288	11	1 905	66 841	11	2 038	219 196	11	2 200	351 881	12	2 333	557 153
天津	10	1 786	21 083	10	1 617	27 777	10	1 672	125 132	11	1 791	175 676	11	1 875	407 272
河北	8	1 067	8 279	8	1 171	19 802	8	1 111	41 565	8	1 147	62 032	3	1 095	119 078
上海	17	2 864	49 270	16	2 428	68 496	29	2 746	124 352	17	2 859	216 106	18	3 167	664 786
江苏	6	1 160	17 983	6	1 048	29 102	10	705	14 672	2	1 109	88 246	2	1 096	49 736
浙江	7	895	8 443	7	823	30 453	8	829	96 307	9	981	146 244	9	983	277 121
山东	6	905	13 122	6	849	18 063	6	918	47 243	6	904	104 908	7	782	151 569
广东	8	1 210	21 257	8	1 133	29 495	8	1 093	85 926	9	1 255	119 512	10	1 215	173 294
福建	6	858	10 486	6	822	28 335	6	808	43 895	6	828	141 030	6	758	177 651
海南	3	437	6 650	3	466	10 059	3	353	13 323	3	378	28 941	3	477	65 144
山西	5	917	12 262	5	950	12 934	5	897	27 616	26	1 724	69 538	7	938	89 887
安徽	6	914	8 239	6	874	14 232	6	836	30 320	5	515	40 151	7	849	113 359
江西	8	874	3 145	8	947	11 739	6	696	21 175	6	608	43 160	6	475	62 867
河南	9	1 018	8 915	8	950	14 679	8	934	28 771	8	1 018	74 777	6	1 155	166 587

（续表）

比较项 省份	A 剧团数（个）						B 从业人员（人）						C 财政补贴（千元）		
	1996			2000			2005			2010			2015		
	A	B	C	A	B	C	A	B	C	A	B	C	A	B	C
湖北	6	865	7 637	5	749	13 275	4	781	35 681	6	843	80 815	5	901	94 632
湖南	7	1 032	8 344	7	1 038	13 409	7	851	25 586	9	1 059	62 417	7	914	121 781
内蒙古	8	904	8 560	6	728	12 428	6	706	27 226	6	665	51 425	1	702	195 335
广西	8	742	7 162	8	688	11 859	8	762	27 613	8	795	56 369	2	789	145 262
四川	4	863	10 342	4	800	14 423	4	724	21 134	4	803	58 754	5	763	133 185
贵州	6	686	5 445	6	595	9 455	7	557	19 871	8	640	35 263	5	536	53 987
云南	6	777	13 556	6	802	14 506	6	783	36 525	6	758	58 531	4	456	94 947
西藏	0	0	0	0	0	0	3	370	23 549	8	694	41 428	3	350	95 926
陕西	7	1 775	18 789	7	1 680	33 139	7	1 605	37 519	12	1 480	72 517	6	1 374	156 868
甘肃	8	866	9 067	8	800	13 062	8	906	30 569	9	967	64 235	8	917	55 900
青海	5	452	5 609	5	405	8 046	2	370	15 946	2	352	37 316	1	165	1 540
宁夏	4	523	4 305	4	532	6 704	5	577	19 761	18	856	45 131	5	430	87 723
新疆	6	698	10 288	6	722	13 792	6	678	28 843	12	790	73 367	9	685	148 408
重庆	—	—	—	9	993	16 630	8	719	30 865	7	793	84 461	7	1 014	136 791

表 9-3 市级文化团体情况汇总表

说明：A 剧团数（个）　B 从业人员（人）　C 农村/国内演出场次占比（%）　D 财政补贴（千元）

比较项 省份	1996				2000				2005				2010				2015			
	A	B	C	D	A	B	C	D	A	B	C	D	A	B	C	D	A	B	C	D
辽宁	39	3 493	0.33	29 141	36	3 269	0.14	45 328	33	2 992	0.17	73 633	30	2 530	0.27	148 562	22	2 119	0.48	198 946
吉林	16	1 753	0.5	14 284	17	1 600	—	21 865	16	1 703	0	37 574	16	1 552	0.28	86 209	11	959	0.46	134 139
黑龙江	29	2 824	0.2	28 785	28	2 520	0.25	42 666	27	2 933	0.2	88 881	28	2 605	0.19	169 246	16	1 679	0.16	194 086
北京	9	405	—	3 851	9	344	—	4 345	0	0	—	0	0	0	—	0	0	0	—	0
天津	2	41	—	670	3	37	—	1 116	0	0	—	0	0	0	—	0	0	0	—	0
河北	41	2 696	0.75	13 895	38	2 320	0.75	22 043	30	2 053	0.88	49 531	43	2 306	0.48	82 739	32	1 824	0.75	147 970
上海	11	321	0.17	1 885	12	268	0.57	1 451	0	0	—	0	0	0	—	0	0	0	—	0
江苏	47	2 832	0.31	22 628	47	2 814	0.63	47 949	43	2 542	0.25	—	44	2 619	0.23	169 085	37	2 565	0.33	288 537
浙江	25	1 494	0.25	11 882	28	1 441	0.2	26 063	39	1 727	0.67	60 157	27	2 064	0.52	127 977	13	1 251	0.32	204 736
山东	40	2 595	0.43	21 960	40	2 703	0.5	40 227	42	2 885	0.5	98 763	43	3 113	0.45	191 812	38	2 578	0.57	308 992
广东	42	2 274	0.25	56 399	44	2 417	0.5	85 097	41	2 176	0.4	94 064	99	2 843	0.41	122 168	24	1 753	0.37	248 208
福建	22	1 381	0.67	18 531	22	1 489	0.33	32 640	19	1 385	0.5	52 933	19	1 509	0.47	112 447	20	1 422	0.29	217 456
海南	3	129	—	1 714	2	93	—	1 792	2	145	—	4 983	3	218	0.34	10 089	3	181	1	12 657
山西	35	3 198	0.83	19 260	34	3 049	0.83	29 636	34	2 824	1	69 429	39	3 242	0.69	91 004	41	2 864	0.67	210 558
安徽	35	2 279	0.5	14 863	39	2 165	0.33	26 264	35	2 031	0.33	50 653	56	2 587	0.1	62 756	21	1 538	0.44	67 477
江西	19	1 536	1	9 528	7	485	—	4 262	23	1 367	0.33	28 546	18	1 291	0.22	56 588	15	710	0.67	56 871
河南	42	2 273	0.57	12 236	38	2 214	0.5	23 307	38	2 381	0.71	54 543	37	2 289	0.66	82 897	27	2 186	0.8	151 581

（续表）

说明：A 剧团数（个）；B 从业人员（人）；C 农村/国内演出场次占比（%）；D 财政补贴（千元）

比较项\省份	1996 A	1996 B	1996 C	1996 D	2000 A	2000 B	2000 C	2000 D	2005 A	2005 B	2005 C	2005 D	2010 A	2010 B	2010 C	2010 D	2015 A	2015 B	2015 C	2015 D
湖北	35	3 013	0.25	22 290	18	1 549	0.67	14 631	13	1 070	0.5	16 841	34	2 291	0.44	125 762	19	1 862	0.39	269 981
湖南	23	1 459	0.5	9 475	24	1 592	0.67	16 350	22	1 597	0.6	30 771	23	1 620	0.6	66 019	22	1 346	0.67	140 619
内蒙古	25	2 261	0.67	16 676	25	2 260	0.67	24 731	22	1 842	0.5	51 552	18	1 665	0.36	126 983	16	1 945	0.36	290 454
广西	27	1 762	0.25	10 028	27	1 682	0.25	23 814	27	1 539	0.25	37 158	33	1 827	0.28	67 103	8	835	0.54	80 374
四川	60	5 425	0.17	39 313	46	3 578	0.2	42 916	36	2 884	0.25	77 118	46	3 024	0.21	154 013	29	1 909	0.32	266 886
贵州	17	1 451	0.5	9 786	18	1 373	0.5	14 122	16	1 245	0	34 498	11	772	0.4	51 636	9	535	0.1	47 387
云南	31	2 124	0.25	24 877	28	1 821	0.5	34 275	26	1 689	0.25	49 710	20	1 715	0.19	96 403	16	1 368	0.56	184 098
西藏	10	881	—	17 046	10	816	—	22 463	7	481	—	21 322	7	430	0.44	35 744	8	361	0.6	79 907
陕西	27	2 680	0.67	16 381	25	2 218	0.67	19 039	23	1 926	0.67	34 399	15	1 101	0.62	54 825	12	895	0.74	68 845
甘肃	21	1 682	0.67	11 722	19	1 472	0.33	15 640	15	1 290	0.5	39 158	14	1 506	0.45	98 830	14	1 136	0.65	158 291
青海	9	640	—	7 457	9	564	—	6 954	9	533	0	14 962	10	570	0.29	37 967	8	540	0.6	60 863
宁夏	6	266	—	1 964	6	199	—	4 317	9	285	—	7 422	3	176	0.59	10 157	3	130	0.6	1 100
新疆	26	1 906	0.5	20 060	24	1 734	0.33	23 889	24	1 381	0	48 711	29	1 560	0.21	120 623	19	1 475	0.55	236 853
重庆	—	—	—	—	12	410	—	3 810	0	0	—	0	0	0	—	0	0	0	—	0

表9-4 县级文化团体情况汇总表

A 剧团数（个）　B 从业人员（人）　C 农村 / 国内演出场次占比（%）　D 财政补贴（千元）

比较项\省份	1996				2000				2005				2010				2015			
	A	B	C	D	A	B	C	D	A	B	C	D	A	B	C	D	A	B	C	D
辽宁	40	1 103	0.67	3 392	35	819	0.5	4 324	27	517	1	3 849	205	2 555	0.21	11 382	237	3 218	0.22	7 150
吉林	45	2 290	0.71	12 800	43	1 941	0.75	15 394	40	1 825	0.33	25 199	46	1 877	0.62	66 555	34	1 159	0.55	41 765
黑龙江	57	2 219	0.56	11 478	55	2 019	0.57	15 227	51	1 687	0.75	23 148	55	1 631	0.55	51 656	31	589	0.29	19 148
北京	0	0	—	0	0	0	—	0	9	192	—	5 628	7	155	0	7 010	383	6 156	0.45	36 547
天津	5	137	—	856	3	100	—	835	6	131	—	3 135	25	332	0.69	5 627	75	1 034	0.11	9 061
河北	89	3 256	0.9	4 055	92	3 062	0.89	5 196	88	2 551	0.88	7 409	233	4 849	0.69	17 913	561	11 573	0.66	41 560
上海	3	43	—	175	1	17	—	160	56	856	0.22	3 107	72	3 907	0.15	15 127	162	2 939	0.35	55 930
江苏	78	2 281	0.75	13 397	80	2 368	0.76	22 056	76	2 003	0.65	30 787	362	5 352	0.75	62 957	330	6 868	0.47	141 882
浙江	52	1 706	0.83	12 239	44	1 465	1	17 797	226	6 778	0.77	41 636	435	12 234	0.76	—	1 002	29 291	0.87	177 222
山东	72	2 590	0.82	15 433	72	2 391	0.75	21 228	69	2 263	0.8	31 996	70	2 251	0.83	59 823	578	10 497	0.74	152 153
广东	86	2 522	0.75	9 468	86	2 481	0.73	12 414	90	2 647	0.7	18 103	289	9 502	0.67	34 990	357	8 424	0.61	92 587
福建	63	2 446	0.9	9 277	68	2 359	0.73	15 092	66	2 061	0.78	21 564	424	12 231	0.88	53 746	371	10 395	0.86	101 844
海南	16	538	1	1 660	16	577	1	2 052	17	573	1	3 692	61	1 869	0.84	15 363	60	1 826	0.64	17 238
山西	122	6 659	0.97	4 709	120	5 671	0.93	6 342	117	5 246	0.95	12 116	277	8 809	0.83	44 187	408	12 185	0.8	139 956
安徽	52	1 888	0.5	8 094	47	1 571	0.22	11 116	51	1 609	0.43	20 659	645	14 477	0.72	21 695	1 589	28 553	0.6	58 363
江西	53	1 527	0.83	6 726	64	2 517	0.86	19 286	50	1 432	0.71	19 367	75	2 389	0.84	43 659	215	4 992	0.78	64 278
河南	163	7 603	0.92	13 194	159	7 042	0.9	16 360	153	6 549	0.86	22 440	326	13 444	0.77	53 265	791	23 327	0.86	148 240

（续表）

比较项 / 省份	A 剧团数（个） 1996				B 从业人员（人） 2000				C 农村/国内演出场次占比（%） 2005				C 农村/国内演出场次占比（%） 2010				D 财政补贴（千元） 2015			
	A	B	C	D	A	B	C	D	A	B	C	D	A	B	C	D	A	B	C	D
湖北	65	2 767	0.75	12 016	77	4 083	0.64	38 189	82	4 287	0.67	83 828	164	4 150	0.81	66 474	258	6 236	0.72	142 675
湖南	58	1 856	0.67	8 454	59	1 835	0.73	8 657	62	2 004	0.69	17 663	169	4 416	0.77	42 851	244	6 426	0.48	78 827
内蒙古	84	2 448	0.67	11 993	85	2 342	0.7	15 611	81	2 286	0.55	39 183	99	3 609	0.42	—	158	4 906	0.49	260 152
广西	84	2 045	0.63	7 953	83	2 148	0.5	13 457	83	2 051	0.57	25 445	100	2 324	0.57	56 036	82	2 989	0.34	23 730
四川	75	2 228	0.5	11 034	48	1 211	0.5	8 758	44	1 068	0.33	18 171	298	4 475	0.45	26 180	509	8 916	0.37	34 877
贵州	5	284	—	2 004	4	166	—	1 883	3	119	—	2 792	33	789	0.45	15 922	81	2 082	0.73	15 787
云南	96	2 011	0.38	16 862	95	2 047	0.43	23 917	103	2 491	0.29	43 931	116	2 897	0.39	72 889	256	7 419	0.3	113 818
西藏	15	263	—	1 024	16	234	—	951	17	390	1	2 377	22	889	0.87	11 303	76	1 729	0.83	39 355
陕西	83	4 113	0.88	6 078	86	4 107	0.88	9 075	83	3 525	0.87	12 853	100	4 581	0.84	72 393	159	7 142	0.71	177 742
甘肃	48	1 855	0.9	4 834	49	1 913	0.82	6 436	53	1 888	0.83	18 059	59	1 978	0.81	39 291	169	4 686	0.75	42 276
青海	0	0	—	0	0	0	—	0	1	19	—	245	20	357	0.58	1 576	45	729	0.59	4 634
宁夏	4	189	1	898	5	230	1	1 764	9	276	—	2 965	24	740	0.77	6 123	32	894	0.53	7 107
新疆	57	1 553	0.6	11 282	58	1 627	0.6	15 568	61	1 599	0.71	34 167	91	2 493	0.58	98 511	104	3 182	0.75	221 762
重庆	—	—	—	—	17	395	—	3 112	21	540	—	10 912	374	3 630	0.86	36 861	723	8 771	0.84	57 629

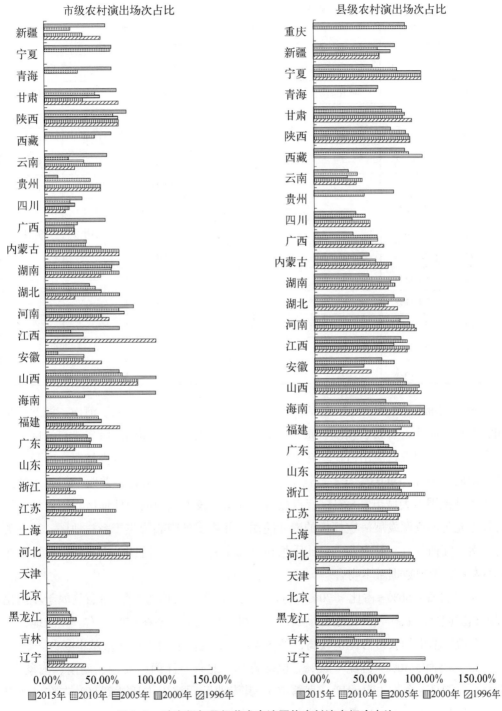

图9-8　地市级与县级艺术表演团体农村演出场次占比

表9-5 各省份县级专业院团农村演出占比（2015）

第一层面		第二层面		第三层面		第四层面	
≥ 70%		60%—70%		40%—60%		< 40%	
浙江	87.14%	河北	66.31%	吉林	54.55%	辽宁	21.93%
山东	74.23%	广东	61.04%	北京	45.05%	黑龙江	29.03%
福建	85.66%	海南	63.89%	江苏	46.73%	天津	11.19%
山西	79.89%	—	—	安徽	59.87%	上海	35.33%
江西	77.86%	—	—	湖南	48.45%	广西	34.34%
河南	85.60%	—	—	内蒙古	49.02%	四川	36.86%
湖北	72.10%	—	—	青海	59.09%	云南	29.84%
贵州	72.88%	—	—	宁夏	53.49%	—	—
西藏	83.33%	—	—	—	—	—	—
陕西	70.51%	—	—	—	—	—	—
甘肃	75.38%	—	—	—	—	—	—
新疆	75.18%	—	—	—	—	—	—
重庆	84.28%	—	—	—	—	—	—

第一层面：占比≥70%。包括浙江、山东、福建、山西、江西、河南、湖北、贵州、西藏、陕西、甘肃、新疆、重庆等13省（自治区、直辖市），13省（自治区、直辖市）专业院团农村演出占比均在70%以上，这一层面大致涵盖两类情况：一类为福建、山西、浙江、重庆等省（直辖市）。尽管其经济发展水平存在差距，但相近特点在于省域范围内大城市＋大农村特点显著，且均有较大范围的山地地区，因而城市拥有较为充足的资源发展一定规模的专业院团，并将服务中心聚焦于乡村地区。另一类为河南、江西省，其农业人口比重均在80%左右，而专业院团的农村演出占比也在80%左右，两项数据基本吻合。

第二层面：60%≤占比＜70%。包括河北、广东、海南等3省。3省均属于城镇化程度相对偏低，农村人口比重较高的省，农村人口比重大多在67%左右。相应地，三省专业院团演出的农村占比也较高，平均为65%，与其农村人口比重基本吻合。

第三层面：40%≤占比＜60%。包括吉林、北京、江西、安徽、湖南、内蒙古、青海、宁夏等8个省（自治区、直辖市）。其专业院团演出占比达到50%左右，演出场次占比与其农村人口比重处于基本相符的状态。

第四层面：占比＜40%。包括辽宁、黑龙江、天津、上海、广西、四川、云南等7个省（自治区、直辖市）。显然，第一层面的省份主要包括两种情况：一类是城市化比重相对较高的天津、上海两个直辖市以及辽宁、黑龙江两省；另一类是广西、云南等城镇化率较低的西部省份。之所以城乡结构大相径庭的两类地区呈现出相近的数据特征，主要在于前者城市化比重较高，农村人口规模本身较小，因而专业院团服务农村比重偏低；后者城市化水平很低，但由于农村地区面积广阔、地域环境复杂，专业院团农村服务存在诸多不便，是乡村公共文化服务较为薄弱的省份。

上述分析表明，尽管我国专业艺术院团市场化水平逐步提高，但并未对其服务的城乡格局造成显著影响。事实上，在大部分省份，专业院团演出活动的城乡配置大体与所在地农村人口比重相吻合，甚至向乡村地区适度倾斜，即使在一些存在例外的省份，也大多是城市发展水平相对较低的地区，资源支撑与地域环境的限制更可能是导致其院团乡村服务比重偏低的主要原因。不过，上述分析尚无法解释专业院团究竟在多大程度上受到市场化程度的影响，为此，我们有必要借助数学工具对专业艺术院团与地方市场化程度的关系进行一定的检验。

三、城乡偏向影响因素的相关性分析

不同于西方发达国家和地区城市的情况，我国专业艺术院团市场化程度的提升并未对其城乡偏向产生明显的影响，为了探明其内在机理，本书进一步对专业院团数量与所在地市场化水平间的关系进行研究。自2001年至2014年，大部分东部省份专业艺术院团数量持续增长，2010年前后的增幅尤为明显，而中西部地区以及东北地区的增长幅度却并不显著。这一空间差异基本与区域发展水平相对应，但无法从中得出市场化因素究竟是否对院团数量产生直接影响。因此，本书采用相关分析以及格兰杰因果检验法[①]进一步进行识别，分析专业院团发展与市场化水平间的因果关系及其空间格局，同时，还选取经济发展水平（以国内生产总值替代）、城镇化水平等指标，作为市场化水平的参照。在数据来源方面，专业艺术院团数据来源于《中国文化文物统计年鉴》（2002—2015年），国内生产总值与城镇化水平数据来源于《中国统计年鉴》（2002—2015年），市场化水平数据来源于由樊纲等编著的《中国市场化指数》。

（一）经济发展水平与专业院团数量的相关性检验

经济发展水平与专业院团数量之间是否存在统计意义上的相关性是本部分检验的

---

① 该方法由诺贝尔经济学奖获得者克莱夫·W. J. 格兰杰（Clive W. J. Granger）提出，旨在分析变量之间的因果关系。

第一个问题，虽然相关分析不能确定两变量间的因果关系，但对两者密切程度的考察仍然具有意义。囿于资料的可获取性和操作性，本文以各省份地区生产总值（国内生产总值）来表征经济发展水平，依托SPSS软件对其与专业院团数量间的相关性进行检验。采用相关分析方法分别对31个省份（不包括港澳台地区）经济发展水平与艺术院团数量的相关性进行分析发现，除河北、黑龙江、吉林、浙江、山东、广东、广西、海南、陕西外，其他省（自治区、直辖市）均呈显著相关，其中安徽、福建、重庆、四川、新疆的相关系数均达到0.8以上，80.6%的省份经济发展水平与专业院团数量呈现密切的正相关关系，当国内生产总值增长时，专业院团数量也随之增加。

表 9-6　分省份经济发展水平与艺术院团数量相关性

省份	相关系数	省份	相关系数
北京	0.494	湖北	0.774**
天津	0.720**	湖南	0.599*
河北	0.387	广东	−0.218
山西	0.795**	广西	−0.155
内蒙古	0.547*	海南	0.265
辽宁	0.774**	重庆	0.830**
吉林	−0.201	四川	0.819**
黑龙江	−0.314	贵州	0.710**
上海	0.656*	云南	0.608*
江苏	−0.455	西藏	0.613*
浙江	0.188	陕西	0.401
安徽	0.969**	甘肃	0.497
福建	0.883**	青海	0.799**
江西	0.595*	宁夏	0.675**
山东	−0.337	新疆	0.868**
河南	0.521	—	—

注：*表示在0.05水平（双侧）上显著相关；**表示在0.01水平（双侧）上显著相关

　　通过相关性分析可以发现经济发展水平与艺术院团数量之间在统计意义上的关联性，但仅从这一数据尚无法考察两变量之间是否存在一定的因果关系，以及因果关系作用方向。为此，引入格兰杰因果关系检验法对两变量之间的因果性进行考察检验。由于采用该方法的前提条件是相关变量的时间序列数据呈平稳性，因而首先对国内生产总值和艺术院团的时间序列数量采用增广的迪基-富勒检验（ADF检验法）检验其是否平稳：在ADF检测值小于临界值（5%）水平时被认为平稳，可进行因果关系检测，反之则为不平稳，不适合进行检验。

表 9-7　分省份专业艺术院团数量单方根检验表

序号	省份	变量	差分次数	ADF 值	1% 水平显著相关	5% 水平显著相关	平稳性
1	北京	艺术团体	1	−3.20	−4.12	−3.14	平稳
2	天津	艺术团体	1	−5.41	−4.12	−3.14	平稳
3	河北	艺术团体	2	−4.49	−4.42	−3.26	平稳
4	山西	艺术团体	2	−3.39	−4.20	−3.18	平稳
5	内蒙古	艺术团体	2	−6.50	−4.20	−3.18	平稳
6	辽宁	艺术团体	1	−3.28	−4.12	−3.14	平稳
7	吉林	艺术团体	1	−3.50	−4.30	−3.21	平稳
8	黑龙江	艺术团体	1	−3.55	−4.12	−3.14	平稳
9	上海	艺术团体	1	−4.09	−4.12	−3.14	平稳
10	江苏	艺术团体	1	−3.36	−4.12	−3.14	平稳
11	浙江	艺术团体	1	−6.13	−4.12	−3.14	平稳
12	安徽	艺术团体	2	−3.32	−4.30	−3.21	平稳
13	福建	艺术团体	1	−4.22	−4.12	−3.14	平稳
14	江西	艺术团体	2	−4.81	−4.30	−3.21	平稳
15	山东	艺术团体	2	−6.60	−4.20	−3.18	平稳
16	河南	艺术团体	1	−3.79	−4.20	−3.18	平稳
17	湖北	艺术团体	1	−5.15	−4.20	−3.18	平稳

（续表）

序号	省份	变量	差分次数	ADF 值	1% 水平 显著相关	5% 水平 显著相关	平稳性
18	湖南	艺术团体	1	−4.28	−4.12	−3.14	平稳
19	广东	艺术团体	1	−3.45	−4.12	−3.14	平稳
20	广西	艺术团体	1	−3.21	−4.12	−3.14	平稳
21	海南	艺术团体	1	−4.81	−4.12	−3.14	平稳
22	重庆	艺术团体	1	−3.25	−4.20	−3.17	平稳
23	四川	艺术团体	2	−3.63	−4.20	−3.18	平稳
24	贵州	艺术团体	1	−3.32	−4.20	−3.18	平稳
25	云南	艺术团体	2	−4.63	−4.20	−3.18	平稳
26	西藏	艺术团体	1	−3.97	−4.12	−3.14	平稳
27	陕西	艺术团体	2	−4.11	−4.20	−3.18	平稳
28	甘肃	艺术团体	2	1.19	−4.29	−3.21	不平稳
29	青海	艺术团体	2	−3.29	−4.30	−3.21	平稳
30	宁夏	艺术团体	1	−4.00	−4.12	−3.14	平稳
31	新疆	艺术团体	1	−3.33	−4.12	−3.14	平稳

注：ADF检测值小于5%水平为平稳

表 9-8　分省份国内生产总值单方根检验表

序号	省份	变量	差分次数	ADF 值	1% 水平 显著相关	5% 水平 显著相关	平稳性
1	北京	生产总值	2	−4.59	−4.20	−3.18	平稳
2	天津	生产总值	1	−3.20	−4.12	−3.14	平稳
3	河北	生产总值	2	−5.01	−4.20	−3.18	平稳
4	山西	生产总值	1	−3.21	−4.12	−3.14	平稳

（续表一）

序号	省份	变量	差分次数	ADF 值	1% 水平显著相关	5% 水平显著相关	平稳性
5	内蒙古	生产总值	2	−4.74	−4.20	−3.18	平稳
6	辽宁	生产总值	2	−3.32	−4.20	−3.18	平稳
7	吉林	生产总值	2	−5.09	−4.20	−3.18	平稳
8	黑龙江	生产总值	2	−5.11	−4.20	−3.18	平稳
9	上海	生产总值	2	−4.85	−4.20	−3.18	平稳
10	江苏	生产总值	1	−3.43	−4.12	−3.14	平稳
11	浙江	生产总值	1	−3.28	−4.12	−3.14	平稳
12	安徽	生产总值	2	−4.77	−4.20	−3.18	平稳
13	福建	生产总值	2	−3.70	−4.20	−3.18	平稳
14	江西	生产总值	2	−5.05	−4.20	−3.18	平稳
15	山东	生产总值	2	−3.36	−4.12	−3.14	平稳
16	河南	生产总值	2	−5.00	−4.20	−3.18	平稳
17	湖北	生产总值	2	−3.70	−4.20	−3.18	平稳
18	湖南	生产总值	2	−3.43	−4.20	−3.18	平稳
19	广东	生产总值	1	−3.38	−4.12	−3.14	平稳
20	广西	生产总值	2	−4.81	−4.20	−3.18	平稳
21	海南	生产总值	1	−3.36	−4.12	−3.14	平稳
22	重庆	生产总值	1	−3.23	−4.12	−3.14	平稳
23	四川	生产总值	2	−4.03	−4.20	−3.17	平稳
24	贵州	生产总值	1	−3.32	−4.12	−3.14	平稳
25	云南	生产总值	2	−5.01	−4.20	−3.18	平稳
26	西藏	生产总值	1	−3.38	−4.12	−3.14	平稳
27	陕西	生产总值	1	−3.16	−4.12	−3.14	平稳
28	甘肃	生产总值	1	−3.36	−4.12	−3.14	平稳

（续表二）

序号	省份	变量	差分次数	ADF 值	1% 水平 显著相关	5% 水平 显著相关	平稳性
29	青海	生产总值	1	−3.52	−4.12	−3.14	平稳
30	宁夏	生产总值	1	−3.42	−4.12	−3.14	平稳
31	新疆	生产总值	1	−3.51	−4.12	−3.14	平稳

注：ADF 检测值小于 5% 水平为平稳

　　通过测算可以发现，除甘肃省的经济生产总值不能进行格兰杰因果关系检测外，其他省市均为一阶单整变量或二阶单整变量，在 5% 的显著水平上显示平稳。采用赤池信息准则选择滞后期为 3，进行格兰杰因果检测获得如下结果[①]：

表 9-9　分省份格兰杰因果检测表

省份	检验变量	H₀	F 值	P 值	结论
北京	专业艺术院团	GDP 不是 AG 的格兰杰原因	0.924	0.506	成立
	国内生产总值	AG 不是 GDP 的格兰杰原因	0.155	0.921	成立
天津	专业艺术院团	GDP 不是 AG 的格兰杰原因	9.560	0.027	不成立
	国民生产总值	AG 不是 GDP 的格兰杰原因	2.391	0.209	成立
河北	专业艺术院团	GDP 不是 AG 的格兰杰原因	1.465	0.350	成立
	国民生产总值	AG 不是 GDP 的格兰杰原因	0.162	0.916	成立
山西	专业艺术院团	GDP 不是 AG 的格兰杰原因	4.551	0.089	不成立
	国民生产总值	AG 不是 GDP 的格兰杰原因	0.465	0.722	成立
内蒙古	专业艺术院团	GDP 不是 AG 的格兰杰原因	0.414	0.753	成立
	国民生产总值	AG 不是 GDP 的格兰杰原因	6.939	0.046	不成立
辽宁	专业艺术院团	GDP 不是 AG 的格兰杰原因	3.056	0.154	成立
	国民生产总值	AG 不是 GDP 的格兰杰原因	0.428	0.744	成立

---

① 因重庆数据不平稳，故检测结果中没有重庆数据。

（续表一）

省份	检验变量	H_0	F 值	P 值	结论
吉林	专业艺术院团	GDP 不是 AG 的格兰杰原因	0.011	0.998	成立
	国民生产总值	AG 不是 GDP 的格兰杰原因	0.329	0.806	成立
黑龙江	专业艺术院团	GDP 不是 AG 的格兰杰原因	0.398	0.763	成立
	国民生产总值	AG 不是 GDP 的格兰杰原因	1.224	0.410	成立
上海	专业艺术院团	GDP 不是 AG 的格兰杰原因	1.860	0.277	成立
	国民生产总值	AG 不是 GDP 的格兰杰原因	0.153	0.923	成立
江苏	专业艺术院团	GDP 不是 AG 的格兰杰原因	6.317	0.054	不成立
	国民生产总值	AG 不是 GDP 的格兰杰原因	0.657	0.620	成立
浙江	专业艺术院团	GDP 不是 AG 的格兰杰原因	3.932	0.110	成立
	国民生产总值	AG 不是 GDP 的格兰杰原因	0.659	0.619	成立
安徽	专业艺术院团	GDP 不是 AG 的格兰杰原因	2.694	0.181	成立
	国民生产总值	AG 不是 GDP 的格兰杰原因	6.256	0.054	不成立
福建	专业艺术院团	GDP 不是 AG 的格兰杰原因	3.220	0.144	成立
	国民生产总值	AG 不是 GDP 的格兰杰原因	3.485	0.130	成立
江西	专业艺术院团	GDP 不是 AG 的格兰杰原因	5.807	0.061	不成立
	国民生产总值	AG 不是 GDP 的格兰杰原因	0.072	0.972	成立
山东	专业艺术院团	GDP 不是 AG 的格兰杰原因	0.371	0.779	成立
	国民生产总值	AG 不是 GDP 的格兰杰原因	0.295	0.828	成立
河南	专业艺术院团	GDP 不是 AG 的格兰杰原因	0.485	0.711	成立
	国民生产总值	AG 不是 GDP 的格兰杰原因	3.454	0.131	成立
湖北	专业艺术院团	GDP 不是 AG 的格兰杰原因	5.242	0.072	不成立
	国民生产总值	AG 不是 GDP 的格兰杰原因	0.213	0.883	不成立
湖南	专业艺术院团	GDP 不是 AG 的格兰杰原因	6.082	0.057	不成立
	国民生产总值	AG 不是 GDP 的格兰杰原因	0.002	1.000	成立

（续表二）

省份	检验变量	H₀	F值	P值	结论
广东	专业艺术院团	GDP不是AG的格兰杰原因	4.309	0.096	不成立
	国民生产总值	AG不是GDP的格兰杰原因	9.059	0.030	不成立
广西	专业艺术院团	GDP不是AG的格兰杰原因	1.023	0.471	成立
	国民生产总值	AG不是GDP的格兰杰原因	0.942	0.499	成立
海南	专业艺术院团	GDP不是AG的格兰杰原因	1.030	0.469	成立
	国民生产总值	AG不是GDP的格兰杰原因	12.711	0.016	不成立
四川	专业艺术院团	GDP不是AG的格兰杰原因	1.493	0.344	成立
	国民生产总值	AG不是GDP的格兰杰原因	0.660	0.619	成立
贵州	专业艺术院团	GDP不是AG的格兰杰原因	224.291	0.000	不成立
	国民生产总值	AG不是GDP的格兰杰原因	0.092	0.961	成立
云南	专业艺术院团	GDP不是AG的格兰杰原因	2.099	0.243	成立
	国民生产总值	AG不是GDP的格兰杰原因	0.330	0.805	成立
西藏	专业艺术院团	GDP不是AG的格兰杰原因	1.892	0.272	成立
	国民生产总值	AG不是GDP的格兰杰原因	0.072	0.972	成立
陕西	专业艺术院团	GDP不是AG的格兰杰原因	2.459	0.203	成立
	国民生产总值	AG不是GDP的格兰杰原因	0.265	0.848	成立
甘肃	专业艺术院团	GDP不是AG的格兰杰原因	1.834	0.281	成立
	国民生产总值	AG不是GDP的格兰杰原因	0.034	0.990	成立
青海	专业艺术院团	GDP不是AG的格兰杰原因	0.315	0.815	成立
	国民生产总值	AG不是GDP的格兰杰原因	3.819	0.114	成立
宁夏	专业艺术院团	GDP不是AG的格兰杰原因	0.209	0.885	成立
	国民生产总值	AG不是GDP的格兰杰原因	12.165	0.018	不成立
新疆	专业艺术院团	GDP不是AG的格兰杰原因	0.726	0.588	成立
	国民生产总值	AG不是GDP的格兰杰原因	29.441	0.004	不成立

注：P值>0.1时，H₀成立

在检测结果中，若检验结论为"成立"，则表示 H_0 为正确，前者不是后者的格兰杰原因，若"不成立"，则前者是后者的格兰杰原因。通过检测可以发现，天津、山西、江苏、江西、湖北、广东、贵州等7个省份表现为经济发展水平是专业艺术院团数量的格兰杰原因，即在上述省份，随着经济发展水平的提升，能够显著促进专业艺术院团的数量增长。

（二）城镇化水平与专业艺术院团数量的相关性检验

对城镇化水平与专业艺术院团数量的相关性检测中，城镇化水平的数据采用各省份城镇人口数量占该省份人口总数的比重。采用与前文相同的方法，计算各省份城镇化水平与专业艺术院团数量相关性。计算发现，在0.01置信水平上，河北、山西、内蒙古、辽宁、上海、江苏、浙江、安徽、福建、江西、山东、河南等22个省（自治区、直辖市）呈显著相关；与经济发展水平相比，大部分省份城镇化水平与专业艺术院团数量的相关性较高，相关系数在0.7以上的省份比经济发展水平多9个。

表 9-10　分省份城镇化水平与艺术院团数量相关性

省份	相关系数	省份	相关系数
北京	0.548*	湖北	0.928**
天津	0.510	湖南	0.748**
河北	0.757**	广东	0.706**
山西	0.791**	广西	−0.439
内蒙古	0.731**	海南	0.544*
辽宁	0.685**	重庆	0.872**
吉林	−0.260	四川	0.776**
黑龙江	−0.545*	贵州	0.873**
上海	0.720**	云南	0.825**
江苏	0.840**	西藏	−0.526
浙江	0.871**	陕西	0.526
安徽	0.855**	甘肃	0.686**

（续表）

省份	相关系数	省份	相关系数
福建	0.892**	青海	0.908**
江西	0.786**	宁夏	0.567*
山东	0.747**	新疆	0.872**
河南	0.793**	—	—

注：* 表示在 0.05 水平（双侧）上显著相关；** 在 0.01 水平（双侧）上显著相关

　　进一步对各省份城镇化水平进行单方根检验，发现山东、河南、广西、海南等省份的数据在5%的水平下依然不平稳，甘肃省的专业艺术院团数据不平稳，均不适合进行格兰杰因果检测（见表9–11）。因此，对其余省份进行格兰杰因果检测，结果表明，除吉林、云南、陕西外，所有省份城镇化水平不是艺术院团数量的格兰杰原因的 H_0 均成立，表明城镇化水平的变化并不是引发专业艺术院团数量变化的原因，吉林、云南和陕西省的城镇化水平变化对专业艺术院团数量影响较大。

表 9–11　分省份城镇化水平单方根检验表

序号	省份	检测变量	差分次数	ADF 检测值	临界值（1% 水平显著相关）	临界值（5% 水平显著相关）	平稳性
1	北京	城镇化率	2	−5.63	−4.42	−3.26	平稳
2	天津	城镇化率	1	−3.41	−4.30	−3.21	平稳
3	河北	城镇化率	1	−9.05	−4.12	−3.14	平稳
4	山西	城镇化率	1	−4.37	−4.12	−3.14	平稳
5	内蒙古	城镇化率	1	−4.45	−4.12	−3.14	平稳
6	辽宁	城镇化率	1	−3.21	−4.12	−3.14	平稳
7	吉林	城镇化率	1	−3.54	−4.12	−3.14	平稳
8	黑龙江	城镇化率	2	−4.61	−4.20	−3.18	平稳
9	上海	城镇化率	2	−5.10	−4.30	−3.21	平稳

（续表）

序号	省份	检测变量	差分次数	ADF 检测值	临界值（1% 水平显著相关）	临界值（5% 水平显著相关）	平稳性
10	江苏	城镇化率	1	−3.62	−4.12	−3.14	平稳
11	浙江	城镇化率	1	−3.84	−4.12	−3.14	平稳
12	安徽	城镇化率	1	−1.38	−4.12	−3.14	平稳
13	福建	城镇化率	2	−5.10	−4.20	−3.18	平稳
14	江西	城镇化率	2	−3.85	−4.42	−3.26	平稳
15	山东	城镇化率	2	−1.03	−4.20	−3.18	不平稳
16	河南	城镇化率	2	−2.97	−4.42	−3.26	不平稳
17	湖北	城镇化率	2	−3.97	−4.20	−3.18	平稳
18	湖南	城镇化率	2	−3.40	−4.42	−3.26	平稳
19	广东	城镇化率	1	−3.80	−4.12	−3.14	平稳
20	广西	城镇化率	2	−2.44	−4.42	−3.26	不平稳
21	海南	城镇化率	2	−2.87	−4.42	−3.26	不平稳
22	重庆	城镇化率	1	−3.97	−4.20	−3.18	平稳
23	四川	城镇化率	1	−3.39	−4.12	−3.14	平稳
24	贵州	城镇化率	1	−3.20	−4.12	−3.14	平稳
25	云南	城镇化率	1	−4.67	−4.20	−3.18	平稳
26	西藏	城镇化率	1	−4.46	−4.20	−3.18	平稳
27	陕西	城镇化率	2	−3.74	−4.20	−3.18	平稳
28	甘肃	城镇化率	1	−3.34	−4.12	−3.14	平稳
29	青海	城镇化率	2	−4.05	−4.20	−3.18	平稳
30	宁夏	城镇化率	1	−4.05	−4.30	−3.21	平稳
31	新疆	城镇化率	1	−3.75	−4.12	−3.14	平稳

注：ADF检测值小于5%水平为平稳

表 9-12 分省份艺术团体组织（AG）与城镇化率（UR）格兰杰因果关系

省份	检验变量	零假设	F 值	P 值	结论
北京	专业艺术院团	UR 不是 AG 的格兰杰原因	0.347	0.794	成立
	城镇化率	AG 不是 UR 的格兰杰原因	0.066	0.975	成立
天津	专业艺术院团	UR 不是 AG 的格兰杰原因	1.011	0.475	成立
	城镇化率	AG 不是 UR 的格兰杰原因	5.023	0.077	不成立
河北	专业艺术院团	UR 不是 AG 的格兰杰原因	1.740	0.297	成立
	城镇化率	AG 不是 UR 的格兰杰原因	2.032	0.252	成立
山西	专业艺术院团	UR 不是 AG 的格兰杰原因	1.741	0.297	成立
	城镇化率	AG 不是 UR 的格兰杰原因	5.001	0.077	不成立
内蒙古	专业艺术院团	UR 不是 AG 的格兰杰原因	1.203	0.416	成立
	城镇化率	AG 不是 UR 的格兰杰原因	0.479	0.714	成立
辽宁	专业艺术院团	UR 不是 AG 的格兰杰原因	1.730	0.299	成立
	城镇化率	AG 不是 UR 的格兰杰原因	1.840	0.280	成立
吉林	专业艺术院团	UR 不是 AG 的格兰杰原因	5.109	0.075	不成立
	城镇化率	AG 不是 UR 的格兰杰原因	0.400	0.761	成立
江苏	专业艺术院团	UR 不是 AG 的格兰杰原因	2.426	0.206	成立
	城镇化率	AG 不是 UR 的格兰杰原因	2.089	0.244	成立
浙江	专业艺术院团	UR 不是 AG 的格兰杰原因	0.434	0.741	成立
	城镇化率	AG 不是 UR 的格兰杰原因	3.479	0.130	成立
安徽	专业艺术院团	UR 不是 AG 的格兰杰原因	1.929	0.267	成立
	城镇化率	AG 不是 UR 的格兰杰原因	0.585	0.656	成立
江西	专业艺术院团	UR 不是 AG 的格兰杰原因	1.588	0.325	成立
	城镇化率	AG 不是 UR 的格兰杰原因	1.637	0.315	成立
湖北	专业艺术院团	UR 不是 AG 的格兰杰原因	0.344	0.797	成立
	城镇化率	AG 不是 UR 的格兰杰原因	2.697	0.181	成立

（续表）

省份	检验变量	零假设	F值	P值	结论
湖南	专业艺术院团	UR不是AG的格兰杰原因	0.893	0.518	成立
	城镇化率	AG不是UR的格兰杰原因	0.584	0.657	成立
广东	专业艺术院团	UR不是AG的格兰杰原因	0.274	0.842	成立
	城镇化率	AG不是UR的格兰杰原因	3.222	0.144	成立
贵州	专业艺术院团	UR不是AG的格兰杰原因	1.149	0.432	成立
	城镇化率	AG不是UR的格兰杰原因	2.394	0.209	成立
云南	专业艺术院团	UR不是AG的格兰杰原因	11.971	0.018	不成立
	城镇化率	AG不是UR的格兰杰原因	0.626	0.635	成立
西藏	专业艺术院团	UR不是AG的格兰杰原因	0.506	0.699	成立
	城镇化率	AG不是UR的格兰杰原因	2.382	0.210	成立
陕西	专业艺术院团	UR不是AG的格兰杰原因	5.878	0.060	不成立
	城镇化率	AG不是UR的格兰杰原因	0.442	0.736	成立
青海	专业艺术院团	UR不是AG的格兰杰原因	0.473	0.718	成立
	城镇化率	AG不是UR的格兰杰原因	2.342	0.215	成立
新疆	专业艺术院团	UR不是AG的格兰杰原因	0.803	0.554	成立
	城镇化率	AG不是UR的格兰杰原因	1.698	0.304	成立

注：P值>0.1时，H_0成立

（三）市场化水平与专业艺术院团数量的相关性检验

在市场化水平与测度上，各省份市场化2001—2014年的市场化水平数据均采用由樊纲等编著的《中国市场化指数》。通过各省（自治区、直辖市）的市场化述评与艺术院团数量之间的相关性可以发现，相关系数普遍在0.7以上，其中90%以上的省份为正相关，表明市场化水平与专业艺术院团数量之间相关性较强，且多为正向促进作用。

表 9-13　分省份市场化水平与专业艺术院团数量相关性

省份	相关系数	省份	相关系数
北京	0.784**	湖北	0.858**
天津	0.913**	湖南	0.713**
河北	0.851**	广东	0.665**
山西	0.752**	广西	−0.352
内蒙古	0.737**	海南	0.576**
辽宁	0.748**	重庆	0.885**
吉林	−0.425	四川	0.920**
黑龙江	−0.576*	贵州	0.730**
上海	0.868**	云南	0.780**
江苏	0.777**	西藏	0.313
浙江	0.907**	陕西	0.503
安徽	0.824**	甘肃	0.595*
福建	0.871**	青海	0.858**
江西	0.743**	宁夏	0.535*
山东	0.756**	新疆	0.743**
河南	0.769**	—	—

注：*表示在0.05水平（双侧）上显著相关；**在0.01水平（双侧）上显著相关

　　采用与上文相同方法对各省份的市场化指数进行单方根检验，发现安徽、河南、湖北、甘肃三省的市场化指数不平稳（见表9-14），无法进行格兰杰因果检测。对除三省之外的省份进行格兰杰因果检测发现，天津的原假设不成立（见表9-15），表明天津市场化水平的提升将带动专业艺术院团数量的增加，其他省份的市场化水平的变化并不是引发专业艺术院团数量变化的原因。

表9-14 分省份市场化指数单方根检验表

序号	省份	差分次数	ADF检测值	临界值（1%水平显著相关）	临界值（5%水平显著相关）	平稳性
1	北京	1	−3.74	−4.12	−3.14	平稳
2	天津	1	−7.33	−4.12	−3.14	平稳
3	河北	2	−3.88	−4.20	−3.18	平稳
4	山西	1	−3.42	−4.20	−3.18	平稳
5	内蒙古	1	−4.92	−4.12	−3.14	平稳
6	辽宁	1	−6.24	−4.30	−3.21	平稳
7	吉林	1	−6.49	−4.12	−3.14	平稳
8	黑龙江	1	−3.79	−4.12	−3.14	平稳
9	上海	1	−3.56	−4.20	−3.18	平稳
10	江苏	1	−5.34	−4.12	−3.14	平稳
11	浙江	1	−4.19	−4.20	−3.18	平稳
12	安徽	2	−2.50	−4.20	−3.18	不平稳
13	福建	1	−4.35	−4.12	−3.14	平稳
14	江西	2	−4.13	−4.30	−3.21	平稳
15	山东	2	−5.57	−4.20	−3.18	平稳
16	河南	2	−2.81	−4.30	−3.21	不平稳
17	湖北	2	−1.87	−4.42	−3.26	不平稳
18	湖南	2	−4.72	−4.30	−3.21	平稳
19	广东	1	−4.36	−4.12	−3.14	平稳
20	广西	1	−3.40	−4.20	−3.18	平稳

（续表）

序号	省份	差分次数	ADF检测值	临界值（1%水平显著相关）	临界值（5%水平显著相关）	平稳性
21	海南	1	−4.09	−4.12	−3.14	平稳
22	四川	2	−4.60	−4.30	−3.21	平稳
23	贵州	2	−5.76	−4.20	−3.18	平稳
24	云南	1	−5.43	−4.12	−3.14	平稳
25	西藏	1	−3.68	−5.12	−3.52	平稳
26	陕西	1	−5.21	−4.12	−3.14	平稳
27	甘肃	2	−3.08	−4.20	−3.18	不平稳
28	青海	1	−4.22	−4.12	−3.14	平稳
29	宁夏	1	−9.59	−4.30	−3.21	平稳
30	新疆	1	−3.39	−4.12	−3.14	平稳

注：ADF检测值小于5%水平为平稳

表9-15　艺术团体组织（AG）与市场化水平（ML）格兰杰因果关系

省份	检验变量	零假设	F值	P值	结论
北京	专业艺术院团	MI不是AG的格兰杰原因	0.907	0.512	成立
	市场化指数	AG不是MI的格兰杰原因	0.383	0.772	成立
天津	专业艺术院团	MI不是AG的格兰杰原因	4.453	0.092	不成立
	市场化指数	AG不是MI的格兰杰原因	0.419	0.750	成立
山西	专业艺术院团	MI不是AG的格兰杰原因	1.321	0.385	成立
	市场化指数	AG不是MI的格兰杰原因	0.825	0.545	成立
内蒙古	专业艺术院团	MI不是AG的格兰杰原因	0.398	0.763	成立
	市场化指数	AG不是MI的格兰杰原因	3.442	0.132	成立
辽宁	专业艺术院团	MI不是AG的格兰杰原因	0.941	0.500	成立

（续表一）

省份	检验变量	零假设	F 值	P 值	结论
辽宁	市场化指数	AG不是MI的格兰杰原因	0.147	0.927	成立
吉林	专业艺术院团	MI不是AG的格兰杰原因	0.098	0.957	成立
	市场化指数	AG不是MI的格兰杰原因	3.971	0.108	成立
黑龙江	专业艺术院团	MI不是AG的格兰杰原因	0.290	0.832	成立
	市场化指数	AG不是MI的格兰杰原因	1.361	0.375	成立
上海	专业艺术院团	MI不是AG的格兰杰原因	3.207	0.145	成立
	市场化指数	AG不是MI的格兰杰原因	1.166	0.426	成立
江苏	专业艺术院团	MI不是AG的格兰杰原因	0.772	0.567	成立
	市场化指数	AG不是MI的格兰杰原因	0.704	0.598	成立
浙江	专业艺术院团	MI不是AG的格兰杰原因	0.539	0.681	成立
	市场化指数	AG不是MI的格兰杰原因	0.128	0.938	成立
福建	专业艺术院团	MI不是AG的格兰杰原因	0.683	0.608	成立
	市场化指数	AG不是MI的格兰杰原因	1.189	0.420	成立
江西	专业艺术院团	MI不是AG的格兰杰原因	0.520	0.691	成立
	市场化指数	AG不是MI的格兰杰原因	2.694	0.181	成立
河南	专业艺术院团	MI不是AG的格兰杰原因	2.950	0.162	成立
	市场化指数	AG不是MI的格兰杰原因	3.309	0.139	成立
湖北	专业艺术院团	MI不是AG的格兰杰原因	0.920	0.508	成立
	市场化指数	AG不是MI的格兰杰原因	9.812	0.026	不成立
湖南	专业艺术院团	MI不是AG的格兰杰原因	0.225	0.875	成立
	市场化指数	AG不是MI的格兰杰原因	7.918	0.037	不成立
广东	专业艺术院团	MI不是AG的格兰杰原因	0.463	0.723	成立
	市场化指数	AG不是MI的格兰杰原因	0.474	0.717	成立
广西	专业艺术院团	MI不是AG的格兰杰原因	0.136	0.934	成立

（续表二）

省份	检验变量	零假设	F 值	P 值	结论
广西	市场化指数	AG不是MI的格兰杰原因	0.136	0.934	成立
海南	专业艺术院团	MI不是AG的格兰杰原因	0.616	0.640	成立
	市场化指数	AG不是MI的格兰杰原因	0.672	0.612	成立
重庆	专业艺术院团	MI不是AG的格兰杰原因	0.832	0.542	成立
	市场化指数	AG不是MI的格兰杰原因	0.894	0.517	成立
四川	专业艺术院团	MI不是AG的格兰杰原因	1.296	0.391	成立
	市场化指数	AG不是MI的格兰杰原因	45.725	0.002	不成立
云南	专业艺术院团	MI不是AG的格兰杰原因	2.065	0.248	成立
	市场化指数	AG不是MI的格兰杰原因	0.541	0.679	成立
陕西	专业艺术院团	MI不是AG的格兰杰原因	2.605	0.189	成立
	市场化指数	AG不是MI的格兰杰原因	0.101	0.955	成立
青海	专业艺术院团	MI不是AG的格兰杰原因	1.147	0.432	成立
	市场化指数	AG不是MI的格兰杰原因	6.954	0.046	不成立
宁夏	专业艺术院团	MI不是AG的格兰杰原因	0.318	0.813	成立
	市场化指数	AG不是MI的格兰杰原因	1.641	0.315	成立
新疆	专业艺术院团	MI不是AG的格兰杰原因	0.327	0.807	成立
	市场化指数	AG不是MI的格兰杰原因	0.642	0.627	成立

注：P值>0.1时，H_0成立

　　综合上述三个影响因素的分析发现，在经济发展水平方面，天津、山西、江苏、江西、湖北、广东、贵州等7个省（直辖市）的专业艺术院团数量变化主要与当地经济发展水平有关，经济增长是推动专业院团数量增加最主要的原因；在城镇化水平方面，吉林、云南和陕西省的城镇化水平变化对专业艺术院团数量影响较大，相关分析仍表明其与艺术院团数量之间的密切关系，对于不少省份来说，专业艺术院团数量的提升是与城镇化水平的提升相伴随的；在市场化水平方面，天津市场化水平的提升将带动专业艺术院团数量的增加，大部分省份的市场化水平却并未对专业院团数量产生直接影响，这也意味着，无论专业艺术院团本身的市场化改革，还是地方的市场化发展，都未对专业艺术院团的城乡偏向产生明显的影响，这是我国专业院团有别于西方的重要特征，专业艺术院团作为乡村文化服务的生力军将继续在乡村文化振兴中发挥难以替代的作用。

四、发展逻辑：基于改革历程的探讨

我国专业艺术院团的发展特征究竟遵循着怎样的逻辑，又是怎样形成的呢？在这里，需要回到其历史脉络中进行挖掘。

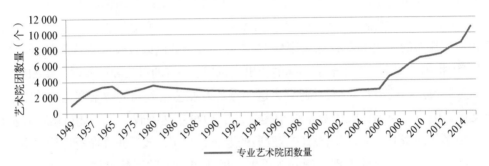

图9-9　我国专业艺术院团发展趋势（1949—2014年）

资料来源：《中国文化文物统计年鉴》（2015年）

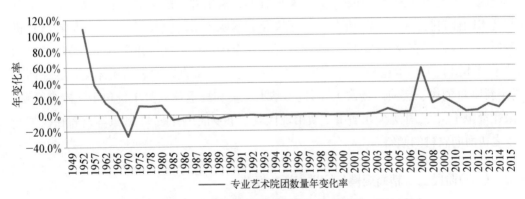

图9-10　全国专业艺术院团数量年变化率（1949—2014年）

资料来源：《中国文化文物统计年鉴》（2015年）

（一）阶段一：精简数量与管理体制改革

1949年以来形成的专业院团的体制机制构成了之后较长一段时间的基本模式：

中国的专业院团大多以公有形式存在，从产权形态上看太过单一化；其听从上级主管单位指挥，艺术创作与人事编制都高度集中在上一级，财务收入与支出全权由政府安排；除此以外，创建了严苛的艺术创造和内容审批机制以符合政府在意识形态上的指导和国家文化凝聚的需要。基于此种发展趋势，专业艺术院团弊端尽现。从政府角度出发，统包统管、政事不分的管理制度，含混了政府的职能边界，极大加重了财政支出压力，从而导致政府效率逐渐降低；从专业院团角度来说，"大锅饭"体制不仅不利于文化创作、自主创新，还将使得文化人才自由流动被阻碍。

改革开放以来，专业艺术院团的市场化改革成为全国文化体制改革的先导。回顾中国的专业院团改革进程我们发现，"布局结构优化"始终被强调成为一条主线，这里的"布局结构"囊括了农村与城市、行政区划层级、所有制等多方面意义。文化部于1979年颁布的《关于艺术表演团体调整事业、改革体制以及改进领导管理工作的意见》[1]中指出"要下放艺术表演团体的演出剧目权、一定的财权和用人权，明确以精简数量为主的艺术院团布局结构调整"，这一点从专业艺术院团的数量变化之中就能直接反映。1970年伊始，院团数量稳步提升，于1979年达到较高点，此后增长趋势历经了20多年的减弱。但这并非意味着发展的迟缓，其实，改革正在曲折进行之中。

可以看到，当时的管理体制问题重重，由此阻碍了院团的发展，因而，我们提出亟待改革。财政投入方面，20世纪80年代我国在补贴艺术表演团体方面采取了改革措施，由差额变为定额补贴以及政策性补贴，溢出部分国家不给予补贴，盈利部分归艺术团体自行支配，这一举措开启了文化艺术院团市场化改革的先声。而在管理机制层面，滥觞于农业改革的联产承包责任制在全国进行了试点并推广，部分地县级的艺术团体进行了"承包经营责任制"。例如江苏省对省直艺术表演团体实行的"两定（定新剧目创作、定演出场次）、两包（基本工资和离退休人员工资包干，副食补贴、医疗费包干）、三补（少儿演出、演出现代戏、下乡演出补贴）"政策等，就在改革开放之初面向农村的倾斜。

（二）阶段二：精简规模与推进市场化经营

伴随商品经济的试行，从1984年以后，重点转战到了城市的各个行业领域，随之而来的是艺术表演团体的深入改革。此阶段，艺术表演团体存在"布局不够合理；

---

[1]《文化部关于艺术表演团体调整事业、改革体制以及改进领导管理工作的意见》，参见：杨朝岭，庄会宁. 艺术院团改革迈出新步伐 [J]. 瞭望新闻周刊，1997（2）：67.

人浮于事，机构臃肿；领导体制和管理体制不适应艺术生产的需要；分配上的平均主义、大锅饭；鼓励、推动艺术创作、评论、研究的制度、措施不得力、不健全等"①问题，于是国家再次推出改革措施。《关于艺术表演团体的改革意见》文件当中的"布局不合理"主要表现在"按行政区划层层设立政府主办的艺术表演团体，与群众的实际需求情况想脱离，导致院团布局和品种结构失当"②。对此，文件指出在大中城市精简专业艺术表演团体，合并或撤销重复设置的院团，对市县团体设置进行调整③，可见，缩减政府主办的艺术院团规模，精简不必要的院团设置是当时专业艺术院团结构调整的主要指向，而数量众多的市、县级基层艺术院团正是改革突破口，探索采用承包责任制等市场化方式经营④，而县级院团恰恰正是与乡村公共文化直接相关的重要主体。

此后，调整艺术院团布局的要求进一步加强。1988年9月，在国务院批转文化部文件《关于加快和深化艺术表演团体体制改革的意见》中明确指出阻碍我国艺术表演事业的问题之一就是"艺术表演团体的布局不够合理，对有些重复设置的、艺术力量薄弱的、不受观众欢迎的艺术表演团体，往往很难进行调整"⑤。1989年中共中央又下发了《关于进一步繁荣文艺的若干意见》，针对布局结构调整的难题，一种新的"双轨制"改革思路被提出。所谓"双轨制"就是艺术院团采取政府主办与社会主办两种形式，少数代表国家和民族艺术水平的，或带有实验性的，或具有特殊的历史保留价值的，或少数民族地区的艺术表演团体，由政府主办，要少而精⑥；而大多数基层艺术院团放归社会化运营，大量艺术院团脱离原体制，成为市场化的经营主体。一系列制度的推行很快就引发艺术院团规模的进一步压缩，1988年与1989年也成为"文革"结束以来艺术院团数量减少最多的年份。在减少的院团中基层县级院团占很大比重，对乡村公共文化的影响不言而喻，在激烈的市场竞争中，基层艺术院团暴露出许多问题。例如，有的院团因经营不善倒闭，公共文化活动的数量与质量严重下降；又如，有的院团迫于生存压力而减少面向乡村的公益性演出，转而将主要精力放在营利性的私人活动等方面；再如，有的院团从主流文化宣传者异化为依赖亚健康、不健康活动的牟利者；等等。

---

① 《中共中央办公厅、国务院办公厅转发关于艺术表演团体的改革意见》（中办公［1985］20号）。
② 同上。
③ 同上。
④ 1980年召开的全国文化厅局长会议针对以往艺术院团存在的平均主义和"大锅饭"等问题，决定探索开展以文补文、多业助文的改革实践，借鉴农村经济改革"责任承包制"的做法，以地、县级艺术院团为试点展开，一批基层艺术院团试行演出承包责任制。
⑤ 《国务院转发文化部关于加快和深化艺术表演团体体制改革的意见》（国发［1988］62号）。
⑥ 《中共中央关于进一步繁荣文艺的若干意见》（1989年2月17日）。

（三）阶段三：双轨制调整与院团改革再深化

县级专业艺术院团市场化暴露出的问题得到广泛关注，1993年与1994年文化部发布了《关于进一步加快和深化艺术表演团体体制改革的通知》和《关于继续做好艺术表演团体体制改革工作的意见》，提出改革要"确立自主经营、自我发展、自我管理、自我约束的运行机制；实行各类院团多轨并存，保住国家重点，放开社会办团；逐步建立艺术人员合理流动的新陈代谢机制"[1]，认识到"艺术表演团体改革的着重点是优化外部环境，转换管理体制，搞活内部机制，加强经营管理"。与此同时，深化调整艺术院团的布局结构并指出效果与问题并存，"如在同一城市艺术品种相同的剧团设置重叠；大、中城市剧团偏多；县以下剧团数量少，广大乡村群众看戏难，等等"[2]。这个变化说明了中央政府对专业艺术院团的布局结构调整进入新的时期，通过对"双轨制"的矫正，克服以往对基层院团造成的不利影响。除了继续由国家重点扶持部分重大、顶尖具有示范、实验和民族代表性等的院团外，还着重加强对农村、老少边穷地区等的偏重：一、加强地县级艺术表演团体，大力支持县级艺术院团，增加经费补贴，为期常年为农村群众服务创造有利条件；二、扩大农村家庭剧团、民间职业剧团等自办剧团在总体布局中的比例；三、支持和发展老少边穷地区的艺术院团，不宜将其完全推向市场。自此之后，国家对专业艺术院团逐步采用复合化的引导策略，而非仅是一味地交由市场作用，尤其是随着政府服务购买制度与文化市场体系的逐步发展成熟，不同层级的政府大量通过向专业艺术院团采购服务的方式引导其服务乡村公共文化，支持有实力的基层专业院团发展壮大。[3]

全国各省、自治区、直辖市等根据《关于进一步加快和深化艺术表演团体体制改革的通知》和《关于继续做好艺术表演团体体制改革工作的意见》精神，对本地所属的艺术表演团体进行了进一步的改革。如陕西省就在进一步调整艺术表演团体的布局（在省直属的7个院团中，明确3个院团为国家重点扶持的省级院团；每个地市办好1个地市级的重点院团，由各地、市给予重点扶持；县级艺术表演团体可实行多种形式的所有制，力争每县有一支演出队伍；对于地方稀有剧种剧团、民间歌舞团，以及边

---

① 《文化部关于进一步加快和深化艺术表演团体体制改革的通知》（文艺发［1993］44号）。

② 同上。

③ 近年引导专业艺术院团服务乡村的重要文件包括：2011年中共十七届六中全会《关于深化文化体制改革的决定》强调"支持演艺团体深入基层和农村演出"，专业院团加大向农村地区的服务力度明确地成为其重要任务；2015年颁布的《加快构建现代公共文化服务体系的意见》要求"完善公益性演出补贴制度，通过票价补贴、剧场运营补贴等方式，支持专业艺术院团提供公益性演出"等。

远贫困地区剧团实行重点保护、扶植，择优发展的政策；提倡、鼓励、放开社会办团等）、推动机制转换，完善领导管理体制（实行演出补贴制度、自主经营、社会化管理、法人代表负责制等）、改革人事、工资制度（实行全员聘任制、艺术结构工资制）等方面做出了很多的尝试，也取得了较大的成就。

（四）阶段四：文化产业发展引领下的民营院团

世纪之交，"文化产业"这一概念被国家层面推出，对文化产业政策进行完善，对文化市场建设和管理进行加强，推动文化产业发展成为改革重点，标志着文化产业被认可，这对深化文化方面体制的改革意义非凡。2002年明确"积极发展文化事业与文化产业，继续深化文化体制改革"，文化旅游、文化服务、民间工艺加工、民俗风情展演等已成为农村的新兴产业。由于市场潜力巨大，发展路径更加高级化，因此避开了与大工业的竞争，开拓出新的职业和岗位，可以说，在大力推动农村文化产业发展的背景下，艺术表演团体的体制改革也分类别、多渠道进行。以安徽省为例，"2009年开展了全省民营艺术院团'3311'计划，以临泉杂技、埇桥马戏、安庆黄梅戏三大地方特色产业为基础，通过3年壮大艺术表演团体，拟帮扶100个地方民营院团，同时选取1 000名文化骨干进行培训。2010年，'百佳剧团'称号颁给了以肥东青年庐剧团、宣城春燕黄梅戏剧团、凤阳花鼓灯艺术团等为代表的院团"[①]。它们在不同的舞台上活力四射，极大地丰富了农村群众的文化生活，使得当地农村公共文化服务大幅提升。

在这期间，国家级艺术表演团体的新模式主要以机构整合、突出优势为契机，实行产业化运营。此外，得益于地方政府的大力支持，民间艺术表演团体迎来了新发展。具体来看，主要从政策层面对集资形式、资金扶持、市场拓展、人员配置和待遇及专业职称认定等方面着手，逐渐将民营艺术表演团体培养壮大。众所周知，各地区的民营院团大部分以当地群众为主要服务对象，也相应成为为其提供公共文化服务的重要主体。国家大力支持民营院团的举措，在很大程度上，改变了现有农村文化服务内容落入窠臼、质量良莠不齐的局面，为农村的广大群众提供了享受优质、高品位节目演出的机会。

具体来看，首先，要发展壮大民间艺术团体，就要解决以往筹措资金难的问题。2005年国家在集资形式方面颁布《营业性演出管理条例》[②]《国务院关于非公有资本进

---

① 李玮.安徽民营剧团"火"乡村［EB/OL］. 2010-09-26. http://fashion.ifeng.com/news/detail_2010_09/26/2630763_0.shtml.

② 《营业性演出管理条例》（国务院令第439号）。

入文化产业的若干决定》文件，"鼓励社会资本以个体、独资、合伙、股份等形式投资兴办民营文艺表演团体，扶持农民和民间艺人自筹资金组建民营文艺表演团体"①。此前，民营院团主要面向农村进行文化服务的输出，而资金紧张的难题困扰了院团的发展，引起了观众对剧目质量的质疑，甚至出现院团内部资金运转的危机，而政府鼓励的多元化的集资形式为民营院团解决了后顾之忧。

与此同时，国家着力推进资金支持。2009年上半年，文化部发布《关于促进民营文艺表演团体发展的若干意见》②明确规定，"各级文化行政部门要积极争取设立民营文艺表演团体专项扶持资金，努力协调金融机构为民营文艺表演团体提供贷款，运用扶持资金为民营文艺表演团体提供贷款贴息服务，对优秀民营文艺表演团体实行以奖代补，大力扶持其繁荣发展"。因此，2010年6月，以安徽省为代表的文化厅组织了中国首届民间艺术院团的会演，以奖励形式发放资金，一改传统的补贴办法，积极推动相关团体面向农村、走向基层，打造更好、更有质量的文化节目。

短缺的经费问题缓解之后，民营团体面临着与公立专业院团竞争的局面，因而尤其注重拓展市场，打造精品。国家十分鼓励民间艺术表演团体参加各级政府组织的对外文化交流项目的竞争，支持发展较好的民营团队前往国外向世界各地传播中国文化，同时进行投资、公司注册等活动，积极开拓海外市场。不仅如此，更应注重国内市场的扩展。以开拓民间演出市场为例，安徽省的新世纪豫剧团年均出演多达400多次，为乡镇人民带去文化盛宴。安庆市黄梅村的凤英剧社从2002年创办以来，不仅在新剧数量上不断突破，更融合了国家宣传的法律规则以及悠久的民风民俗等，被评为全国"服务基层、服务农村"先进剧团。③作为国内首家音乐剧领域的民营企业，北京松雷国际文化创意产业集团创作并排练的《蝶》在第九届中国艺术节上获得了"文华大奖特别奖"。《蝶》的故事创意来源于《梁山伯与祝英台》，采用音乐剧的形式予以呈现，一鸣惊人。④其实，大多数民间艺术团队越发优秀，其中一部分甚至还荣获各类全国大奖。比如，由河南小皇后豫剧团主创的《铡刀下的红梅》、由山西清徐嫦娥文化艺术有限公司创作的《龙兴晋阳》的主演胡嫦娥，等等⑤。因此，要想在艺术舞台上站稳脚跟，关键注重节目的质量。民营剧团要"向高标准看齐"才能长盛不衰。

① 《国务院关于非公有资本进入文化产业的若干决定》（国发［2005］10号）。
② 《文化部关于促进民营文艺表演团体发展的若干意见》（文市函［2009］15号）。
③ 李玮.安徽民营剧团"火"乡村［EB/OL］.2010-09-26.http://fashion.ifeng.com/news/detail_2010_09/26/2630763_0.shtml.
④ 王春梅.扎根基层民营艺术院团才能花繁叶茂［N］.中国艺术，2010-10-17（3）.
⑤ 苏丽萍.民间剧团创新优秀剧目　七名角挑班勇闯大市场［N］.光明日报，2012-09-19（2）.

基于尊重市场机制的考量，在人员配置及待遇方面，2005年11月，文化部、财政部、人事部、国家税务总局四部委联合出台的《关于鼓励发展民营文艺表演团体的意见》中"允许国有文艺院团演职人员经单位批准离职自主创办民营文艺表演团体；鼓励民营文艺表演团体参加全国性文艺评奖、调演活动，并与国有文艺表演院团享受同等待遇"[①]。安徽率先在全国出台的《关于鼓励发展民营文艺表演团体的意见》明确规定了一系列扶持专业人才办法，为民营艺术院团参与各级文艺赛事创造了机会，对人才培养十分注重。为此，当地政府采用专题业务培训班的模式，邀请行家专业对剧本、市场、编创等进行讲解，提供大量理论支撑。[②]各级政府加大重视对专业人才的培养和提拔力度，间接为农村文化演出的质量赢得了稳固保障。

针对基层人才流失严重的现象，在用人及职称认定方面，国家和各地方政府"鼓励民营文艺表演团体演员及相关技术人员参加国家专业技术职称评定，并与国有文艺院团演员及专业技术人员实行同一标准；有关行政部门在审批监管中不得收取法律法规规定以外的任何费用"。以用人策略为例，因为没有人员编制的困惑以及院团资金不足的困境，民间团体通常采用较为机动灵活的用人策略。不同时段、不同公司、不同地域的民营团体逐渐探索出了各自的路径。如此制定出的用人策略，有助于院团留住核心人才，为向农村的文化输出打下坚实的基础。

具体来看，半养型的上海萧雅文化艺术有限公司选择"一年排一部大戏"，坚持只养戏不养人的原则。公司表示："这样我们每次合作的时候，目标都是明确的，过程也是愉快的，还节省了部分养人的成本。"全养型的山东淄博鲁艺吕剧团的做法则是挑选一部分人来"养"。首先是养剧团常年聘用的主干；其次是有演出才多发奖励费的演职员；最后是类似群演的当场结算的员工。"这种管理模式既能得到大家普遍认可，又能提高演出积极性。灵活多样的用人机制有效地激活了民营艺术院团的创造力和人员活力。"[③]然而，与国有艺术院团相比，民营院团的劣势也是显而易见的，譬如"人才流动"问题。院团培养往往花八年、十年的心血，但一旦得了奖，有了点名气，就留不住人才了。因此，随着民营艺术团体的茁壮成长，相关的更为成熟的管理机制和用人策略应该被建立和实施，以满足人民日益增长的文化需求和培育院团发展的基本。

① 《文化部、财政部、人事部、国家税务总局关于鼓励发展民营文艺表演团体的意见》(文市发〔2005〕31号）。
② 《安徽省文化厅关于鼓励发展民营文艺表演团体的意见》(2008年）。
③ 翟群，屈菡，刘茜，于帆.民营艺术院团：从农村向城市突破〔N〕.中国文化报，2010-07-14（3）.

第十章

自发型组织的空间格局及其治理策略

一般说来，自发型组织主要是指社会公众基于共同的旨趣与利益在特定的文化领域兴办的公共文化组织，也泛指业余文艺组织、基层文化组织和群众文化组织等非政府性、非营利性草根文化组织，通常具有正式登记或备案管理两种基本形式，自主开展非营利性的城乡公共文化活动。近来，在城乡公共文化治理中，引导支持乡村居民自主建立自发型组织是增强乡村公共文化自组织能力的重要举措。与专业型公共文化组织相比，自发型组织本身就由乡村居民自主建立，往往被认为较为充分地体现社会组织的本质特征，但众所周知，我国乡村缺乏社团传统，乡村社会重视宗族及戚党在内的"家庭"观念，而更具公共性的"团体"观念则相对较弱。[①]中西方传统社会结构存在鲜明的差异，正如费孝通先生指出，与西方社会的"团体格局"相比，中国乡村的传统社会结构是一种以亲缘为主轴，以自我为中心的"差序格局"。[②]

改革开放以来，尽管乡村社会自发的民间组织大量兴起，但其中仍以经济类组织和宗族宗教组织等为主。[③]为此，首先应把握近年来自发型公共文化组织发展的基本态势，并通过与其他社会组织的比较，分析该类型组织在全国社会组织发展全局中居于怎样的水平。当然，由于该类型组织起伏波动较大，主要依据自发型组织的城乡总体数据。根据已有调查显示，全国民间自发组织中超过半数以上设立于乡村两级[④]，因此，基于城乡总体数据的研究能够在较大程度上反映乡村自发型组织发展的总体情况。同时，也基于该类型组织主要由乡村居民自主建立，因而通常具有扎根乡土的特点，探查不同地方自发型文化组织构建的地域模式成为本章研究的重点内容之一。在此基础上，本章选择嘉兴市自发型公共文化组织作为地域样本，对相关问题做出考

① 梁漱溟.乡村建设理论［M］.上海：上海人民出版社，2006：46—48.
② 费孝通.乡土中国 生育制度［M］.北京：北京大学出版社，1998：25.
③ 游祥斌，彭磊.改革开放以来中国农村社会的结构转型及其意涵［J］.中国行政管理，2008（12）：87—91.
④ 俞可平.中国农村民间组织与治理变迁——以福建省漳浦县长桥镇东升村为例［EB/OL］.2007-10-13. http://www.sociologyol.org/yanjiubankuai/fenleisuoyin/fenzhishehuixue/zuzhishehuixue/2007-10-19/3698.html.俞可平等.中国公民社会的兴起与治理变迁［C］.北京：社会科学文献出版社，2002：30.

察，该市位于浙江省这一我国民间组织较为发达的省份，具有相当程度的典型意义。

一、自发型组织发展的地域态势分析

自发型公共文化组织具有非营利的公益性特点，大多采用社会组织身份在民政部门登记注册，这里主要选取文化类社会组织的统计数据进行分析。不少地方都存在未经注册的自发型组织，相对而言，采用官方认可的组织数据可以较好地确保结果的可信度。在我国社会组织登记管理制度中，民政部门通常将社会组织（含文化类社会组织）划分为三类：社会团体、民办非企业单位、基金会，故而本书对自发型公共文化组织的分析也主要基于社会团体、民办非企业单位、基金会这三类展开（见表10-1）。本书所使用的数据来源主要包括《中国文化文物统计年鉴》中有关三种文化社会组织的统计数据、《中国文化及相关产业统计年鉴》中有关文化类社团等的统计数据、《中国统计年鉴》中全国社会组织发展的总体数据，从而通过自发型公共文化组织发展态势的内部与外部比较，对发展的空间格局等进行基本分析。

对文化类社会团体、民办非企业单位、基金会这三类自发型组织的考察发现，2008年以来三类组织呈现出持续增长的态势，在实际增长数量上，除基金会数量变动较少外，文化类民办非企业单位和社会团体均呈现出较快的增长速度。具体来看，文

表 10-1　文化类社会组织类型比较

类型	概念界定	典型文化类组织示例
民办非企业单位	企业事业单位、社会团体和其他社会力量以及公民个人利用非国有资产举办的，从事非营利性社会服务活动的社会组织	艺术团、舞蹈团、戏剧团等可开展营业性演出的艺术团、文化教育培训机构，等等
基金会	利用自然人、法人或者其他组织捐赠的财产，以从事公益事业为目的，按照《基金会登记管理条例》的规定成立的非营利性法人	文化类相关的基金会组织
社会团体	中国公民自愿组成，为实现会员共同意愿，按照其章程开展活动的非营利性社会组织	文化类协会、学会、研究会、促进会、联谊会、联合会，等等

资料来源：《民办非企业单位登记管理暂行条例》（1998年）、《社会团体登记管理条例》（1998年）、《基金会登记管理条例》（2004年）

化类社团增长最快，2008年增加18 020个，2015年增加18 764个；而文化类民办非企业则从最开始的8 467个上升到36 946个（见图10-1），表明社会力量在文化领域的快速发展。从三类社会组织的增速来看，近年发展趋势显示文化基金会增速更快，每年都呈成倍增长的趋势（见图10-2）。文化类民办非企业增速在2012年之后稳定在10%以上，这是由于文化类民办非企业主要由各类艺术院团、培训机构等组成，在国家文化体制改革以及现代公共文化服务体系的构建中，这类组织将成为承担城市与乡村公共文化活动的重要主体。同时，部分民办非企业组织在实际运营中与企业非常接近，又可以享受到作为社会组织的好处，因而民办非企业组织成为社会文化服务重要的提供方。因此，这一数据表明自发型组织在参与公共文化治理中的活跃程度不断提升，与改革所要求的发展方向相一致。在此基础上，进一步对不同文化社会组织构成的情况分别进行分析。图10-3表明文化类社会团体和民办非企业是构成文化组织的

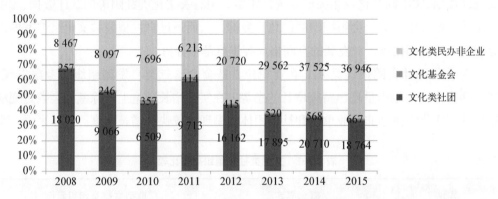

图10-1　三类自发型公共文化组织的实际数量增量比较（2008—2015年）

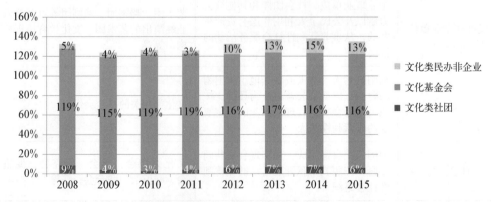

图10-2　三类自发型公共文化组织的年增速比较（2008—2015年）

资料来源：《中国文化及相关产业统计年鉴》（2016年）

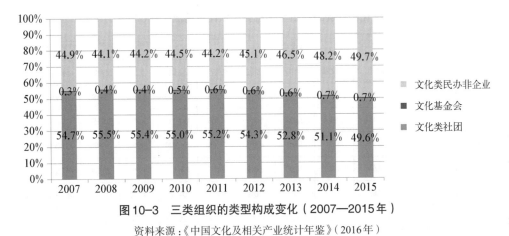

图10-3 三类组织的类型构成变化（2007—2015年）

资料来源:《中国文化及相关产业统计年鉴》（2016年）

主力军，占比超过90%，其中文化类社会团体最高，持续稳定在50%以上。

近年自发型组织数量持续增加，那么文化类自发型组织在全国社会组织发展全局中居于怎样的水平？本章结合2007—2015年全国社会组织的相关数据进一步做出测度。我国各类社会组织发展迅速，三类自发型公共文化组织机构总数在全国社会组织总数中的占比从5.8%上升至7.6%。其中，文化类社会团体在全国社会团体总量中的占比上升速度更快，从2007年的7.89%提升至2015年的10.00%，即全国近1/10的社会团体设置在文化领域；文化类民办非企业单位在同类组织中的占比也持续增长，从2007年的3.21%上升至2015年的5.2%。显然，与全国总体情

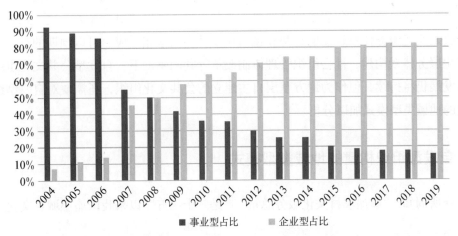

图10-4 文化类社会组织占全国社会组织比重情况（2004—2019年）

表 10-2   文化类社会组织占全国社会组织比重情况（2007—2015 年）

组织类型\年份	社会团体			基金会			民办非企业			机构总数		
	文化类	全国	占比	文化类	全国	占比	文化类	全国	占比	文化类	全国	占比
2007	16 690	211 661	7.9%	115	1 340	8.6%	5 578	173 915	3.2%	22 383	386 916	5.8%
2008	18 555	229 681	8.1%	94	1 597	5.9%	6 505	182 382	3.6%	25 154	413 660	6.1%
2009	19 687	238 747	8.3%	113	1 843	6.1%	7 188	190 479	3.8%	26 988	431 069	6.3%
2010	20 926	245 256	8.5%	140	2 200	6.4%	8114	198 175	4.1%	29 180	445 631	6.6%
2011	22 472	254 969	8.8%	184	2 614	7.0%	8 827	204 388	4.3%	31483	461 971	6.8%
2012	25 036	271 131	9.2%	182	3 029	6.0%	10 590	225 108	4.7%	35 808	499 268	7.2%
2013	27 115	289 000	9.4%	200	3 549	5.6%	11 694	255 000	4.6%	39 009	547 549	7.1%
2014	30 101	310 000	9.7%	220	4 117	5.3%	14 148	292 000	4.8%	44 469	606 117	7.3%
2015	33 000	329 000	10.0%	240	4 784	5.0%	17 000	329 000	5.2%	50 240	662 784	7.6%

资料来源：《中国统计年鉴》《中国文化及相关产业统计年鉴》

况相比，公共文化领域的自发型组织发展更加迅速，已经成为我国社会组织主要构成之一。

以上分析表明，在我国社会组织快速发展的背景下，公共文化领域的自发型组织发展尤为突出。其中，文化类社会团体的快速发展表明，城乡居民逐步以自主结社的方法丰富公共文化生活，满足个性化与差异化的文化需求；文化类民办非企业单位作为直接面向城乡公共文化服务的重要参与者和提供者，增速更为显著，这一趋势不仅符合公共文化服务体系建设的趋势，也与城乡社会需求相适应。可以预期的是，在公共文化服务体系构建、社会组织管理体制改革等共同驱动下，自发型公共文化组织的快速发展仍将持续，但作为地方基层自主建立的公共文化组织，还需要对自发型组织构建的地域类型模式加以分析。

二、自发型组织构建的地域类型模式

众所周知，"增加农村文化服务总量"[①]是"十二五"以来我国缩小城乡文化发展

---

① 新华网.国家"十二五"时期文化改革发展规划纲要［EB/OL］. 2012-02-16. http://news.xinhuanet.com/
politics/2012-02/16/c_1115295792.htm.

差距的关键之举，并延续至"十三五"时期。自发型组织对于乡村文化振兴的重要意义，在于增加农村文化服务总量的同时还助于降低公共文化服务的成本。农村日益增长的文化需求仅仅依赖政府作为农村文化服务的供给主体已经难以满足，城市文化下乡又受到空间等的约束往往时断时续，尤其在一些财力紧张的地区，问题更为突出。自发型组织有效弥补了政府投入与城市帮扶等外部推动的不足，不仅如此，由于自发型组织发育于乡村自身，更了解也更能适应当地的文化需求，或者说，对于提升公共文化服务的质量不无裨益。更重要的是，对于今后的文化发展，自发型组织作为基于乡村自身的内生型成长的产物将有效地整合乡土群体与资源，并转化为公共文化活动的影响力，从而被寄予更多的厚望。那么，当前的农村自发型公共文化组织的构建与运作究竟是怎样的呢？遗憾的是，这一类型的组织却是千姿百态也是千差万别的，加之它根植于特定的地方传统与地域的特点，不同地区民俗风情迥异，经社会发展水平差异巨大，全面把握乡村自发型组织的构建及其地域性遭遇诸多困难，不可能周详地涵盖自发型组织构建的过程与形态，故而有必要围绕试图探查的中心问题确立相应的分析路径。

相对而言，自发型组织的主要特征在于内生的自主性，比较接近于自组织。一般说来，自组织通常具有两种基本含义，一种是指动态过程的自组织（self-organizing），另一种是指静态实体的自组织（self-organization），被认为是"在一组事物和变量之间自动地发生，不需要这组事物或变量以外的力量进行干预，如此形成的系统就是自组织系统"[1]。由此而发展起来的自组织理论揭示了远离平衡的非线性复杂系统和现象从无序到有序转变的共同规律。[2]至于社会组织，其生长方向是自下而上的，而非政府主导的；其价值诉求主要限定于社会公共空间，而非政府活动的常规领域；其存在并成长的真实逻辑在于自发性、自愿性和自主性[3]，而我国的自组织不可能是横空出世的，往往依托原有社会关系及行政体系得以生长。罗家德的研究发现，"中国的自组织过程是在社会关系特质下进行的。中国能人往往是一个既定社会网的中心人物，具有较强的政治精英色彩"[4]。基于此，我国农村自发型组织根据与政府的关系确立相应的分析路径，并结合不同的案例及地域特点，大致地讲，可以归纳为从能人发起、组织衍化乃至政府催生三种地域类型模式。

---

① 彭克宏，马国泉，陈永进.中国社会科学大词典［M］.北京：中国国际广播出版社，1989：126—127.

② 吴彤.自组织方法论研究［M］.北京：清华大学出版社，2001：27.

③ 刘伟.国家治理视阈下我国社会自组织状况再考察［J］.学习与实践，2015（04）：74—81.

④ 罗家德，孙瑜，谢朝霞，和珊珊.自组织运作过程中的能人现象［J］.中国社会科学，2013（10）：86—101，206.

（一）能人发起型模式

中共中央、国务院《关于实施乡村振兴战略的意见》在有关"加强农村公共文化建设"的部分提出，"培育挖掘乡土文化本土人才，开展文化结对帮扶，引导社会各界人士投身乡村文化建设"，显然，乡土文化能人带动是自发型文化组织建设的主要模式。这一模式在全国较为广泛地散点分布，出现于私营经济发达地区的能人发起型模式组织化程度更高。在乡村或社区一些具有文化表演专长、热心集体事务、具有组织才干的文化能人成为自发文化社团等的组织者，吸纳其他具有文艺特长的村（居）民加入，利用熟悉地方文化特色、了解基层文化需求的优势，服务城乡居民。与专业艺术院团相比，文化能人的优势主要在于其生长于当地的乡缘、血缘优势。在中国农村强调家族体系的社会格局中，文化能人作为家族或聚落的成员，更能够带动较多的村庄成员进入协会组织，参与协会主办的文化活动，具有难以比拟的优势。有鉴于此，早在2005年，国家层面就已经关注农村文化能人等的重要性。中办、国办印发的文件指出，"积极培养农民文化骨干，充分发挥民间艺人、文化能人在活跃农村文化生活、传承发展民族民间文化方面的作用，巩固农村文化建设的群众基础"[①]。尽管能人带动的自发文化组织仍然面临很多困难，但近十年来，由能人带动建立的自发文化组织在不少地区从无到有、从弱到强，从整合文艺骨干编排表演文艺节目到吸纳广大城乡居民自主参与，从服务本村本地文化到跨城乡跨地域文化交流，在城乡公共文化服务中扮演着越来越重要的角色。如2021年，山东省印发的《山东省推动乡村文化振兴工作方案》就指出，要"培养带动一批基层文化工作者、民间文化能手，发展壮大文化志愿者队伍，增强乡村文化自我发展能力"。

不过，应该着重指出的是，相对而言，中西部地区仍需要政府必要的引领与扶持。甘肃省庆阳市正宁县河镇北堡村的普通农民姚牛，热爱文艺活动，倡导成立了全县首个"农民文化联谊会"，自费办起了全县首个"农家书屋"，个人出资举办了全县首场村级农民运动会，牵头成立了全县首支农民电影放映队，受到多次表彰，并当选为正宁县政协委员。在政协委员任上，他积极奔走，向县政府提出关于加强农村文化活动等建议都受到重视并得以落实。[②]这可以说是文化能人自主建立公共文化组织的范例。而同是正宁县的和平村农民张喆生，拥有突出的篆刻技艺，则在政府扶持下开

---

① 《关于进一步加强农村文化建设的意见》（中办发〔2005〕27号）。
② 师正伟.乡村文化的传播者——记正宁县群众文化带头人姚牛〔EB/OL〕.2013-05-25.http://gsnmb.gansudaily.com.cn/system/2013/05/25/014080939.shtml.

设了工作室，第一年就为全家带来10多万元的收入，作品行销多地。宁夏隆德县则通过扶持打造文化小微型企业，让文化能人成为文化民生带头人，让一部分文艺能人成为脱贫致富的带头人。[①]安徽肥西县桃花镇通过调查摸底、登记造册，积极寻找本乡本土的文化能人，发掘文学、音乐、书法、曲艺、体育、戏剧、摄影等人才逾200人，以群众带动群众，最大限度地激发基层文化的活力和生命力。[②]河北成安县按照懂政策、有道德、有文化、善组织、有影响力的要求，通过村级初选、乡级推荐、县级认定的方式进行挖掘、编排，同时，县电视台创办"搜星大舞台""出彩成安人""我要上春晚"等精品文艺栏目，广泛挖掘、宣传文艺新秀；截至2016年年底，共挖掘农村文化带头人800余人，并以"文化能人"为核心，先后成立农民兴趣协会及文艺社团等组织300余支。[③]当然，当前用好网络媒介，在乡土文化能人以及乡土文化的宣传、推广方面能起到意想不到的放大效应。"朱之文现象"就充分体现了网络媒介在塑造"平民偶像"中的巨大推动力。[④]地方政府往往通过主动引导，搭建平台，创造机会，将文化能人及其文化组织的线下活动与线上宣传相结合，促进能人发起型组织的发展。

（二）组织衍化型模式

多出现于集体经济较为发达的地区。一些经济类的村民合作组织发展到一定阶段后又衍化出文化类的自发组织，从而为合作组织的成员提供公共文化服务。组织衍化型模式，由已有的农民协会等具有较强经济合作功能的组织衍化而来，与能人发起型的模式相比，通常拥有较为充沛的资金基础，经济合作社是文化队伍主要的资金提供方。例如，湖南省湘潭县射埠镇镇政府并没有给予专门拨款，而是对组织自行举办的文化活动提供宣传、推广、组织等方面的支持。经济合作组织推动建立的文化团队实现了经济合作组织与农村群众的双赢，不仅有助于为经济增收的乡村居民提供更加丰富的文化活动，也有助于增强协会成员的归属感和凝聚力。射埠镇的农民在农民协会组织下组织建立农业发展的24家专业合作社，如水稻种植专业合作社、蔬菜种植合作社、油沙豆种植专业合作社、油茶专业合作社等，合作社以集体生产经营的方式帮助农民致富增收。合作社取得成功后，农民协会又进一步采用自发组织出资与农民个

---

① 张钦.宁夏隆德文化能人带动文化民生［N］.西部时报，2012-07-24（9）.

② 许蓓蓓.文化能人唱"大戏"［N］.安徽日报，2012-09-17（B02）.

③ 张海啸，常虎涛，岳艳峰.成安"文化能人"引领农村文化新发展［EB/OL］.2016-12-13. http://www.handannews.com.cn/new_epaper/hdrb/html/2016-12/13/content_152258.htm.

④ 宋健.浅议网络媒介对"平民偶像"的推动力——以"朱之文现象"为例［J］.现代视听，2011（06）：76—78.

人出资相结合的方式组织农民文化活动队伍，包括1支射埠街舞队、18支腰鼓队、5支秧歌队、2支龙灯狮子队等。[①]又如，河北献县农民艺术家协会自2010年3月成立以来，在全县各乡镇村组建了近三百支文艺队伍，并创办了"农民文艺大学"，全县七千多名农民成为半专业文娱演员。同时，在全县开展了"百团大赛""千场大戏进农家""献王春祭大典"等一系列活动。截至目前，协会已有正式会员2.7万余人，非正式会员8万多人，直接受益人达30万人次。[②]

（三）行政引导型模式

多出现于政府行政介入较强、乡村自发文化组织发展较为滞后的地区。在我国不少省份，地方政府正积极调整在乡村公共文化服务中的角色，从直接引导促进民间自发文化组织发展。在一些亟待自发文化组织发挥作用的重要领域，政府通过政策手段积极鼓励与支持发展。随着社会组织准入门槛的降低，政府逐步将重点转移至自发文化组织发展的事中和事后管理，使后者成为服务城乡社会需要的重要力量。例如，河南省漯河市临颍县文化局在全县15个乡镇成立了15个戏曲爱好者组织，已经有大约两千多名戏迷群众加入其中，经常性地开展戏曲彩排和会演活动，传承传统戏曲文化，丰富了基层群众的文化生活。[③]政府催生型模式下的自发文化组织通过政府采购等方式取得一定的资金支持，能够在短时间内开展较大范围的服务辐射，在发展初期优势明显，但同时也易出现与需求相脱节、持续力不足等问题。

实际上，上述三种模式在现实形态中难以做非此即彼的区分，也难以做孰优孰劣的分等，因时因地相应地采取不同的策略鼓励与支持自发型组织发展确实有助于促进城乡居民发挥主体作用，多样的组织化方式促使乡村群众从文化的被服务者转变为文化服务的提供者和参与者。不仅如此，自发型组织也在某种程度上超越了我国乡村社团精神不足的传统，梁漱溟针对这一问题曾指出，重建中国社会文化，就必须在原有中国传统家族之上，倡导建立社团组织，培育团体生活意识。[④]基于文化能人、合作组织、政府政策等不同地方优势的支撑，自发文化组织在全国不少地方都取得进展，

---

① 邱正文，刘建荣.农民协会活跃农村文化——湖南省湘潭县射埠镇新农村建设调研［J］.学术论坛，2011，34（05）：165—168.

② 中国日报.农民艺术家协会活跃农村文化生活［EB/OL］.2014-12-21. http://www.chinadaily.com.cn/hqcj/xfly/2014-12-21/content_12923124_2.html.

③ 国强，刘佳.临颍县戏曲协会丰富乡村文化生活［EB/OL］.2014-12-09. http://news.dahe.cn/2014/12-09/103892394.html.

④ 梁漱溟著.乡村建设理论［M］.上海：上海人民出版社，2006：46—48.

为完善我国乡村治理的提供了可行的路径。

三、自发型组织治理的地域样本考察

为了更清晰地把握当前自发型组织的构建与运行状况，本书拟借助有关浙江省嘉兴市自发型文化组织调研与问卷调查①的成果作为地域样本的考察。根据该项调研数据汇总分析，嘉兴市自发型文化组织中非营利类占99.4%，同时，自发型文化组织占所有文化组织数量的比例高达65.9%，组织成员大多在20—50人之间，大型组织固定成员已经超过100人的规模，表明自发型组织已经得到相当程度的发展，但发展较好的自发型文化组织占比仅仅为6.18%。

从总量来看，自发型组织主要分布在海宁市、南湖区和嘉善县，三地共占全市的70%以上，尤其是海宁市就占嘉兴的1/3；从结构来看，海盐、桐乡的自发型文化组织在文化组织的占比最高，均在80%以上，南湖、桐乡、嘉善的占比50%以上，平湖和秀洲则低于50%。发展较好的自发型文化组织中，倘若不简单比较绝对数量，而以发展较好的自发组织所占比重加以考察，颇有意味的发现是，县级市和县的比重明显高于市辖区，具体来看，平湖市（11.9%）＞桐乡市（11.1%）＞嘉善县（7.2%）＞海盐县（5.2%）＞海宁市（5.0%）＞南湖区（4.6%）＞秀洲区（3.4%）。尽管海宁市发展较好的自发型文化组织数量最多，但文化组织总量也最多，近900家，故而其比重在嘉兴各区市县中却相对较低。

从主要类型来看，以体育健身类和大众歌舞类为主，两者共占总量的74.8%，此外，依次为民俗表演类（8.5%）＞琴棋书画类（6.0%）＞戏曲曲艺类（4.5%）＞非遗传承类（4.1%）＞技艺表演类（1.5%）＞其他（0.7%）；就具体县区市而言，秀洲

---

① 集中的大规模问卷调查对象包括市县区文化局、文化组织、普通群众三类。为了保证调研数据的真实性，在嘉兴市文化局的协助下，调研问卷的发放采取了市文化局社会文化处统一组织实施，市县区按照行政隶属关系层层上报的方式进行。根据问卷回收情况，面向普通群众的问卷一共发放了900份，有效回收815份，回收率为90.5%；面向文化组织负责人的问卷一共发放了900份，有效回收798份，回收率88.67%；面向市县区文化局的问卷一共发放7份，有效回收7份，回收率100%。注意城乡均衡分布和地域均衡分布：来自城市的被调查者占30.6%，来自乡村的被调查者占34.2%，来自城乡接合部的被调查者占14.3%，来自小城镇的被调查者占23%。此外，本次调研对象（普通群众）的年龄、性别、职业、行业、文化程度情况如下：（1）在年龄结构上：21—40岁占43%，41—60岁占40%，61岁以上的占14%，20岁以下占3%，即调查的对象集中在21—60岁，两者之和为83%。（2）在性别结构上，女性占65%，男性占35%，男女比例基本上在1:2。（3）在文化程度上，大学及以上占36%，高中占32%，初中占22%，小学及以下占10%。其中，高中以上文化程度占68%。（4）在职业或单位性质上，机关事业单位占23%，企业工人占25%，农民占15%，自由职业者占9%，其他职业占23%，未就业者占5%。其中，机关企事业单位占48%。

表10—3　嘉兴市自发型文化组织综合情况

序号	所属县（市、区）	自发型文化组织数量（个）		自发型文化组织占所有文化组织比例（%）	文化组织表演内容或活动方式（个）								发展较好的自发型文化组织数量（个）
		营利类	非营利类		大众歌舞类	体育健身类	戏曲曲艺类	民俗表演类	技艺表演类	非遗传承类	琴棋书画类	其他	
1	南湖区	2	432	76.2	143	191	21	35	6	12	20	6	20
2	秀洲区	0	117	46.4	60	43	2	6	1	0	5	—	4
3	桐乡市	0	207	82.2	45	92	12	9	6	25	15	3	23
4	平湖市	1	66	36.2	33	17	3	3	0	1	10	—	8
5	海盐县	0	135	96.1	52	45	4	5	0	9	20	—	7
6	嘉善县	0	277	64.5	55	120	22	44	7	13	14	2	20
7	海宁市	7	529	59.6	233	197	15	48	6	12	22	2	27
总计		10	1 763	65.9	621	705	79	150	26	72	106	13	109

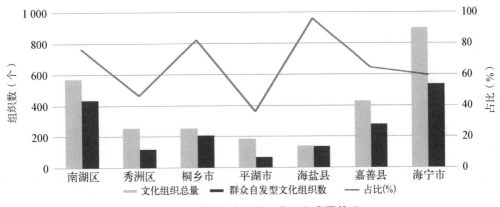

图10-5 嘉兴市各区县文化组织发展状况

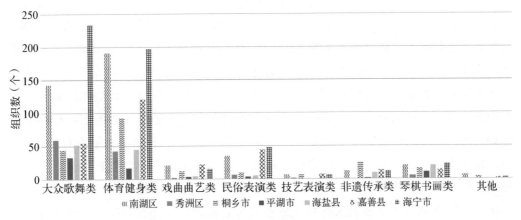

图10-6 各区县自发的文化组织的主要类型

区、平湖市和海宁市的大众歌舞类活动实力较强,桐乡市、南湖区和嘉善县的体育健身类活动更具优势,而与其他区县相比,海盐县的琴棋书画类活动比重较高。总体而言,海宁市的文化组织发展状况最好,且类型也较为齐全;南湖区、嘉善县和桐乡市的组织数量较多,多为发展较好的文化组织,在体育健身类组织方面发展较快;平湖市和秀洲区的文化组织比重相对较低,多大众歌舞类组织,而海盐县的类型较为多样性,其中非遗传承类和琴棋书画类组织的比重相对较高。那么,这些数量众多的自发型公共文化组织究竟是如何构建的呢?

(一)自发型公共文化组织的构建模式

嘉兴自发的公共文化组织的组建基本印证了上文所述三种模式的分析。一是能人发起型。例如,秀洲区新塍镇西文桥村夕阳童心戏曲团,原先是几位志同道合的老人时常玩玩乐器、唱唱越剧，在2013年11月，大家合计之后成立了戏曲团，现在已初具规模，所需的乐器和专业音响设备在新塍镇文化站帮助下逐步齐全。[①]再如，嘉兴秀洲区运河社区的太极拳队，起初也仅是几位太极拳爱好者相聚锻炼身体，后来在队长的带领下于自发组织成立了运河社区太极拳队，现有成员50多人。[②]当然，这一类型的自发组织也呈现发展壮大趋势。新兴街道的新兴康乐艺术团，现有团员110人，包括歌咏队、陶笛队、排舞队、民族舞队、综合艺术队、摩登队、拉丁舞队、交谊舞队、老年模特儿队、太极队等10余支队伍，仅2014年以来就组织举办了各类公益演出8场次，其中包括针对老年人的多场慰问演出，受到了社会各界的广泛关注和好评。[③]事实上，这类组织在嘉兴自发组织中占很大比例，占比至少达到45%。[④]二是组织衍化型。在嘉兴，这类组织大多是相关的协会所创办的。比如，南湖区余新镇余新社区居住着约12 000人，户籍人口和非户籍人口各占一半，管理难度较大，故而该社区成立了社区工会联合会，又由社区工会联合会组织建起了包括门球队、巾帼戏曲队、广场舞队在内的11支文体组织，目前已吸引了600多名队员，经常在工会的组织下送戏剧歌舞到企业。[⑤]这类组织在嘉兴自发型公共文化组织中占比大约25%。[⑥]三是政府催生型，主要是政府有关部门的直接推动和主导下成立的自发型公共文化组织。比如，秀洲区嘉北街道是一个城市居民、拆迁农民和新居民比例相对平均的复合型街道，很注重以文化软实力来推进辖区经济社会发展，目前已推动建立了排舞、合唱、越剧、棋类等各类群众性文体队伍53支。[⑦]再如，桐乡市梧桐街道成立了舞蹈队、戏剧队、太极拳队等多支各具文化特色的业余文艺演出队，还计划组建文体志愿者队伍。[⑧]在嘉兴，政府推动型文化组织的推动力量主要来自街道、乡镇、村等基层文化

① 嘉兴在线.村民自建草根文化组织搭建群众文化大舞台［EB/OL］.2015-12-23. http://www.cnjxol.com/xwzx/jxxw/qxxw/xz/content/2015-12/23/content_3527438.htm.
② 嘉兴日报.高照街道多角度丰富辖区群众文化生活［EB/OL］.2015-10-30. http://www.cnjxol.com/xwzx/jxxw/qxxw/xz/content/2015-10/30/content_3483579.htm.
③ 浙江文化信息网.嘉兴市"公共文化大舞台"业余文艺组织展风采［EB/OL］.2015-05-24. http://www.zjcnt.com/content/2015/05/24/250885.htm.
④ 问卷中本题为多选题，即使以最保守的"长期以来自然形成的领头人"一项，即达到45%。
⑤ 嘉兴在线."超社区"工会立足文化服务职工群众［EB/OL］.2013-12-19. http://www.cnjxol.com/xwzx/jxxw/qxxw/nh/content/2013-12/19/content_2964695.htm.
⑥ 由于当前我国居民合作组织和协会商会等枢纽组织成立的背后往往都有政府部门的引导，因此，本书按照"政府相关部门或主要负责人引导下成立"的比例来大致界定组织衍生型群众公共文化组织的比例。
⑦ 嘉兴在线.北街道基层文化建设让群众得实惠［EB/OL］.2013-05-10. http://www.cnjxol.com/Industry/content/2013-05/10/content_2681155.htm.
⑧ 浙江在线."百姓舞台"让群众文化"遍地开花"［EB/OL］.2013-11-15. http://jx.zjol.com.cn/system/2013/11/15/019706636.shtml.

中心（站），这种类型的文化组织占比大约20%。[①]当然，还有在当地文化资源基础上，依靠文化能人参与和政府部门主导或引导等交互作用产生的其他组织。

不过，根据调研评估发现，自发型组织在嘉兴市发展较好的仅仅占6.18%，尽管具体的评估标准可能有所偏颇或过于严格，但发展的总体态势并不理想却是事实。为此，有必要借助相关的调研及数据加以分析。

（二）文化组织的"类型—需求"维度

文化服务类型与公众需求取向的关系是自发型文化组织服务供给的基本面。就此而言，嘉兴市自发型组织的供给类型颇为丰富。根据官方提供的数据，自发的文艺团队拥有近十个类型，其中排在第一位的体育健身类和排在第二位的大众歌舞类占据了表演内容的绝大部分，两者占到了74.8%，远远多于其他类型，呈现出类型丰富且相对集中的特点；根据群众调研的反映，上述官方数据的结论也得到相应的验证，他们所在社区或村现有自发型组织类型中，排在第一位的歌舞类和排在第二位的体育健身类之和接近85%，可见，歌舞类和体育健身类确实处于主导地位。

同时，这一文化组织的服务供给类型与公众需求趋向大体上是一致的。群众感兴趣的文化演艺或健身活动类型和愿意参加的文化组织中排在前四类的分别是歌舞、体育健身、民俗表演、戏曲；排在第一位和第二位的正是歌舞类和体育健身类，而且两类之和都在90%以上。从服务类型这个意义上说，嘉兴市自发型公共文化组织的确体现出供求基本平衡，也反映出嘉兴市自发的文艺团体扎根于基层、真实反映群众意愿的特点。这一点还可以从其他调研数据中得到佐证。72%的群众回答其所在社区或村就有自发型公共文化组织，可见组织分布的地域较广；43%的群众回答喜欢他们看过的自发型公共文化组织的表演，有37%的回答是部分喜欢，两者加起来总和达81%，而明确回答不喜欢或说不上来的仅11%，这表明当前这一文化组织的表演内容和形式是受到认可的，也是具有社会基础的。但嘉兴市自发型组织发展为什么会发展不够理想呢？倘若转换维度考察，相关问题将逐步明朗起来。

（三）文化组织的"活动—反响"维度

自发型文化组织所推动和开展的文化活动是其产生社会影响、获得社会认可的关键所在。在这里，对文化组织活动的分析主要从时机选择、空间范围、舆论宣传及社

---

① 判定依据：问卷回答"政府相关部门或主要负责人主导下成立"的比例有25%和回答"组织负责人由政府部门任命"占比为20%。

会认同等方面展开。

一是文化组织活动的时机选择。尽管为数众多的自发的文艺团体在问卷中已显示"参加政府主管部门的招标""群众在政府主管部门的菜单下单""群众邀请"和"根据自己对群众需求的调查或了解主动安排"并选择相应的活动时机，但根据调研，高达近80%的组织活动时机依赖政府部门的安排或邀请；同时，还可以从组织开展活动的年度具体时间得到佐证，高达60%组织的活动时间在每年的节日，还有接近40%的活动时间在政策宣传日，表明组织活动时间上较大程度依赖政府的统一安排。

二是文化组织活动的空间范围。自发的文艺团体活动范围主要集中于所在村或乡镇，绝大多数组织的活动范围没有超越所在县城。在调查问卷中，关于组织活动的主要地域范围涉及本村（社区、单位）、本街镇以及相邻街镇、本县市区以及相邻县市区、本地级市以及本省和外省乃至全国等。海宁市调查的结果是活动范围在本村（社区、单位）占62.8%，超出本县的只占1.4%，出省的为零，而海宁市拥有发展较好的文艺团体的绝对数量尚且在整个嘉兴市位居前列。可以说，自发型文化组织的活动空间普遍存在着本地狭域化倾向。当然，这些组织应该也有走出本县、本省乃至出国表演的愿望，但活动空间范围的狭域化限制难免使文化组织出现萎缩。调查还发现，组织演出的地域空间范围由小到大扩展时却呈现明显的阶梯下降趋势，表明组织发展后劲乏力，与兄弟组织的互动交流学习较少。而文化组织的创新尤为需要彼此间的交流、借鉴和融合，需要博采众长、取长补短，不断吸收其他文化组织的有益成果，促进自我成长，这无疑会对文化组织本身的持续发展构成严重挑战。

三是文化组织活动的舆论宣传。舆论宣传是促进公众知晓度提升以及吸引公众广泛参与的重要路径。但当前媒体对基层自发型文化组织的活动宣传报道并不多，致使公众对自发型文化组织的活动信息缺乏了解。海盐县的问卷调查中有"目前的文化展演活动，哪些方面令您不满意"的问题，答"活动信息很难及时了解"占到1/3，足可见相关媒体及宣传报道之少。当然，这与当前自发的文化团体本身尚未能更有力地激发公众的兴趣不无关系。但不可否认的是，自发的文化团体与文化站、文化中心等公办文艺团体之间存在着某种不公平竞争，相关媒体及宣传报道往往更青睐后者。

四是文化组织活动的社会认同。自发型文化组织往往被认为更加贴近生活、贴近群众，因而应更应该具有影响力，但现实情况并非完全如此。从调查情况看，当问到"您觉得目前的文化展演活动，哪些方面令您不满意？"（可多选）备选答案有：开展活动的次数太少；活动信息很难及时了解；文化展演内容单一；文化内容大部分是自已不喜欢的；等等。选择"文化展演内容单一"的选项较多，在秀洲区的调查，选此项的达33%，而海宁市则达到34%，均是所有选项中最多的。习惯上认为，自我娱乐的文化组织表演本应该赢得群众支持和认可，但调查结果却是，当问到"如果您看过他们的表演或了解他们的活动形式，您喜欢吗？"选择"喜欢"的仅43%，不足一半；"部分喜欢"的达37%；其余选择"不喜欢"或"说不上来"。小众的自娱自乐不见得就能成为大众认可的公共娱乐。

很明显，通过自发型文化组织"活动—反响"维度的分析，已经展现了这类组织当前开展文化活动所面临的困难局面。如果说类型与活动主要的是文化组织的外观形态，那么，需要进一步探讨的则是深入文化组织的内部情况。

（四）文化组织的"创新—凝聚"维度

众所周知，文化组织的内在创新力是组织发展活力的关键所在，而文化内容创新更具有举足轻重的地位。就此而言，自发型组织的文化内容创新相当程度上来自传承（"老一辈的口耳相传"）、传授（"政府主管部门相应辅导人员的传授"）和传习（"组织人员培训学来的"）。这三者总占比达到71.9%，说明目前组织表演内容上仍然是以继承和模仿学习为主。与此同时，就具体的文化内容而言，大约50%的组织选择"民俗表演"，40%的组织选择"宣传政府方针政策"，25%的组织选择"法制法规教育宣传"，表明至少40%的内容与时政宣传有关。显然，这类自发的组织注重弘扬时代主题和民族精神，正能量的传播应该予以充分倡导、肯定和支持。不过，急于求成的应景之作或政策图解，反倒不利于文化创新，也无助于正能量本身的传播。从调查的结果看，关于内容单一而后不够满意的竟有59.5%。嘉兴市中心城区的自发型文化组织本应拥有更为丰富的内容，但作为中心城区之一的南湖区在问卷调查中，当问到"您觉得目前的文化展演活动，哪些方面令您不满意？"（可多选）选择"文化展演内容单一"的最多，其他的才是"活动信息很难及时了解""开展活动的次数太少"和"文化内容大部分是自己不喜欢的"。可见，文化表演内容的单一化倾向，已经成为自发型公共文化组织的发展瓶颈之一。但值得重视的是，组织专门人员创作（31.4%）、购买专业创作以及跟专业创作人员合作（后两项为22.7%）三者的总占比已经过半，这也表明自发型组织已经产生了文化创新的自觉，也拥有较为强烈的内在动机。应该说，嘉兴市的自发型公共文化组织可能正在萌生新的发展态势。

与内在创新力紧密相关的则是文化组织的内在凝聚力。一般说来，以功能实现为目标的组织，应该具有相应的结构形式、内部机制和一定程度的约束力。但根据调查的情况来看，关于组织内部的固定成员有无固定的职责分工，选择没有固定分工有32.6%，说明部分组织比较松散。还有，许多组织存在非固定成员。尽管自发型文化组织存在非固定成员是正常现象，但是非固定成员过多难免使组织的凝聚力受到限制，尤其是一些非固定成员活动参与率不高，将影响组织活动开展和持续发展。同时，嘉兴的自发型文化组织已经体现出一定的规范发展水平，但基于组织机制的凝聚及紧密化程度仍有不足。调查者认为，嘉兴自发型公共文化组织大约有40%的组织勉强符合标准，算得上真正的组织，如果考虑到自发性这一特征，最多也就50%的组织算得上真正的组织；其中，紧密型组织相对较少，倘若以"组织固定成员都有一定的职责划分"作为紧密型组织的必备条件之一，那么，紧密型组织最多仅30%左右，大约70%的组织属于松散型组织，当然，其中有相当数量的组织处于由松散型向紧密型逐渐过渡的阶段。

可以说，从文化组织内部的创新力与凝聚力来看，尽管当前嘉兴自发型文化组织仍面临着诸多不足，但自觉的文化创新正在逐步生成，紧密的组织凝聚也正在逐渐形成。资源支撑是组织生存与发展的基础，影响组织的持续发展，下面有必要对文化组织的资源与来源加以考察。

（五）文化组织的"资源—来源"维度

自发型文化组织所拥有的资源涵盖物质资源、人力资源、场地资源等重要方面，是其本身生存与发展的基础支撑。资金是自发型组织发展最为基本的物质要求，但资金短缺却是常态。嘉兴自发型文化组织的资金来源于门票等营业性收入相当之少，主要来自自筹经费与非自筹经费（政府投入、社会捐助等）两方面的渠道。具体地看，就非自筹渠道而言，嘉兴自发型文化组织获取非自筹经费的渠道主要是政府以奖代补和企业赞助资金，但其中，仅有33%的组织能够获取政府的以奖代补资金，仅有20%的组织能够获得政府拨款或奖励资金，说明仅有1/3的群众文化组织能够获取政府扶持资金，高达2/3的文化组织得不到政府资金扶持；至于能够获得各种赞助（含社会捐助和企业赞助）的组织也仅各占20%左右，考虑到群众文化组织强者愈强、弱者愈弱的生存现实和政府资金主要是以奖代补为主的政策实施效果，放宽来看，能够得到各种非自筹资金的群众文化组织应该不到45%，大约55%的群众文化组织只能依靠自筹资金维持运转。就自筹渠道而言，80%以上组织的活动资金为自筹或大部分自筹，其中47.9%的组织自筹经费投入建设的每年仅数千元，多数每月不足350元，对平均规模为10—20人的小型文化组织而言，何等拮据自不待言。即便是这微薄的投入，半数左右的组织还需要成员凑份子或工资等固定收入的贴补，这明显束缚了活动的开展。说明资金短缺确实是当前严重影响自发型文化组织发展的普遍问题。以海宁市为例，社会或企业捐助一部分与大部分自筹的队伍，占总数的39.7%；大部分自筹、政府拨款小部分、演出活动后政府以奖代补的占35%；政府拨款小部分、自筹大部分的占11.5%；完全自筹、演出活动后政府以奖代补一部分的占10.8%；其他形式的占3%。很明显，财政扶持比例较小，自筹经费不稳定，导致自发型公共文化组织的稳定发展难以实现。高达70%的嘉兴自发型文化组织反映，资金不足是当前面临的主要困难，并希望政府加大对组织的资金扶持力度；50%的组织明确表示存在资金困难，希望政府能拨款帮助。调研也显示，绝大部分自发型文化组织没有门票收入，群众自发型公共文化组织基本没有活动的固定经费，经费大部分自筹，来源紧张。

　　与资金短缺相伴生的是设施场地与人才资源的短缺。多达80%的组织选择利用政府主办的活动室、活动中心、文化广场进行表演，少部分组织选择在组织负责人的家里进行表演或者没有固定活动场所，表明组织日常活动场地仍然不足，政府需要加大文化公共设施和场地的建设与安排。"扩大场地规模"成为仅次于希望给予资金支持的第二个大问题；在"组织目前面临的主要困难"中"设施设备跟不上"也是仅次于资金短缺的第二大困难。不仅如此，人才资源短缺不容忽视，具有较高文艺素养的人才不愿加入、组织人才老化后继无人以及培训的机会较少等因素已成为部分群众自发型公共文化组织创新式发展的制约因素。在调研的文化组织中，本科学历在0—10%占半数左右，50%以上的少之又少。对嘉兴南湖区部分文艺组织的调研发现，表演脚本来自组织专业人员的创作，大约只占1/5。由于专门人才的短缺，导致文艺表演的内容和形式难以实现创新性发展。训练场地、演出平台、人员培训等资源也是嘉兴自发型文化组织希望政策支持的重要内容。相关制度资源方面，嘉兴的区市县确实出台了不少相关文件的规定，如平湖市有专门的业余文体组织考核补助办法，嘉善县也有专门的基层文化阵地建设与管理办法，海盐县也有加强全县基层文化阵地建设推进城乡文化一体化的实施意见，而这些政策实施效果与执行情况原本就有待观察，至于专门针对自发型文化组织发展的制度却比较缺乏，仅某些政策文件有所提及，谈不上有制度资源的坚实保障。

　　综上，借助有关方面的调查，通过嘉兴市这一地域样本的考察更明晰地反映了当前我国城乡自发型公共文化组织的基本特质和阶段性特点。与全国的情形相似，嘉兴市城乡自发型公共文化组织依托社会关系乃至行政体系，并以能人发起、组织衍化与政府催生等为基本模式正在不断构建起来。城乡自发型文化组织的类型、数量及其内容与社会公众的实际需求大体上是平衡的，这正体现了自发型文化组织生长于基层的基本特质；但活动时机选择的政府依赖性、活动空间范围的乡土狭域化以及舆论宣传的乏力与公众反响及认同的不足等，同样反映了现阶段自发型文化组织的特点。尽管这类文化组织的内在创新力仍脱不开老一辈的传承、政府辅导人员的传授以及人员培训的传习，甚至也存在着文化活动内容单一等不足，但自觉的文化创新正在逐步生成；尽管这类文化组织的内在凝聚力由于缺乏必要的机制与职责分工，连组织成员尚未稳定，甚至也存在着组织解散的风险，但紧密的组织凝聚毕竟正在逐渐形成。资金、人才、场地等短缺的现实难题使这类文化组织面临着重重困难，但发展得较好的组织仍可获得政府扶持与社会捐助。

应该说，乡村自发型公共文化组织正在稳步却也在艰难地构建和发展，这类组织可以自主地建立却难以自立地成长。囿于篇幅的限制，本书不可能为自发型公共文化组织发展做出宏大系统的政策设计与制度安排。但实际上，上述的分析对于当前的诸多政策具有诸多启发价值。例如，既然能人是这类组织的关键所在，那么，针对核心管理人才、专业人才究竟怎样确立与之相适应的培育政策；再如，既然资金是这类组织的重要瓶颈，那么，就不能仅仅是锦上添花的以奖代补，还要确立雪中送炭的公共财政政策；又如，既然这类组织存在着乡土狭域化，那么，就有必要确立区域协调与共建共享机制，推动它们在交流互鉴中不断提升自我；还如，既然这类组织对政府具有很大的依赖性，那么，就有必要形成新的引导机制，促进更多社会力量参与，不仅要催生组织的构建，更要催化组织的文化创新与健康发展。正如恩格斯指出，"世界不是一成不变的事物的集合体，而是过程的集合体，其中各个似乎稳定的事物以及它们在我们头脑中的思想映象即概念，都处在生成和灭亡的不断变化中，在这种变化中，前进的发展，不管一切表面的偶然性，也不管一切暂时的倒退，终究会给自己开辟出道路"[①]。

---

① 中共中央马克思恩格斯列宁斯大林著作编译局编译.马克思恩格斯选集：第四卷［M］.北京：人民出版社，2012：250.

第十一章

枢纽型文化组织的空间格局及其治理策略

通常认为，枢纽型组织不仅是连接政府、社团、企业、公众等相关主体的桥梁，也是连接融通城乡公共文化发展的桥梁，具有不可替代的作用。作为衡量社会治理体系质量和水平的重要风向标，枢纽型组织广受关注，一些地方已将枢纽型组织的培育作为城市发展战略的重要内容。[①] 枢纽型文化组织包含范围较广，由于行业协会的特殊作用和主体地位，本章主要聚焦文化类行业协会，就三个关键问题展开研究：文化类协会组织究竟具有怎样的特征、类型与主要功能？当前我国文化类协会组织发展格局如何？如何培育文化类协会组织并使之在乡村文化振兴中发挥作用？

一、作为重要参与主体的枢纽型文化组织

一般认为，枢纽型社会组织这一概念在国内的提出，较早见于北京市；2008年，该市社工委在出台的《关于加快推进社会组织改革与发展的意见》中，率先对这一概念做出了界定，并于次年启动了社会组织的认定工作，其目的主要在于贯彻中央改革精神，按照"政社分开、管办分离"的原则，构建新型社会组织管理体制，以更好地发挥枢纽型社会组织的职能，促进社会组织的管理服务和发展。[②] 随后，广东、上海以及全国地方积极跟进探索，形成了各具地方色彩的枢纽型社会组织的发展态势。

枢纽型文化组织是承担政策引领、管理服务、业务指导、孵化培育等功能的组织。这类组织应包括文化类的联合会（总会）、行业协会（商会）、促进会（联谊会）、研究会、基金会等。从北京、广东（以广州、中山为考察对象）两地的认定来看，北

---

① 如北京市专门发文推动枢纽型组织发展，将之界定为"由负责社会建设的有关部门认定，在对同类别、同性质、同领域社会组织的发展、服务、管理工作中，在政治上发挥桥梁纽带作用，在业务上处于龙头地位，在管理上承担业务主管职能的联合性社会组织"。参见：北京市通州区社会建设工作办公室.关于构建"枢纽型"社会组织工作体系的暂行办法［EB/OL］.2011-01-26. http://shgw.bjtzh.gov.cn/n10512/c2177261/content. html.

② 崔玉开."枢纽型"社会组织：背景、概念与意义［J］.甘肃理论学刊，2010（05）：75—78.

京市认定的4批36家枢纽型社会组织中，含枢纽型文化组织1家，为北京市文学艺术界联合会；广州认定的首批16家枢纽型社会组织中，含枢纽型文化组织3家，分别为广州市民间文艺家协会、广州市创意经济促进会和广州市职工文化体育协会；中山市认定的2批13家枢纽型社会组织中，含枢纽型文化组织1家，为中山市文学艺术界联合会。此外，文化类的基金会虽然数量不多，但发挥了重要的桥梁纽带作用，如上海文化发展基金会，其宗旨在于大力筹措文化发展资金，广泛资助公益文化，积极扶植优秀人才，推动文化交流与创新，促进上海市文化产业和文化事业繁荣发展。

表 11-1　北京与广东对枢纽型文化组织的界定

省份	相关文件	关于枢纽型社会组织的界定	示例
北京	《关于构建市级"枢纽型"社会组织工作体系的暂行办法》（2009）	由政府相关机构认定；承担业务主管职能；政治上的桥梁纽带作用、业务上的龙头地位、管理上的政府授权；联合型社会组织	北京市文学艺术界联合会
广东	《广东省社工委关于构建枢纽型组织体系的意见》（2012）	由政府部门认定；承担孵化培育、协调指导、合作发展、自治自律、集约服务、党团管理等职能；在社会组织的结构体系中处于枢纽地位；联合性社会组织	广州市民间文艺家协会，广州市创意经济促进会，广州市职工文化体育协会，中山市文学艺术界联合会

注：涉及的组织类型根据实际认定的组织名录进行整理，其中北京市基于认定的4批共36家市级枢纽型社会组织名录，广东省根据广州、中山等地认定的枢纽型社会组织名录

　　枢纽型文化组织包含的类型和范围甚广，很难一一列举，但从数量和社会覆盖面来看，文化类协会组织是其中的主体。文化类协会组织在名称上没有完全统一，一般以"行业协会"冠名，但也有以"产业协会""促进会""联合会"等冠名的。其中，以"联合会"冠名的，可以明确是联合性的社会团体；对于以"协会"冠名，但没有明确"行业协会"或"产业协会"的，则要视具体情况加以区分，其大部分是专业性社会团体，也有个别属于行业性社会团体。

　　文化类协会组织的培育是国家文化体制改革的重要内容。2006年1月，中共中央、国务院就出台了关于文化体制改革的政策文件，并提出要加强行业组织的建设和改造，促使其依照有关规定和章程，切实履行好在市场协调、监督、服务、维权等方

面的职责，党的十七届六中全会也提到"加强行业组织建设，健全中介机构"，不过，当时文化体制改革的主要任务是解放和发展文化生产力，创造更多的优秀文化产品，丰富大众文化生活，仍未将文化类协会组织培育放到突出位置。

党的十八届三中全会围绕"推进国家治理体系和治理能力现代化"，明确协会类社会组织为优先发展的对象，并特别强调对行业协会类社会组织优先发展。2019年召开的党的十九届四中全会进一步强调，推动行业协会类组织高质量发展。近年来，关于文化类协会组织的重视程度明显上升，其发展步入快车道。从文化类社会团体占社

表 11-2　我国文化类社会团体占比的变化

年份	社会团体总数	文化类社会团体数	文化类社会团体占比
2007	211 661	16 690	7.89%
2008	229 681	18 555	8.08%
2009	238 747	19 687	8.25%
2010	245 256	20 926	8.53%
2011	254 969	22 472	8.81%
2012	271 131	25 036	9.23%
2013	289 026	27 115	9.38%
2014	309 736	30 101	9.72%

图 11-1　我国文化类社会团体占社会团体总数比例的变化

会团体总数的比例不难发现文化类协会组织的快速发展态势。

近年来，文化类协会的发育深受社会组织政策的影响。大致地讲，近年的社会组织政策具有双重导向，一类是加大扶持力度，如《关于通过政府购买服务支持社会组织培育发展的指导意见》提出，对行业协会类组织，要优先发展，明确其作为政府向社会组织购买服务的支持重点，显然文化类协会组织会从中受益；另一类是释放发展活力，如推进行业协会与行政机关脱钩的改革举措，旨在厘清行业协会和行政机关之间的职责界限，促进行业协会自主发展。就文化领域而言，文化旅游部就有中国文化管理协会、中国文化信息协会、中国演艺设备技术协会、中国文化产业协会、中国少数民族美术促进会等多家协会被纳入试点范围。

表 11-3　十八届三中全会以来有关文化类协会发展的政策文件

时间	政策文件	政策要点
2006年1月	《中共中央　国务院关于深化文化体制改革的若干意见》	建立健全行业组织；加强行业组织的建设和改造，依法履行相关职责；突出行业组织在市场协调、监督、服务、维权等方面的职责
2011年10月	《中共中央关于深化文化体制改革推动社会主义文化大发展大繁荣若干重大问题的决定》	加强行业组织建设
2013年11月	《中共中央关于全面深化改革若干重大问题的决定》	行业协会商会类组织被明确列入需要优化培育的社会组织类型；提出直接依法申请登记
2014年4月	《2014年文化系统体制改革工作要点》	推动成立一系列国家级文化类协会，具体包括美术馆协会、文化娱乐行业协会等；引导行业协会积极发挥作用
2015年7月	《行业协会商会与行政机关脱钩总体方案》	构建现代社会组织体制；政社分开、权责明确、依法自治；推进行业协会与行政机关脱钩；促进行业协会依法设立、自主办会、服务为本、治理规范、行为自律
2016年8月	《关于改革社会组织管理制度促进社会组织健康有序发展的意见》	重申行业协会为重点培育的社会组织类型；抓紧修订包括《社会团体登记管理条例》在内的相关法规；要求民政部牵头制定社会组织直接登记的分类标准和办法
2016年12月	《关于通过政府购买服务支持社会组织培育发展的指导意见》	对政府购买社会服务中向社会组织购买的服务比例提出要求；对于政府新增购买公共服务的支出中，要求不少于30%的资金面向社会组织

（续表）

时间	政策文件	政策要点
2017年2月	《文化部"十三五"时期文化发展改革规划》	培育和规范文化类社会组织；加强对文化类行业协会的、引导、扶持和管理；推动行业组织在行业自律、行业管理、行业交流等方面发挥重要作用
2017年5月	《"十三五"时期繁荣群众文艺发展规划》	落实中办国办文件精神，支持中国文化馆协会、中国群众文化学会等规范有序发展；鼓励各地因地制宜发展群众文艺行业组织
2021年6月	《"十四五"公共文化服务体系建设规划》	充分发挥图书馆、文化馆等行业协会、学会在行业自律、行业管理、行业研究、行业交流中的作用

　　就文化类行业协会而言，2015年出台的《现代公共文化服务体系的意见》要求在"行业自律、行业管理、行业交流"等方面发挥重要作用。2017年5月出台的《关于加强文化领域行业组织建设的指导意见》（以下简称《意见》）肯定了文化领域行业组织在深化文化体制改革和创新社会治理体制中的重要作用，明确了职能定位。2021年印发的《"十四五"公共文化服务体系建设规划》又对协会发展提出更高要求。具体而言，对文化类协会组织发展具有以下方面的推动作用：一是促进职能转变，发挥枢纽作用。《意见》明确提出要"当好桥梁纽带，畅通党委、政府与市场、社会之间的联系"，积极承接政府职能的转变，宏观方面包括行业标准、行业政策、行业技术规范等，微观方面包括行业资质管理、人才培养和评价、资质登记评定等。二是推动各领域文化类协会组织的设立。《意见》明确提出要积极发展细分行业领域的协会组织，文化科技、创意设计、动漫游戏等新兴的行业领域均在鼓励发展之列，同时明确要求各省组建文化产业促进会，对于民办博物馆等服务机构，也鼓励成立协会组织或者联合会。三是进一步推进政社分开，完善社会管理机制。根据《意见》的要求，行业协会商会与行政机关的脱钩工作需要加快推进，明确主体责任，分级分部门制定实施方案，推动行业协会成为独立的法人主体。这一《意见》的出台，对文化类协会组织的影响是显而易见的。例如，协会设立方面，短短几个月，仅省级层面，就有黑龙江省文化创意产业协会、陕西省编辑协会、湖南省文化创意产业协会、青海省民营企业文化协会等协会组织相继成立；再如，行政脱钩改

革方面，地方层面也加快推进，以四川省绵阳市①为例，该市文广新局加快了文化类行业协会与行政机关脱钩工作，研究制定了21家行业协会脱钩工作实施方案，涉及所有以市文广新局为业务主管单位的行业协会，包括绵阳市广播影视学会、绵阳市文化产业促进会、绵阳市非物质文化遗产保护协会、绵阳市群众文化学会、绵阳市文化市场行业协会等，这21家行业协会将按照"五分离五规范"原则，从机构、职能、资产财务、人员管理、党建外事等五个方面与市文广新局全面脱钩，将使行业协会真正独立自主办会，不断激发内在活力和发展动力。

那么，在公共文化服务体系的构建中，文化类协会组织究竟具有怎样的重要功能呢？

从国际经验来看，西方国家普遍吸纳文化类协会组织参与社会治理，涉及公共政策、公共设施、公共文化活动等诸多方面。比如，美国、加拿大、英国、澳大利亚等国采取的公共文化治理模式，其核心特征是"社会调节为主"，即政府与文化类协会组织展开合作，前者借助政策工具规范市场秩序，引导后者积极提供公共文化产品，有序参与各项公共事务，举办各类公共文化活动。②以欧美等地出版行业协会为例，已经深度介入社会治理领域，在行业服务、行业自律、行业规范、行业代表等方面已经发挥了全方位的作用，起到了行业治理的作用。

表 11-4　国外出版行业协会的职能

对比项 职能	职能	典型案例
行业服务	（1）组织展览、评奖，倡导群众性阅读；（2）开展各类项目，推广阅读，促进书籍销售；（3）提供行业内市场信息、最新资讯；（4）促进会员开展交流协作，组织研讨和培训；（5）组织行业从业者共同面对新技术挑战，把握机遇	美国出版商协会下设有版权委员会等7个部门，新技术委员会作为下属的7个部门之一，其主要职能在于促进行业领域内新技术的广泛应用
行业自律	防止同业之间的恶性竞争，需要加强自律，组织制定伦理方面的纲领性文件，致力于维护行业荣誉	日本杂志协会等制定了《出版伦理纲领》等行业领域的纲领性文件。德国书商协会制定了价格规定，如规定出版社与批发商之间保持同样折扣，并要求会员遵守，违者将受到处罚

① 绵阳市文广新局非遗科. 市文广新局将与21家行业协会全面脱钩［EB/OL］. 2017-08-11. http://www.my.gov.cn/bmwz/952526722941583360/20170811/2028285.html.
② 夏辉. 非政府组织与文化发展——兼论文化事业社会化改革［J］. 广东社会科学，2004（05）：89-93.

（续表）

职能 对比项	职能	典型案例
行业规范	制定行业规定，约束经营活动，维持行业秩序，保持有序经营	俄罗斯图书联盟组织制定了相关章程，为业内所遵循，成为联盟内各主体解决纠纷的依据
行业代表	代表会员群体，及时向内外传递相关政策和法律动向信息，加强与政府部门及其他行业的沟通，维护行业共同利益	当政府指定或修订相关政策文件时，美国出版商协会会为此展开大量游说活动，以维护行业利益和会员权益

资料来源：赵婷.国外出版行业协会运作模式［J］.编辑之友，2008（04）：95—96

针对我国文化类协会组织的重要功能，本节试图结合实际案例做出探讨。

（一）功能一：秩序构建

秩序构建关系到不同主体在复杂的关联互动中如何保持相对平衡，是现代公共文化服务体系建设中不可或缺的一个环节。[①]中世纪的封建行会具有排他性和封闭性，严重阻碍了新兴工商业阶层的崛起，因而催生了现代意义上的行业协会组织，并主动担负起行业秩序构建的职责。[②]不仅如此，现代意义上的行业协会组织对行业秩序起到形塑作用，形成不同于封建行会组织的以自主性、开放性为内涵特征的新秩序。[③]改革开放以来，公众个性化需求充分激发，文化企业、艺术院团、社会团体、基层自发性群众组织等多元主体，提供了多样化的文化服务，而且新兴业态层出不穷，如果仅仅依靠政府文化行政主管部门的有限力量，已经难以实施全面有效的管理和调控，势必要求充分发挥文化类协会组织的功能，在行业管理、自律等方面积极作为，不断推动行业治理。

以四川省泸县为例，作为第一批国家级公共文化服务体系的示范区，该县注重发挥农民演艺团队的作用，在县文体局的引导下，组建了农民演艺网。该县还构建了"县演艺中心—镇演艺站—村服务点"的服务网络体系，三级联动，与农民演艺网相得益彰，共同推动县域居民公共文化需求的供给。据统计，2012年该县农民演艺从

① ［法］雅克·舍瓦利埃著，张春颖，马京鹏摘译.治理：一个新的国家范式［J］.国家行政学院学报，2010（01）：121—125.
② 中共中央马克思恩格斯列宁斯大林著作编译局.马克思恩格斯全集：第三卷［M］.北京：人民出版社，1974：28.
③ 林拓，虞阳，张修桂.现代商会与国家治理：历史与国际的视角——兼论我国商会的"中国特色"［J］.复旦学报（社会科学版），2015，57（04）：108—115.

业人员达到 2 000 余人，共有演出团队 97 个，全年演出场次达到 1.8 万余次，辐射观众 2 500 万人次，全年总计实现了 5 000 万元的收入。当然，随着农民演艺事业的不断发展，演艺团队、演艺人员逐渐增多，出现了包括演出质量下降、节目内容低俗、团队之间恶性竞争等问题，急需加强行业自律。为此，农民演艺团队自发成立了农民演艺协会，吸纳了全县农民演艺团队参加。协会于 2013 年 2 月正式成立，并选举产生了一位主席、五位副主席、八位理事的领导班子，县文广局局长兼任协会名誉主席。经过酝酿和讨论，协会制定了章程，并明确了协会的主要职责：维护成员的合法权益、规范引导演出秩序和促进农民演艺事业发展壮大。[①]在泸县的案例中，协会由民间文化组织自发成立，通过积极参与，开展良性合作，避免恶性竞争，引导行业自律，形成行业秩序。

（二）功能二：效能评估

西方的公共治理理论倡导多元主体共同参与公共产品供给，政府在职能发生转变后，转而通过政策、财政等手段，采取采购、激励等方式，为公共产品供给主体营造良好的发展环境，而包括社会组织、市场机构、自治社团等在内的各类主体，均是提供公共产品的参与者。在许多国家，政府资金是社会组织非常重要的经费来源，这一比例经常达到 40% 以上，意大利、澳大利亚、法国和德国的非营利组织收入来源中，政府资金的占比分别达到了 43%、56%、60% 和 70%。[②]随着我国文化体制改革的深入推进，政府购买公共服务逐渐成为普遍做法，北京、上海等大城市建立起了日益完善的公共服务购买机制，按照"政府承担、定项委托、合同管理、评估兑现"[③]等基本原则实施操作。

具体到公共文化服务领域，这一机制面临的主要问题是缺少评估标准和缺乏入围门槛评定等，当然，一些地方已经在进行积极探索。例如，上海在公共文化服务购买方面，就委托行业协会进行效能评估。上海市图书馆行业协会的章程对协会的职能做出了说明，并明确"行业评估"是协会的重要职能。[④]根据章程，协会承担起图书馆行业资格认定、业务评估、行业调查统计、行业信息等职责，当然这一职能的实现在相当程度上需要严格按照法律法规的授权，并事先得到政府部委

---

① 泸州文化局. 泸县成立农民演艺协会［EB/OL］. 2013-02-05. http://whj.luzhou.gov.cn/Article/ShowArticle. asp?ArticleID=1883.
② 王达梅. 政府向社会组织购买公共服务的问题与对策分析［J］. 城市观察，2010（05）：30—37.
③ 同上.
④ 上海市社会组织查询系统［EB/OL］. http://stj.sh.gov.cn/NGO_View.aspx?OrgCode=501780199.

托。^①2008年年初，上海市文广新局曾委托该协会参与街道（乡、镇）申报特级馆的复评，协会的职责是对59家申报单位组织评审，其评价结果交由市文广局核定，在政府与协会的工作配合下，共有50家街道图书馆被评选为特级馆。^②实际上，文化类协会组织具有独特优势，由于拥有专业人才储备，覆盖广大会员群体，因而也具备了较强的协调能力，这一优势使之有能力承担公共文化服务领域的效能评估职能，协助提升服务绩效，更好地实现基层公共文化服务领域的政府购买，有效匹配供需，引导资源局优化配置。

（三）功能三：配置资源

一般说来，枢纽型组织具有促进多方资源交互配置的功能^③，文化类协会组织亦如此，这有利于促进城乡联动与层级互动。在城乡联动方面，与单体的艺术院团、民间团体和文化企业相比，文化类协会组织动员能力强，可以超越地域限制，引导城市公共文化资源向乡村薄弱地区流动，促进城乡公共文化服务资源的交互配置，如依托文化类协会组织的文化下乡活动等；在层级互动方面，不少领域的行业协会形成一套自身的层级结构，如"浙江省书法家协会—宁波市书法家协会—鄞州区书法家协会"等，尽管不存在隶属关系，但指导关系和相互联系颇为密切，这一层级结构在推动公共文化服务资源在不同层级间的流动配置发挥突出作用。通过城乡联动和层级互动，文化类协会组织促进了政府、企业、社会、居民等各类主体的交互，推动了公共信息多向传导。

通过资源交互配置，文化类协会组织有力地促进了多方主体的彼此联结。一方面是艺术院团、民间团体和文化企业等的联结。例如，上海市社区文化活动中心协会成立于2012年6月，其成员单位包括分散在各区的200余个文化活动中心，作为交流协作的平台，同时也是上情下达和下情上传的反馈平台，协会的成立促进了社区文化活动中心管理水平和运营能力的提升。^④另一方面是群众诉求、成员单位与政府部门的联结。例如，陕西省渭南市通过招投标的程序和方式确定由市文化促进会和艺术家联合会共同承担"四进零距离工程"，其主要任务是送文化下基层，且重点面向城市偏

① 上海市图书馆行业协会章程［EB/OL］. 2005-12-20. http://www.libnet.sh.cn/sla/article.html.
② 上海市街道（乡镇）图书馆等级评定总结表彰会召开［EB/OL］. 2008-01-31. http://www.libnet.sh.cn/sla/news15.html.
③ 康晓光，韩恒. 分类控制：当前中国大陆国家与社会关系研究［J］. 开放时代，2008（02）：30—41.
④ 许婧. 上海成立社区文化活动中心协会［EB/OL］. 2012-06-13. http://www.chinanews.com/df/2012/06-13/3961448.shtml.

远地区。在该项工作组织中，市艺术家联合会负责制定活动方案，再分别交由其下的各个基地、委员会组织实施，如非遗演艺基地、群艺委员会等，下属组织由于深入掌握了实际情况和群众需求，较好地完成组织演艺团体到偏远乡村进行演出的任务。[①]

（四）功能四：培育产业

随着文化产业发展的不断细分、新兴业态的不断涌现，大批适应新兴产业发展需求的文化类行业协会不断涌现，如广州市文化创意行业协会、武汉市新媒体行业协会等。这些协会在注重社会服务、承担传统协会职能的同时，还担负起促进、引领新兴产业发展的使命。广州市文化创意行业协会成立的总则之一，就是"打造高端文化创意产业平台，促进广州文化创意产业跻身国际先进行列；创造广州文化创意业界更大的发展空间，促进文化创意产业不断向珠三角、向全省、向全国乃至全世界的文化创意产业领域延伸"[②]；为了促进细分行业领域的发展，行业协会还设立了工业设计、动漫科技、空间创意、空间艺术、产业咨询、时尚消费等专业委员会；协会还特别关注文化创意产业园区的建设，协会在走访市区内多家文化创意园区的基础上，倡议发起成立广州市文化创意行业协会园区管理分会，按照协会规定，在园区加入协会后，园区内的企业自动成为协会的会员，不需要缴纳会费即可享受协会的专业服务，这一举措对于促进园区内企业的发育起到了积极作用。再如，武汉市新媒体行业协会适应新兴业态的发展需求，吸纳中央媒体地方分站、本地媒体、浪潮集团湖北公司以及其他新兴力量加入协会，为了促进产业发展，协会专门设立了项目部这一常设内设机构，负责策划、组织和争取社会力量的资金项目和资源支持，协调指导各专业委员会推进项目实施，并做好督促和评估。[③]

西方国家普遍重视社会组织在创造就业中的作用，我国的文化类社会组织蕴藏着就业空间。在经济新常态和产业转型升级的过程中，地方政府面临的就业压力比较大，而各类社会组织则成为创造就业的新领域。以上海市金山区[④]为例，2015年该区文化类社会组织从业人员数达到602人，其中专职人员共514人。社会团体计267人，占到总数的44.3%，民办非企业单位计335人，占到总数的55.7%，这两类组织平均吸纳的就业人员数分别为15人和30人，堪比中小型企业，社会效益显著。

[①] 市艺术家联合会承接政府转移职能开展公共文化四进活动［EB/OL］. 2014-08-08. http://city.sxncb.com/html/2014/wnzixun_0818/67052.html.

[②] 广州市文化创意行业协会章程［EB/OL］. http://www.gzccia.com/rule.php.

[③] 武汉市新媒体行业协会内设部门［EB/OL］. http://www.imedia.org.cn/about/2016-09-18/14.html.

[④] 方林. 金山区文化类社会组织发展对策研究［D］. 兰州：西北师范大学, 2016.

（五）功能五：参与共治

现代公共治理的根本特征之一是多元主体参与共治。作为枢纽型社会组织的行业协会，由于强大的动员能力，成为参与共治的重要主体，有利于向公众提供多样化的服务产品[①]，不仅如此，行业协会在促进成员合作、加强行业自律方面取得了独到的成效[②]。文化类协会组织往往通过组织引领公共文化活动，成为参与城乡公共文化服务的直接主体。

以上海为例，上海市民文化节的连续成功举办，充分体现了文化类协会组织参与共治的功能。上海市民文化节是在2013年市政府工作报告中首次提出的，目的是使广大市民共同分享文化建设成果。随后，市文广局印发了2013年度第一届市民文化节的工作方案。目前，该项系列活动每年举办，取得了良好的效果。文化节所依托的场地遍布上海城乡公共开放空间，文化广场和公共绿地，社区的文化活动中心均成为开展活动的重要空间，商业广场的活动场地也被充分动员起来，形成了社会各界齐参与的活动格局。在首届文化节活动中，提出了"万支团队大竞技、千万市民共享"的目标，截至2021年，累计举办活动40万场。[③]在市民文化节的举办期间，各文化类协会组织积极参与，发挥了重大作用，主要表现在：一是直接承办赛事活动，如在2013年文化节活动期间，重要活动之一"市民收藏大展"的任务承办方是上海市收藏协会，通过参与活动全程，该协会参与文化共治的能力得到提升，对推动公共文化服务进基层发挥了关键性的作用[④]；二是作为主体提供公共文化服务，纳入政府采购范围，各类文化类协会组织可以通过申报，参与公共文化服务的配送，仅2014年春季，申报通过的项目就达5 000多项[⑤]。又如，2020年受新冠疫情影响，市民文化节首创云服务平台，鼓励各类主体提供在线作品和文化服务。2015年，上海市民文化协会正式成立，行政部门拟逐渐退居幕后，推动文化类协会组织真正成为办节的主体。

综上所述，上述从多个地方案例中提炼出来的五项功能，已经充分展现了文化类协会作为重要的枢纽型文化组织，在整合市场和民间的资源，联动城乡与跨越层级等

① Robert J. Bennett. The Logic of Local Business Associations: an Analysis of Voluntary Chambers of Commerce ［J］. Journal of Public Policy, 1995, 15(3).

② Weisbrod, B. A. The Nonprofit Economy［M］. Massachusetts: Harvard University Press, 2011.

③ 上海市民文化节官方网站［EB/OL］. http://enjoy.eastday.com/eastday/enjoy1/smwhj/index.html.

④ 提升参与公共文化建设能力——传承与创新论述之二［EB/OL］. 2014-03-20. http://www.shscxh.net/news_detail.asp?id=3479.

⑤ 6 000 余文化活动项目市民文化市民办［EB/OL］. 2014-12-15. http://enjoy.eastday.com/eastday/enjoy1/smwhj/node717633/node717638/u1ai8491311.html.

多方面的优势，从而正在悄然重塑公共文化服务城乡融合的空间格局。

二、枢纽型文化组织空间格局及关联因素

（一）枢纽型文化组织的空间格局

1. 从省际层面的分析

从目前的统计口径看，省级层面并没有直接关于文化类协会组织的完整数据，但文化类协会组织在正式登记中属于社会团体，也是文化类社会团体中最主要的组成部分，因此，本书借助文化类社会团体的数据加以分析，可以在一定程度上把握总体趋势，也与下文城市层面直接关于文化类协会组织的数据分析做比较。在这里，采用的数据主要源于《中国文化及相关产业统计年鉴》，同时结合《中国统计年鉴》中有关社会团体的数据加以参照，从总量和人均两个角度，分析文化类社会团体的省域分异、发展变动趋势等（不包括港澳台地区数据）。为了考察十八届三中全会以来的发展趋势，主要采集了2012—2019年度的数据。[①]

（1）总体数量稳步增长，但省域差距悬殊，有的省份甚至出现逆增长

各省域之间文化类社会团体的差异比较突出，拥有文化类社会团体数量最多的是江苏、浙江、广东、山东等几个省份，数量最少的是西藏、天津、青海等省份。以数量最多的江苏省和数量最少的西藏进行比较，两者相差超过80倍。

表 11-5 不同省份文化类社会团体数量（2019 年）

省份	数量	省份	数量	省份	数量
北京	519	辽宁	1 073	浙江	2 780
天津	159	吉林	783	安徽	1 835
河北	1 442	黑龙江	1 058	福建	2 462
山西	1 361	上海	468	江西	1 169
内蒙古	957	江苏	5 154	山东	2 910
河南	1 976	海南	441	西藏	66

---

① 2015 年度文化类社会团体数据疑似有误，故未采用。

（续表）

省份	数量	省份	数量	省份	数量
湖北	1 764	重庆	875	陕西	3 137
湖南	1 737	四川	2 676	甘肃	1 202
广东	3 617	贵州	879	青海	239
广西	1 010	云南	1 910	宁夏	240
新疆	516	—	—	—	—

资料来源：《中国文化及相关产业统计年鉴》（2020年）

　　与2012年相比，2019年文化类社会团体数平均增加了31.5%，其中28个省份数量增长，3个省份数量减少。江苏增长最为明显，增长了54.3%，西藏减少最为明显，减少了21.4%。文化类社会团体数量减少的区域主要分布在三类区域，一是东北三省，二是偏远地区，如西藏、海南，三是天津。

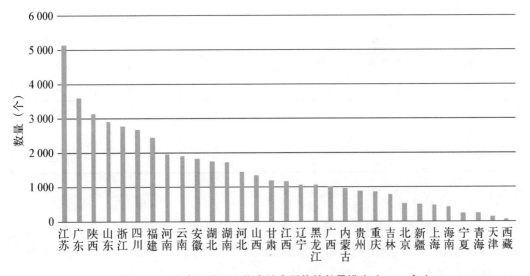

图11-2　各省级单元文化类社会团体的数量排序（2019年）

　　（2）人均数量不断提升，省域发展趋同，但超大城市人均拥有量仍显不足

　　上述是从总量进行分析，但如果从人均拥有量来看，则呈现出不同空间格局。从每百万常住人口拥有量来看，排名靠前的省份是江苏、福建、浙江等省。人均拥有量

最多的陕西省是天津市的8倍，虽然存在区域差异，但和总量差异相比，已经明显缩小。值得注意的是，北京、天津、上海、重庆四大直辖市人均拥有量排名靠后，其中天津排名垫底。

人均拥有量较多的省份分布主要在两类区域，一是东部沿海，以江苏、福建、浙江为代表，二是西北地区，如陕西、甘肃、青海；人均拥有量较少的省份既有经济发达的直辖市，如上海、天津，也有落后偏远地区，如西藏，还有发展程度一般的省份，如河南、河北。

表11-6　各省份文化类社会团体人均数量（2019年）

省份	百万人拥有量	省份	百万人拥有量	省份	百万人拥有量
江苏	64.2	湖南	25.3	吉林	28.8
广东	32.4	河北	19.2	北京	23.9
陕西	81.8	山西	36.8	新疆	21.1
山东	29.1	甘肃	45.8	上海	19.4
浙江	49.1	江西	25.3	海南	47.7
四川	32.2	辽宁	24.6	宁夏	35.2
福建	62.9	黑龙江	27.9	青海	39.9
河南	20.7	广西	20.7	天津	10.2
云南	39.8	内蒙古	37.9	西藏	19.6
安徽	29.3	贵州	24.6	—	—
湖北	29.9	重庆	28.7	—	—

资料来源：《中国文化及相关产业统计年鉴》（2020年）

与2012年相比，2019年全国文化类社会团体人均拥有量平均增加了16.8%，其中25个省份增长，6个省份减少。江苏增长最为明显，增长了58.8%，天津减少最为明显，减少了26.2%。

（3）文化类社会团体与社会团体的整体发展基本同步

文化类社会团体数与社会团体总数之间高度线性相关，2012—2014年相关系数都在0.9以上，且相关系数越来越大。

以上分析大致描画出了不同省份文化类社会团体的空间格局。为了进一步直接考

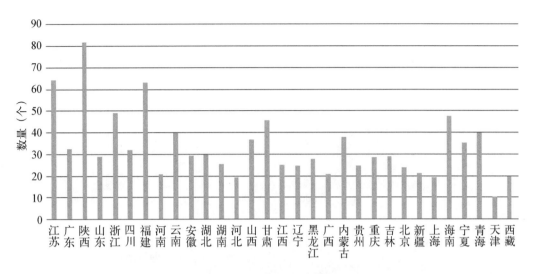

图11-3　各省份文化类社会团体人均拥有量（2019年）

资料来源：《中国文化及相关产业统计年鉴》（2020年）

察文化类行业协会本身①的状况，研究根据城市规模及数据完整性等，选取14个典型案例城市进行分析。

2. 从城市层面的分析

我国文化类协会一般依托特定行业建立，如公共图书馆行业协会、工艺美术行业协会等。

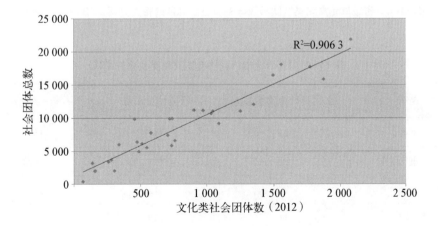

---

① 本书所指的行业协会是指纳入《国民经济行业分类和代码》中的行业类型，主要在特定行业领域发挥作用。其他并未纳入其中的协会组织尽管属于枢纽型组织，但不属于行业协会。

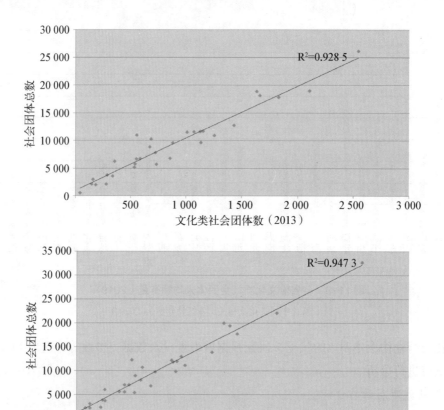

图11-4 省级单元文化类社团数量与各省社团总数的相关分析（2012—2014年）

表11-7 14个城市行业协会暨文化类协会的情况

城市	文化类行业协会数量	行业协会总数	占比
上海	27	241	11.2%
重庆	28	431	6.5%
苏州	24	212	11.3%
北京	11	178	6.2%
杭州	30	342	8.8%
天津	10	117	8.6%

（续表）

城市	文化类行业协会数量	行业协会总数	占比
广州	11	120	9.2%
珠海	13	136	9.6%
江门	4	36	11.1%
宁波	30	261	11.5%
南京	12	102	11.8%
中山	3	44	6.9%
肇庆	4	33	12.1%
惠州	5	53	9.4%
合计	212	2306	9.2%

资料来源：各样本城市民政部门官网公开信息查询，获取行业协会目录，从中识别出文化类行业协会数量。查询时间为2017年9月24日

（1）文化类协会在行业协会中占比整体不高，且城市间差异大

14个样本城市平均拥有行业协会的数量为165家，而各城市文化类行业协会在全部行业协会中的比重平均为9.2%。文化类行业协会在众多行业协会中的占比较高的是苏州、上海、南京等（10%—12%），而占比较低的是重庆、北京、中山等（6%—7%）。

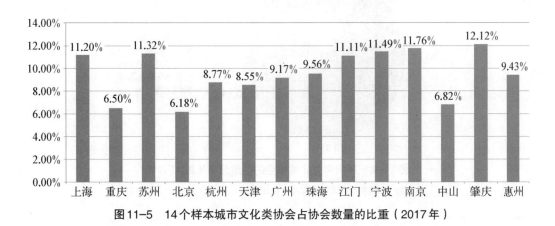

图11-5　14个样本城市文化类协会占协会数量的比重（2017年）

（2）文化类协会设立的专业化程度不高，低于行业协会平均水平

文化类协会组织的门类设置情况不仅反映其对相关领域的覆盖程度，还反映出文

化行业发展的专业化程度。参照《国民经济行业分类和代码》（2011），根据门类—大类—中类—小类的划分，将"文化、体育和娱乐业"门类分为5大类、25中类和36小类。为统计对比方便，上述分类基本可以用于文化行业的比较研究。一般来说，行业协会发育程度越高，行业协会的划分就越细。从案例城市来看，这一特征并不显著，上海、重庆、苏州等的小类行业协会比较多，北京以中类设置的行业协会为主，其他城市则以大类兼顾中类的设置方式为主。总体而言，文化领域协会的细分程度低于其他行业协会的平均水平，如上海约90%的行业协会按"小类"标准设立[①]，但文化类协会仅70%按照小类标准设立，远低于平均水平。有的城市的文化领域协会组织非常笼统，仅以一个统一的"文化产业协会"来统领行业发展。上述情况表明，文化类协会组织的发展在我国尚未成熟，不少地方处于起步阶段。

　　为了进一步分析文化类协会的构成及发展趋势，研究选取文化类协会发育程度较高的苏州市进行分析。从地域分布来看，75%的文化类协会分布在苏州市区，下辖4个县级市仅占25%；从类别构成来看，参照《文化及相关产业分类（2012）》的标准[②]，最多的是文化休闲娱乐，其次是工艺美术品的生产、文化创意和设计服务、文化产品生产的辅助生产、新闻出版发行；随着新兴产业的发展，近年新增的文化类协会主要集中在文化创意和设计服务以及文化辅助生产，并以摄影、婚庆礼仪等细分行业的形

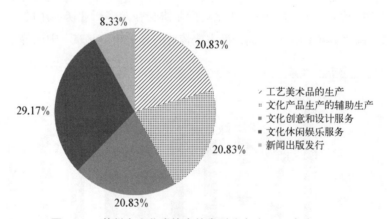

图11-6　苏州市文化类协会的类型分布（2017年）

资料来源：本研究根据江苏省社会组织信用信息公示系统检索后整理

---

① 程振兴.城市产业发展与行业协会演化的相关研究［D］.上海：华东师范大学，2014.
② 该标准以《国民经济行业分类》（GB/T4754—2011）为基础，根据文化及相关单位生产活动的特点，将行业分类中相关的类别重新组合，是《国民经济行业分类》的派生分类。标准将文化及相关产业分为10个大类，50个中类，120个小类。

式出现，体现出了文化及相关产业进一步细化的发展趋势；从成立时间来看，38%的协会为2013年以来新成立的，特别集中在2014年和2015年，表明十八届三中全会以后，国家政策导向下各个地方文化类协会的发展明显活跃。

（二）枢纽型文化组织发展的关联因素

目前学术界探讨行业协会及社会组织发展影响因素的研究为数不少，主要涵盖经济发展水平、市场化程度、产业分工、公共政策等，为本书的分析提供了很好的参照，在这里，拟结合有关观点加以检验和分析。

1. 检验一：行业协会发展与经济发展水平的关联

根据谭永生[①]的研究，社会组织发展与宏观经济增长高度相关，两者之间的相关系数高达0.92，根据长时间段的数据分析，我国国内生产总值每1个百分点的增长，将带来社会组织数目0.69个百分点的增长，并且服务业增长对社会组织成长的拉动更为明显，其弹性系数更高。这一研究对社会组织整体发展或许具有较好解释性，但文化类行业协会在社会组织中所占比例并不大，是否仍然可以沿用有待数据验证。本书以2014年省域数据为例，倘若从总体数量看，省域文化类社会团体数与经济总量之间呈一定程度的线性相关，相关系数为0.74；但从人均数量看，社会团体人均拥有量与人均国内生产总值之间的关系则不具备明显的相关性。分析表明，这一观点对文化类

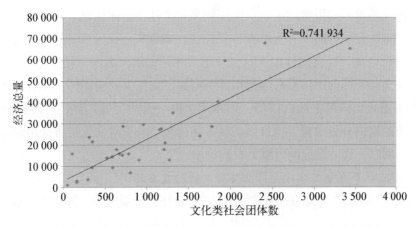

图11-7　省域文化类社会团体与经济总量之间的相关性（2014年）

---

① 谭永生.社会组织对经济和社会发展贡献的统计（指标）研究［R/OL］.2009-01-03. http://www.chinanpo.gov.cn/1835/32317/preindex.html.

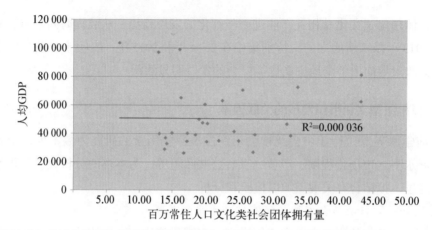

图 11-8　省域文化类社会团体人均拥有量与人均国内生产总值之间的相关性（2014年）

社会团体的解释性不是很强。

2. 检验二：市场化程度是行业协会的重要动力

刘华光[1]的研究表明，行业协会随着市场经济的发展而不断发展。如果市场机制不完善，行业协会很难依照市场逻辑进行运作，短期内政府可以通过行政力量直接接入或强力干预行业协会发展，但由于没有长效机制，很难保持持续性效果，从而导致行业协会运作的质量难如人意[2]，表现出可持续性不强、生命周期不长等问题；在市场经济发育程度高的地区，企业处于在市场竞争中维护行业利益的需求，会存在建立行业协会的内在需求。如果将这一观点应用到文化类社会团体领域，市场经济发育程度应该与文化类社会团体的发育程度有重要关联。多年来，我国市场经济发育呈现东—中—西的梯度格局，社会团体的发育也应形成相应的梯度差异。但从省域格局来看，这一特征在文化类社会团体发育体现得并不明显，文化类社会团体在社会团体中占比较高的省份不乏山西等中西部省份，而东部上海、天津等发达地区并不靠前；从14个样本城市的案例分析来看，也难以确认市场化水平差异对文化类协会组织发育的决定性影响。所以，这一观点的解释力有待推敲。

3. 检验三：产业分工细化是行业协会发展的重要动因

根据陈凯、郑庆伟等部分研究者的观点[3]，从历史经验来看，行业协会是社会分工

① 刘华光. 商会的性质、演进与制度安排［M］. 北京：中国社会科学出版社，2009：79.
② 杨宇立. 经济发达地区行业协会的现状及发展中面临的问题——以沪、穗、温州三地区为例的分析［J］. 上海经济研究，2002（11）：39—44.
③ 陈凯，武爱文. 行业协会性质、特点及其相关研究述评［J］. 生产力研究，2008（06）：141—143；郑庆伟. 行业协会的经济分析、比较及启示［D］. 吉林：吉林大学，2006.

在市场领域细化的必然产物。特定领域行业协会的产生反映了该行业的发展阶段，行业协会的数量和门类增长与产业演化具有密切的联系。随着经济社会的发展，新产业、新业态层出不穷，产业的上下游之间、产业内部产品间的分工更趋细化，必然也将逐步建立起专有的行业协会组织，文化产业领域也是如此。长期以来，我国在行业协会管理领域采取的是"一业一会"的制度，使得新产业、新业态很难摆脱原有行业的束缚，单独成立行业协会，这一现象在文化领域尤为突出。国家在统计方面的制度设计也在逐渐顺应这一趋势，在《国民经济行业分类》（GB/T4754—2011）中，将文体娱乐业细分为5大类、25中类和36小类，专门针对文化行业制定的《文化及相关产业分类（2012）》，则在前者的基础上，将行业分类中有关的类别进行重组，充分考虑了文化及相关企事业单位生产活动的特点，最终将文化及相关产业分为10个大类，50个中类和120个小类。前述对于苏州的案例也表明，近年新增的文化类协会也主要集中在文化创意和设计服务以及相关文化生产，体现出了文化及相关产业发展进一步细分的发展趋势。威海市①环翠区拥有近700家各类文化类企业、社会组织，文化产业体系齐全，基本覆盖了文化艺术、广播影视、文化旅游、文创产品等各个门类，在市区的文化产业考核中，连续五年居于前列。为更好地推进文化产业发展、提升城乡公共文化服务水平，在区宣传、文化等相关部门的推动下，威海佳润文化传播有限公司、华夏文化旅游集团股份有限公司、山东艺甸园艺术发展有限公司等企业积极参与，发起成立了文化细分领域的行业协会，分别为区书画产业协会、文化创意产业协会和非遗产业促进协会，填补了相关领域行业协会的空白。三大协会吸纳近90家会员单位，覆盖面广，动员力强，有利于推进区内文化企业的自我管理和自我约束，增强文化产业活力，提升发展效益。环翠区政府还将根据需求，推动成立其他文化领域的协会组织。综上，因此这一观点具有一定的解释性。

4. 检验四：公共政策对行业协会发展具有重要影响

影响行业协会发展的因素众多，既包括经济发达程度、市场发育水平这些宏观环境，也包括产业分工细化这些微观因素，但公共政策的影响为突出。在自上而下的政策推动下，地方政府往往主动作为，或直接推动设立，或推动协会与行政脱钩等，有的将推动文化类行业协会的设立作为体制改革的任务之一列入年度工作任务，这些举措客观上对于规范市场管理、推动产业发育发挥关键作用。文化部制定的《2014年

---

① 刘思兰.环翠区文化产业行业协会成立［N］.威海日报，2017-07-06（004）.

文化系统体制改革工作要点》①中，明确提出要推动成立中国文化娱乐行业协会、中国画院协会、中国美术馆协会的设立等，并指定文化部艺术司、文化市场司、公共文化司、办公厅等部门为责任部门，以引导行业协会等充分发挥积极作用。

十八届三中全会以来，文化类行业协会发展的利好政策不断出台，近年大批协会纷纷设立。例如十八届三中全会后，2013年上海市政府就推动成立了视听新媒体、动漫、广电制作、电影发行等4家文化类行业协会。以苏州为例，当前24家文化类行业协会中，38%的协会是2013年以来新成立的，且主要集中在2014年和2015年，其中2014年新成立6家，2015年新成立3家，表明十八届三中全会以后，国家政策导向下地方文化类协会的发展明显活跃。从我国文化类社团占社会团体总比的变化来看，2007—2013年间平均每年提高0.2个百分点，十八届三中全会后，仅2014年，这一比例就提高了0.34个百分点，文化类社团团体组建的速度显著加快。随着近来文化组织领域改革持续深化，人民群众对高品质文化服务的需求日益提升，文化类社团在未来一段时期，仍将处于快速增长过程中。

显然，当前公共政策仍是影响文化类行业协会发展的主要因素，但着眼长期发展，随着市场化改革进一步推进、行业发展的进一步细分，文化类行业协会的发展会越来越受到市场、社会等因素的影响，更加成为参与城市与乡村公共文化服务的重要主体与社会力量。

三、增进枢纽型文化组织作用的基本路径

通过前文关于枢纽型文化组织主要功能、空间格局及其关联因素的分析，在城乡公共文化服务体系的构建中，促进枢纽型文化组织成长、增进枢纽型文化组织重要作用的基本路径渐次明朗，本书拟结合地方实践经验加以进一步探讨。

（一）路径一：构建政府认定与科学评价机制

在我国现行的体制下，枢纽型文化组织作用的增强首先必须确立合法性地位及授权。为此，北京、广东等地采用的是政府认定方式，北京出台《关于构建市级"枢纽型"社会组织工作体系的暂行办法》，广东出台《广东省社工委关于构建枢纽型组织体系的意见》，明确了枢纽型组织的认定标准、程序等。目前，北京市的市、区县、

---

① 文化部《2014年文化系统体制改革工作要点》（2014年4月11日）。

街道（乡、镇）三级"枢纽型"社会组织网络已经基本形成。

　　同时，被认定的枢纽型组织的职能也往往由政府直接赋予。以广东省广播电影电视协会为例[①]，该协会是广东省广电主管部门在宣传管理方面的业务延伸和拓展，协会的常务副会长由广东省广电局主管宣传管理的副局长担任，且经过广东省委组织部和宣传部的批准，广东省广电局宣传管理处是其业务指导处室。在推进枢纽型组织建设的改革任务中，作为广东省最早一批具有承接政府购买服务资格的社团，该协会依照购买服务的程序，承接了广东省广播电视节目奖项的相关评选工作，这一具有明显行业管理效应的省级政府奖，赋予了广东省广电协会一定的权威性。除此以外，协会还在广东省广电局和中广协会的指导下，积极开展互动交流、学术研究、专业培训、刊物编辑等各项活动，获得业界广泛认可并积极参与；在研究方面，协会承接了广东省广播电视局重点研究课题的征集、立项以及评审工作。当然，由于脱胎于传统协会组织，难以短时间内实现转型，在工作联系、资源获取、提供服务等方面仍有较强的依赖，人员能力与素质也有待提升，因而难以全面履行引领、服务、管理的多项职能。[②]今后应逐步推进从依赖性授权向法理性授权的转变，着力引入竞争机制与科学评价机制，促进枢纽型组织的健康发展。

（二）路径二：发挥公办机构的牵引作用

　　这一路径主要是推动龙头型的公办文化机构（包括事业单位、国有企业）发挥带头作用，组建成立行业协会或联合会，尤其在行业协会商会与行政部门脱钩的初期，可以起到承前启后的平稳过渡作用。目前，在博物馆、图书馆、美术馆等领域已经取得较好的效果，有利于统筹公共资源，更好地实现基本公共文化服务的均等化，也有利于整合社会文化力量，促进文化类社会组织的培育。

　　以佛山市为例，在创建国家公共文化服务体系示范区工作中，佛山市对此做出了重要的探索。[③]该市在市博物馆、文化馆、图书馆以及艺术创作院4家市直属的公益类事业单位进行试点，聚焦展示平台、组织联盟、信息中心、孵化基地等目标，充分发挥枢纽作用。自2015年以来，佛山市博物馆协会、佛山市文化馆站联盟、佛山美术

[①] 陈晓建.省级广电协会打造区域化枢纽型社会组织路径探析——以广东广电协会改革现状为例 [J].中国广播电视学刊，2013（06）：12—14.

[②] 余永龙，刘耀东.游走在政府与社会组织之间——枢纽型社会组织发展研究 [J].探索，2014（02）：154—158.

[③] 李永祥.佛山全国率先启动文化枢纽型组织建设 [N].佛山日报，2016-04-21（A01）；谭志红.佛山：文化枢纽型组织推动城市文化繁荣发展 [N].中国文化报，2016-05-26（009）.

馆联盟、佛山阅读联盟相继成立。佛山市文化馆站联盟吸纳镇（街道）级文化站作为会员单位，这在广东省尚属首例，有利于统筹全市城乡文化馆站资源，实现公共文化服务资源共建共享。目前，四大试点单位已联合了佛山市内69家文化机构，有效联动政府与社会；联盟还鼓励成员之间的交流活动，推动各成员馆之间展览以及藏品的交流，实现资源共建共享；联盟还组织成员参与各类学术交流活动，推动佛山美术场馆的整体形象输出；通过建设成员馆的信息发布网，发布各类信息，促进市场交易乃至发挥了艺术市场的孵化器作用。

（三）路径三：积极加大政府购买的促进作用

政府购买服务作为一项行之有效且日渐成熟的方式，具有不可替代的作用，且已获得国家政策的明确扶持，《关于通过政府购买服务支持社会组织培育发展的指导意见》就强调要逐步提高政府向社会组织购买服务的比例或份额；《意见》要求，政府新增公共服务的支出中，其通过政府购买服务的部分金额中，用于向社会组织购买服务的比例原则上不得低于30%。

以昆山市为例[①]，近年来全市举办的各类大型文化活动，如国际文化旅游节、国际啤酒节、海峡两岸（昆山）中秋灯会，均由政府主办，搭建平台，行业协会等作为合作方，提供枢纽支撑，通过将项目拆分为许多小活动，征集各类符合要求的文化类企业和文化组织提供服务产品，在文化类协会的组织带动下，众多企业和组织提供专业化、差异化、多样化的服务，克服了由政府提供文化服务的单一性和雷同性，更贴近群众的文化需求，极大提升了节庆活动的参与度和影响力。

（四）路径四：有效引导市场化的健康发展

要充分激发文化活力，提升公共文化服务效能，离不开市场化的力量，而这正是近年政策安排与实施的重要着力点。广西颁布的《广西四类社会组织直接登记管理暂行办法》，一是允许"一业多会"，不仅按照行业分类中的小类可以设立协会商会，而且即便在同一行业内，还可以按照产业链的不同环节、经营方式和服务类型来设立，极大促进行业协会的细分；二是降低会员数量标准，提出行业协会会员以单位为主，对于重点扶持的高科技产业、新兴产业组建行业协会的，其单位会员数量门槛降低为

---

① 昆山市文明办.政府购买公共文化服务的实践与思考——以昆山为例［EB/OL］. http://wm.jschina.com. cn/9654/201504/t2098662.shtml.

15个以上，其他类型的社会团体，会员数量门槛也相应减少；三是简化办事程序，取消了筹备环节的审批以及对设立分支机构的审批，此外，验资手续也得到简化。

近年来，一大批新兴领域的文化类协会蓬勃发展，呈现出市场力量为主的特征。以成都市为例[①]，作为我国第一批国家历史文化名城，在信息化时代背景下，成都将丰厚的文化底蕴转化为巨大的资源优势，在网络文学、网络游戏、网络动漫、网络音乐、网络视频等新兴产业领域异军突起，孕育出了庞大的互联网文化产业，具有很大的影响力。成都市网络写手的数量仅次于"北上广深"，总量达到了5万人。为适应网络文化产业链和复杂多变的网络文化生态圈，成都市成立了互联网文化协会，旨在整合资源、凝聚力量，孵化网站机构、团结知名人士、繁荣网络文艺，促进成都网络文化、网络文明健康发展，成都市互联网文化协会充分吸纳了市场的力量。当前，大企业在协会组织中的作用越加凸显，深圳市文化创意产业协会于2014年2月取得法人资格，通过选举，由世界500强企业深圳正威（集团）任会长单位[②]，有利于协会迅速获得市场力量的支持，推动行业发展；协会一成立就展示出组织、举办大会的影响力，举办的首届"文创新梦璀璨之夜"盛典展现出了大企业参与的优势。

（五）路径五：接入社企合作的平台型载体资源

平台型载体（企业、网站等）具有强大的资源整合能力，本身就具备相当强的枢纽功能。在枢纽型社会组织的培育过程中，加强与平台型载体的对接，接入其资源整合能力，可以起到事半功倍的效果。特别是在互联网＋战略背景下，加大与互联网传媒、咨询、社交、知识等平台的合作力度，利用其资源和信息技术优势进行传播和服务，成为非常有效的举措。

例如，华人文化产业基金牵头，联合国内两家公司，与梦工场动画在上海合资组建上海东方梦工厂影视技术有限公司及上海梦工厂文化传播有限公司。梦工厂动画作为实力强大的平台型企业，充分融合中国文化元素与西方尖端电影技术及资源，洞悉国内市场需求和消费者心理，促进国际化本土电影人才成长，提升中国的全球地位和影响力；代表作《功夫熊猫3》既是中美两国在动画电影制作上的首次合作，也是东方梦工厂的首部电影作品，体现了先进的动画电影制作水准，上映后在全球取得了5亿美元的不俗业绩，推动了中国文化走向全球。

---

① 建枢纽型网络社会组织 树互联网文化成都特色［N］.成都日报，2016-05-09（003）.
② 深圳市文化创意行业协会第一次会员大会在深成功举行［EB/OL］. http://www.sccia8888.com/info_24.aspx?itemid=307.

（六）路径六：以资源的精准扶持助力项目孵化

枢纽型文化组织的运作需要大量资金与资源投入，尤其在发展方面，除了政府购买服务这类政策性保障外，以枢纽型文化组织项目培育为导向的资金扶持政策也是重要补充，包括奖励、补助、基金等多种方式。

例如，宁波市高度重视枢纽型社会组织的孵化培育、创投实践、管理咨询、规范化建设等实务性工作，创新资助扶持机制，规定每建成一家县级枢纽型社会组织给予超过30万元以上的资金支持，每年给予10万元的运营经费补助，以支持枢纽型社会组织培育，创新公益创投机制；先后出台《宁波市公益创投实施办法》《宁波市公益项目管理办法》等，引导社会资源投入枢纽型社会组织培育；此外，还通过福彩公益金、社会组织发展专项资金、重点资金、统筹部门资金等方式，为枢纽型社会组织培育提供资金保障。[1]在资金扶持力度不断加大的背景下，枢纽型文化组织从中受益。从宁波市组织开展的2017年度社会组织发展专项资金资助项目工作中[2]，经过社会组织自行申报、各地民政部门初审并推荐、市民政局组织专家评审、公示等环节，确定了37个项目为资助对象，其中大部分为社会组织平台项目，即区、街级的社会组织平台项目，在仅有的六个行业协会中，就有一个是文化类行业协会，即宁波文具行业协会。

---

① 王巍，周威锋，崔秀朋，应矫红.宁波枢纽型社会组织培育：探索、困境和建议［EB/OL］. http://www.nbjczx.com/detail.php?newId=31786&catId=48.

② 宁波市民间组织管理局.关于公布2017年社会组织发展专项资金拟资助项目名单的通知［EB/OL］. http://www.nbshzz.org.cn/cat/cat936/con_936_26604.html.

第十二章

重要参与群体的空间格局及其治理策略

公众参与是乡村文化振兴的热点议题。一般认为，公众参与的重要性在于培育公众的公共精神，增强公共事务决策的民主程度，并对政府、企业等强势主体形成一定的制衡①，然而，由于公众参日益暴露出效果欠佳、合法性不足以及不平等问题②，学界逐步发现并非所有公众的参与都能够有效发挥作用，故而近年相关研究日益从公众广泛参与转向关键群体参与，并对其空间结构、社会构成、价值取向等特征进行深入探讨③。城乡公共文化服务有赖于相关设施与组织等的良性运转，但它们的良性运转却都无法脱离一定的文化群体④，故而"群体参与"是本书关注的重点。当然，城乡公共文化治理涉及群体众多，包括文化部门管理者、文化从业人员、民间核心人物以及农民工、留守老人、随迁子女等，都在不同程度上影响着乡村公共文化服务的成效，囿于篇幅，本书不可能对所有群体逐一进行充分讨论。

为此，本书着眼于推动乡村公共文化服务内生发展的重要参与群体，既是行政体制之外的又是扎根于乡村的民间力量，这些群体的成长正是乡村文化振兴不容忽视的重要命题。基于此，本章选取乡土文化能人、在外乡贤、农民工这三大群体作为主要考察对象，三者分别是乡村内部群体、乡村外部群体、城乡流动群体的典型代表。在乡村内部群体方面，近年来乡土文化能人备受重视，由于普遍认为乡土文化能人需要政府的扶持与推动，故而应着重探讨这一基于乡土传统的乡村内部群体在行政力量推动下的成效，以及如何更好地参与乡村公共文化服务等问题，这构成本章第一节的主

---

① E. Vigoda, Eran. Internal Politics in Public Administration Systems: An Empirical Examination of Its Relationship with Job Congruence, Organizational Citizenship Behavior, and In-Role Performance [J]. Academic Journal Article, 2000, 29（02）: 186.

② Stipetić, Davor. Will Kymlicka: Multicultural Citizenship—A Liberal Theory of Minority Rights [M]. Oxford University Press, 2003.

③ 蒋文能，王国红. 公民治理失败风险分析 [J]. 国家行政学院学报，2010（01）: 47—51.

④ 例如，乡村文化核心人物流失正是失导致公共文化设施废弃与自办组织瓦解的重要原因之一。周尚意，龙君. 乡村公共空间与乡村文化建设——以河北唐山乡村公共空间为例 [J]. 河北学刊，2003（02）: 77—78.

要内容；在乡村外部群体方面，我国历史上拥有乡贤乡绅治乡传统[①]，近年中央提出的"新乡贤"群体，与以往研究对乡村内部乡贤的关注有所不同，本书尝试从乡贤的外部网络进行分析，探讨在外向乡贤的空间特征，以及这一群体如何回乡参与公共文化服务等问题，这构成本章第二节的主要内容；在城乡流动群体方面，农民工对我国新型城镇化、城乡统筹等战略推进意义重大，他们不仅是乡村文化振兴的参与者也是受益者，在当前我国产业梯度转移加速，中西部快速发展背景下，农民工务工流向也发生显著变化，城乡公共文化服务如何做出回应等问题的探索有待展开，这构成本章第三节的主要内容。

一、乡村内部群体：行政力量推动下的乡土文化能人参与

中共中央印发的《关于实施乡村振兴战略的意见》提出，"培育挖掘乡土文化本土人才，开展文化结对帮扶，引导社会各界人士投身乡村文化建设。活跃繁荣农村文化市场，丰富农村文化业态，加强农村文化市场监管"。我国乡村公共文化服务离不开特定的群体，既有文艺工作者等专业人员，也有具备文化艺术特长的民间人士，还有大量具有文化号召力、组织力和影响力的乡村核心人物，这些群体习惯上统称为"文化能人"。在不少农村地区，公共文化的兴衰与文化能人密切相关，由于核心人物流失造成的乡村公共文化式微的情况屡见不鲜。例如，一些长期存在的公共文化活动通常拥有核心人物，他们有时以参与者角色出现，有时以组织者身份出现，一旦他们因外出打工或生病等原因退出，以他们为核心的活动也随之中断。[②]事实上，由于乡土文化能人缺失等引发的乡村公共文化治理问题已十分严重，至少存在：一是能人流失问题。乡土文化能人可分为工艺美术类、表演艺术类、文学创作类、通俗文化研究类、文化传承类、文化活动组织类、公益性文化类和综合类等类型能人，但不少文化能人是乡村社会具有一技之长和号召能力的精英，在城乡发展的落差下，不少文化能人离开乡村进入城市，一些乡村文化设施的运行因很难找到胜任者，只得由村干部兼任。[③]二是资源缺乏问题。仍然留在乡村的一些文化能人尽管大多有较强的意愿促进公共文化发展，但面临缺少充足的活动场所与可持续的活动经费等问题而力不从心。

---

① 王先明."新乡贤"的历史传承与当代建构［N］.光明日报，2014-08-20（001）.
② 周尚意，龙君.乡村公共空间与乡村文化建设——以河北唐山乡村公共空间为例［J］.河北学刊，2003（02）：77—78.
③ 黄江平.重视发挥乡土文化能人在文化建设中的积极作用［J］.毛泽东邓小平理论研究，2014（01）：58—64，93.

三是后继乏人问题。一些乡村拥有传统技艺的能人以老艺人为主，传承艰难、后继乏人，一些擅长现代文艺的新生力量又不愿承担回报较低的乡村公共文化任务。[①]四是环境冲击问题。受到新兴媒体发展等的冲击，农村群众对公共性的文化活动需求似乎有所降低，如何激发农村居民共同参与文化活动成为普遍存在的难题，究其原因，公共文化设施的不足固然是其中一方面的因素，但同样重要的是乡土文化能人等关键群体的缺失[②]，由此造成了农村地区自发的群众性文化活动越来越少，同时，许多公共文化设施难以发挥作用。

表 12-1　国家有关文化能人的政策文件梳理

时间	政策文件	主要内容
2011 年1 月	《中共中央关于深化文化体制改革、推动社会主义文化大发展大繁荣若干重大问题的决定》	重视发现和培养扎根基层的乡土文化能人
2012 年2 月	《国家"十二五"时期文化改革发展规划纲要》	重视发现和培养扎根基层的乡土文化能人、民族民间文化传承人特别是非物质文化遗产项目代表性传承人，鼓励和扶持群众中涌现出的各类文化人才和文化活动积极分子，促进他们健康成长、发挥积极作用
2015 年1 月	《中共中央关于繁荣发展社会主义文艺的意见》	完善群众文艺扶持机制，扶持引导业余文艺社团、民营剧团、演出队、老年大学以及青少年文艺群体、网络文艺社群、社区和企业文艺骨干、乡土文化能人等广泛开展创作活动，创新载体形式，展示群众文艺创作优秀成果
2015 年1 月	《关于加快构建现代公共文化服务体系的意见》	推进民间文化艺术之乡建设。以"我们的节日"为主题，组织开展群众性节日民俗活动；传承和发展民族民间传统体育，广泛开展形式多样的群众性体育活动。鼓励群众自办文化，支持成立各类群众文化团队。通过组织示范性展演等形式，为民间文化队伍提供展示交流的平台
2017 年5 月	《国家"十三五"时期文化发展改革规划纲要》	打造专兼职结合的基层工作队伍，扶持民间文艺社团、业余队伍，培养乡土文化能人、民族民间文化传承人和各类文化活动骨干。强化职业院校文化艺术类专业建设，鼓励民间艺人、技艺大师到职业院校兼职任教

[①] 李小凤. 实施文化能人选树工程　实现基层文化的发展和繁荣 [J]. 大众文艺，2013（06）：17—18.

[②] 李亚杰、熊言豪、周玮. 文化能人不可替代 [N]. 新华每日电讯，2006-03-07（004）.

（续表）

时间	政策文件	主要内容
2017年5月	《"十三五"时期繁荣群众文艺发展规划》	鼓励和扶持业余文艺团队自发开展活动。发挥文化大院、文化中心户、文化带头人的积极作用，推动开展社区、乡村、学校、企业、军营群众文化活动。加强群众文艺骨干力量建设。加强群众文艺骨干队伍培训，促进艺术普及活动质量和水平提高
2018年9月	《国家乡村振兴战略规划（2018—2022年）》	加强规划引导、典型示范，挖掘培养乡土文化本土人才，建设一批特色鲜明、优势突出的农耕文化产业展示区，打造一批特色文化产业乡镇、文化产业特色村和文化产业群
2021年6月	《"十四五"文化和旅游发展规划》	夯实基层人才队伍，引导文化和旅游领域专业技术人才向艰苦边远地区和基层一线流动。开展专家服务基层活动。推进"订单式"人才援助

中央和地方对乡土文化能人颇为重视，通常将这一群体纳入文化人才队伍建设战略。迟至2005年中央办公厅、国务院办公厅《关于进一步加强农村文化建设的意见》（2005年）就已经提出了专门的要求①；十七届六中全会报告首次使用了"乡土文化能人"概念，并且对其作用发挥提出要求②，文化部则在此后发布的专门文件中加以强化③；2017年，中办、国办印发的《国家"十三五"时期文化发展改革规划纲要》给出了更加明确的要求，乡土文化能人的重要性得到了进一步的提升④。2021年印发的《"十四五"文化和旅游发展规划》再一次强调人才，尤其是基层人才在乡村振兴中扮演的重要角色。近年来，乡土文化能人的缺失以及中央和地方的重视，引发不少人认

---

① 该文件指出："充分发挥民间艺人、文化能人在活跃农村文化生活、传承发展民族民间文化方面的作用，巩固农村文化建设的群众基础。"参见：彭京宜，傅治平，刘剑波. 建设社会主义新农村学习读本［M］. 北京：红旗出版社，2006：196—203.

② "重视发现和培养扎根基层的乡土文化能人"，"促进他们健康成长、发挥作用"，力图发挥乡土文化能人在乡村公共文化服务中的内生优势。

③ 文化部关于印发《文化部"十二五"时期公共文化服务体系建设实施纲要》的通知［EB/OL］. 中华人民共和国文化部. http://zwgk.mcprc.gov.cn/auto255/201301/t20130121_474074.html.

④ 《纲要》指出：要"打造专兼结合的基层工作队伍，扶持民间文艺社团、业余队伍，培养乡土文化能人、民族民间文化传承人和各类文化活动骨干"。参见：中共中央办公厅、国务院办公厅印发《国家"十三五"时期文化发展改革规划纲要》［EB/OL］. 2017-05-07. http://www.gov.cn/zhengce/2017-05/07/content_5191604.htm.

为仅仅依靠乡村内部自发的力量已很难在短时期内扭转局面，尤为需要政府的强力介入与扶持，那么，这是否真正有助于解决乡土文化能人的缺失问题？

（一）基于省际长时段区域比较的历史经验观察

尽管中央文件近年正式提出"乡土文化能人"的完整概念及针对性策略，但行政力量的强势介入却在之前已经做过相当程度的探索，以往的历史经验将有利于对这一问题的考察。所幸的是，20世纪90年代以来，不少地区都曾推动"文化中心户"建设[①]，这一数据在很大程度上能够作为乡土文化能人的替代指标，作为本章分析的重要数据来源[②]。

通过对1996—2008年间的全国文化中心户数量变化情况的分析发现，全国文化中心户总量呈现出波动下降的趋势，从最高峰1998年的近20万户锐减至2004年的11万多户，减少幅度达到43%。不过，2006年之后，文化中心户数量又出现小幅回升（见图12-1）；从各省（自治区、直辖市）[③]的具体情况来看，不同省份之间文化中心

图12-1　全国文化中心户数量

资料来源：《中国文化文物统计年鉴》（1997—2009年）

---

① 所谓"文化中心户"是在文化主管部门指导下由社会力量举办的农村公共文化设施，在全国范围普遍建立，其设置与运行正是依托于具备文化特长和组织能力的乡土文化能人，因而以文化中心户作为乡土文化能人替代指标具有较好的代表性与分析价值。文化中心户的前身可追溯至一些地方的公共文化核心人物自主举办的文化团体、文化设施等，如20世纪80年代初在不少地方出现的自建图书馆等。近年，文化中心户建设相继成为一些省市基本公共文化服务体系的构成之一，建设方式日益规范，但却不尽相同。例如，樊小庆等将文化中心户的建设模式分为文化科技型、文商互补型、文化产业型、引凤还巢型等四类，分类的依据主要取决于户主所掌握的文化资源类型。参见：樊小庆，秦腊英.民办公助：破解乡镇图书馆（室）建设难题——鄂州市农村文化中心户的创建调查与思考［J］.图书馆论坛，2007（01）：34—36.
②《中国文化文物统计年鉴》等年鉴资料提供了全国文化中心户较长时段的省际数据，借助曾经的文化中心户，观察行政力量推动乡土文化能人发展的区域特征，具有一定的合理性。
③ 港澳台地区以及西藏自治区缺少数据，故未纳入分析范畴。

户的数量存在较大差异，1996年数量最多的河北为20 392个，而青海、宁夏等边远地区仅分别拥有32个和23个，文化中心户的省际标准差高达5 989，此后标准差大致呈现出逐步下降的趋势（见图12-2）。

图12-2　全国文化中心户省际平均值与标准差变化（1996—2008年）

资料来源：《中国文化文物统计年鉴》（1997—2009年）

在全国总体数量减少的趋势下，不同省份之间具有怎样的区域差异？数据显示，1996—2008年的13年间，大部分原本拥有文化中心户数量较多的省份（如河北、湖南、江苏等省）在此后相继趋于下降。与此同时，一些原本文化中心户较少的省份（如云南、天津、甘肃）则在2004年之后出现不同程度的增长。这与图12-2所反映出的省际差异趋近情况相符合，省际标准差从1996年的5 989，缩小至2008年的4 027。整体而言，文化中心户13年间的总体变动情况反映出总体数量与省际差异均逐步减小的趋势，反映出不同省份在文化中心户建设程度上日益趋近。

由于不同省份的地域面积、人口规模等具有显著差异，各省文化中心户的绝对数量并不能充分反映其空间分布的特点，因此，进一步对其空间密度进行分析。文化中心户空间密度（村均文化中心户数量）的计算公式为"空间密度＝文化中心户数量/村民委员会数量"，其中，各省份文化中心户数量来源于《中国文化文物统计年鉴》（1996—2008年），村民委员会数量来源于《中国民政统计年鉴》（1996—2008年）。为便于分析，以三年为间隔，分别选取1996年、1999年、2002年、2005年、2008年的文化中心户空间密度情况进行分析。图12-3表明，尽管全国文化中心户数量持续下降，但由于行政村数量本身处于持续减少的过程，因而文化中心户的平均

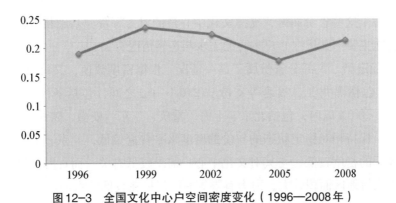

图12-3　全国文化中心户空间密度变化（1996—2008年）

资料来源：《中国文化文物统计年鉴》（1997—2009年）、《中国民政统计年鉴》（1997—2009年）

空间密度并未出现明显的下降趋势，实际上，相比1996年的0.19个/村的空间密度，2008年还出现了一定程度的上升，达到0.21个/村。

　　然而，与全国文化中心户空间密度总体变动较小的情况不同，各省（自治区、直辖市）的变动情况却较为显著。1996年，文化中心户空间密度较高的为辽宁、江苏等东部省份，以及广西、内蒙古、江西、山西、湖南等中西部省份。时至2008年，原本密度较高的中西部省份大多出现下降，而东部环渤海地区则成为空间密度较高的地区。具体而言，纵观1996—2008年间不同省份情况的情况，文化中心户的空间密度变化大致可分为以下几种情况类型：

　　1. 持续升高型。主要包括天津、辽宁、吉林、新疆、云南、四川等省（自治区、直辖市）。其中，天津与辽宁这两个东部沿海地区是全国仅有的密度超过1的省级单元，分别达到1.29和1.07，可见，地方经济实力在文化中心户建设中的重要作用。新疆、云南、四川三个边远省份则是在较长时间内维持较低的密度，直至2005年之后才逐步提升，由于缺乏2008年之后的数据，故而存在因相对后发尚未出现下降拐点的可能。

　　2. 急升急降型。主要包括甘肃、宁夏、山西等中西部省份。这些省份能够在短期内将空间密度提升至相对较高的水平，如山西省曾达到0.67，宁夏回族自治区曾达到0.45，但很快便又显著降低，对文化中心户的持续支撑能力不足是导致这一情况的主要原因。

　　3. 持续下降型。主要包括内蒙古、广西、江苏、江西、河北等省份。其中，内蒙古与广西两个自治区均是在一定时期内拥有较高密度的地区，如内蒙古在1999年前后密度达到0.91左右，而广西则在1996年接近1，但此后出现持续的大幅下降，原因可能与急升急降的省份相近。同时，江苏、江西、河北、湖南等省份的空间密度为缓慢小幅下降，对于这些省份而言，支撑文化中心户的财力等资源基础相对较为充足，密度降低也可能主要与文化中心户本身的需求与运转情况有关。

4. 基本稳定型。大部分省份属于这一情况。根据密度数值，又可分为三个层次：① 0.2以上，包括黑龙江、福建等省份；② 0.1—0.2之间，包括浙江、山东、河南、湖北等省份；③ 0.1以内，包括北京、上海、重庆、广东、安徽、陕西、青海、贵州、海南等省份。保持相对稳定状态的省份的密度水平普遍偏低，北京、上海、重庆以及东部发达地区的密度较低，与其对文化中心户需求较低有关，而青海、贵州、海南等地则可能因农村地区面积较大、财力有限等原因保持在较低的水平。

对文化中心户的分析可以发现，从全国范围来看，文化中心户的总体密度并未明显下降，但却始终保持在较低的水平。在此过程中，不少省份的文化中心户密度出现较大波动，部分省份的文化中心户密度在某一时段提升较快，但很快又恢复至较低的水平，反映出行政力量推动下文化中心户的建设与运行并不稳定，难以保持长期作用。文化中心户建设的实质是以乡土文化能人为基础的公共文化建设，文化中心户能否有效发挥作用与户主的关系极为密切。例如，从重庆市对文化中心户的设置标准来看，大多以一些经济条件较好、具有文化艺术特长、居住于人口集聚区、热衷公共文化事务的农户及其家庭为基础。根据这一标准，在经济实力较强的地区，户主能够通过财政支持以及自主经营活动维持中心户的运转，而在较为落后的地区，满足上述条件的文化中心户并不多，因此，尽管落后地区对文化中心户的需求更为迫切，甚至在行政力量推动下，一些地区可以在较短时间内大幅提升文化中心户的密度，但文化中心户的运作难以长期维持，因而难以根本扭转局面。

（二）地域选拔：行政力量推动下的基本制度审视

如果说，行政力量难以长期持续推动是文化中心户波动起伏的重要原因之一，那么，扶持乡土文化能人让有限的行政资源精准投入，就必须对乡土文化能人做出合理的识别，即确立乡土文化能人的地域选拔这一基本制度。的确，近年来不少地区在文化行政主管部门推动下形成了"乡土文化能人"的选拔制度，并直接或间接地与声誉、薪酬、职能等一系列重要事项和资源相挂钩。行政体系下乡土文化能人的产生，必须通过公正的具有说服力的程序产生。综观目前已开展的诸多地方实践，本书尝试归纳出如下三种基本模式，并结合具体案例进行分析。

1. "自主参与—多层遴选"模式

即通过举办能人选拔活动，由公众自由报名，经过多轮公开的才艺竞赛进行遴选，最终产生若干个当地的文化能人。以黑龙江省鸡西市为例进行分析。自2013年起，该市通过"寻找鸡西文化名人"活动搜索地方文化能人。活动可分为四个阶段：第一阶段：活动造势。主办单位在地方新网网络平台刊发考察遴选活动启示、活动方案、申请表格等。通过在前期的媒体造势、预热活动，预先提高"文化能人"的社会知晓度。实际上，加强宣传造势是此类活动的重要特点，文化能人们通过参与活动获得的声誉与知名度将成为他们进一步发挥作用的隐性资本。第二阶段：自主报名。活动将报名范围界定为"全市文化艺术表演和创作的各类人才（专业创作人员和专业艺术院校在校师生除外）"，活动主要设定了展示类与表演类两类评选对象：展示类包括文学、摄影、美术、书法、雕刻雕塑、剪纸等文化技能；表演类则包括声乐、器乐、舞蹈、曲艺等。在此基础上，组织者突出强调"重点培养扶持优秀群众文艺创作群体和优秀民族民间文艺带头人"[①]，由此可见，优秀创作群体和文艺带头人的目标群体设定明确了这一活动是在大众参与的基础上对精英型文化能人的筛选。第三阶段：多层遴选。对参加活动的选手分初评、复评、终评三轮进行层层遴选。遴选通常并不采用直接表演方式进行，而是由报名者送交1—2幅代表作品进行综合展览，专家评审委员会结合展览进行评审。不具备提交视频资料的报名者，将在特定时段集中表演。据统计，该市全市共有300多人报名参加活动，年龄跨度从8岁至75岁，最终共有40人获得"鸡西民间文化能人"称号。[②]第四阶段：建库推介。活动结束后，胜出的"文化能人"以及部分优秀参赛者被市委宣传部收录入"鸡西文化能人库"。在参赛期间以及入库后，有关部门对选手开展辅导培训，并组织部分选手参加城乡公共文化活动，提高文化能人组织引导公共文化的能力。同时，通过当地电视台、报纸、网站等自活动前期以来的持续关注，以及对能人典型事迹的报道，文化能人们已经为发挥角色作用积累了一定的知名度与号召力。

　　这一模式产生的乡土文化能人经过一段时间的舆论宣传，拥有一定的地方声誉，以这种声誉作为支撑，乡土文化能人具备了更深入参与公共文化治理的无形资源。在当地，文化能人遴选产生后，大多通过组建社团、企业等方式参与城乡公共文化治理。如有的文化能人共同组建全市性的艺术团、歌舞协会等，以艺术团体、协会组织等为主体参与鸡西市农村、厂矿、社区、敬老院等的义务群众演出；有的选手组建文

---

① 鸡西市委宣传部.2013"寻找鸡西文化能人"活动实施方案［EB/OL］.鸡西新闻网.2013-05-06. http://jixi.dbw.cn/system/2013/05/06/054747757.shtml.

② 张建友."文化能人"助推群文活动创新升级［N］.中国文化报，2014-04-15（004）.

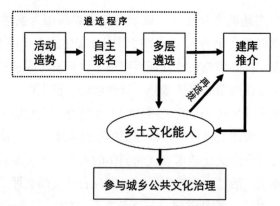

图12-4　"自主参与—多层遴选"模式图

资料来源：本研究自绘

化产业公司，承担失业工人的再就业工作等。[1]需要指出的是，这一模式产生的文化能人大多以文艺才能作为主要考察指标，因而是否具备带动地区公共文化的经验与能力无从得知，而号召力与组织力恰恰对于城乡基层公共文化的构建至关重要。

　　2."专业评审—资格评定"模式

　　这一模式是对文化人才在某一特定的文化艺术领域的专业水准进行权威评定，评定的结果是授予符合条件的候选人一定的资质乃至职称。甘肃省在全国首创的"农村实用文化人才职称评定"是这一模式的典型示例。"农村实用文化人才"的评定范围受到严格限定，必须为"从事文化艺术生产活动或以此为创收对象的乡村居民"，职称共分为正高级、副高级、中级、初级四等，统称为"艺术师"。简单说来，其职称评定的基本程序是，由本人向县（区、市）文化局提出申请，申请材料经过县（区、市）文化局审核后组织进行评审。其中，初级职称由县（区、市）人事局职改办批准确认；中级需由市（州）中级评审后，报市（州）职改办批准；高级、副高级则需进一步由省高级评委会评定后，报省职改办批准确认。评定结束后，由省人事厅颁发职称证书。

　　与前一模式相比，相同之处在于，评选对象主要是在文化艺术的某一领域具有一定造诣的群体，而不包括对公共文化的组织与引导等方面，同时，对专业类别进行了分类，包括民间戏剧、民间曲艺、民间音乐、民间舞蹈、民间美术、民间工艺技艺等；差别则在于，活动选拔方式往往没有特别明确的资格条件，甚至以相对的水平高低作为能人认定的条件。反之，资格评定的方式设定了明确具体的资格条件，不同等

---

① 张建友."文化能人"助推群文活动创新升级［N］.中国文化报，2014-04-15（004）.

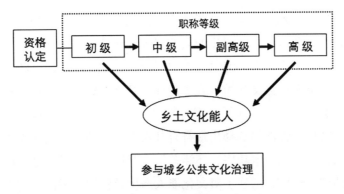

图12-5　"专业评审—资格评定"模式图

资料来源：本研究自绘

级的职称分别对应着一定的从业年限、基本业绩、获奖情况、展示情况、经济收益、论文论著数量、媒体报道次数等。此外，对满足若干难度较高条件的申请人还可直接通过"直通车"方式越级评定。经由这一模式产生的文化能人拥有权威性认证，有利于他们在城乡公共文化生活中进一步发挥作用。正如当地负责人所说，政府通过职称评定扩大了乡土文化能人的知名度，为他们"继承传统文化、保护民间传统文化创造了有利条件，使他们的社会地位有了明显提高，使他们的作品、产品在市场上有了一定的竞争力"，职称是"从事文化艺术创作、生产、经营的'金字招牌'"[1]，权威认证增强了其参与城乡公共文化治理的隐性资本。

　　3. "基层推送—选拔认定"模式

　　如果说前两种模式是在个人自主申报基础上进行的遴选与评定，那么"基层推送—选拔认定"模式则主要依托了行政体制内部的推选与认定进行。新疆维吾尔自治区开展的"文化家园——万村千乡文化带头人"选拔培育工作就是这一类型的具体实例。该计划自2012年起实施，自治区党委宣传部、自治区文化厅在相关的通知中明确指出，选拔对象为"懂文化、懂政策、有特长、会组织"的"乡村文化带头人"。[2]显然，与前两种模式相比，这一模式不仅强调候选人的文化艺术特长及水平，同时也强调他们在政策掌握和组织方面的能力。由于政策水平和组织能力很难通过具体化的指标进行评定，因而这一模式采用的方式是在文化行政组织体系内部的层层推送。

① 周琪.甘肃省农村实用文化人才职称评定研究［EB/OL］.甘肃文化艺术研究网.http://www.gsart.cn/ysky/ktyj/2011-11-23/311.html.
② 关于开展"文化家园——万村千乡文化带头人"选拔培育工作的通知［EB/OL］.新疆文化网.2012-11-13. http://www.xjwh.gov.cn/54dfe7ec-5dd4-44ec-a86f-072c7571d79e_1.html.

　　"文化带头人"的选拔采取"自下而上"逐级推荐公示的方式进行。在村层面，由村民推荐、村委会公示，公示通过的人选报乡文化站；在乡镇层面，乡镇文化站将组织候选人进行演出，并聘请专业人士选拔本乡"文化带头人"，随后再在乡层面进行公示，无异议则推送至县文化馆；在县层面，县文化馆采取考试考核的方式选拔出带头人，并在全县范围公示，无异议则可当选。[①]这一模式的特点在于通过层层推送的体系化方式，文化主管部门选择出最符合其需求意愿的乡土文化能人，因而对文化能人的考察不仅包括文化艺术功底，还涵盖组织开展群文活动的业务能力。通过由文化主管部门主动进行选拔，增强了对文化能人产生及作用发挥的可控性，使乡土文化能人在组织要求的地区或领域开展工作。

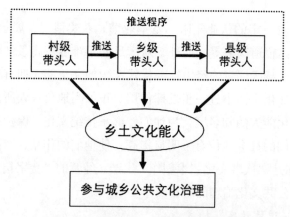

图 12-6   "基层推送—选拔认定"模式图

资料来源：本研究自绘

　　上述三种模式可能并不全面，但已基本反映出行政力量主导下乡土文化能人产生的基本模式。那么，由此产生的乡土文化能人是否实现乡村公共文化服务自我组织与内生能力的制度预期？

　　应该说，乡土文化能人与我国乡村独特的能人治理传统具有深刻关联。我国乡村社会具有能人治理的传统。一般而言，能人是家族或村庄中辈分、德行、声望颇高且谙熟当地社会规约的人，能够对村庄相关社群运行的规则和秩序产生有效影响；具体而言，乡村能人又可分为政治能人、社会能人与经济能人等，他们作为不同领域的精

---

① 王娟.选拔培育农村文化带头人的思考［J］.管理观察，2013（5）：102.

英人物，拥有特定的知识、资源与社会网络①，处于网络中心的他们不仅能够取得个人成就，也能够基于自身的经验与声望带动一定群体的发展。与之相比，城乡基层公共文化服务的开展同样有赖文化的核心人物群体发挥作用，这类核心人物以"自在"的状态存在。相比当下文化行政语境中的"乡土文化能人"，那些潜藏于街头巷尾、乡野田间的文化核心人物正可以被视为某种"自在"的"乡土文化能人"。回看当下行政部门积极推动乡土文化能人的挖掘与培育，其目的是使原本存在的松散群体，转变为行政力量指引下的公共文化建设队伍，成为乡村公共文化管理与服务的关键群体，从而使乡土文化能人成为优化公共文化服务的基层力量。城乡公共文化服务及生活原有的核心人物向乡土文化能人转变的过程，实质上是这一群体从"自在"到"自为"的转变过程。

　　放开来看，乡村能人治理在一些领域已被证明是行之有效的治理方式。在经济领域，符钢战等指出，一个村庄能人数量的多寡对这个村从贫困村向非贫困村转变，以及村民人均收入水平提高具有显著的正向影响。②陈诗波等在对农民专业合作组织中的"能人现象"分析中也发现了相近的情况，农民专业合作较为成功的乡村，往往拥有较强的能人群体，存在着农业大户示范与带动松散的村民小户共同发展的现象③，其机制在于农业大户借此寻求合作、扩大资源、分散风险，周边村民则"搭船出海"，共享合作成果④；在社会领域，罗家德等对社会自组织运作过程中的"能人现象"进行深入研究后发现，乡土能人是某一个社会关系网的核心人物，他们先通过动员组成少数关键群体，再共同推动团体的持续扩展，能人则履行着动员、力量整合、协调联络、规则制定等职责。在能人带动的自组织形成初期，他们需要承担初始成本并进行利益回避从而获取声誉，能人维系的自组织遵循人情法则，但随着规模扩大与事物增多而逐步形成制度化的运行机制。⑤

　　需要指出的是，不少地方政府主要将乡土文化能人分为两类：文化产业能人与文化事业能人。前者与经济领域的"能人现象"具有相近的逻辑，即试图通过"以大带小"的抱团儿方式实现规模效应；后者与社会领域的"能人现象"逻辑相近。某种程度上，行政部门大力推动乡土文化能人的根本目的在于促进农村公共文化的内生发展乃至自组织，即实现所谓的城乡公共文化治理从"送文化"向"种文化"的转变。因

① 罗家德，孙瑜等.自组织运作过程中的能人现象［J］.中国社会科学，2013（10）：88.
② 符钢战，韦振煜，黄荣贵.农村能人与农村发展［J］.中国农村经济，2007（3）：47.
③ 陈诗波，李崇光.我国农民专业合作组织的"能人效应"解析［J］.学术交流，2008（8）：99—100.
④ 王景新.乡村新型合作经济组织崛起［M］.北京：中国经济出版社，2005：130—131.
⑤ 罗家德，孙瑜等.自组织运作过程中的能人现象［J］.中国社会科学，2013（10）：86—100.

此，前述经济与社会领域能人治理的理论分析可以作为乡土文化能人分析的参照。基于此，通过三方面比较进行分析：一是乡土文化能人的社会声誉。一般情况下要求能人自身具备一定的声誉，并以此聚集形成相应的示范带动与服务能力。在此方面，乡土文化能人通过上述三种选拔模式，或是具备地方知名度，或是拥有权威认可。尤其是严格层层选拔，在相当程度上转化为社会声誉，也确实形成了某种示范带动效应。当然，由较短时段特定活动的赋予确实能使某些人物脱颖而出，但同时也应看到，这种声誉的获得可能并非来自长期公众认可的积淀，将声誉转化为号召力的有效性较为有限。二是乡土文化能人的社会凝聚力。文化乡土能人是某一个社会文化关系网的核心人物，并通过其关系网络对乡村公共文化服务产生影响。不可否认，乡土文化能人的上述产生模式难以确保文化能人具备组织公共文化活动等的社会网络，尤其是"自主参与—多层遴选"模式下，产生的乡土文化能人大多只以才艺水平作为标准，其基层的凝聚力这一基本面向则相对受到忽视。重在选本地的文化艺人，不见得是扎根乡土基层的文化能人。三是乡土文化能人的资源调配能力。与前两者相关联，乡村公共文化服务的组织活动需要文化能人本身承担一定的初期成本并进行利益回避，以获得社会声誉扩大社会网络，同时，又依托社会声誉与社会网络初步具备一定的资源调配能力，促进公共文化服务活动有力也有效的开展。尽管初期资源调配的规模未必大，能级也未必高，但这往往是乡土文化能人之"能"的基本表征之一。相对而言，这往往更为不少文化行政主管部门的选拔所忽略，由此产生的文化能人大多可获得少量的奖金以及开展文化服务、从事文化产业的一定优惠，但相关制度设计并不着力考量乡土文化能人的资源调配能力，甚至相当程度上直接替代了乡土文化能人的前期投入，可能有悖于发展乡土文化能人的初衷。

不容忽视的是，中央文件反复提到的"重视发现和培养扎根基层的乡土文化能人""促进他们健康成长、发挥作用"，在行政选拔的制度中，"发现"易于变为"身份资质认证"，"培养"易于变为"身份培育"，"扎根基层的乡土文化能人"有的则偏重关注"本地的文化艺人"，至于"促进他们健康成长、发挥作用"仍有待观察。由此可见，以往行政力量推动的乡土文化能人发展的模式体现出成长的不稳定性和成效的局限性，仅通过选拔、评定、资助等行政方式尚不能真正有效地实现乡土文化能人的发展预期。

（三）新策略的地域分异：11省份的制度文本比较

自2005年中央文件提出"文化能人"，2011年党的十七届六中全会报告到2013

年颁布的《"十二五"时期公共文化服务体系建设实施纲要》再到2017年《国家"十三五"时期文化发展改革规划纲要》，均提出"乡土文化能人"的发展要求，当前不同省份正在围绕该群体形成一系列新政策与新制度，有必要进行新的观察。在对该群体的具体提法上，在2011年党的十七届六中全会报告中包括民间文化人才、基层文化骨干、乡土艺术家、民间艺术传人等，均属于"乡土文化能人"的范畴；而2011年之后，不少省份的制度文本中明显对以往概念进行调整，"文化能人"频繁出现于"基层人才队伍建设"等方面的内容之中。因此，以各省份重要的正式文件中出现"文化能人"为标志，对其制度文本进行分析，能够较为清晰地反映不同地方对于这一重要群体的治理策略。循此思路，本书对2011年以来全国各省份*公共文化发展重要制度进行梳理，发现至少有11个省份在"十二五"文化发展规划（含文化产业规划等）、文化繁荣计划等重要制度文本涉及乡土文化能人。

表12-2　11省份乡土文化能人相关制度文本

省份	制度文件	相关内容
山西	《文化改革发展"十二五"规划》	"加强基层文化人才队伍建设……发挥好城市社区和农村文化能人作用"，启动"乡村文化记忆工程"，"加强传承人才培养，着力培育扎根基层的乡土文化能人"，"提高非物质文化遗产保护水平"
福建	《"十二五"文化改革发展专项规划》	在"健全文化人才培养机制"部分，提出"深化闽台人才合作与培养"，"深化泛珠三角文化人才培养合作工作"等
辽宁	《"十二五"文化改革发展专项规划》	提出"重视发现和大力培养乡村文化能人、文化传承人特别是非物质文化遗产项目代表性传承人，支持主办和参加文化展会，为其提供宣传交流、传承推广的展示平台"
河北	《关于加强地方县级和城乡基层宣传文化队伍建设的实施意见》	提出"充分发挥基层文化骨干、文化能人的积极带动作用，形成一支扎根基层、服务群众的专兼职公共文化服务队伍"
云南	《关于加强公共文化惠民服务体系建设的意见》	在"广泛开展群众文化活动"的内容中指出，"充分发挥文化能人积极作用，推动群众文化活动蓬勃开展"

---

*　港澳台地区除外，本节下同。

（续表）

省份	制度文件	相关内容
宁夏	《文化产业发展"十二五"规划》	在"扶持民营企业发展"部分提出，"降低准入门槛，支持个体创作者、民间艺人、文化能人等各类文化人才创办文化企业"
湖北	《关于推动文化大发展大繁荣的若干意见》	提出"开阔用人视野，扩大选人范围，发现并培养一批乡土艺术家、民间艺术传人、文化经纪人等特殊文化人才"
湖南	《贯彻党的十七届六中全会精神加快建设文化强省的意见》	提出"开展湖南省民间文化传承人命名活动，发现培育一批乡土文化能人、民族民间文化传承人"
广东	《文化事业发展"十二五"规划》	提出"探索实行政府机关人才、文化经营管理人才、文化专业技术人才交流和挂职锻炼制度，推进人才合理流动"
江苏	《江苏文化建设工程实施办法》	提出"组织多形式、多渠道参加各类培训进修，注重普遍轮训与重点培训相结合，提高培养效果，逐步形成集中培训、在职教育、挂职实践和远程教育相结合的工作格局"
浙江	《"十二五"文化发展规划》	提出"在农村发展文化管理员，逐步建立一支素质较高、人员稳定、专兼职相结合的基层文化队伍，每年组织培训农村文化队伍1万人次"

　　在11个省份中，6个省份提出了有关乡土文化能人发展的不同导向，另外5个省份则针对发现与培养乡土文化能人的要求提出了进一步的策略。山西、辽宁、福建、河北、云南、宁夏等省份均提出乡土文化能人发展的指向性内容，体现出与该省份地域文化特点的契合性，大致可分为四个主要类型：

　　导向一：传统文化传承。山西省作为文化遗产大省，突出强调乡土文化能人在文化传承中的重要性，例如，在《文化改革发展"十二五"规划》中提出，"加强基层文化人才队伍建设……发挥好城市社区和农村文化能人作用"。此后，又启动"乡村文化记忆工程"，进一步提出"加强传承人才培养，着力培育扎根基层的乡土文化能人"，"提高非物质文化遗产保护水平"。

　　导向二：文化合作交流。在一些外向型经济较为突出的省份，乡土文化能人的工作更多地指向文化交流合作等方面。例如，2011年，福建省人民政府引发《"十二五"文化改革发展专项规划》，在"健全文化人才培养机制"部分提出"深化闽台人才合作与培养""深化泛珠三角文化人才培养合作工作"等，此后一系列针对乡土文化能人的交流研修等活动相继展开[①]；又如，辽宁省在2014年发布的《"十二五"文化改革发展规划》中指出，"重视发现和大力培养乡村文化能人、文化传承人特别是非物质文化遗产项目代表性传承人，支持主办和参加文化展会，为其提供宣传交流、传承推广的展示平台"。

导向三：文化事业发展。文化能人来自本乡本土，促进乡村文化事业发展具有优势，在一些农村人口比重较大，乡村公共文化发展迫切的省份，乡土文化能人政策具有一定的文化事业发展指向。例如，河北省委宣传部等六部门联合下发的《关于加强地方县级和城乡基层宣传文化队伍建设的实施意见》中指出，"充分发挥基层文化骨干、文化能人的积极带动作用，形成一支扎根基层、服务群众的专兼职公共文化服务队伍"；又如，云南省政府2012年颁布的《关于加强公共文化惠民服务体系建设的意见》中也在"广泛开展群众文化活动"的内容中指出，"充分发挥文化能人积极作用，推动群众文化活动蓬勃开展"。

导向四：文化产业发展。一些专门编制文化产业发展规划的省份中也对乡土文化能人有所提及，但主要侧重于经济领域的文化能人发展，旨在以文化产业带动乡村经济社会转型。例如，2012年，宁夏回族自治区颁布《文化产业发展"十二五"规划》，其中在"扶持民营企业发展"部分提出，"降低准入门槛，支持个体创作者、民间艺人、文化能人等各类文化人才创办文化企业"[②]。

与此同时，广东、江苏、浙江、湖南、湖北等省份并非侧重乡土文化人才发展的某一个具体的指向，而是注重对文化能人的"发现和培育"。在发现乡土文化能人方面，湖北与湖南两省体现出较强的关注。两省均是农村文化人才辈出的省份，湖北省在"乡土文化能人"提出之前的2010年就已提出，"开阔用人视野，扩大选人范围，发现并培养一批乡土艺术家、民间艺术传人、文化经纪人等特殊文化人才"[③]，其可贵之处在于，同时期的不少省份大多将注意力集中于国内外文化人才的外部引进。湖南省则在该省《贯彻党的十七届六中全会精神加快建设文化强省的意见》中提出，"开展湖南省民间文化传承人命名活动，发现培育一批乡土文化能人、民族民间文化传承人"[④]。

---

① 筱娅．福建首办乡土文化能人研修班 40 多位工艺大师进课堂"充电"［N］．东南快报，2013-11-05（A32）．
②《自治区人民政府关于印发宁夏文化产业发展"十二五"规划的通知》（2012 年 10 月 15 日）．
③《中共湖北省委湖北省人民政府关于推动文化大发展大繁荣的若干意见》（鄂发［2009］31 号）．
④ 关于贯彻党的十七届六中全会精神加快建设文化强省的意见［N］．湖南日报，2012-02-03（001）．

在培育乡土文化能人方面，广东、江苏、浙江等发达省份提出了较为具体细致的内容，其中，广东省侧重文化能人的跨领域流动，在《文化事业发展"十二五"规划》中强调包括文化专业技术、文化经营管理、文化行政机关等人才的跨领域流动；江苏省侧重文化能人多种培训方式的结合，提出"组织多形式、多渠道参加各类培训进修，注重普遍轮训与重点培训相结合，提高培养效果，逐步形成集中培训、在职教育、挂职实践和远程教育相结合的工作格局"[①]；浙江省与江苏省采取了相似的策略，在该省的《"十二五"文化发展规划》中也提出"在农村发展文化管理员，逐步建立一支素质较高、人员稳定、专兼职相结合的基层文化队伍，每年组织培训农村文化队伍1万人次"等内容。

从目前已形成专门政策的省份来看，为了使乡土文化能人发挥更具建设性的作用，这些省份大多形成了基于自身区域特点的乡土文化能人成长及参与公共文化服务的新策略；一些省份针对以往乡土文化能人治理中暴露的问题，进一步改变了将乡土文化能人发展指标化的短视做法，转而将更多注意力配置于文化能人的发现与培育，对于发挥乡土文化能人在公共文化服务的作用具有积极意义。

实际上，乡土文化能人作为基层公共文化服务的重要参与群体，其内部仍具有不同的具体类型，进一步根据不同类型群体特点，发挥不同的特色作用，至关重要。大致地讲，主要涵盖以下四类：一是职业文艺工作者，主要包括作家、艺术家、演员、艺人、非物质文化遗产传承人等。这类群体水平高、影响大，是文化艺术的精英，倘若能更好地与基层文化需求对接，将产生重要的积极影响。如北京市朝阳区为进一步提升农村地区文化工作水平，活跃和丰富农村地区居民文化生活，满足居民日益增长的文化需求，启动了《关于在朝阳区农村地区设立文化能人志愿服务工作室的实施方案》，选拔确定八个农村文化能人工作室。这些能人主要是京剧、书法、绘画、舞蹈、武术等方面的专业人士，通过支持服务工作室这一平台，贴近基层，提供培训、交流、展示、研讨等活动，起到传帮带的作用。[②]二是民间文艺爱好者，主要包括民间艺人、文体活动积极分子等。这类群体具有草根的特质，从事业余创作，组织参与文艺活动，来源于群众，活跃于基层，带有较浓厚的乡土气息，是基层公共文化服务、带动基层文化繁荣的主力军。如包头市石拐区开州窑村的周吉文，就是一位土生土长、义务从事乡村文艺演唱六十多年的民间艺人，利用自家场地自费搭起了一座"家

---

①《省委办公厅省政府办公厅关于印发〈江苏文化建设工程实施办法〉的通知》（苏办发［2012］14号）。

② 朝阳农村地区八大文化能人扎根基层"种"文化［EB/OL］. 2015-12-28. http://www.wenming.cn/syjj/dfcz/bj/201512/t20151224_3049344.shtml.

庭戏园"，成为农村人自己的文艺阵地。①再如东营市史口镇的刘秀玲，作为普通的农家妇女，专注和热衷于广场舞，赢得村民的拥护和认可，在她带领下的村歌舞艺术团在村已经在全市取得了一定的知名度。②三是基层公共文化管理服务人员，包括文化馆（站）工作人员、文化指导员等。这类群体拥有体制内工作人员的身份，掌握着一定的社会文化资源，倘若能将个人的社会资源与自我的社会责任相结合，对所在地方的群众文艺发展将发挥重要的推动作用。比如威海市文登区文化站站长林乐光，2008年组织村文艺爱好者成立了该区第一个庄户剧团"侯家镇柘阳山艺术团"，自编自演文艺节目，常年下乡为群众义务演出；新编"北廒秧歌剧"《白云庵》被列入市级非物质文化遗产保护项目名录，艺术团2011年被评文登市十佳庄户剧团，连续三年被威海市委宣传部评为"威海市优秀京剧社团"，2012年被山东省文化厅授予"山东省农村优秀演出团体"。③四是以三老（老党员、老教师、老干部）为代表的乡土群体。"三老"群体在乡村地区具有广泛的影响，他们人脉关系广，动员能力强，已经成为基层社会治理的重要力量，成为民风改善的推动力。比如，临洮县退休老干部刘亮组建成立了秦腔戏迷俱乐部，十几年来，先后吸纳老年人秦腔爱好者三十多人，排练了数十折秦腔戏，分赴全县基层演出。④再如，甘肃省和政县三合镇周刘家村的退休教师王建国，在自己家里办起了农家书屋，自费购买图书资料，和老伴儿一起担任义务管理员，不拿一分钱报酬。⑤当前地方的鲜活实践已充分证明，对于乡土文化能人的成长，行政力量推动是否取得成效的关键仍在于顺势而为，因势利导，并不断完善制度安排。

可以说，乡土文化能人尽管难以避免遭遇许多困难，但地方政府借助行政资源与力量对其的支撑作用意义重大。当然，这要求地方政府不应追求短期的数量或密度，而应着眼长远，关注乡土文化人才的成长培育，在潜移默化中促进城乡公共文化的健康发展。

二、乡村外部群体：在外新乡贤空间网络特征及回归服务

上一节对乡土文化能人的研究旨在探讨如何重新发现与培育乡土文化能人这一

① 王春霞.乡村文艺的带头人——周吉文［N］.包头日报，2014-12-17.

② 刘秀玲——乡村文化带头人［EB/OL］.2014-08-27. http://sd.china.com.cn/dy/2014/renjki_0827/20553.html.

③ 林乐光［EB/OL］.2014-08-13. http://www.whnews.cn/news/node/2014-08/13/content_6145226.htm

④ 漆勇.临洮：城乡走红"文化能人"［N］.定西日报，2016-03-23.

⑤ 瞭望记者.乡村文化能人：一个人激活一池水［J］.2015（30）：56—57.

重要的乡村内部群体，从而促进乡村公共文化服务的内生发展。与这一思路相对应的是，对分散在外的乡贤等乡村外部群体进行有效组织，从而吸引公共文化服务所需的资源与理念等进入乡村，进而提升城乡公共文化服务的能级。因此，本节主要围绕在外乡贤这一重要的乡村外部群体，探讨其空间特征以及回乡参与公共文化治理的空间模式。

（一）乡贤与乡村公共文化：简要回顾

一般而言，乡贤是指与特定地方具有乡缘联系，在政界、商界、学界等取得一定成就的贤达人士，他们大多在各自领域取得一定成就，并对支持家乡经济社会文化发展具有意愿与能力。可以说，乡贤回乡对于乡村公共文化发展的意义是多方面的，在物质层面，乡贤通过捐赠等方式为乡村发展提供资金、设施与项目等支持；在精神层面，乡贤则以其丰富经验和精神气质感召带动乡村塑造更加积极向上的社会风气。与乡土文化能人相似，依托乡贤群体完善农村治理同样根植于我国社会传统。在我国，历来有乡贤乡绅治乡的传统。自秦以来，就在乡村设置负责教化的乡官——乡三老，随后汉设县三老、东汉后又有郡三老。唐宋以来，乡贤士绅推动下的乡村治理体制日趋完备，其中尤以宋代熙宁之后，乡约的施行最为突出，如我国最早的村规民约——《吕氏乡约》所要求的"德业相劝、过失相规、礼俗相交、患难相恤"等，对当时以及后世明清的乡村社会文化与治理机制的建构影响极大，而主掌乡约施行的领袖者正是由乡村民众推选产生的乡贤人物担当。此后，明泰州学派的乡贤士绅将回归乡土作为自身重要的价值追求。[1] 到了明清时期，不少州县都建有乡贤祠用以供奉乡贤人物。

学界对乡贤与乡村公共文化颇为关注，富有意味的是，大部分研究都集中关注于乡村公共文化层面。王泉根对中国乡贤文化的当代形态进行分析，指出新世纪乡贤文化研究在构建和谐社会、传承民族精神、激励年轻一代等方面发挥特殊作用[2]；刘伟等认为，乡贤回乡不仅能以自身经验、学识、专场等支援乡村建设，还能以自身的文化道德力量教化乡民、泽被故土。乡贤返乡能够从文化意义上，打通乡土社会与现代社会，促进乡土社会启蒙和转型[3]；王先明认为中国传统文化根植于乡土，"新乡贤"文化建设秉承与凸显这一文化底色，并将现代知识输入最基本的生产基地乡村，同时也

---

① 王先明."新乡贤"的历史传承与当代建构［N］.光明日报，2014-08-20（001）.

② 王泉根.中国乡贤文化研究的当代形态与上虞经验［J］.中国文化研究，2011（04）：165—172.

③ 刘伟.乡贤回乡，重构传统乡村文化［N］.光明日报，2014-07-02（001）.

与社会主义核心价值观形成统一①；刘士林等在"长三角'中国传统村落'调查"中，将乡贤文化、乡约民规等纳入指标体系，在其发布的"最具内涵和特色的'十大江南传统村落'"中有多个得益于乡贤参与治理的贡献②。

不仅学界对乡贤及其治理相当关注，乡贤参与乡村治理更得到国家层面的重视。2014年以来，习近平总书记在中共中央政治局集体学习等重要场合多次强调，中华优秀传统文化对于培育和弘扬社会主义核心价值观的重要性。2014年9月，中宣部时任部长刘奇葆在培育和践行社会主义核心价值观工作经验交流会上首次重点提出"创新发展乡贤文化"。他的发言所指的"新乡贤"大致可按照是否离乡分为两个群体：其一是扎根乡土的"新乡贤"群体，在大量农村人才向城市流动的同时，"一批农村优秀基层干部、道德模范、身边好人等先进典型，成长于乡土、奉献于乡里，在乡民邻里间威望高、口碑好，正日益成为'新乡贤'的主体"③；其二是在走出本乡本土取得成功的人士，应"以乡情、乡愁为纽带，吸引和凝聚各方面的成功人士，用其学识专长、创业经验反哺桑梓，建设美丽乡村"④。国家层面倡导创新乡贤文化也侧重于文化领域，可以从重要制度文本中发现直接印证。例如，自2004年以来，连续12年的中央一号文件均聚焦三农，据统计，其中有10次均涉及乡村文化治理的相关内容。2015年作为聚焦"三农"的中央一号文件首次提到新乡贤文化，指出"创新乡贤文化，弘扬善行义举，以乡情乡愁为纽带吸引和凝聚各方人士支持家乡建设，传承乡村文明"；2016年聚焦"三农"的中央一号文件再度要求"培育文明乡风、优良家风、新乡贤文化"；2017年同样是聚焦"三农"的中央一号文件又要求"培育与社会主义核心价值观相契合、与社会主义新农村建设相适应的优良家风、文明乡风和新乡贤文化"；中共中央国务院印发的《乡村振兴战略规划（2018—2022年）》强调"积极发挥新乡贤作用"，足见国家层面对新乡贤在乡村文化建设中的作用给予高度重视。

（二）在外乡贤的空间网络特征分析：以浙籍异地商会为例

如前所述，"新乡贤"群体可根据居住工作情况分为两类，即在乡的乡贤与在外的乡贤。大致说来，在乡的乡贤主要包括"优秀基层干部、道德模范、身边好人等"；

① 王先明."新乡贤"的历史传承与当代建构［N］.光明日报，2014-08-20（001）.
② 最具内涵和特色的"十大江南传统村落"［N］.光明日报，2015-02-27（005）.
③ 创新发展乡贤文化［J］.党政论坛，2016（10）：53—54.
④ 刘奇葆.创新发展乡贤文化［EB/OL］.2014-09-16. http://www.chinadaily.com.cn/dfpd/dfshizheng/2014-09-16/content_12391719.html.

在外的乡贤则指离开乡村，具有"学识专长、创业经验反哺桑梓"的群体。相比之下，在乡的乡贤与上节讨论的乡土文化能人多有相似之处，而在外的乡贤对于吸纳公共文化服务所需要的外部资源、先进理念等意义重大。由于在外乡贤分布的领域广泛、地域分散，因而引导这一群体参与城乡公共治理的关键在于整合与组织。然而，目前有关在外乡贤这一群体的实践与理论探索均较为有限。在实践层面，一些地方已经展开，以浙江绍兴上虞区的模式为例，该区是一大批社会知名人物的故乡，但由于种种原因，许多乡贤都与故土失去联系。为此，当地成立乡贤文化研究等工作的专门机构——上虞乡贤研究会。研究会通过对上虞重要的乡贤人物开展专门研究，建立《虞籍名士通讯录》，为乡贤回乡提供服务等方式，吸引虞籍退休的官员、专家、学者、商人回乡安度晚年，并支持乡村发展，目前已在文化、教育、旅游等许多方面取得成效。[1]在区级研究会发挥作用的基础上，又进一步在乡镇建立分会；乡镇分会的主要任务是进一步挖掘基层乡贤，面向基层弘扬乡贤文化。[2]上虞区采用的做法是专门新建多层级的研究机构，分别对来自同区、同乡、同村等的乡贤进行挖掘与联络，并有针对性地引导其回乡。这一做法的优势在于以研究为支撑系统掌握在外乡贤情况，同时以不同层次分别进行组织与整合。但这一模式需要耗费较多的专门资源，对于许多偏远省份以及较低层级的政区单元而言，存在许多困难。

实际上，我国传统的同乡网络十分发达，借助已有的同乡网络实现在外乡贤的整合与组织，具有更为普遍的实践意义。其中，异地商会是具有代表性的在外乡贤组织，与其他同乡网络相比，异地商会具有活跃度高、资源丰富、网络紧密、回乡意愿强烈等优势，因此，本书将尝试以异地商会为例，探讨依托已有的在外乡贤网络促进这一群体参与公共文化治理的可能方式。众所周知，商会组织是某一地区的工商业者基于维护共同利益与地区产业秩序而建立的互益性组织，尽管世界范围内的商会组织涵盖法团型、自由型和混合型等多重形态，但均日益鲜明地共同凸显出公共秩序建构、社会风险防范、经济活力激发等发展指向。[3]需要指出的是，尽管商会是国外通行的社会中介组织，但异地商会却是我国商会有别于其他国家的重要组织形态。所谓异地商会，学界暂无明确统一的表述，不过根据一些地方有关异地商会政策文件中的

① 刘伟，严红枫.乡贤回乡，重构传统乡村文化——浙江"乡贤文化"与乡村治理的采访和思考［N］.光明日报，2014-07-02（001）.
② 王晓婕.浙江上虞成立9个乡镇"部落"打造乡贤名片［EB/OL］.2015-02-10. http://news.hexun.com/2015-02-10/173252475.html.
③ 林拓，虞阳，张修桂.现代商会与国家治理：历史与国际的视角——兼论我国商会的"中国特色"［J］.复旦学报（社会科学版），2015，57（04）：108—115.

界定，以及异地商会在其章程中的有关说明（见表12-3），本书将异地商会概括为：具有相同原籍地的企业或工商业者在原籍地以外的行政区，出于工作或业务的需要，为维护自身利益而自愿结合成的联合性、非营利性社会团体。在命名上以"注册地行政区划名＋原籍地行政区划名＋商会"三部分构成，异地商会名称和对应的区域范围均为行政区划。如山西籍的商人及其企业在北京结成的异地商会就称为"北京（市）山西商会"。

表 12-3　制度文本及异地商会章程关于异地商会的界定方式举隅

制度名称	界定内容
《广东省民政厅关于异地商会等级管理的暂行办法》	"由外省（含自治区、直辖市，下同）同一省籍或市籍自然人或法人在广东省投资兴办，或由本省地级以上市同一市籍自然人或法人在省或省内其他地级以上市投资兴办，经本省工商行政管理部门登记注册的企业自愿发起组成，以原籍地行政区域名称为基本特征，以推动企业所在地与原籍地经济合作交流为宗旨的联合性、非营利性社会团体"
《上海市台州商会章程》	台州在沪企业联合会是由台州在沪企业和台州籍人士在沪创办的企业，为促进台州经济发展接轨上海的"桥梁与纽带式的"、非营利性的、自愿组成的企业联合团体
《陕西省江苏商会章程》	"在陕西地区的江苏籍贯科、工、商、贸企业及个体商户自愿结成的非营利性、公益性、具有独立法人资格的省级社会团体"

我国异地商会发展具有较为悠久的历史，可追溯至明清时期的地方会馆。近年来我国异地商会呈现井喷式发展态势，规模网络大幅扩展。[1]据全国工商联统计，自1995年，中国第一家异地商会——昆明温州商会成立，不到20年时间，异地商会异军突起，近年来更出现井喷式发展。截至2010年年底，异地商会共有2 535家，比2005年年末增加近四倍，年均增速近38%。[2]大量的异地商会构成联通全国的庞大经济网络，从资金、人才、技术、经营、管理等多方面激发我国的经济活力。[3]有效利用异地商会网络优势的前提是对其空间特征的充分认识，倘若以异地商会原籍地的行政层级为依据进行划分，异地商会可依次分为省级、地市级、区县级乃至乡镇级等，

---

① 侯耀晨.2012异地商会规模化发展十四问［J］.中国商人，2012（02）：35.
② 编写组.中华全国工商业联合会简史（1953—2013）［M］.北京：中华工商联合出版社，2013：35.
③ 林拓，虞阳，张修桂.现代商会与国家治理：历史与国际的视角——兼论我国商会的"中国特色"［J］.复旦学报（社会科学版），2015，57（04）：108—115.

不同层级的异地商会在不同尺度上凝聚在外乡贤群体，那么，不同层级异地商会的空间特征是否存在差异？下文以浙江省籍的异地商会为例进行分析。选择浙籍异地商会的原因在于：一、浙江是全国作为异地商会原籍地最主要的省份之一；二、不同层级的浙籍异地商会均有分布；三、浙籍异地商会较为活跃，在外浙商回乡的机制已有不少探索，具有研究价值。

省级商会层面

从空间格局看，原籍地为浙江省的异地商会呈现出由远及近的阶段特点。2000年之前，异地省级商会仅有天津浙江商会（1998年）；2001—2002年，新疆、甘肃、四川、云南等中西部省份的异地省级商会相继建立；2003—2006年，省级浙江商会在大部分中西部省份陆续建立；此后，主要以插花方式填补空白，直至在内地全部省份完成设立。[①]为什么省级异地商会具有这样的空间形态？王文静发现，其建立过程大致呈现从西部向中部扩展的趋势，与西部地区异地商会的率先建立和政府引导浙商企业积极投身西部大开发密切相关。在异地设立省级商会通常很难由企业家群体自主建立，因为同一省份中同乡企业众多，不仅涉及大量统筹事务，更在于省级异地商会本身就是一种宝贵的政治资源，为避免企业间的恶性争夺与引导权的流失，多由省直机关依托行政力量推动建立，从而在特定省份凝聚浙商力量，体现出较强的行政影响特点。

地市级商会层面

就浙江省的情况来看，1993—2013年，历年地市级异地商会的建设逐步增加并已进入相对稳定的阶段，每年新增设的地市级异地商会稳定在20—25个之间（见图12-7）。根据浙江省11个地级市的具体情况，依据数量多寡，基本可分为四类：一、超大规模。温州市是全省拥有地市级异地商会最多的城市。温州籍异地商会起步早、分布广，与改革开放以来温州商人在全国范围扩展商贸网络相伴随，如今在我国经济社会发展水平较高的地区广泛分布，其分布疏密基本已与胡焕庸线相契合。二、大规模。包括宁波市与台州市。两市异地商会的特点为数量多、起步早，呈现出"大分散、小集聚"的特点。三、中等规模。包括绍兴、丽水、金华三市，其特点为数量较少，主要分布于大城市。四、小规模，包括舟山、嘉兴、湖州、衢州、杭州等城市，数量较少、发展起步较晚，少数异地商会多集中于大城市。大致而言，由于地市级异地商会的设置相对较为便捷且比较活跃，因此数量相对较多，是异地商会

---

① 王文静.中国异地商会发展的空间演化及其机制研究［D］.上海：华东师范大学，2014.

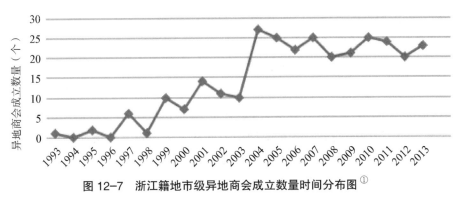

图 12-7 浙江籍地市级异地商会成立数量时间分布图 [①]
资料来源：本研究所得

网络较为发达的一级。

区县级商会层面

近年有关异地商会设置中讨论较为集中的层面，根据大部分地方有关异地商会的制度要求，在"一地一会"原则下，区县级异地商会往往难以取得正式登记注册，而只能作为市级异地商会的地区分会存在。不过，区县级异地商会也具有较为可观的数量规模。例如，截至2013年，原籍地为浙江温岭的异地商会已达到16个。但是，由于同乡企业家群体对区县级异地商会的现实需求，故而大量具有异地商会性质的组织以企业、基金会乃至未正式注册的形式进行运作。这一情况也对商界乡贤的空间组织具有一定影响。对于乡村文化振兴而言，对在外乡贤的大量需求源自县级以下，但一方面，区县级异地商会难以突破体制瓶颈，另一方面，在特定地区来自同一县或乡镇的企业家数量有限，不具备组成异地商会的规模条件，而跨地域的组件方式又难以由企业家独立实现。

（三）基于异地商会网络的在外乡贤"返乡集聚"策略

依托对异地商会网络空间特征的分析，进一步需要回应的问题是，在外乡贤的组织策略应如何展开？对此，还需要对异地商会在原籍地与设立地之间的关联进行分析，从而明确其如何对两端资源形成连接。在异地商会的管理体制上，异地商会长期遵循社会组织"双重管理"体制，分别由原籍地和设立地的不同部门指导。在原籍地方面，大多为经济协作部门、工商联等对口联系，而在设立地方面，则多由民政部门

---

① 各个浙江籍异地商会的信息以民政部门统计资料为主，并结合近五年来曾有新闻报道、举办活动等实质性开展工作的异地商会而成的统计资料。

登记注册，并由地方政府交流合作办、工商联的部门负责指导。大批异地商会构成一定规模的网络体系，凭借与原籍地、设立地之间建立的联络纽带，为原籍地企业家向外扩散提供可依托的渠道。以往异地商会网络的作用主要在于同乡企业家抱团儿出海，分享机遇、维护利益，而如今日益成为牵引乡贤回乡的载体。原本承载原籍地企业家向外扩展需求的异地商会网络，在近年引导新乡贤返乡参与公共文化服务与建设的背景下，由原籍地向外的辐射扩散网络逆向转变为由设立地向原籍地的"返乡集聚"网络。为了加快异地商会的"返乡集聚"，目前各地采用的策略基本可归纳为以下三种：

策略一：引导在外乡贤集中地区建立新的异地商会

一般说来，大多数异地商会的设立主要由共同在某一地区经商的同乡企业家自主建立，体现出较强的自主需求，与此同时，也有不少商会在原籍地政府推动下建立，相对突出政府对同乡企业家的主动引导。在吸引乡贤返乡中，一些地方政府为更好地组织某一地区的乡贤，采用建立异地商会的方式形成返乡的组织与引导渠道。例如，福建省晋江市外出经商企业家群体活跃，近年来该市响应全省乡贤"回归工程"，就采用建设异地商会的模式，仅2013年就由政府推动成立了包括天津、南京、贵州、山东等11个异地商会。[①]

策略二：以更高层级异地商会增强对在外乡贤的组织力

如前所述，省级等较高层级异地商会的有效设立通常难以由同乡企业家自行完成，而多在原籍地地方政府推动下建立。对于地方政府而言，省级商会不仅是组织协调省域范围内同乡企业家的平台，更是进一步凝聚与引导企业家的重要抓手。实际上，尽管省级异地商会与地市级、区县级异地商会之间时常没有直接隶属关系，且异地商会本身就是建立于自愿基础上的社会组织，省级异地商会不可能以类似行政命令方式要求在外乡贤回馈乡里。但是，同乡企业家出于对家乡的认同感与责任感以及维护社交关系等考虑，通常会对省级异地商会的号召做出响应。

策略三：建立连接原籍地与设立地的在外乡贤协调机制

相比政界、学界、文艺界等其他领域，以商界乡贤组织的异地商会在建立与运行上更加便利。因此，近年来以异地商会为核心集聚商界乡贤的基础上，也通过多种机制吸纳其他领域乡贤参与，共同引导，参与家乡发展。例如，浙江台州临海市通过组

---

① 我市今年将成立 11 个异地商会在外乡贤期盼回乡投资兴业［EB/OL］. 2013-05-22. http://www.jinjiang.tv/jjnews/2013-05-22/46465.html.

建"全国临海异地商会联谊会"在全国范围吸引临海乡贤回乡。联谊会平台由临海市委市政府直接负责，联谊会的成员以异地商会的同乡企业家为基础，来自临海市的政界、学界知名乡贤也一同参与。[①]

三、城乡流动群体：农民工地域流向转变及地方感重塑[*]

对于推动我国城镇化的重要生力军——农民工[②]来说，"地方感"（sense of place）的培育已经成为迫切的战略议题。一般说来，"地方感"通常是指依靠体验、记忆和依恋对地方产生的深厚的依附感[③]，直接影响当地人对过往生活的情怀以及外地人的居留意愿等。地方感在很大程度上决定了人们对所在地方的融入和认同程度，但遗憾的是，当前在城乡之间流动的农民工却面临城乡地方感的双重缺失。一方面，农民工大多原本是乡村社会的中坚群体，富有活力且拥有见识[④]，堪称乡村社会的主干力量[⑤]，但这一群体进城务工后，与原本熟悉的乡村社会相疏离，造成对乡村地方感的缺失；另一方面，农民工在工作生活的城市面临着种种有形或无形的"障碍"，不仅一些城市居民往往不愿与之过多交往，农民工自身也有意无意地与城市社会群体保持距离，导致对所在城市的地方感缺失。地方感的双重缺失导致了农民工往往存在失落、焦虑等情绪，正如中国人民大学发布的《中国农民工"生存感受"报告》指出，在全国20个大中城市中，只有46.2%的受访农民工愿意留在当前所在的城市[⑥]，这无疑与农民工逐步融入城市的普遍期望相背离。加之城市户籍相对农村户籍的优势有所弱化，东部发达地区甚至出现了户籍"非转农"现象[⑦]，不利于我国城镇化进程的推进。

相对而言，以往关于农民工地方感的研究主要聚焦微观尺度。例如，不少学者关注"城中村"这一农民工集中的场域，认为它集合了乡村独特的血缘、地缘、业缘

---

① 卢蔚.全国临海异地商会联谊会第六次大会在京举行［EB/OL］.2013-12-09. http://epaper.lhnews.com.cn/html/2013-12/10/content_1_1.htm.

* 本节发表于《社会科学》2016年第6期.

② 本文所指的"农民工"参照国家统计局《全国农民工监测调查报告》进行界定，指"户籍仍在农村，在本地从事非农产业或外出从业6个月及以上的劳动者".

③ 柴彦威等译.人文地理学词典［M］.北京：商务印书馆，2004.

④ 朱宇等.农民工：一个跨越城乡的新兴群体［J］.人口研究，2005（04）：36—52.

⑤ 吴理财等.当代中国农民文化生活调查［M］.北京：知识产权出版社，2011.

⑥ 中国新闻网.农民工幸福感调查：不足半数愿留在当前城市［EB/OL］.2012-4-25. http://www.chinanews.com/sh/2012/04-25/3845069.shtml.

⑦ 和讯新闻.当前城镇化中为何出现逆城市化现象［EB/OL］.2015-12-24. http://news.hexun.com/2015-12-24/181378195.html.

以及归属感的特殊社会场域[①]，很大程度上具有乡村社会的特征，具有农民工群体熟悉的社会交往方式[②]，同时，城中村也具备工业化的城镇社会与传统乡村社会的秩序和特征[③]，在许多方面契合农民工的心理需要和文化认同[④]。又如，有的学者探讨了农民工居住空间与地方感的关系，孔翔等的调查发现，新城区与开发区建设引发周边本地失地农民与农民工的混杂居住，农民工有不同的租住模式，其中选择居住在市民公寓等的农民工与周边居民生活相近，两者均体现出较强的地方感，但选择集体宿舍居住和租住农民自有住房的农民工则往往与周边农民体现出较紧张的关系。[⑤]上述成果通过细致入微的调查，做了具体而微的分析，对农民工地方感的进一步研究具有重要借鉴价值。

　　然而，应该引起重视的是，近年来我国农民工的空间流动正在发生重大转变，已经改变了以往向东部地区、向大城市转移的基本特点。这一重大转变不仅对农民工公共文化服务提出了一系列新问题，更将深刻影响今后农民工地方感的重塑，意味着农民工的文化治理策略已经需要做出相应调整。[⑥]因此，本书着力从宏观尺度探讨农民工流动空间转变的新趋向，分析这一转变引发的相关趋势性影响，进而提出相应的政策建议。

（一）全国层面的空间转变及其面临的难题

　　长期以来，拥有大量劳动密集型产业的东部发达地区是吸纳农民工的主要地区，而中西部地区则主要作为农民工的输出地。但随着农民工在东中西部收入水平逐步趋近（见图12-8、表12-4）、收入结余减少、西部地区就业机会增加，选择在中西部地区务工的农民工数量快速增长，就业的区域选择重心逐渐向中西部地区转移。近年来沿海地区频繁出现"用工荒"，农民工区域选择重心渐向中西部地区转移[⑦]，从"东南

① 王颖.新集体主义：乡村社会的再组织［M］.北京：经济科学出版社，1996.
② 蓝宇蕴.都市村社共同体——有关农民城市化组织方式与生活方式的个案研究［J］.中国社会科学，2005（02）：144—154，207.
③ 折晓叶，陈婴婴.社区的实践——"超级村庄"的发展历程［M］.杭州：浙江人民出版社，2000.
④ 吴理财.从流动农民的视角看公共产品的供给——皖、川、鄂三省问卷调查［J］.华中师范大学学报（人文社会科学版），2006（02）：8—14，103.
⑤ 孔翔，唐海燕，钱俊杰.基于不同租住模式的加工制造园区周边社会空间分异研究——以漕河泾出口加工区浦江分园周边社区为例［J］.地域研究与开发，2012，31（04）：23—28.
⑥ 林拓等.重塑地方感：农民工流动的空间转变及公共文化服务［J］.社会科学，2016（05）：68—76.
⑦ 本文采用较为普遍的东中西部划分方法，即东部地区包括京、津、冀、辽、沪、苏、浙、闽、鲁、粤、琼11个省（直辖市）；中部地区包括晋、吉、黑、皖、赣、豫、鄂、湘8个省；西部地区包括蒙、桂、渝、川、黔、滇、藏、陕、甘、青、宁、新12个省（自治区、直辖市）。

表 12-4　外出农民工在不同地区务工的月收入水平

年份\地区	2008	2009	2010	2011	2012	2013	2014	2015	2016	2017	2018	2019	2020
全国	1 340	1 417	1 690	2 049	2 290	2 609	2 864	3 072	3 275	3 485	3 721	3 962	4 072
东部	1 352	1 422	1 696	2 053	2 286	2 693	2 966	3 213	3 454	3 677	3 955	4 222	4 351
中部	1 275	1 350	1 632	2 006	2 257	2 534	2 761	2 918	3 132	3 331	3 568	3 794	3 866
西部	1 273	1 378	1 643	1 990	2 226	2 551	2 797	2 964	3 117	3 350	3 522	3 723	3 808

资料来源：国家统计局历年《全国农民工监测调查报告》

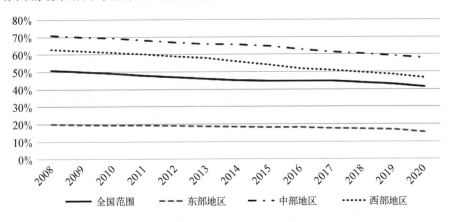

图 12-8　农民工跨省务工比重

资料来源：《全国农民工监测调查报告》（2008—2020 年）

飞"逐渐向"凤还巢"转变[1]。据 2014 年数据显示，广东、浙江、江苏、上海等东部用工传统大省（直辖市）吸纳农民工比重均不同程度下降，在长三角和珠三角务工的农民工总量虽然有所增加，但占全国农民工的比重却同比分别下降 0.5 和 0.3 个百分点。[2]

一般认为，公共文化服务的空间配置应当与人口布局情况相适应，这要求伴随农民工务工区域空间格局逐渐改变，公共文化服务的配置格局也应进行相应的调整。随着农民工务工空间格局的变化，我国东部与中西部正面临着不同的文化

---

[1]　中国经济网．中国农民工流向：从"东南飞"到"凤还巢"［EB/OL］．2012-05-14. http://views.ce.cn/view/ent/201205/14/t20120514_23319664.shtml.

[2]　国家统计局．2014 年全国农民工监测调查报告［EB/OL］．2015-04-29. http://www.stats.gov.cn/tjsj/zxfb/201305/t20130527_12978.html.

资源配置问题。尽管东部地区吸纳农民工的比重持下降趋势，但仍然是农民工就业的主要目的地，仅长三角与珠三角就吸纳了全国超过40%的农民工，东部发达地区农民工公共文化服务的紧迫性依然严峻。基于国家统计局农民工监测数据可以发现，有两大群体特别倾向于选择在东部地区务工：其一为来自东部省份的农民工，全国1亿多农民工^①中超过60%来自东部省份，2014年超过640万来自东部地区的农民工在东部省份之间流动，占东部跨省流出农民工总量的72.6%^②；其二为中西部省份的新生代农民工^③，2014年统计数据显示，64.8%的新生代农民工在东部地区务工^④。对于前者来说，由于东部地区经济社会发展水平较高，来自这一地区的农民工往往拥有更高的文化需求；对于后者来说，大量研究表明，新生代农民工较之老一代具有更强的文化需求和更高的文化生活意识，例如，2020年调查显示，41.4%的进城农民工认为自己是所居住城市的"本地人"，这一数据显现逐年提高的态势。由此可进一步发现东部与中西部地区的农民工在文化方面的差异化趋势。

就东部地区而言，一、相比在中西部地区就业的农民工，选择东部地区尤其是东部大城市的农民工大多受就业机会、收入水平、文化氛围等因素吸引，但此类农民工在所在城市长期生活的意愿相对较低，因而东部地区公共文化服务的主要指向应当是促进农民工与本地居民的交流，减少社会隔阂，这就需要进一步加强社区公共文化资源共享；二、由于在东部地区就业的农民工主要集中在制造业，而中西部则以建筑业为主（见图12-9），故而东部地区产业园区文化设施和服务的建设力度应进一步加强。

就中西部地区而言，农民工务工空间选择重心向这一地区转移的趋势已经显现，但农民工的文化服务面临诸多难题：一、产业梯度转移下大量劳动密集型产业从东部地区向中西部地区转移，在此过程中，西部地区也将逐渐遭遇以往东部地区存在的农民工文化服务问题；二、中西部地区公共文化服务建设的基础相对较为薄弱，加之当前公共资源的主要投向仍然是促进产业发展以及教育、医疗等领域设施^⑤，倘若依照与

---

① 本研究中的"本地农民工"参照国家统计局《全国农民工监测调查报告》，指"在户籍所在乡镇地域以内从业的农民工"。
② 国家统计局.2014年全国农民工监测调查报告［EB/OL］.2015-04-29. http://www.stats.gov.cn/tjsj/zxfb/201305/t20130527_12978.html.
③ 本研究中的"新生代农民工"参照国家统计局《全国农民工监测调查报告》，指"1980年及以后出生的农民工"。
④ 国家统计局.2014年全国农民工监测调查报告［EB/OL］.2015-04-29. http://www.stats.gov.cn/tjsj/zxfb/201305/t20130527_12978.html.
⑤ 农村农业农民.统计局就农民工流向、收入、权益等热点问题答问［EB/OL］.2013-06-07. http://www.ncnynm.com/Html/?1480.html.

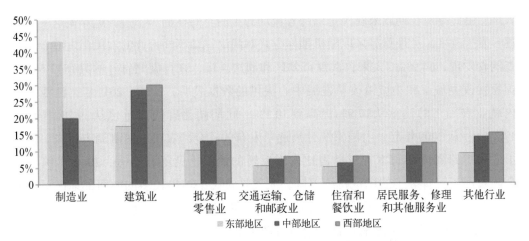

图12-9　2013年东中西部地区农民工就业行业比较

资料来源：国家统计局《2013年全国农民工监测调查报告》

农民工增长趋势相适应的要求加强文化服务体系建设，则必须注重加强相关资源的统筹配置；三、选择中西部地区就业的农民工中，不少属于就近就业，他们主要考虑到距离原籍地较近、家庭管理成本较低等因素，甚至利用农闲时段外出寻求季节性短工，因而他们对家庭和谐、子女成长以及社会网络构建等方面更为关注[①]，而公共文化活动均对上述方面有积极作用，农民工也抱有更高期望；四、由于选择在中西部地区务工的农民工也主要来自中西部地区，在未来发展意愿上更倾向于在这一地区的中心城市长期居住[②]，实现从农民向市民的转变，因而相关的公共文化工作不仅需要克服农民工与本地居民的文化隔阂问题，更需要以公共文化促进农民市民化进程，加强对所在地的文化认同。显然，中西部地区农民工文化服务的难度并不亚于甚至高于东部地区。

（二）省域层面的空间转变及其潜在的风险

选择本省还是外省是农民工外出务工面临的首要问题之一。如前所述，改革开放后相当长一段时间内，大部分的劳动密集型产业集中于长三角、珠三角、环渤海等东部城市群，中西部省份成为农民工的主要输出地，东部发达地区则是农民工的主要输

① 杨慧敏，高更和，李二玲. 河南省农民工务工地选择及影响因素分析［J］. 地理科学进展，2014，33（12）：1634—1641.
② 高更和，石磊，高歌. 农民工务工目的地分布研究——以河南省为例［J］. 经济地理，2012，32（05）：127—132.

入地，由此导致长期以来农民工以跨省流动为主的空间格局。不过，近年来这一情况逐步发生改变，吴理财等采取随机抽样方式对武汉三镇不同行业的农民工发放专题调查问卷发现，64.9%的人来自武汉市郊区和周边县市，来自湖北省外的只有13.5%[①]；国家发改委城市和小城镇改革发展中心提供的数据表明，2008—2011年，江西省省内就业农民工的比重从17.9%提高到30.1%，同期湖北省的比重也从39.2%提高到47.3%。[②]从2009年起，由国家统计局逐年发布的《全国农民工监测调查报告》记录了农民工跨省流动与本省流动占比发生反转的情况（见图12-10），2008—2014年，全国农民工跨省务工的比重持续下降，尤其是农民工输出较多的中西部地区下降显著，七年来中部地区和西部地区分别下降8.2和9.1个百分点（见表12-5）。2011年，全国农民工本省流动比重首次高于跨省流动比重。

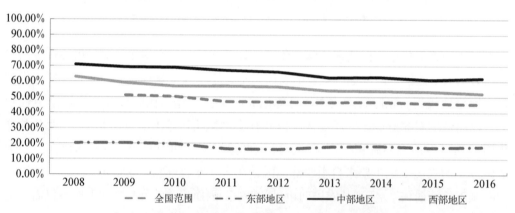

图12-10　农民工跨省务工比重（2008—2016年）

资料来源：《全国农民工监测调查报告》（2008—2016年）

表 12-5　农民工跨省务工比重

年份＼地区	全国	东部地区	中部地区	西部地区
2008	暂缺	20.30%	71%	63%
2009	51.20%	20.40%	69.40%	59.10%

① 吴理财. 从流动农民的视角看公共产品的供给——皖、川、鄂三省问卷调查［J］. 华中师范大学学报（人文社会科学版），2006（02）：8—14，103.
② 范毅. 农民工增量重心向中西部转移［J］. 中国投资，2012（11）：88—90.

（续表）

年份＼地区	全国	东部地区	中部地区	西部地区
2010	50.30%	19.70%	69.10%	56.90%
2011	47.10%	16.60%	67.20%	57.00%
2012	46.80%	16.30%	66.20%	56.60%
2013	46.60%	17.90%	62.50%	54.10%
2014	46.80%	18.30%	62.80%	53.90%
2015	45.90%	17.30%	61.10%	53.50%
2016	45.30%	17.80%	62.00%	52.20%
2017	44.70%	17.50%	61.30%	51.00%
2018	44.00%	17.20%	60.60%	49.60%
2019	43.10%	17.10%	59.20%	48.40%
2020	41.60%	15.50%	57.90%	46.60%

资料来源：《全国农民工监测调查报告》（2008—2020年）

　　中西部地区农民工省内流动比重的提升对于农民工公共文化服务具有怎样的意义？结合相关研究，可以从长期定居的意向进行分析。王兴周针对四川部分地区农民工的调查发现，省内流动农民工与跨省流动农民工在留城意向方面具有明显的差异，省内流动的农民工更愿意在所在城市长期居住。[1]范毅的研究也发现，省内的小城市、县城、中心镇正成为吸纳返乡农民工创业和就业的重要载体。由于就业与生活成本较低、社会关系网络较广、进入门槛较低，农民工在本省流动中的文化融入更为便捷。同时，引导农民工选择向就近的县城、中心镇流动，其城镇化成本也相对较低。据测算，未来80%的农民工将返乡，而其中一部分农民工将进入县城和中心镇。[2]实际上，这一趋向有助于我国新型城镇化战略实施，《国家新型城镇化发展规划（2014—2020）》对于我国城市群发展的区域空间格局已经给予了明确的定位，其中就包括了

① 王兴周.农民工：跨省流动与省内流动［J］.中山大学学报（社会科学版），2006（05）：80—86，142.
② 范毅.农民工增量重心向中西部转移［J］.中国投资，2012（11）：88—90.

促进中西部城市群发展。[①]可见，这些选择本省务工的农民工群体正是我国新型城镇化战略推进过程中的重要力量。

由此可见，中西部省份城市的公共文化服务必须以农民工作为预期吸纳人口，面对农民工的需求，不是针对临时人口，而是针对未来城镇居民进行预先布局。例如，跨省流动农民工主要流入大中城市，省内流动农民工主要流入小城镇[②]，而跨省流动的大部分是新生代农民工，省内流动的是老一代农民工，因此，在中西部城镇落户的农民工年龄相对偏大，大部分年轻的新生代农民工倾向于去大城市，所以公共文化服务既要为目前返乡的群体提供针对性的服务，又要为进一步吸纳年轻的新生代农民工增强文化魅力。

尽管大部分地区的农民工省内流动比重在不断提升，但不同省份的具体情况却存在差异。例如，中部地区选择乡外县内与县外省内就业的农民工比重相差并不大（见图12-11），仅为7.6个百分点，在河南与山西等华北地区省份的研究表明，省内流动的农民工更倾向于在本县寻找工作机会，县外省内就业的比重相对较低。高更和等在河南的研究发现，省内流动的河南农民工在县内务工概率较高，县外市内和市外省内务工的概率均较小。同时，在河南农民工的空间选择中，距离县城的远近是影响农民工务工距离选择的重要因子，距离县城或城市越近，农民工在此务工的概率越大，距离越远则在外省务工的概率越大。[③]山西省的农民工也具有类似的情况，调查显示，山西省省内就业农民工高达76%，其中，超过60%的农民工选择在乡外县内就业，就业半径较小。[④]与之相比，地处东南沿海的福建省则具有不同特点，根据2008—2011年福建省内务工的农民工空间选择情况发现，选择县外省内就业的农民工始终在60%以上，2011年时更达到68%（见图12-12）。实际上，福建省的这一特点在东部地区普遍存在，《2012年全国农民工监测调查报告》显示，东部地区83.7%的外出农民工省内流动，其中在乡外县内占32%，县外省内占51.7%[⑤]，相差近20个百分点，与中部地

---

① 此《规划》在"培育发展中西部地区城市群"中已经明确指出，"中西部城镇体系比较健全、城镇经济比较发达、中心城市辐射带动作用明显的重点开发区域"，"吸纳东部返乡和就近转移的农民工，加快产业集群发展和人口集聚，培育发展若干新的城市群，在优化全国城镇化战略格局中发挥更加重要作用"。

② 国家统计局.2013年全国农民工监测调查报告［EB/OL］.2014-05-12. http://www.stats.gov.cn/tjsj/zxfb/201405/t20140512_551585.html.

③ 高更和，石磊，高歌.农民工务工目的地分布研究——以河南省为例［J］.经济地理，2012，32（05）：127—132.

④ 网易新闻.近八成山西农民工离乡不出省　乡外省内就业为主［EB/OL］.2011-09-26. http://news.163.com/11/0926/08/7ES6DCPM00014AEE.html.

⑤ 国家统计局.2012年全国农民工监测调查报告［EB/OL］.2013-05-27. http://www.stats.gov.cn/tjsj/zxfb/201305/t20130527_12978.html.

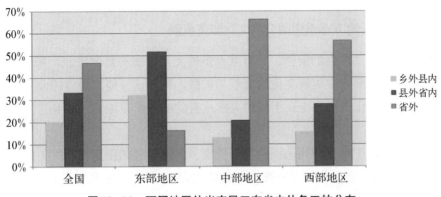

图12-11 不同地区外出农民工在省内外务工的分布

资料来源：《2014年全国农民工监测调查报告》

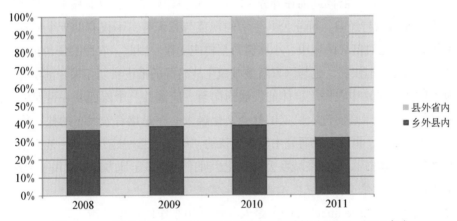

图12-12 福建省省内流动农民工务工的空间选择（2008—2011年）

资料来源：2011年福建省调查资料

区形成鲜明反差。

　　不同省份农民工跨县流动的差异表明，在不同地区省份内部的公共文化治理中应当注重其务工城市的流动特点，如郭铁成等发现，农民工乡外县内务工时常居住于乡村，而选择县外省内务工的农民工则常居住于城市。[①]总之，省内务工对于农民工具有邻近家乡、文化相近等吸引，公共文化治理策略的制定应给予充分关注。

① 郭铁成，龙开元. 以"中城市化"带动农民市民化［EB/OL］. 2014-04-18. http://www.qstheory.cn/jj/jsshzyxnc/201404/t20140418_341462.htm.

（三）构建基于地方感重塑的公共文化服务机制

农民工作为流动性强的群体，具有城乡多种文化特质的复杂叠合，并在与其他城乡群体交往的相互影响中实现文化的交汇与扩散，针对这一庞大群体的公共文化服务不仅在于满足其文化需求，更在于借助天然具有的城乡纽带地位，在乡村文化振兴中发挥独特作用。

基于近年农民工务工空间选择的分析发现，大批年轻的新生代农民工仍然选择跨省流动务工，但随着新生代年龄增长，出于组建家庭、照顾家务和培养子女等方面的考虑，越来越多的农民工尤其是在外务工多年的部分群体更倾向于返乡就业[①]，从跨省流动转变为省内流动，进入与自身地域文化特质相接近的城市或小城镇工作。由此可见，倘若返乡工作的农民工群体此前在外务工时可以获得较好的公共文化服务，具备城市生产生活的必要知识与经验，确立公共生活的规范与意识等，不仅有助于个人及家庭生活，无疑也将使之对落户的城市、小城镇乃至村庄受益。因此，农民工公共文化工作不仅关乎农民工的基本权利，也与国家新型城镇化战略等的推进密切相关。基于此，本研究认为乡村文化振兴中农民工群体的发展指向至少应涵盖三个层面：一是保障农民工的基本文化需求；二是促进农民工的社会文化融入；三是培育农民工的核心价值与公共精神。进一步地，将地方感研究中较为公认的"地方依恋—地方认同—地方依附"三项基本要素引入本书[②]，尝试在城乡公共文化治理中构建基于地方感的农民工治理机制。

1. 基于"地方依恋"的农民工基本文化需求保障机制

"地方依恋"（place attachment）是人与地方相互作用产生的情感联结关系，这一概念的提出者——威廉姆斯将地方依恋分解为人与地方的功能性依恋和情感性依恋。[③]特定个体或群体是否具有地方依恋直接关系到其对地方的认识和评价态度，例如，特威格尔-罗斯等关于居住区居民的态度研究发现，对当地居住环境依恋感的状况影响他们对地方的看法，缺乏地方依恋感的居民更倾向做出中性或负面的评价。[④]对于农民工群体而言，催化对某一地方依恋感的较为便捷的途径就是从基本文化需求切入。然而，农民工数量众多且大多将主要精力集中于经济营收，对其文化需求时常模糊不

① 赵倩等. 新生代农民工空间迁移特征研究——以北京市为例［J］. 城市发展研究，2014，21（02）：11—16.

② 唐文跃. 地方感研究进展及研究框架［J］. 旅游学刊，2007（11）：70—77.

③ Williams, D. R., Patterson, M. E., Roggenbuck, J. W. Beyond the commodity metaphor: Examining emotional and symbolic attachment to place［J］. Leisure Sciences, 1992 (14): 29–46.

④ Twigger-Ross, C. L., Uzzell, D. L. Place and identity processes［J］. Journal of Environmental Psychology, 1996 (16): 205–220.

清、难以把握，对强化地方依恋造成困难。

针对这一问题，可以结合农民工务工空间选择的特征优化现行机制：在吸纳跨省流动农民工较多的地区，考虑到多为新生代农民工，且主要集中于制造业和服务业等特点，应着力从提高农民工获取公共文化服务的方便度着手。例如，深圳市不仅根据农民工的空间分布特点布局社区与园区专用图书室，还依据农民工群体的工作时间特点，调整开闭馆时间，将闭馆时间推迟至22:00，通过提供便捷服务激发文化需求。[①]又如，针对这一群体较多使用手机等移动终端的特点，开发专门应用程序、不定期推送信息等。考虑到当前移动互联网终端已能够较为快捷地获取文化娱乐资源，故而公共文化服务的应重点关注这一群体对城市生存技能等内容的关注，从而为他们日后的再次迁移以及最终落户提供文化储备；在吸纳本省流动农民工较多的地区，这一群体大多希望能够更好地照料家庭以及融入所在城市，因此，可以从农民工家庭文化服务入手，在现有强调居民社区与开发园区任务的基础上，加强对农民工随迁子女等的文化服务。如一些地方创建针对农民工子女的文化艺术活动基地等，形成"社区+园区+校区"的新型联动机制。

2. 基于"地方认同"的农民工社会文化融入机制

"地方认同"（place identity）是在人文地理学等学科中广为使用的重要概念。布雷克威尔认为，认同是一个对社会的适应、融合和评价过程，群体之间依照对某一地方的识别来与其他群体进行区分。[②]公共文化活动对促进地方认同的形成具有显著的促进作用，例如，布莱斯等对美国堪萨斯河沿岸社区节庆活动的研究发现，举办节庆活动对提高社区群体认同与地方认同具有积极作用。[③]旨在促进地方认同的公共文化活动对促进农民工与当地社会的融合同样具有推动作用，这样的公共文化活动将农民工从活动的客体转变为参与的主体，从而催化对自身文化特性的认同，并通过与其他群体的展示交流，增进相互之间的认识乃至共识，从而促进对所在地认同感的提升。在此方面，不少城市尝试创立若干农民工公共文化活动平台，以此开拓农民工群体与城市居民之间的交流空间，如上海市国际艺术节的"新上海人歌手大赛"、深圳市的"外来青工文化节"[④]等都较为典型。

① 搜狐网. 盘点农民工文化工作亮点［EB/OL］. 2016-10-08. http://www.sohu.com/a/115615412_155403.
② Breakwell, G. M. Processes of self-evaluation: efficacy and estrangement［J］. G. M. Breakwell, ed., Social Psychology of Identity and the Self-concept［M］. Surrey: Surrey University Press, 1992.
③ Bres, K. D., Davis, J. Celebrating group and place identity: a case study of a new regional festival［J］. Tourism Geographies, Vol. 3, No. 3, 2001, 326-337.
④ 搜狐网. 盘点农民工文化工作亮点［EB/OL］. 2016-10-08. http://www.sohu.com/a/115615412_155403.

3. 基于"地方依赖"的农民工公共精神培育机制

在中国传统农村社会中，农民不缺少精于算计的自利特点，但也具有互惠合作的公共精神，正如徐勇指出，中国农民群体既有"分"也有"和"，既有"算计"也有"互惠"，这些特质与勤劳、人情、好学等共同构成农民理性，成为创造"中国奇迹"的重要文化支撑。[①]实际上，在中国农民工群体的结构转变中，新生代农民工注重社团与公共文化生活的趋向已经显现，以此为基点，引导农民工群体公共精神的培育，对我国公民社会的进一步发育至关重要，是乡村文化振兴的重要任务。目前，农民工在乡村文化治理中的作用已经显现：在城市地区，多种类型的农民工自我组织可以作为参与公共文化治理的主体，例如，北京、上海、杭州等城市设立"工友之家""打工妹之家""草根之家"等社会组织[②]，政府将这些农民工社会组织纳入可承担相关公共服务的组织名录，采用政府购买服务、授权委托、联建共建等形式组织以农民工为主要受众的大型文艺活动，逐步深入参与乡村文化振兴；在乡村地区，在外务工的农民工也可以通过组织化方式参与乡村治理。例如，一些在外务工的同乡农民工成立"打工小组"，参与村庄重大活动和决策。[③]密切的联系使在外务工的农民工对家乡的地方依赖感维持在较高的水平，同时他们自身也成为村庄与外部世界相互连接的渠道。

优化农民工公共文化服务的根本指向在于促进这一群体融入城市，并逐步培育市民精神与核心价值，这一指向的实现不仅需要专业化文化人才的有力引领，也需要数量众多的普通农民工的共同参与，参与的目的不仅在于获得并创造更好的公共文化服务，更在于通过服务促进公共性的提升。正如约翰·斯道雷所言，"文化并非我们'消费'的某种现成物，而是我们在各种文化消费实践中所生产之物"[④]。但事实上，农民工群体的公共文化服务时常被有意无意地忽视，他们不仅远离乡村公共文化生活，也很难融入城市公共文化，其后果也不只是无法满足农民工群体的需求，更在于阻碍了这一重要群体的城镇化和市民化过程。因此，必须充分把握当前农民工流动空间转变的总体趋势，优化公共服务资源配置，循序渐进地保障农民工基本文化需求、推动农民工社会文化融入、培育农民工公共精神，从而切实推动农民工地方感的深刻重塑。

[①] 徐勇. 农民理性的扩张："中国奇迹"的创造主体分析——对既有理论的挑战及新的分析进路的提出 [J]. 中国社会科学，2010（01）：103—118，223.

[②] 搜狐网. 盘点农民工文化工作亮点 [EB/OL]. 2016-10-08. http://www.sohu.com/a/115615412_155403.

[③] 曹海林. 乡村社会变迁中的村落公共空间——以苏北窑村为例考察村庄秩序重构的一项经验研究 [J]. 中国农村观察，2005（06）：61—73.

[④] ［英］约翰·斯道雷著，徐德林译. 记忆与欲望的耦合——英国文化研究中的文化与权力 [M]. 桂林：广西师范大学出版社，2007.

第十三章

城乡融合中的文化主体多维度联动

我国的公共文化服务资源散布于不同部门，包括文化、广电、教育、宣传、工会、共青团、妇联、科研机构、体育等，往往各自为政、条块分割，难以盘活公共文化资源存量，分散投入的有限资金难以达成综合效益。有关数据显示，集中在工会、妇联、科协等部门的公共文化服务设施数量比全国县以上公共图书馆和文化馆的总和还要多[①]，即便是图书馆、文化馆等系统内部也同样存在着资源的分割现象。不仅如此，面对群众多层次、多样化的文化需求，不仅要依靠政府部门的供给，还要激活社会力量，形成更广泛的公共文化服务联动才能更好地适应群众的文化需求。为此，本书将进一步探讨公共文化服务的主体联动，结合地方实践经验案例，就为何联动、与谁联动、如何联动等方面做出分析。

一、基于体系共建的层级联动

在城乡公共文化服务中，不同层级政府扮演着不同的角色，但围绕着现代公共文化体系的构建，呈现出层级联动的新态势。湖南、山东等地公共文化服务的体系构建呈现层层加压的特点，即省—市—县三级，层级越低，加强公共文化产品和服务供给的任务越繁重。例如湖南，《中共湖南省委办公厅湖南省人民政府办公厅关于加快构建现代公共文化服务体系的实施意见》对加强公共文化产品和服务供给提出四方面的要求：一是提升公共文化服务效能，主要包括文化场馆免费或低收费向社会开放、建立群众文化需求反馈机制、加大公共文化资源整合力度、加强基层广播电视播出机构服务能力建设等；二是丰富优秀公共文化产品供给，促进传统戏曲、网络文化产品、少数民族文化产品等文化产品的供给能力，创作人民喜闻乐见的文化产品；三是推进

---

① 郑海鸥. 文化获得感，这样来保障［EB/OL］. 2017-01-13. http://news.xinhuanet.com/local/2017-01/13/c_1120302537.htm.

湖湘文化传承与发展，主要包括传统村落整体保护利用工程、建设民族文化生态保护区、建设"湖南省民间文化艺术之乡"、《湖湘文库》数字化编纂出版工作等；四是丰富群众文化生活，提出"一市（州）一项品牌文化活动，一县（市区）一项特色文化活动"的目标。^①在市级层面，《中共株洲市委办公室、株洲市人民政府办公室关于加快构建现代公共文化服务体系的实施意见》的公共文化服务实施意见提出"实施'一县一区一品'工程"^②。《株洲市天元区关于加快构建现代公共文化服务体系建设"文化强区"的实施意见》将"丰富优秀公共文化产品供给"与"推进地方文化传承与发展"合二为一提出"实施本土文化精品工程"，着力"推出1—2个优秀剧目，打造2—4个在全省、全市有重大影响的公共文化服务项目和品牌"。^③此外，在省级《意见》四个方面措施之外，天元区还提出"有效推进法制文化建设"，实施"法治惠民"工程。^④

再如山东省，山东省的《意见》与中央相比，增加了"开展传承弘扬优秀传统文化活动"。在市级层面，潍坊市将"丰富公共文化产品和服务供给"明确为14个子任务，在"广泛开展丰富多彩的公共文化活动"时提出"逐步达到'一村（社区）一品'，努力实现'一人一艺'"，在"着力提升公共文化服务效能"时提到"支持公共文化服务机构、社会文化类组织和群众文化活动团体。利用广场、公园等公共场所开展健康有益的公共文化活动"。^⑤日照市《意见》在省级《意见》四条措施之外，提出"不断深化群众性精神文明创建活动"，还将"弘扬优秀传统文化"分为"经典诵读、国学普及、礼乐教化、道德实践、情趣培养"五个板块。^⑥贵港市《意见》将这一目标提高为"市、县（市、区）分别打造一个以上常态化演出品牌项目"。^⑦

---

① 《中共湖南省委办公厅湖南省人民政府办公厅关于加快构建现代公共文化服务体系的实施意见》（湘办发〔2015〕39号）。
② 《中共株洲市委办公室关于加快构建现代公共文化服务体系的实施意见》（株办发〔2016〕5号）。
③ 《株洲市天元区关于加快构建现代公共文化服务体系建设"文化强区"的实施意见》［EB/OL］.2016-06-04. http://www.zzty.gov.cn/c4131/20161101/i264445.html.
④ 《株洲市天元区关于加快构建现代公共文化服务体系建设"文化强区"的实施意见》［EB/OL］.2016-06-04. http://www.zzty.gov.cn/c4131/20161101/i264445.html.
⑤ 《中共潍坊市委办公室、潍坊市人民政府办公室关于印发〈加快构建现代公共文化服务体系实施方案〉的通知》（潍办发〔2016〕2号）。
⑥ 《日照市委办公室、市政府办公室印发关于加快构建现代公共文化服务体系的实施意见的通知》（日办发〔2015〕35号）。
⑦ 《中共贵港市委员会办公室、贵港市人民政府办公室印发贵港市关于加快构建现代公共文化服务体系的实施意见的通知》（贵办发〔2016〕18号）。

表 13-1 湖南省公共文化服务建设的层级重点

湖南省《意见》	株洲市《意见》	天元区《意见》
提升公共文化服务效能 丰富优秀公共文化产品供给 推进湖湘文化传承与发展 丰富群众文化生活	提升公共文化服务效能 丰富优秀公共文化产品供给 推进株洲文化传承与发展 繁荣群众文化生活	实施公共文化服务效能提升工程 实施文化进村入户工程 实施本土文化精品工程 有效推进法制文化建设 不断繁荣群众文化生活

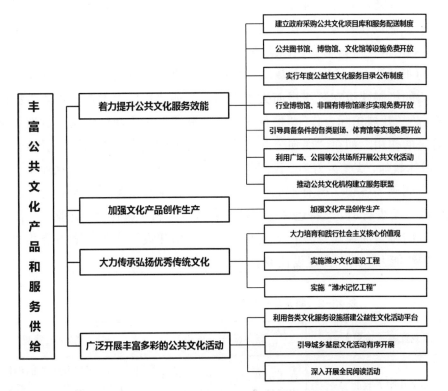

图13-1 潍坊市丰富公共文化产品和服务供给的措施示意图

  相反地，黑龙江等地的公共文化服务体系似乎呈现出层层减压的特点，即省—市—县三级，层级越低，对加强公共文化产品和服务供给的认识越简单，任务越少。以黑龙江为例，省级《意见》与中央一致，提出三点建设任务：提升公共文化服务效能、丰富优秀公共文化产品供给、活跃群众文化生活。[1]省会城市

———————
① 《黑龙江省关于加快构建现代公共文化服务体系的实施意见》(2015 年 10 月 20 日)。

哈尔滨的市级《意见》同样提出三点建设任务，但在"活跃群众文化生活"方面，突出广场文化作为公共文化服务主要载体的作用，并将建设任务细化为"每年开展大型文化活动10场、中型广场文化活动100场、小型广场文化活动1 000场、各类群众文化广场活动5 000场"[①]。哈尔滨市阿城区的《意见》中，虽然建设任务从三点增加为四点，但具体建设内容却比市级《意见》减少不少：哈尔滨市《意见》中的"丰富特色优秀公共文化产品供给"在阿城区《意见》中被简化为"加强公共文化产品的创作生产"，并进行定量考核，"每年全区要创作2—3个以上有一定影响，并在市级以上获奖的精品"；市级《意见》中的"活跃群众文化生活"在区级《意见》中被理解为"帮扶业余文艺团队建设"和"打造特色公共文化活动品牌""区文化馆建有馆属文艺团队不少于2支""到2020年，每年开展各类公益性展演活动不低于100场次，向基层、农村送文化30场次以上"。[②]值得注意的是，市级层面的机制建设在区级层面大多被简化，如"积极为群众文化队伍提供展示交流平台""开展馆际合作""推行建立行业联盟"等，而区级层面更加强调如何发挥居民的作用，如在"加强公共文化产品的创作生产"中强调"引导区域文化名人、退休教师、文艺爱好者、民间艺人开展精品创作"[③]，在"帮扶业余文艺团队建设"中明确"各镇、街有不低于3支具有一定规模和较高艺术水准的优秀群众文艺团队，至少打造1支特色文艺团队，各社区（村）确保有1支业余文体团队"，此外还专门将"加强基层公共文化专业人才队伍建设"作为"增强公共文化产品和服务供给能力"的一项建设任务。

表13-2 黑龙江省公共文化服务能力建设的层级重点

黑龙江省《意见》	哈尔滨市《意见》	阿城区《意见》
提升公共文化服务效能 丰富优秀公共文化产品供给 活跃群众文化生活	逐步提升公共文化服务效能 丰富特色优秀公共文化产品供给 活跃群众文化生活	加强公共文化产品的创作生产 打造特色公共文化活动品牌 帮扶业余文艺团队建设 建设基层公共文化专业人才队伍

---

① 中共哈尔滨市委办公厅、哈尔滨市人民政府办公厅印发《哈尔滨市关于加快构建现代公共文化服务体系的实施意见》的通知（哈办发〔2016〕13号）。

② 哈尔滨市阿城区人民政府办公室关于印发《加快构建公共文化服务体系实施方案》的通知（哈阿政办发〔2016〕54号）。

③ 哈尔滨市阿城区人民政府办公室关于印发《加快构建公共文化服务体系实施方案》的通知（哈阿政办发〔2016〕54号）。

二、基于功能共融的部门联动

部门分割是当前我国公共文化服务的瓶颈问题之一，为此，2012年中共中央办公厅、国务院办公厅发布的《国家"十二五"时期文化改革发展规划纲要》，明确提出要推动跨部门合作，实现共建共享;《公共文化服务保障法》也明确把科技馆、体育场馆、工人文化宫、青少年宫、妇女儿童活动中心等纳入公共文化设施范畴。[①]当然，跨部门的联动不仅在于设施共建和服务功能整合，还在于便利群众就近使用公共文化设施和享受公共文化服务。

当前，最为普遍的做法是将原来分散的宣传、教育、公共体育、公共文化娱乐、老年活动、青少年活动、妇女活动、工会活动、党团活动、科普活动等功能进行融会贯通，建设统一的公共文化服务综合体或公共文化活动中心，各条线的各个部门共同参与建设、共同使用。这在乡（镇、街道）、村（社区）等公共文化设施建设中已经普遍采用。早在2005年，中办、国办《关于进一步加强农村文化建设的意见》就明确指出乡镇可"组建集图书阅读、广播影视、宣传教育、科技推广、科普培训、体育和青少年校外活动等于一体的综合性文化站"。2013年中共十八届三中全会进一步将"党员教育"整合进综合性文化服务中心。2014年以来，村（社区）的基层综合性文化服务中心也开始试点建设"集宣传文化、党员教育、科学普及、农技推广、卫生计生、便民服务、体育健身等各类公共服务于一体"的基层综合性文化设施，其综合性甚至较乡镇综合文化站更高。因此，在乡镇及其以下的村（社区）基层，相关部门的联动逐步形成。典型的如广东省中山市将各村（社区）的宗祠祠堂、党员活动室、道德讲堂、星光老人活动中心、青少年活动中心、校外辅导站、农家书屋、曲艺社、大嫂工作坊、社工服务中心等功能[②]进行融合，建设一体化的综合性文化服务中心，破解了原来的设施利用率不高、政府各条线工作下不去、公共文化服务远离群众日常生活的多重难题，成效十分明显。除了这种实体设施的功能融合，还有数字设施的功能融合，例如，文化共享工程"辽宁模式"正是将广电（含数字电视、有线电视、模拟电视）的视频点播和信息推送功能用于公共文化服务;辽宁省还开通了一个电视频道，用户在家中按下遥控器上的"文化共享"键就可以用

---

① 郑海鸥. 文化获得感，这样来保障［EB/OL］. 2017-01-13. http://news.xinhuanet.com/local/2017-01/13/c_1120302537.htm.

② 新文. 中山市全力推动农村（社区）文化室高标准全覆盖［EB/OL］. 2013-05-20. http://www.zjwh.gov.cn/dtxx/2013-05-20/146279.htm.

电视机直接收看戏曲、电影、电视剧、农业科技等文化共享工程节目，每天播放时长达18小时。

不过，相对而言，县级及以上地区的功能共融较为困难，即便是新建的文化中心也往往仅是文化设施的空间集聚，公共文化资源仍然分散在不同职能部门，为此，通常采用两种方式：一是建立专门性的部门联动机制。北京市大兴区制定了"大联合、大协作"的常态化、制度化和规范化目标，成立了以大兴区委宣传部为牵头部门，区财政局、区农委、区教委、社会工委、妇联、计生委、卫生局及镇（社区）等多家单位为成员单位的"大兴区共建共享工作领导小组"。不仅如此，大兴区还与区民防局、街道实行联动，开创了利用人防工事、地下停车场等地下空间开辟文化活动阵地的先例。[①] 二是围绕特定空间或具体项目推进部门联动。2013年上海环球港试营业时，即由上海市文广局、环球港、上海市历史博物馆等文化机构联动建设环球港商圈公共文化，一些博物馆、美术馆、连环画艺术长廊、古琴艺术中心等项目首批进驻[②]，开了文化部门与大型商业中心联动构筑公共文化服务体系的先河。

同时，文化企业与公共部门之间的主体联动正逐步展开。一般而言，文化企业主要是文化产品的市场化经营，公共部门的主要是文化产品的公益性服务，但问题在于公共部门对文化产品的中端购买往往难以适应群众对文化产品的终端需求，供需衔接成为一大难题。为此，公共部门与文化企业、群众进行三方联动无疑是一个破解难题的可行路径。例如，杭州图书馆和新华书店联动推出的"悦读"服务和"悦借"服务，由读者在新华书店等书店直接借阅图书。图书由杭州图书馆买单，相当于把读者的终端阅读需求提前到了中端购买环节，由读者在图书馆借阅图书变成了图书馆按照读者的订单购书，公共图书馆的借阅服务实现了真正意义上的供需无缝对接。为了方便读者更方便地借阅图书，尤其是方便那些路途较远、比较忙碌或行动不便的人，在"悦读"基础上，杭州图书馆进一步推出了"悦借"服务，即读者在杭州图书馆的微信公众号上选书和支付快递费后，即可在家坐等快递送书到家，也可以快递还书，更为重要的是，这种选书同样可以借到与图书馆联动的新华书店等书店销售的新书。

---

① 北京大兴区：公共文化设施空间拓展方式［EB/OL］. 2013-03-26. http://www.ndcnc.gov.cn/shifanqu/xiangmu/201303/t20130326_605928.htm.

② 上海环球港明日试营业　公共文化空间面积达3万多平米［EB/OL］. 2013-07-04. http://js.winshang.com/news-176327.html.

三、基于资源共享的组织联动

如果说基于功能共融的部门联动主要是为了解决公共文化服务设施、场所的数量不足、空间分布不均衡和单功能设施利用率不高等问题，其主体联动的主要方式是通过共建多功能的综合性设施，从而实现共享；那么，基于资源共享的组织联动则是为了解决公共文化服务的设施孤岛、资源割裂等问题，其主体联动的主要方式是通过资源共享，从而实现共建。

基于资源共享的组织联动目前至少包括三种主体联动方式：

第一种是总分馆式资源共享。

总分馆式资源共享起初在公共图书馆领域，主要目的之一就是为了解决区域内分散的各自为政的公共图书馆资源整合与共享问题，其核心是多层级联动和联通的一证通行、图书通借通还，后来逐渐发展到统一管理、统一建设等高级阶段。21世纪初，我国出现了多种模式的探索，大致包括自上而下的委托模式、自下而上的委托模式和完全分馆模式，其中合作协议、接受委托形式的典型代表是苏州模式，完全分馆模式的典型代表是政府主导的嘉兴模式。最近，文化馆领域的总分馆建设快速跟进，主要目的之一也是实现文化馆（文体中心、文化站）的资源进行共享，典型模式有嘉兴的"以人为纽带"的"中心馆+总馆+分馆+支馆"城乡一体化建设模式、重庆市大渡口区为代表的"总馆+分馆+服务点"集群式建设模式等。图书馆、文化馆总分馆模式的地方探索引起了国家部委的高度重视，2016年，文化部、财政部等五部委联合发布《关于推进县级文化馆图书馆总分馆制建设的指导意见》，县级文化馆图书馆总分馆制正式在全国推广实施。

与总分馆中各馆之间功能、地位分层不同，联盟式资源共享方式中各联盟机构之间功能、地位并没有明显区分，仅是牵头单位和加盟单位的区别。比如，同样是文化馆服务体系建设，在嘉兴实施的总分馆式文化馆体系中，分别设有中心馆、总馆、分馆和支馆，各自发挥的功能和运行职能是不一样的：中心馆重在规划协调、业务支持、人才培训、创新研究和数字服务五大中心职能，推动实现全市范围内文化馆（站）"统一服务标识、统一发布平台、统一服务标准、统一辅导培训"；各县（市、区）总馆重在统筹、配置、协调、管理职能，强化县域内文化艺术服务和全民艺术普及服务资源的统筹建设、文化艺术资源的整合共享以及对分馆的业务支持；镇（街道）分馆重在履行文化艺术辅导、文化活动实施等职能；村（社区）支馆重点做好本村（社区）文化设施免费开放、培育群众文艺团队、开展文体活动等工作。[①]层级之间联动的主要机制是"以人为纽带"的"两员"制度，即以文化下派员和专职文化管理员为支撑的"县聘镇用、镇聘村用"双重管理架构。而在深圳市文化馆联盟式服务体系中，深圳市群众艺术馆只是牵头单位，全市各级群众艺术馆、文化馆、文体中心属于加盟单位，联盟单位之间联动的主要方式是专业工作委员会、主席团会议和各类专项业务会议。[②]

第二种是联盟式资源共享。

一般说来，总分馆式大多在同一体系内部适用，大量的不同体系之间的主体联动是以联盟方式展开的，应该说联盟式资源共享的适用范围更为广泛。这种联盟又至少包含三种形式的机构合作：同一区域同一体系内机构之间的联盟，如深圳文化馆联盟；同一区域不同体系之间的机构联盟，如新疆克拉玛依市的政企学联盟；不同区域同一体系的联盟，如粤港澳图书馆合作。其中，最常见的是同一区域不同体系之间的机构联盟。新疆克拉玛依市的政企学联盟是其典型代表。克拉玛依市公共文化服务体系建设的突出特点不仅在于"政企学共建共享"，而且在于总分馆制与联盟方式的融合，将全市大部分大型企业资源和学校资源纳入公共文化服务体系：在体育场馆资源共享方面，实施企业和学校的体育场馆纳入"一卡通"管理；在公共图书馆资源共享方面，将中小学和企业图书室纳入市图书馆总分馆的通借通还服务体系；在文化馆资源共享方面，将企业职工退休活动站点纳入市文化馆总分馆服务体系免费开放。[③]值得注意的是，克拉玛依市公共图书馆和文化馆资源共享遵循的均是"中心馆+总馆+分馆+支馆+若干企业加盟馆"联建共享思路，总分馆和联盟馆之间通过统一的服务标准、统一的数字服务平台、统一的效能评估体系构建紧密型联动合作关系。[④]相对于政、企、学联盟而言，军地之间的联盟并不多见。包头市却针对牧民和边防派出所共同的享受公共文化服务难的特殊情况，展开了特殊的军地互动图书交流读书联盟，即牧民可以到边防派出所借阅图书，边防干警也可以到草原书屋借书阅读。通过军地服务联盟，既解决了牧民的读书难问题，也解决了边防派出所官兵的读书难问题，不失为边疆地区公共文化服务改善的可行路径。

---

① 嘉兴市文化广电新闻出版局.嘉兴市公共文化服务创新案例［M］.北京：中国社会科学出版社，2016：9.
② 李庆禹.广东全面启动图书馆、文化馆总分馆试点建设工作［EB/OL］.2016-04-11. http://www.mcprc.gov.cn/whzx/qgwhxxlb/guangdong/201604/t20160411_461333.html.
③ 刘乙蘅.因地制宜　突破体制　政企携手　共建文化高地［N］.中国文化报，2016-04-11（005）.
④ 同上.

相对于同一区域不同体系之间日益普及的机构联盟而言，不同区域同一体系的联盟相对较少，但近年来随着区域合作的逐步强化而逐渐呈现加速发展趋势。典型的有粤港澳图书馆合作和"一带一路"公共图书馆之深圳·长三角地区联盟。粤港澳图书馆合作是在粤港澳文化合作的大背景下逐渐深入展开的，合作项目已从最初的学术年会和参观交流为主到如今的书目联合检索、文献资源互查、读者活动联动、活动作品联展、馆员交流互访考察培训、参考咨询合作、地方文献互换等多方面合作。根据三地民间团体签署的《粤港澳青年戏剧节合作意向书》《起势珠三角——粤港澳现代舞联盟2016—2017行动计划》和《非遗协同战略合作框架协议》，未来粤港澳三地之间还将在文化艺术、文化创意、非遗保护等方面展开深入合作。[1]"一带一路"公共图书馆之深圳·长三角地区联盟成立于在2016年深圳盐田区举行的第十届深圳海洋文化论坛，联盟成员包括深圳盐田区图书馆、上海浦东图书馆、杭州图书馆、宁波市图书馆、舟山市图书馆、金陵图书馆、镇江市图书馆、扬州市图书馆、连云港市图书馆、合肥市图书馆、铜陵市图书馆等十余家图书馆，目标是实现各馆之间"一带一路"相关文献资源的互联互通，并强化"一带一路"的文献研究、成果传播与展示、学术交流、人才培训和文化创新，向公众提供"一带一路"的文化服务与推广。[2]相对于粤港澳图书馆合作和"一带一路"公共图书馆之深圳·长三角地区联盟之间合作联动更多局限于公共图书馆而言，湘鄂赣区域公共文化联盟之间的合作更为全面。该联盟成立于2014年5月12日，成员有湖北省襄阳市、湖南省岳阳市和江西省新余市，区域联动的目标是实现资源共享、信息互通，成员之间实现重大文化活动统一主题策划、服务网站相互链接、定期开展交流。[3]

第三种是联群式资源共享。

联群式资源共享的范围较为广泛，其中之一是文化设施联群。例如，北京市大兴区构建的"泛博物馆群"。泛博物馆群是大兴区基于公共文化服务机构之间资源共建共享的泛群联动举措，将月季博物馆、印刷博物馆、中华耕织文化园等生活性文化场馆与泓文博雅艺术馆、澄怀美术馆、李可染画院等艺术性文化场馆联动建设。这

① 王国安.粤港澳深化文化合作再签合作协议［EB/OL］.2016-05-28. http://www.chinanews.com/ga/2016/05-28/7886661.shtml.
② "一带一路"图书馆联盟在深宣告成立　合肥市图书馆签署联盟倡议书［EB/OL］.2016-12-06. http://www.hflib.gov.cn/news/News_show.php?ID=1747.
③ 湘鄂赣共促区域公共文化融合发展［EB/OL］.2014-05-21. http://www.fdi.gov.cn/1800000121_21_61863_0_7.html.

个"泛"不仅指数量多，更主要体现在内容的丰富性和形式的多样性上。泛博物馆群建设的目标是通过众多专题性博物馆的联动扩大博物馆文化服务的整体效益。更为重要的是，通过泛博物馆群的联动将博物馆的文化进行空间延伸和内涵延展，形成主题文化园区或链条式文化产业。比如，作为世界首个以月季为主题的月季博物馆，坐落于月季主题公园，通过与北京爱情海玫瑰文化博览园、北京立体书博物馆及北京传统文化体验博物馆、绿源艺景都市农业园的联群建设，就能将月季文化延展至爱情文化、传统文化，打造集月季文化传承、月季产业链延伸等多种功能于一体的文化创意园和文化旅游产业体系[1]，从而丰富了公共文化的资源数量并提升资源质量。

当然，还有人际的联群。杭州拱墅区的大运河文化沙龙"朋友圈"联群。通过该"朋友圈"，凡是愿意为大运河文化传承发展创新尽一份力的文化企业、文化工作者、专家学者、文化志愿者和普通市民都可以定期展示自己的文化才艺、举办文化讲座和文化沙龙，市民可以免费观看和参加[2]，从而增加公共文化服务供给，展示了公共文化服务共治精神。与大运河文化沙龙"朋友圈"的联群展示不同，绍兴市首创的"文艺专家门诊"联群，不同艺术门类的一流专家学者为广大文艺爱好者接诊把脉，目前已经涵盖书法、国画、声乐、戏曲、舞蹈、摄影、器乐、少儿国学、曲艺等各个门类，社会反响十分强烈。

四、基于优势共筑的网络联动

不同主体之间的优势互补与优势共筑是催化主体联动的又一新动向。就具体内容而言，主要有四类：第一类是资源型互补共筑，主要体现在城乡文化资源和特色地域文化资源；第二类是智力型互补共筑，主要体现在来自不同领域、不同经历的群体或个体之间；第三类是专业型互补共筑，主要体现在文化部门与文化专业性机构和文化专业人才之间；第四类是体制型互补共筑，主要体现在国办文化单位与民营文化企业（团体）之间。

在资源型互补共筑中，常见联动形式是城市文化下乡和乡村文化进城交流展示的双向联动。其中，城乡文化双向联动普遍表现为文化活动和文化培训下基层、大型

——

① 新词汇：北京大兴拟打造"泛博物馆体系"［EB/OL］. 2016-05-07. http://www.sohu.com/a/74075691_418505.
② 傅一览. 制定全国首个文化志愿规范　开出大运河文化沙龙　拱墅区这两个"文化朋友圈"不容小觑［EB/OL］. 2015-11-17. http://hznews.hangzhou.com.cn/xinzheng/quxian/content/2015-11/17/content_5982945.htm.

文化活动下乡、地方文化特色品牌培育、乡土文化展演、民间文艺联展等方式，很多地区还构建了城乡文化双向交流的常态化群众文化活动展示舞台或群众文化节。宁波"天天演"文化惠民工程，引进全国优秀文化团队和本土城乡业余表演团体在广大的城乡经常性演出，既有"草根明星"的浒山街道莲响队、匡堰镇樟树村文艺队等业余民间团队乡土演出，也有中国木偶戏艺术剧院、鄞州越剧团、宁波甬剧团、宁波小百花越剧团等城市专业性院团的专业演出。"文化走亲"是对城乡文化联动的进一步延展和补充，为了避免长时期仅仅同一区域城乡文化联动带来的审美疲劳，区域之间的文化交流互动成为必然选择。湖州首创文化走亲，其主要目的是以文会友，以互访交流加强相互之间的了解、熟悉和文化融合。具体的做法上又根据文化资源的互补要求分为"选亲、招（送）亲、结亲、留亲"四种形式："选亲"是根据自身文化特色主动"走亲"；"招（送）亲"是根据需要招标"走亲"对象；"结亲"是根据"文化亲缘"关系建立常态化的走亲；"留亲"是在"走亲"基础上建立友好关系。[①]而根据"走亲"的区域范围大小，"文化走亲"又可分为城市内走亲、跨城市走亲、跨区域走亲、跨国走亲。尤其值得注意的是，常规的城乡文化联动对象多表现为线性结构，而文化走亲对象更多表现为网络结构，如下图所示，即使是县内文化走亲，其所选择的联动对象与城乡联动对象也有更大的灵活性和广泛性，因而更显联动的优势。

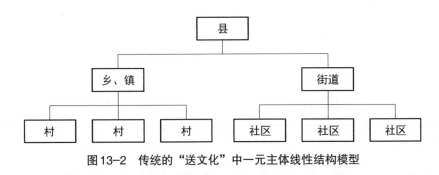

图13-2　传统的"送文化"中一元主体线性结构模型

　　智力型互补共筑的主体联动主要表现在各种专家咨询会、理事会、议事会，十八大以来文化理事会制度最受关注。理事会一般可分为咨询型、议事决策型和决策监督型三种（详见表13-3），其实质都是政府部门、文化机构、社会知名人士、专家学者

---

① 叶辉，俞海萍.文化走亲　走出文化大繁荣［EB/OL］.2014-04-08. http://www.wenming.cn/whhm_pd/yw_whhm/201404/t20140408_1852656.shtml.

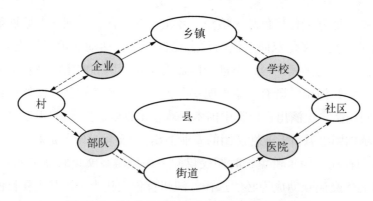

图13-3 "文化走亲"中多元主体网状结构模型

资料来源：哈尔滨市阿城区人民政府办公室关于印发《加快构建公共文化服务体系实施方案》的通知（哈阿政办发〔2016〕54）

和热心群众等共同组成的联动协商议事平台。在理事会中，各个理事发挥各自的智力优势展开咨询、议事、决策、监督等工作。

表 13-3 文化机构理事会的三种类型

类型	名称	人员构成来源
咨询型	无锡市图书馆理事会	图书馆、文管中心、残联、文明办、学校、读者代表
议事、决策机构	深圳图书馆第二届理事会	文化机构、教育、文化、科技、图书情报、文化传媒、公益组织等
决策、监督型	温州市图书馆理事会	文化主管部门、图书馆、金融、公安、文教体卫、企业、律师、学校

资料来源：本研究整理

专业型互补共筑的主体联动主要表现为文化机构与文化院团（校）的联动、文化机构与文化企业的联动、文化机构与文化名人的联动、文化机构与文化志愿者的联动或者与多种单位和个人的复合联动。目前，根据各自的文化资源状况，有的偏重于与文化院团、文化院校的联动，有的偏重于与文化企业的联动，有的偏重于与文化名人的联动，有的偏重于与文化志愿者的联动。北京市东城区文化院团多、文化名人密集，具有优质文化资源富集的独特优势，北京人民艺术剧院、中国儿童艺术剧院、国家话剧院、中央戏剧学院、保利剧院、北京中山音乐堂、北京之夜、东城区少年宫天地剧场、金帆音乐厅、东城区文化馆剧场、东城区图书馆剧场等现代化演出场地也坐落于此①，同时，文化志愿者中也有一大批文化名人和影视明星。因此，东城区与文化院团（校）、文化企业和文化名人积极展开联动，打造首都戏剧文化城，积极推动话剧"三进"（进社区、进校园、进军营）活动，并尝试引入国有文艺院团运营街道文体中心，首创了将公共文化设施与专业资源整体对接模式。不仅如此，东城区还实施了"一街一团，一居一员"的对口辅导模式，不但将14个街道与14个专业文艺团体结成对子，而且每个居委会也都有相应的优秀专业演员或艺术家担任其文化辅导员②，使得群众文化活动不但数量多，而且创新节目多，每年创新节目占到了节目总数的30%左右，能够保证公共文化服务具有较高的质量和水平。

　　体制型互补共筑的主体联动主要表现在公共文化机构运用市场机制购买公共文化服务。近年来，我国各级政府不断强化职能转变的同时大力推进文化体制改革，以制度创新引导社会力量积极参与公共文化服务，形成了体制内的国办文化单位与体制外的民营文化企业（团体）和群众自发性文化团队在互动、开放的市场中同台竞争互补的服务格局，既解决了政府直接管理带来的弊病又有效提高了文化设施的利用率和社会服务功能，实现了公益性和市场化的双赢。依据文化企业（团体）和政府部门联动的具体方式，这种体制型互补的主体联动可以分为合作型、托管型、兴办型和捐助型四种③（见表13-4）。

表13-4　体制型互补共筑的四种主体联动形式

对比项 联动形式	联动机制	企业（团体）参与方式
合作型联动	双方以共同出资或技术合作的方式共同提供公共文化服务	入股参股、签约外包，参与招标
托管型联动	政府部门以协议形式委托企业（团体）代为管理公共文化设施	接受委托、承包经营
兴办型联动	企业独立出资兴办公共文化服务	投资兴办、政府采购

① 东城区主要文艺院团介绍［EB/OL］. http://www.bjdch.gov.cn/n1523901/n2213060/n2213061/c2213932/content.html.
② 公共文化司.北京市东城区公共文化资源分类供给项目进展情况［EB/OL］. 2012-11-30. http://www.mcprc.gov.cn/sjzz/shwhs_sjzz/shwhs_ggwhfwtxjs/201211/t20121130_353037.htm.
③ 戴言.制度建设与浙江公共文化服务［M］.杭州：浙江大学出版社，2013：233.

（续表）

对比项 联动形式	联动机制	企业（团体）参与方式
捐助型联动	以资金、物品等形式支持公共文化服务	无偿捐助、冠名赞助等

其中，政企之间合作型联动的典型模式是私营企业或民营资本与政府进行资本合作。宁波市鄞州区政府和民间资本合资组建乐盛文化公司，组织实施乡镇剧场演出计划；福建省福州市和民间机构合作以PPP模式（Public-Private Partnership，即政府和社会资本合作的项目运作模式）建设福州海峡文化艺术中心。还有一种合作模式是政府投资的国有企业与民营企业展开合作运营，如由宁波开发投资集团有限公司注册成立的宁波文化广场投资发展有限公司负责运营的宁波文化广场与保利剧院、CGV影城等合作经营。[①]托管型联动也较为常见。一种是设施托管，典型的如苏州昆山市文化艺术中心由政府每年出资委托保利文化经营管理、昆山市周市镇野马渡文体中心委托野马渡文化投资有限公司统一管理，无锡新区公共图书馆的建设、管理、运行和服务外包给专业公司，北京市东城区基层公共文化设施委托北京演艺集团运营；另一种是活动托管，典型的如苏州昆山戏曲节、外企文化艺术节等活动外请苏州滑稽剧团、苏州歌舞剧团、江苏省昆剧院等专业院团以项目化方式整体打包签约[②]；宁波市鄞州区组建"宁波和盛文化演艺发展公司"对"天天演"文化惠民工程进行服务外包，统一采购来自不同类型、不同体制单位或团体的公共文化服务。

近年来，企业直接投资兴办公共文化设施的热情高涨，尤其是民营博物馆逐渐增多，成为国有博物馆公共文化服务的有力补充。宁波市鄞州区民办博物馆迅速发展，目前民办博物馆与国办博物馆共同发展的格局已经形成。[③]除了民办博物馆，民办图书馆也逐渐增多。比如，很多浙商企业都有企业图书馆，万向集团、嘉康电子、复星集团、吉利集团、海亮集团、昱辉阳光、正泰集团、众泰集团等都有自己的图书馆，部分企业图书馆藏书还超过四万册。这些图书馆大多是与企业提升员工职业素养和企业经营管理相关的专题式图书馆，与综合性公共图书馆

---

① 陈青.以"公众满意"为出发点和落脚点：我市探索社会力量参与公共文化服务新路［N］.宁波日报，2014-12-01（A10）.

② 苏州文明办.政府购买公共文化服务的实践与思考——以昆山为例［EB/OL］.2015-04-09. http://wm.jschina.com.cn/9654/201504/t2098662.shtml.

③ 文化部公共文化司.中国公共文化发展报告（2013）［M］.北京：北京师范大学出版社，2013：114—116.

的联动发展能够有效提升公共文化服务的资源数量和质量，有效弥补和克服公共图书馆对企业员工专业化发展支撑力不足的问题。还有一些企业的图书馆、文化中心等在服务企业内部的同时也向社会免费开放。捐助型联动在我国公共文化服务目前还较少，但随着文化体制改革的逐步深入已有破冰之势。宁波市"广场天天演"、"我们的节日"、市民文化艺术节、"文化夜市"赶集等群众文化活动中，"雅戈尔"、"中国移动"、东州商城、银亿集团、民和、旷世智源、宣逸等众多企业以冠名或赞助的方式参与[①]；在2015年楚雄市第十五届业余文艺会演中，经过政府的积极引导，比赛的奖金由企业支付并冠名整个活动，实现了公共文化活动和企业营销的双赢效果。

五、基于协同共创的地缘联动

近年来，不少具有地缘关系的地区或城市积极展开基于文化协同创新的主体联动。典型的是以长江文化艺术节为纽带集聚的长江文化协同创新联合体。长江文化艺术节是江苏省张家港市为整合利用长江文化资源、传承弘扬长江文化，联合长江流域12个省、自治区、直辖市一起于2004年创办的文化盛会，目前已经成为我国县域文化协同创新的样本和江苏省重点培育的三大地方特色品牌之一，被誉为"一个县级市扛起了弘扬长江文化的大旗"。[②]为了建立稳定的长江文化协同创新机制，张家港市建立了"长江流域戏剧发展战略联盟"，成立了长江文化基金会和长江文化促进会并出台了《长江流域戏剧发展战略联盟实施细则》，隔届轮流举办"长江流域戏剧艺术节"和"长江流域民族民间艺术节"，致力于长江流域地方戏艺术的传承发展、长江流域文化的高端研讨、重点课题研究、旅游资源发掘和长江文化的交流、传播。十余年来，长江流域12个省、自治区、直辖市的200多个文化、艺术团体同台竞技、相互融合，不但传承弘扬了长江文化，更催生出了一大批富于长江文化特色的文艺精品。此外，通过长江文化艺术节，沿江各省的群文学会、戏剧家协会与国家级的群众文化学会、戏剧家协会、电影导演协会等携手联动、紧密合作，有效拓展了长江文化研究和阐释、传播的深度和广度，凝聚了长江文化共识，加强了长江文化艺术的协同创新，产生了持久的影响力。

---

① 陈青.以"公众满意"为出发点和落脚点：我市探索社会力量参与公共文化服务新路［N］.宁波日报，2014-12-01（A10）.

② 戴珩.创新与跨越：公共文化服务体系前沿报告［M］.南京：南京师范大学出版社，2014：87.

表 13-5　2004—2016 年历届长江文化艺术节主体联动主要活动

年份	主体联动主要活动
2004	举办第一届"长江流域戏剧艺术节"、长江流域戏剧发展联盟研讨会和"长江城·长江人"长江名城文化风情电视片展播，发表《长江流域戏剧发展战略联盟宣言》
2005	举办长江流域戏剧发展战略联盟首届年会、首届长江流域民族民间艺术节和长江流域优秀民族民间文艺节目巡演等
2006	举办第二届长江流域戏剧艺术节、长江流域戏剧发展战略研讨会和长江流域民族民间文艺工作者联谊会
2007	作为全国县级市首家"小戏小品"创作基地承办第二届"中国戏剧奖·小戏小品奖"评选暨第二届全国小戏小品大赛，举办第二届长江流域民族民间艺术节和长江流域优秀民族民间文艺节目巡演等
2008	举办长江流域民间文艺家协会联谊会、第十五届中韩日戏剧节暨第三届长江流域戏剧艺术节、中国长江戏曲博物馆开馆仪式等
2009	举办第三届长江流域民族民间艺术节、第三届全国小戏小品大赛、"长江文化"高层论坛、长江流域各省市戏剧家协会联谊会和中国长江文化博物馆奠基仪式等
2010	开通中国长江文化艺术网和以历届长江文化艺术节专题资料库为基础的长江流域文化艺术主题门户网站，举办"长江颂"全国曲艺作品征集大赛、第四届长江流域戏剧艺术节、2010 年中国文化发展论坛、全国第三届扇面书法艺术精品展和长江流域群众文化学会专题研讨会等
2011	举办 2011 中国文化发展论坛、"长江颂"全国诗歌作品征集活动、第四届长江流域民族民间艺术节和第四届全国小戏小品大赛
2012	举办首届"长江城·长江人"全国微视频大赛、第五届长江流域戏剧艺术节、江苏省梅花奖艺术团走进张家港惠民专场演出、长江流域群众文化学会研讨会和长江流域戏剧家协会座谈会等
2013	举办"寻找长江文化的十个符号"——首届微电影大赛、长江流域民族民间文艺进社区巡演、中国戏剧奖·小戏小品奖暨第五届全国小戏小品大赛、长江文化博物馆开馆仪式、长江流域群众文化学会座谈会、长江流域戏剧家协会座谈会和 2013 扬子江诗学奖颁奖典礼暨"诗歌里的城·张家港"朗诵会等，并承接第 13 届中国戏剧节 5 台大戏展演工作
2014	举办第六届长江流域戏剧艺术节、"中国戏剧奖·理论评论奖"颁奖仪式、首届长江流域小戏小品展演、2014 首届长江流域民间艺术博览会、长江流域群众文化学会交流会和长江文化促进会成立揭牌等

（续表）

年份	主体联动主要活动
2015	举办第五届国际幽默艺术周、第七届长江流域民族民间艺术节、长江流域民族民间文艺进社区巡演、"长江水·山花情"第六届长江流域民族民间艺术节专场演出和江苏省"梅花奖"艺术团专场演出等
2016	举办第二届长江流域民间艺术博览会、第五届"长江杯"江苏文学评论奖、第四届扬子江诗学奖和长江流域戏剧家协会座谈会和第八届长江流域戏剧艺术节精品大戏巡演等

随着京津冀都市圈的不断发展，城乡公共文化服务的联动也逐渐展现新态势，其中尤为突出的就是"京津冀公共文化服务示范走廊发展联盟"，该联盟成立的初衷就是京津冀三地之间的文化服务协同，其主要成员有：北京市的东城区、朝阳区，天津市的和平区、河西区、津南区和河北省的唐山市等。三方约定将在公共文化服务和文化产业方面开展合作、协同创新，推进京津冀协同发展。

参考文献

著作

E.S.萨瓦斯著.周志忍译.民营化与公私部门的伙伴关系［M］.北京：中国人民大学出版社，2002.

埃莉诺·奥斯特罗姆著.余逊达等译.公共事务的治理之道［M］.上海：上海译文出版社，2012.

艾德等著.黄列译.经济、社会和文化的权利［M］.北京：中国社会科学出版社，2003.

保罗·萨缪尔森，威廉·D.诺德豪斯著.萧琛译.经济学［M］.北京：华夏出版社，1999.

贝拉·迪克斯著.冯悦译.被展示的文化：当代"可参观性"的生产［M］.北京：北京大学出版社，2012.

陈雪樵编著.数字图书馆与文化共享工程［M］.北京：中国环境科学出版社，2008.

成都地方志编纂委员会.成都市志·文化艺术志［M］.成都：四川辞书出版社，1999.

成都官报书局.四川官报［M］.成都：官报书局，1904.

成刚.数据包络分析方法与MAXDEA软件［M］.北京：知识产权出版社，2014.

戴珩.现代公共文化服务体系200问［M］.南京：南京师范大学出版社，2015.

戴言.制度建设与浙江公共文化服务［M］.杭州：浙江大学出版社，2013.

董纯才等.中国革命根据地教育史：第一卷［M］.北京：教育科学出版社，1991.

董修甲.市政问题讨论大纲［M］.上海：青年协会书局，1929.

杜定友.图书馆学通论［M］.上海：商务印书馆，1925.

费孝通.乡土中国［M］.上海：上海人民出版社，2007.

费孝通.乡土中国　生育制度［M］.北京：北京大学出版社，1998.

冯国权.国家公共文化服务体系示范区（项目）创建与公共图书馆发展［M］.成都：西南交通大学出版社，2014.

高宏存.公共文化设施运行机制研究［M］.北京：社会科学文献出版社，2016.

龚蛟腾.城镇化进程中基层公共图书馆建设研究［M］.北京：知识产权出版社，2016.

郭锡龙.图书馆暨有关书刊管理法规汇览［M］.北京：中国政法大学出版社，1995.

国家文物局.中国文化遗产事业法规文件汇编（1949—2009）上［M］.北京：文物出版社，2009.

何平等.公共图书馆的文化功能［M］.上海：上海交通大学出版社，2010.

赫德森著.王殿明等译.八十年代的博物馆——世界趋势综览［M］.北京：紫禁城出版社，1986.

湖北省地方志编撰委员会.湖北省志：文艺（上）［M］.武汉：湖北人民出版社，2007：63.

黄有柱.公共文化服务体系建设中的公共艺术发展问题研究［M］.武汉：武汉大学出版社，2016.

嘉兴市文化广电新闻出版局.嘉兴市公共文化服务创新案例［M］.北京：中国社会科学出版社，2016.

江苏省博物馆学会.发挥博物馆在公共文化服务体系中的重要作用——江苏省博物馆协会2015学术年会论文集［M］.北京：文物出版社，2016.

教育部社会教育司.民众教育馆［M］.南京：正中书局，1941.

金莹.基层政府购买公共文化服务的理论与实践：以重庆市为个案的研究［M］.武汉：武汉大学出版社，2017.

柯平.公共图书馆的文化功能［M］.上海：上海交通大学出版社，2010.

克里斯·巴克著，孔敏译.文化研究：理论与实践［M］.北京：北京大学出版社，2013.

莱昂·狄骥著.郑戈译.公法的变迁：法律与国家［M］.沈阳：辽海出版社，1999.

李希沁，张淑华.中国古代藏书与近代图书馆史料［M］.北京：中华书局，1982.

李小云，赵旭东，叶敬忠著.乡村文化与新农村建设［M］.北京：社会科学文献出版社，2008.

梁漱溟著.乡村建设理论［M］.上海：上海人民出版社，2006.

林敏娟.公共文化服务中的民营企业角色［M］.北京：中国社会出版社，2014.

凌金铸.公共文化行政学［M］.上海：上海交通大学出版社，2012.

刘华光.商会的性质、演进与制度安排［M］.北京：中国社会科学出版社，2009.

刘辉.文化治理：公共文化服务的中国故事研究［M］.北京：高等教育出版社，2017.

刘新成，张永新，张旭.文化蓝皮书：中国公共文化服务发展报告（2014—2015）［M］.北京：社会科学文献出版社，2015.

刘秀峰.农村文化礼堂：从公共空间到社区营造［M］.杭州：浙江工商大学出版社，2016.

刘悦笛.公共文化服务的嘉兴模式［M］.北京：社会科学文献出版社，2012.

罗伯特·帕特南著.王列等译.使民主运转起来：现代意大利的公民传统［M］.南昌：江西人民出版社，2001.

罗云川.公共文化服务的网络治理研究［M］.北京：社会科学文献出版社，2016.

马克思恩格斯全集：第三卷［M］.北京：人民出版社，1974.

马克思恩格斯选集：第四卷［M］.北京：人民出版社，2012.

毛泽东.毛泽东选集：第三卷［M］.北京：人民出版社，1991.

彭京宜，傅治平，刘剑波.建设社会主义新农村学习读本［M］.北京：红旗出版社，2006.

彭克宏，马国泉，陈永进.中国社会科学大词典［M］.北京：中国国际广播出版社，1989.

乔治·斯蒂纳，约翰·斯蒂纳著.张志强译.企业、政府与社会［M］.北京：华夏出版社，2002.

邱冠华，于良芝，许晓霞.覆盖全社会的公共图书馆服务体系：模式、技术支撑与方案［M］.北京：北京图书馆出版社，2008.

荣跃明.上海公共文化服务发展报告（2017）［M］.上海：上海书店出版社，2017.

阮可，郭怡.公共文化服务协调机制研究［M］.杭州：浙江大学出版社，2015.

陕西师范大学教育研究所编.陕甘宁边区社会教育资料：社会教育部分（上）［M］.北京：教育科学出版社，1981.

上海高校都市研究院.2011年全国31个省市自治区公共文化服务指数蓝皮书

［M］.北京：商务印书馆，2012.

折晓叶，陈婴婴.社区的实践———"超级村庄"的发展历程［M］.杭州：浙江人民出版社，2000.

斯蒂芬·L.J.史密斯著.吴必虎译.游憩地理学：理论与方法［M］.北京：高等教育出版社，1992.

唐铭杰.图情留痕［M］.上海：上海辞书出版社，2014.

王笛.街头文化：成都公共空间、下层民众与地方政治（1870—1930）［M］.北京：商务印书馆，2013.

王恩涌.文化地理学［M］.南京：江苏教育出版社，1995.

王宏钧.中国博物馆学基础［M］.上海：上海古籍出版社，2001.

王建民.管理经济学［M］.北京：北京大学出版社，2004.

王景新.乡村新型合作经济组织崛起［M］.北京：中国经济出版社，2005.

王列生，郭全中，肖庆.国家公共文化服务体系论［M］.北京：文化艺术出版社，2009.

王全吉.文化馆（站）服务与管理［M］.北京：北京师范大学出版社，2003.

王全吉.浙江公共文化服务创新研究［M］.杭州：浙江大学出版社，2013.

王颖.新集体主义：乡村社会的再组织［M］.北京：经济科学出版社，1996.

文化部，政策研究室办公厅.中华人民共和国现行文化行政法规汇编1949—1985：上册［M］.北京：文物出版社，1988.

文化部公共文化司.中国公共文化发展报告（2013）［M］.北京：北京师范大学出版社，2013.

吴汉华.中国民间图书馆研究［M］.武汉：武汉大学出版社，2014.

吴理财.中国公共文化服务体系建设的实践探索［M］.北京：高等教育出版社，2017.

吴理财等.城乡一体化中农民文化权益保障研究［M］.北京：知识产权出版社，2012.

吴理财等.当代中国农民文化生活调查［M］.北京：知识产权出版社，2011.

吴理财等.文化治理视域中的公共文化服务体系建设［M］.北京：高等教育出版社，2016.

吴理财等.中国城乡基层公共文化服务调查［M］.北京：高等教育出版社，2016.

吴彤.自组织方法论研究［M］.北京：清华大学出版社，2001.

武汉地方志编纂委员会办公室.武汉市志（1840—1985）［M］.武汉：武汉出版社，1999.

徐莉.城乡一体化中农民文化权益保障研究［M］.成都：西南财经大学出版社，2011.

阎云翔.私人生活的变革：一个中国村庄里的爱情、家庭与亲密关系（1949—1999）［M］.上海：上海书店出版社，2006.

叶响裙.公共服务多元主体供给：理论与实践［M］.北京：社会科学文献出版社，2014.

艺衡，任珺，杨立青.文化权利：回溯与解读［M］.北京：社会科学文献出版社，2005.

于良芝等.公共图书馆建设主体研究——全覆盖目标下的选择［M］.北京：国家图书馆出版社，2011.

约翰·斯道雷著，徐德林译.记忆与欲望的耦合——英国文化研究中的文化与权力［M］.桂林：广西师范大学出版社，2007.

约翰斯顿等著.柴彦威等译.人文地理学词典［Z］.北京：商务印书馆，2004.

詹姆斯·C.斯科特著.王晓毅译.国家的视角：那些试图改善人类状况的项目是如何失败的［M］.北京：社会科学文献出版社，2011.

张礼智.陕西省博物馆百年史［M］.西安：三秦出版社，2014.

张蓉.先秦至五代成都古城形态变迁研究［M］.北京：中国建筑工业出版社，2010.

张妍.文化体制改革视域下现代公共文化服务体系建设研究［M］.沈阳：东北大学出版社，2015.

甄朔南、沈永华.现代博物馆学基础知识问答［M］.北京：中国博物馆协会，2000.

郑楚森.转型时期公共文化服务创新研究［M］.杭州：浙江大学出版社，2017.

郑永富.群众文化学［M］.北京：中国国际广播出版社，1993.

中共中央宣传部编.十一届三中全会以来党的宣传工作文献选编［M］.北京：中共中央党校出版社，1989.

中国人民政治协商会议四川省委员会.四川文史资料选辑［M］.成都：四川人民出版社，1961.

中华全国工商业联合会编写组.中华全国工商业联合会简史（1953—2013）［M］.

北京：中华工商联合出版社，2013.

　　周慧梅.近代民众教育馆研究［M］.北京：北京师范大学出版社，2012.

　　朱煜.民众教育馆与基层社会现代改造（1928—1937）：以江苏为中心［M］.北京：社会科学文献出版社，2012.

中文期刊、论文

　　艾丽斯娜.城乡一体化背景下安徽省公共图书馆服务体系建设研究［D］.合肥：安徽大学，2014.

　　白凯，周尚意，吕洋洋.社会文化地理学在中国近10年的进展［J］.地理学报，2014，69（08）：1190—1206.

　　薄君.文化馆体系在构建公共文化服务体系中的职能定位与运营模式新探［J］.山东省青年管理干部学院学报，2006（5）：140—143.

　　蔡平秋.攀枝花市图书馆实施总分馆制的构想［J］.科技情报开发与经济，2009，19（26）：65—67.

　　曹爱军.新农村参与式公共文化服务的制度基础——基于农民参与视角的探讨［J］.重庆工商大学学报（社会科学版），2010（5）：113—116.

　　曹爱军，方晓彤.西部农村公共文化服务及其制度梗阻——基于甘肃农村的调查分析［J］.贵州社会科学，2010（03）：76—79.

　　曹海军.善治视野下的中国城镇公共治理体系构建［J］.思想战线，2015，41（01）：58—64.

　　曹海林.乡村社会变迁中的村落公共空间——以苏北窑村为例考察村庄秩序重构的一项经验研究［J］.中国农村观察，2005（06）：61—73.

　　曹锦扬.统筹城乡文化发展的六个关键环节［J］.江海纵横，2009（01）：52—53.

　　柴彦威，陈零极，张纯.单位制度变迁：透视中国城市转型的重要视角［J］.世界地理研究，2007（04）：60.

　　长安县马厂地主庄园博物馆［J］.文物，1959（01）：42—44.

　　长江沿岸城市群众文化发展论坛论文选［C］.湖北省群众文化学会，2001：8.

　　车莉.抗战时期西康省的民众教育馆［J］.西南民族大学学报（人文社会科学版），2011，32（11）：210—214.

　　陈宝文.浅析公共文化资源共享建设如何满足社会福利需求［J］.管理论坛，

2013（10）：186.

陈碧红，钟晋华，熊伟，段小虎.西部地区公共图书馆免费开放制度创新的路径选择——以宝鸡市公共图书馆免费开放制度创新探索为例［J］.图书与情报，2013（03）：31—35.

陈波.乡间艺人机会损失的形成与补偿研究——基于农村公共文化服务体系建设的视角［J］.武汉大学学报（人文科学版），2010（03）.

陈海威，田侃.我国基本公共服务均等化问题探讨［J］.中共福建省委党校学报，2007（05）：2—5.

陈杰，黎相宜.海南冠南侨乡公共文化空间的变迁——兼论侨乡范式的式微［J］.广西民族大学学报（哲学社会科学版），2014，36（05）：57—63.

陈金生，贾后明.试论城乡文化差异和统筹的重要意义［J］.市场论坛，2004（05）：26—28.

陈娟.论城乡图书馆资源一体化建设——以厦门市城乡图书馆建设为例［J］.江西图书馆学刊，2008（4）：20—21.

陈凯，武爱文.行业协会性质、特点及其相关研究述评［J］.生产力研究，2008（06）：141—143.

陈立旭.公共文化服务的均等化与效率［J］.中共浙江省委党校学报，2015（01）.

陈萍.试析图书馆作为公共文化空间的社会价值［J］.图书馆工作与研究，2014（03）：17—19.

陈少峰.文化产业业态变化与文化企业经营策略研究［J］.北京联合大学学报（人文社会科学版），2014（1）：33.

陈诗波，李崇光.我国农民专业合作组织的"能人效应"解析［J］.学术交流，2008（08）：99—103.

陈晓建.省级广电协会打造区域化枢纽型社会组织路径探析——以广东广电协会改革现状为例［J］.中国广播电视学刊，2013（06）：12—14.

陈新民，王旭升.电视的普及与村落"饭市"的衰落［J］.国际新闻界，2009（4）：32.

陈杏.公共文化服务与公共文化空间的关系探析［J］.图书馆杂志，2008（02）：9—11.

陈英，洪源.考虑环境因素的我国省域公共图书馆效率测度及优化治理——基于三阶段DEA方法［J］.图书馆学研究，2015（11）：17—25.

陈莹.大学生村官计划实施的现状、问题及对策研究［D］.长沙：湖南师范大学，2014.

陈映芳."农民工"：制度安排与身份认同［J］.社会学研究，2005（03）：119—132+244.

陈玉润.欧美改良都市农村说［J］.东方杂志，1994，10（7）.

陈洲.重庆市农村图书馆发展策略研究［D］.重庆：重庆师范大学，2012.

程天赐.盘点农民工文化工作亮点［N］.农民日报，2011-10-08（005）.

程文艳.河北省农村书屋的长效发展机制问题探讨［J］.河北科技师范学院学报（社会科学版），2010（3）：17—21.

程振兴.城市产业发展与行业协会演化的相关研究［D］.上海：华东师范大学，2014.

储节旺，储伊力.我国省域公共图书馆效率测评及影响因素分析——基于Super-SBM与Tobit模型的实证研究［J］.图书情报工作，2015（22）：33—38.

褚劲风.东京动漫产业空间集聚与企业区位选择研究［J］.地域研究与开发，2009，28（02）：35—40.

褚乃骥.公共图书馆在现行财政体制下的成本核算管理［J］.图书馆学刊，2010（09）：30—31.

创新发展乡贤文化［J］.党政论坛，2016（10）：53—54.

崔玉开."枢纽型"社会组织：背景、概念与意义［J］.甘肃理论学刊，2010（05）：75—78.

董文松，黄淑惠."为钢铁而战"小型展览——深入炉旁、矿山流动展出［J］.文物参考资料，1958（12）：6.

段成荣，谭砢.城市公共文化设施规划研究——宁波城市新区公共文化设施规划案例研究［J］.人口研究，2002（6）：55—62.

段佐川.如何发挥乡镇综合文化站的作用［J］.学习月刊，2010（11）：52—53.

鄂尔多斯市文化局.让公共文化服务流动起来［N］.中国文化报，2013-07-10（004）.

樊小庆，秦腊英.民办公助：破解乡镇图书馆（室）建设难题——鄂州市农村文化中心户的创建调查与思考［J］.图书馆论坛，2007（01）：34—36.

范毅.农民工增量重心向中西部转移［J］.中国投资，2012（11）：88—90.

范周.创新公共文化管理体制和运行机制　加大公共文化服务保障力度［J］.人文天下，2015（04）：15—19.

方坤.重塑文化空间：公共文化服务建设的空间转向［J/OL］.云南行政学院学报，2015，17（06）：26—31，53.

方丽玲.城乡统筹：城乡关联视角分析［J］.财经问题研究，2006（06）.

方林.金山区文化类社会组织发展对策研究［D］.兰州：西北师范大学，2016.

冯雨峰，黄扬飞.省域城乡文化设施建设的调查与分析——以浙江省为例［J］.城市规划，2006（12）：40—44.

符钢战，韦振煜，黄荣贵.农村能人与农村发展［J］.中国农村经济，2007（03）：38—47.

付卫东.高校毕业生农村支教政策的问题及对策［J］.教育发展研究，2009，28（Z2）：20—22.

傅才武.国家公共文化服务体系建设的价值评估及政策定位［J］.江汉大学学报，2010（6）：17—22.

傅才武，侯雪言.当代中国农村公共文化空间的解释维度与场景设计［J］.艺术百家，2016（06）：38—43.

傅才武，宋丹娜.我国文化体制的缘起、演进和改革对策［J］.江汉大学学报（社会科学版），2004（2）：163.

高福安，刘亮.国家公共文化服务体系建设现状与对策研究［J］.现代传播，2011（6）：1—5.

高更和，石磊，高歌.农民工务工目的地分布研究——以河南省为例［J］.经济地理，2012，32（05）：127—132.

高军波，周春山.西方国家城市公共服务设施供给理论及研究进展［J］.世界地理研究，2009（12）：88.

高军波，周春山，江海燕，叶昌东.广州城市公共服务设施供给空间分异研究［J］.人文地理，2010，25（03）：78—83.

高军波，周春山，王义民，江海燕.转型时期广州城市公共服务设施空间分析［J］.地理研究，2011，30（03）：424—436.

高珊，徐元明，徐志明.城乡统筹的评估体系探讨——以江苏省为例［J］.农业现代化研究，2006（04）.

高善春.城乡文化一体化建设的制约因素及应对策略［J］.河北理工大学学报

（社会科学版），2011（03）：68—70.

　　高善春.论城乡文化一体化建设的意义、条件与措施［J］.内蒙古农业大学学报（社会科学版），2010（06）：240—242.

　　高善春.论城乡文化一体化建设的原则与路径［J］.安徽工业大学学报（社会科学版），2011（1）：37—39.

　　盖琪.场景理论视角下的城市青年公共文化空间建构——以北京706青年空间为例［J］.东岳丛论，2017（7）：72—80.

　　龚主杰.湖北省农家书屋可持续发展策略研究［J］.图书馆学研究，2013（8）：89—92.

　　巩村磊.农村公共文化服务体系构建的价值取向及其现实意义［J］.理论学刊，2014（01）：100—104.

　　谷小水.1927—1937年中国民众教育研究——以江苏为中心［D］.南京：南京大学，2000.

　　顾江.文化市场建设中的政府介入机制［J］.江海学刊，2001（15）.

　　顾金孚.农村公共文化服务市场化的途径与模式研究［J］.学术论坛，2009（05）.

　　顾丽娟，曾菊新.中国区域城乡文化系统耦合关联分析［J］.经济地理，2013（1）：86—92.

　　郭淳彬.上海文化设施布局规划研究［J］.上海城市规划，2012（6）：33—37.

　　郭军华.区域公共图书馆效率测度及环境影响因素分析——基于DEA-Tobit两步法的实证研究［J］.图书情报工作，2010（13）：87—90.

　　郭灵凤.欧盟文化政策与文化治理［J］.欧洲研究，2007（2）：66—67.

　　郭敏宽.试论统筹城乡文化的契合点［J］.大众文艺（理论），2009（2）：185.

　　韩梅.关于财政支持公共文化服务体系建设情况的调研［J］.行政事业资产与财务，2009（05）：43—45.

　　韩雪风.论公共文化服务体系构建中的政府职责［J］.探索，2009（05）：113—116.

　　韩增林，李彬，张坤领.中国城乡基本公共服务均等化及其空间格局分析［J］.地理研究，2015（11）：2035—2048.

　　郝春柳，杨宇龙.文化信息资源共享工程绩效评价研究［J］.图书馆理论与实践，2011（6）：1—5.

郝弋.乡镇综合文化站职能创新的探索［J］.四川戏剧，2011（6）：120—121.

何丹，张景秋，孟斌.北京市中心城区公共文化设施空间分布研究［J］.资源开发与市场，2014，30（01）：55—58，129.

何继良.关于构建公共文化服务体系、保障人民基本文化权益的若干问题思考［J］.毛泽东邓小平理论研究，2007（12）.

何馗馗.城乡一体化进程中公共文化服务的均等化［J］.党政干部学刊，2014（03）：57—62.

何兰萍.关于重构农村公共文化生活空间的思考［J］.学习与实践，2007（11）：122—126.

何义珠，李露芳.公民参与视角下的城乡公共文化服务均等化研究［J］.图书馆杂志，2013，32（06）：17—20.

贺雪峰.论中国农村的区域差异——村庄社会结构的视角［J］.开放时代，2012（10）：124—129.

侯兵，黄震方，徐海军.文化旅游的空间形态研究——基于文化空间的综述与启示［J］.旅游学刊，2011（3）：91.

侯耀晨.2012异地商会规模化发展十四问［J］.中国商人，2012（2）：35.

胡建兰.农村公共文化服务现状及改善对策［J］.兰州学刊，2013（7）：39.

胡骏.社会主义新时期我国博物馆事业的回顾（1976—1988）［J］.中国博物馆，1991（04）：1—12.

胡荣.社会资本与城市居民的政治参与［J］.社会学研究，2008（5）：1—20.

胡诗文，陈金华.基于GIS的历史文化名城空间分异与影响因素研究［J］.乐山师范学院学报，2016，31（04）：61—66.

胡税根，李倩.我国公共文化服务政策发展研究［J］.华中师范大学学报（人文社会科学版），2015，54（02）：43—53.

胡娱.我国公共图书馆服务均等化测度及空间格局分析［J］.图书情报工作，2015（07）：83—90.

胡艳君.我国城乡统筹问题探讨［J］.经济师，2007（02）.

胡涌雪.谈对文化馆公共文化服务体系的探索［J］.大众文艺，2010（10）：178.

胡智锋，杨乘虎.免费开放：国家公共文化服务体系的发展与创新［J］.清华大学学报，2013（1）：139—146.

黄春燕.新阶段加强乡镇综合文化站建设的几点思考［J］.广西农学报，2009

（1）：64—67.

黄江，胡晓鸣.创意产业企业空间分布研究——以杭州市为例［J］.经济地理，2011（11）：78.

黄江平.重视发挥乡土文化能人在文化建设中的积极作用［J］.毛泽东邓小平理论研究，2014（1）：35.

黄江平，王展.发挥民间文化团体在文化建设中的积极作用——上海民间文化团体的现状调研与政策建议［J］.上海文化，2014（8）：95.

黄金华，新农村公共服务设施规划初探——以广州市番禺区为例［J］.规划师，2009（S1）：51—45.

黄静.从"书展"到"文化展"——都市公共文化空间建构中的上海书展［J］.都市文化研究，2014（01）：349—356.

黄雁湘."农家书屋"管理机制探讨［J］.农业图书情报学刊，2010（1）：194—197.

黄扬，李琴.基于DEA方法的地方公共文化服务支出效率研究——以珠海市为例［J］.财政监督，2015（24）：58—60.

纪丽萍.变迁视阈中的现代性与中国乡村文化［J］.理论月刊，2013（5）：176—179.

季晨.加速农村博物馆建设刍议［A］.中国博物馆协会博物馆学专业委员会.中国博物馆协会博物馆学专业委员会2015年"致力于社会可持续发展的博物馆"学术研讨会论文集［C］.中国博物馆协会博物馆学专业委员会，2015：5.

嘉兴模式的延伸与深化：从总分馆体系到图书馆服务体系［J］.中国图书馆学报，2012（5）：12—18.

江逐浪.中国公共文化服务事业发展中的几个内在问题［J］.现代传播，2010（5）：11—18.

姜长宝.农村文化产业发展态势分析［J］.宏观经济研究，2010（02）：66—71；

姜晓婷.公共图书馆与新生代农民工城镇化的社会融入［J］.四川图书馆学报，2013（05）：14—17.

蒋建国.加快城乡文化一体化发展［J］.求是，2011（23）：17—20.

蒋文能，王国红.公民治理失败风险分析［J］.国家行政学院学报，2010（01）：47—51.

蒋永福.文化权利、公共文化服务体系与公共图书馆事业［J］.国家图书馆学刊，

2007.

　　金家厚.公共文化机构绩效评估及其机制优化［J］.重庆社会科学,2011（11）:19—24.

　　金武钢.农家书屋与农村公共图书馆服务体系融合发展探析［J］.中国图书馆学报,2014（1）:84—89.

　　景晓芬.农民工城市公共文化空间消费状况调查［J］.城市问题,2014（07）:74—77.

　　康晓光,韩恒.分类控制:当前中国大陆国家与社会关系研究［J］.开放时代,2008（02）:30—41.

　　柯慧.温州市乐清新农村文化大院建设现状、问题及对策研究［D］.南京:南京农业大学,2013.

　　孔进.我国政府公共文化服务提供能力研究［J］.山东社会科学,2010（3）:122—128.

　　孔翔,唐海燕,钱俊杰.基于不同租住模式的加工制造园区周边社会空间分异研究——以漕河泾出口加工区浦江分园周边社区为例［J］.地域研究与开发,2012,31（04）:23—28.

　　赖作莲.基于DEA-Tobit方法的公共文化服务效率评价及其影响因素研究［J］.内蒙古财经大学学报,2016,14（06）:46—50.

　　兰勇,陈忠祥.论我国城市化过程中的城乡文化整合［J］.人文地理,2006（6）:45—49.

　　蓝宇蕴.都市村社共同体——有关农民城市化组织方式与生活方式的个案研究.中国社会科学,2005（2）:77.

　　冷稼祥.构建城乡一体化公共图书馆服务体系推进社会主义新农村建设——靖江市图书馆实施总分馆制的实践与探索［J］.新世纪图书馆,2012（09）:88—91.

　　李兵园,唐鸣.村民参与公共文化服务供给:角色、空间与路径［J］.社会科学家,2016（05）.

　　李超平.中国公共图书馆服务体系"嘉兴模式"研究［J］.中国图书馆学报,2009,35（06）:10—16.

　　李丹.四川省城市群协调发展的区域治理研究［D］.成都:电子科技大学,2011.

　　李娟.湖北省赤壁市乡村旅游开发策略研究［D］.天津:天津大学,2010.

　　李楠.城乡结合部地区基本公共文化设施调研思考——以北京市为例［A］.中国

城市规划学会.城乡治理与规划改革——2014中国城市规划年会论文集（08城市文化）[C].中国城市规划学会，2014：13.

李倩，甘巧林，刘润萍，郝爽.广州市中心城区公共文化设施空间分布研究 [J].中南林业科技大学学报（社会科学版），2012，6（02）：145—148.

李若建.关于农民工与流出地乡村的关系和乡村发展的几点思考 [J].人口研究，2005（7）：47.

李山.政府购买：公共文化服务供给模式的现代转向 [J].地方财政研究，2015（04）：86—90.

李善来.双脚站在大地上才更有力量——山东省威海市选派机关干部到农村基层任职"第一书记"工作纪实 [J].现代领导，2013（11）：14—15.

李少惠.公共文化服务体系建设的主体构成及其功能分析 [J].社科纵横，2007（2）：37—39.

李少惠.转型期中国政府公共文化治理研究 [J].学术论坛，2013（1）：35—36.

李少惠，王苗.农村公共文化服务供给社会化的模式构建 [J].国家行政学院学报，2010（02）：44—48.

李少惠，余君萍.公共治理视野下我国农村公共文化服务绩效评估研究 [J].四川行政学院学报，2010（1）：32—36.

李少惠，余君萍.西方公共文化服务体系综述及其启示 [J].图书馆理论与实践，2012（3）：17—20.

李树余.文化馆站在促进和谐文化中的思考和对策 [J].大众文艺，2010（10）：175.

李桃，索晓霞.民族地区公共文化服务城乡一体化初探 [J].贵州社会科学，2014（09）：157—161.

李文龙.甘肃农村公共文化服务事业发展研究 [D].兰州：兰州大学，2007.

李小凤.实施文化能人选树工程　实现基层文化的发展和繁荣 [J].大众文艺，2013（06）：17—18.

李新市.中国农村文化产业发展研究 [J].四川行政学院学报，2006（02）：73—76.

李秀忠.统筹城乡文化建设的基本途径探讨——以山东省诸城市为例 [J].山东师范大学学报（人文社会科学版），2009（6）：140—145.

李贞.基于GIS的陆家嘴公共文化设施空间布局及优化研究 [J].上海城市规划，

2016（6）：51—56.

李志农，乔文红.传统村落公共文化空间与民族地区乡村治理——以云南迪庆藏族自治州德钦县奔子栏村"拉斯节"为例［J］.学术探索，2011（8）：61—64.

李中和，高娟.从区域治理的差异性看我国政府回应性的构建［J］.新视野，2010（1）：41—42.

李忠昊，王嘉陵，谢青，程歌，陈雪樵.四川省公共图书馆的历史回顾——"四川省公共图书馆现状分析与发展战略"之一［J］.四川图书馆学报，2006（04）：2—8.

梁克西.从农村社会谈到城市农业问题［J］.南京社会特刊，1931，1（2）.

梁琦，李勇.城乡一体化进程中图书馆建设模式研究——以成都市为例［J］.四川图书馆学报，2010（3）：48—51.

廖义军.建国初期中国共产党开展农村文化建设的几种形式［J］.湖南科技学院学报，2013，34（12）：85—88.

瞭望记者.乡村文化能人：一个人激活一池水［J］.2015（30）：56—57.

林拓.世界文化产业与城市竞争力［J］.马克思主义与现实，2003（4）：25.

林拓等.重塑地方感：农民工流动的空间转变及公共文化服务［J］.社会科学，2016（05）：68—76.

林拓，申立.我国城乡区县重组：风险及其超越［J］.中国行政管理，2012（11）：73.

林拓，虞阳，张修桂.现代商会与国家治理：历史与国际的视角——兼论我国商会的"中国特色"［J］.复旦学报（社会科学版），2015（3）：9—16.

刘波.浅谈如何提高文化馆的公共文化服务能力［J］.学周刊，2011（3）：208—209.

刘博.新时代农民培养中的政府责任研究［D］.长沙：中南大学，2013.

刘晨曦.我国现代公共文化服务建设存在问题及对策研究［D］.哈尔滨：哈尔滨商业大学，2015.

刘红.县级图书馆实施"文化信息资源共享工程"的实践与思考［J］.重庆图情研究，2008（3）：22—25.

刘红侠.农民教育培训体系发展思路与对策［D］.杨凌：西北农林科技大学，2009.

刘佳燕，陈振华，王鹏，王健.北京新城公共设施规划中的思考［J］.城市规划，2006（4）：38—42.

刘佳云，马云华等.云南公共文化服务体系构建研究·民族艺术研究［J］.农业图书情报学刊，2014（3）：116—124.

刘杰.我国城市化进程中城乡结合部的功能定位分析［J］.贵州社会科学，2013（04）：28—32.

刘俊生.公共文化服务组织体系及其变迁研究——从旧思维到新思维的转变［J］.中国行政管理，2010（01）：39—42.

刘兰芬.城乡基本公共服务均等化视阈下的农家书屋建设探析［J］.农业图书情报学刊，2011（7）：205—208.

刘陆军.图书馆服务新农村建设的历程与启示［J］.图书情报工作，2010（3）：93—96.

刘鹏，邓凯文.中国省际公共文化支出效率差距与影响因素分析［J］.经济与管理评论，2016，32（04）：130—137.

刘平.新二元社会与中国社会转型研究［J］.中国社会科学，2007（1）：104.

刘日.政府职能定位与履行视角下的公共文化服务体系建设问题［J］.安徽行政学院学报，2010（1）：12—17.

刘润，杨永春，任晓蕾.1990s末以来成都市文化空间的变化特征及其驱动机制［J］.经济地理，2017，32（7）：114—123.

刘伟.国家治理视域下我国社会自组织状况再考察［J］.学习与实践，2015（04）：74—81.

刘伟.浅谈文化信息资源共享工程"辽宁模式"［J］.农业图书情报学刊，2011（7）：39—41.

刘文俭.公民参与公共文化服务体系建设对策研究［J］.行政论坛，2010（03）.

刘文俭，张传翔，刘效敬.统筹城乡文化发展战略研究［J］.国家行政学院学报，2005（02）：48—51.

刘晓坷，孙浩.善治视角的农村公共文化服务供给模式［J］.学习月刊，2012（02）：27—28.

刘彦随，刘玉，翟荣新.中国农村空心化的地理学研究与整治实践［J］.地理学报，2009（10）：1193.

刘洋等.构建现代公共文化服务体系——2013年中国公共文化服务体系建设盘点［J］.中华文化论坛，2014（3）：132—136.

刘志斌.武汉公共图书馆的起源和发展［J］.新文化史料，1998：64—66.

卢婷婷，翟坤周.城乡二元结构下的农村文化建设：现实逻辑与动力机制［J］.新疆社会科学，2012（05）：105—112，152.

卢燕.卢氏宗祠：一个农村社区公共文化空间功能的变迁与重建［D］.武汉：华中师范大学，2012.

鲁静.公共文化服务供给有效性的空间评价与空间机制研究［D］.上海：华东师范大学，2017.

吕东徽.新农村建设背景下的农村文化重建——以豫西C村文化变迁为例［D］.武汉：华中师范大学，2012.

吕方.我国公共文化服务需求导向转变研究［J］.学海，2012（6）：57—60.

吕效华，朱力.流动人口文化福利支持机制构建研究——学习贯彻党的十七届六中全会精神［J］.理论探讨，2012（1）：28—32.

罗家德，孙瑜，谢朝霞，和珊珊.自组织运作过程中的能人现象［J］.中国社会科学，2013（10）：86—101.

罗家德，孙瑜等.自组织运作过程中的能人现象［J］.中国社会科学，2013（10）：88.

罗永禄，肖洁.青岛市城乡文化设施建设利用中的问题及对策研究——以图书馆、文化馆为例［J］.中国西部科技，2009（10）：56—58.

马格玛.浅谈公共文化服务供给中政府的作用［J］.商，2014（22）：53.

马慧强，韩增林，江海旭.我国基本公共服务空间差异格局与质量特征［J］.经济地理，2011（2）：212—217.

马慧强，王清，弓志刚.京津冀基本公共服务均等化水平测度及时空格局演变［J］.干旱区资源与环境，2016（11）：64—69.

马树华.公共文化服务体系与城市文化空间拓展［J］.福建论坛（人文社会科学版），2010（06）：58—61.

马爽刚."文化强国"视野下公共文化服务体系建设［J］.大众文艺，2013（01）.

马玉玲.我国农村公共文化建设的现状与改进措施［J］.江西社会科学，2015，35（05）：229—233.

毛文君.20世纪20—30年代的成都市民众教育馆［J］.文史杂志，2002（1）：10—12.

毛雁冰，韩玉.新常态下公共文化服务供给水平的实证分析［J］.图书馆论坛，2015，35（12）：32—38.

梅红霞.构建统筹城乡发展的公共文化服务体系研究——以淄博市为例［J］.企业家天地下半月刊（理论版），2009（9）：30—31.

孟海宁.城乡统筹下的农村公共设施规划探索——基于空间经济学的视角分析［J］.浙江工业大学学报（社会科学版），2008（2）：141—145.

孟巍.我国地方政府公共文化支出效率的地区差异及影响因素研究［D］.济南：山东财经大学，2016.

苗美娟.2016年我国公共文化服务研究进展［J/OL］.图书馆论坛，2017，37（08）：81—90.

苗瑞丹.英国公共文化服务的分权与共治经验及其借鉴［J］.马克思主义与现实，2016（04）：169—175.

莫少强.将联合参考咨询网建设成为全国文化信息资源共享工程的重要服务窗口和阵地［J］.图书馆建设，2008（02）：106—107.

南茜·福勒著，罗宣，张淑娴译.生态博物馆的概念与方法——介绍亚克钦印第安社区生态博物馆计划［J］.中国博物馆，1993（04）：73—82.

倪嵩卉，李国庆，倪嵩.城乡统筹下农村公共服务设施规划的思考［J］.小城镇建设，2011（12）：84—87.

宁银萍.当前农村教育的问题及对策思考［J］.农业科技与信息，2008（02）：47—48.

牛华，安俊美.我国公共文化服务的内涵及其社会价值探析［J］.北方经济，2009（08）：2.

农村衰落与城市集中的危机［J］.合作讯，1930（55）.

潘金志.福建省农村文化产业发展研究［D］.福州：福建农林大学，2014.

潘锦亚.公共图书馆参与农家书屋的基层调研——以湖州市图书馆为例［J］.图书馆研究与工作，2012（2）：11—13.

潘晓曦.文化馆管理创新［J］.中共山西省直机关党校学报，2011（4）：34—35.

潘育平.乡镇综合文化站管理问题探究［J］.大众文艺，2011（12）：183.

彭一中，余峰.试论图书馆作为文化公共空间的社会价值［J］.高校图书馆工作，2012，32（04）：19—21.

彭益民.文化需求：优化农村公共文化服务的关键［J］.湖湘论坛，2010（5）：120—124.

钱俊瑞.在全国文物、博物馆工作会议上钱俊瑞副部长的讲话［J］.文物参考资料，1958（03）：4—6.

钱文军.社区体育场地设施规划设计的研究［J］.武汉体育学院学报，2007（3）：86—89.

钱勇晨.地方政府公共文化服务供给效率研究［D］.杭州：浙江大学，2014.

强胜.论农民工社会保障［J］.皖西学院学报，2004（04）.

邱家洪.城乡统筹进程中的文化冲突与融合——以重庆市为例［J］.农业现代化研究，2009（3）：314—317.

邱正文，刘建荣.农民协会活跃农村文化——湖南省湘潭县射埠镇新农村建设调研［J］.学术论坛，2011，34（05）：165—168.

全国博物馆工作座谈会纪要［J］.中国博物馆，1991（03）：7—9.

让儿童热爱乡土、热爱劳动——山西长子县鲍店小学"乡土博物馆"介绍［J］.文物参考资料，1958（09）：51—52.

任闽华.基层公共图书馆公共文化服务均等化建设分析与思考——以江西省基层公共图书馆为例［J］.农业图书情报学刊，2017（10）：169—174.

任萱.鄞州区开展文化、科技、卫生"三下乡"科普活动［J］.新农村，2015（03）：49.

任焰，潘毅.宿舍劳动体制：劳动控制与抗争的另类空间［J］.开放时代，2006（3）.

荣跃明.公共文化的概念、形态和特征［J］.毛泽东邓小平理论研究，2011（03）：38—45，84.

阮荣平，郑风田，刘力.公共文化供给的宗教信仰挤出效应检验——基于河南农村调查数据［J］.中国农村观察，2010（06）：72—85.

单霁翔.从"馆舍天地"走向"大千世界"——关于广义博物馆的思考［J］.国际博物馆（中文版），2010，62（03）：69—75.

单敬兰，赵建华，赵保华.我国农村图书馆事业的兴起和前景［J］.中国图书馆学报，1991（02）：81—85，95—96.

佘凯旋.加强农村文化建设促进农村经济发展的对策思考［J］.经营管理者，2017（20）：266—267.

沈妩.城乡文化一体化进程中乡村文化的困境与重构［J］.理论与改革，2013（4）：71.

沈丽云.日本图书馆法的修订及其启示［J］.图书馆杂志，2010（03）：46.

沈庆林."大跃进"和国民经济调整时期的中国博物馆（1958年—1965年）［J］.

中国博物馆，1996（03）：77—87.

沈雁冰.中央人民政府文化部指示——对地方博物馆的方针、任务、性质及发展方向的意见［J］.文物参考资料，1951（12）：1.

绳欢.科技特派员制度长效运行机制研究［D］.南昌：江西农业大学，2012.

石力月.城乡二元格局中的公共文化服务问题——以广播电视"村村通"工程建设为例［J］.新闻大学，2013（03）：43—47.

时涛，胡彀，闫月霞，张彦凤.我国基本公共文化服务省区差异及空间格局［J］.知识管理论坛，2014（06）：1—7.

宋健.浅议网络媒介对"平民偶像"的推动力——以"朱之文现象"为例［J］.现代视听，2011（06）：76—78.

宋正娜，陈雯，袁丰，王丽.公共设施区位理论及其相关研究述评［J］.地理科学进展，2010（12）：1500b.

苏东海."文化大革命"时期的中国博物馆（1966年—1976年）［J］.中国博物馆，1996（03）：88—94.

苏东海.关于生态博物馆的思考［J］.中国博物馆，1995（02）：2—4.

苏东海.国际生态博物馆运动述略及中国的实践［J］.中国博物馆，2001（02）：2—7.

苏如娟.河南省城乡文化产业统筹发展中存在的问题及对策［J］.河南科技，2011（17）：14—15.

孙浩.农村公共文化服务有效供给的体制性障碍研究［J］.甘肃行政学院学报，2011（06）：59—70，124.

孙洁.关于农村文化站生存与发展的思考［J］.理论界，2006（10）：114.

孙玉梅，秦俊丽.山西省文化旅游资源的特征与文化产业发展模式［J］.地理研究，2011（5）：45.

谭玉岐.都市城区群众文化长效发展新论［J］.群文论苑，2011（03）.

谭志桂.以城带乡推动城乡文化均衡发展［J］.党建，2006（09）：26.

唐文跃.地方感研究进展及研究框架［J］.旅游学刊，2007（11）：70—77.

唐亚林.当代中国公共文化服务均等化的发展之道［J］.学术界，2015（05）.

田蕾，唐鑫.论首都基层公共文化设施空间错配与服务效能提升［J］.中国市场，2016（52）：66—70.

涂斌.地方政府公共文化支出效率及影响因素——基于广东21个地级市的实证分

析［J］.经济问题，2012（03）：18—21.

王莉，程慧平.我国省域公共图书馆效率测算及影响因素研究［J］.图书馆论坛，2014（2）：15—21.

王达梅.政府向社会组织购买公共服务的问题与对策分析［J］.城市观察，2010（05）：30—37.

王德恒，关晓红.中国公共图书馆投资分析［J］.图书情报工作，2004（2）：61—64.

王迪.从国家包揽到多方参与——公共文化服务体系建设中的社会治理理念与实践［J］.学术论坛，2017（1）：35.

王芳.城乡基本公共文化服务均等化问题研究——以河北省为例［J］.行政事业资产与财务，2016（34）：40—41.

王刚，姜晨.新时期农村文化建设的现状分析与发展对策［J］.安徽农业科学，2013，41（15）：7049—7050.

王海燕，郑洪兰，程文艳.山西省农村书屋可持续发展问题研究［J］.农业图书情报学刊，2011（4）：132—135.

王邗华.从苏南乡镇图书馆的崛起看中国农村图书馆事业的发展道路［J］.中国图书馆学报，1994（04）：41.

王惠.中国省域公共图书馆的可持续发展水平空间分布研究［J］.农业图书情报学刊，2015（04）：10—13.

王惠，赵坚.中国省际公共图书馆效率动态演进与空间分布［J］.图书馆理论与实践，2016（05）：75—80.

王建云.文化建设和发展同样需要城乡统筹［J］.今日浙江，2009（18）：58.

王静.建立健全博物馆法人治理结构的示范意义［J］.博物馆研究，2015（03）：13—18.

王娟.统筹城乡文化建设基本途径研究综述［J］.山东行政学院学报，2011（3）：127—130.

王娟.选拔培育农村文化带头人的思考［J］.管理观察，2013（5）：102.

王丽娜.基于城市记忆构建公共文化空间——以南京1865创意产业园为例［J］.太原城市职业技术学院学报，2016（09）：6—8.

王玲.我国博物馆法人治理结构探析［J］.管理观察，2017（01）：85—87.

王洛忠，李帆.我国基本公共文化服务：指标体系构建与地区差距测量［J］.经济社会体制比较，2013（01）.

王美文，郑家杰.新农村文化内生机制中非政府组织功能与角色探究［J］.当代世界与社会主义，2014（5）：145—149.

王苹.略论城市文化反哺农村的必要性及其对策［J］.成都行政学院学报，2010（2）：88—90.

王晴.论图书馆作为公共文化空间的价值特征及优化策略［J］.图书馆建设，2013（02）：77—80.

王秋惠，杨爱慧.天津市涉老公共文化设施空间分布现状及发展趋势研究［J］.城市住宅，2016（09）：51—54.

王泉根.中国乡贤文化研究的当代形态与上虞经验［J］.中国文化研究，2011（04）：165—172.

王仁清.大力发展面向农村的职业教育——为全面建设小康社会做出应用的贡献［J］.大众科技，2004（11）：59—60；

王蔚.文化治理不是治理文化——与竹立家教授商榷［J］.探索与争鸣，2014（8）：42.

王文静.中国异地商会发展的空间演化及其机制研究［D］.上海：华东师范大学，2014：24.

王晓军.略论抗战时期图书馆馆际合作［J］.图书情报工作，2012，56（15）：72—77.

王兴周.农民工：跨省流动与省内流动［J］.中山大学学报（社会科学版），2006（5）：86.

王艳.公共文化服务体系中的县级公共图书馆发展研究［J］.图书与情报，2010（1）：124—126.

王冶秋.十一个省（市、自治区）文物、博物馆现场会议小结［J］.文物参考资料，1958（09）：6—10.

王银梅，朱耘婵.基于面板数据的地方政府公共文化支出效率研究［J］.经济问题，2015（06）：35—40.

王永明.乡村休闲文化产业可持续发展的逻辑思路［J］.贵阳市委党校学报，2014（06）：46—49.

王玉波，唐莹.转型期城市土地资源"公共治理"适用性分析［J］.地域研究与开发，2011（1）：122—126.

王玉珏.抗战时期陕甘宁边区社会教育研究［D］.重庆：西南交通大学，2014.

王元.农村基层图书馆长效发展机制研究——以辽宁省朝阳市为例［J］.图书馆学刊，2011（5）：44—46.

王子奇.对都市社区公共设施规划的社会学思考［J］.湖南社会科学，2006（4）：83—85.

王子舟.看民间图书馆之兴起［J］.公共图书馆，2012（02）：2.

魏宗财，甄峰，单樑，牟胜举，明立波.深圳市文化设施时空分布格局研究［J］.城市发展研究，2007（02）：8—13.

翁志超.城市文明秩序的重建论城乡文化的冲突与融合［J］.商场现代化，2004（11）：85—86.

巫志南.现代服务型公共文化体制创新研究［J］.华中师范大学学报（人文社会科学版），2008（4）：110—116.

吴波.基于改进后潜能模型的公共文化服务设施服务强度评价研究［J］.规划师，2010，26（S2）：32—35.

吴焕.城市公共体育设施指标体系及空间布局研究——以郑州市为例［A］.中国城市规划学会.城市时代，协同规划——2013中国城市规划年会论文集（03—城市总体规划）［C］.中国城市规划学会，2013：11.

吴焕，孙玉娟.城市公共体育设施指标体系及空间布局研究——以郑州市为例［J］.2013中国城市规划年会论文集（03—城市总体规划），2013-11-16.

吴佳丽.城乡一体化背景下农村文化建设的路径研究［D］.武汉：华中农业大学，2012.

吴建军，周锦，顾江.公共文化服务体系效率评价及影响因素研究——以江苏省为例［J］.东岳论丛，2013，34（01）：131—136.

吴京金.浅论城乡公共文化服务均等化——以浙江省舟山市为例［J］.科技风，2012（03）：223—224.

吴理财.把治理引入公共文化服务［J］.探索与争鸣，2012（6）：51—54.

吴理财.从流动农民的视角看公共产品的供给——皖、川、鄂三省问卷调查［J］.华中师范大学学报（人文社会科学版），2006（02）：8—14，103.

吴理财.非均等化的农村文化服务及其改进对策［J］.华中师范大学学报（人文社会科学版），2008（03）：10—17.

吴理财.公共文化服务的运作逻辑及后果［J］.江淮论坛，2011（4）：143—149.

吴理财.积极推进城乡公共文化服务均等化——基于20省80县（市、区）的问卷调查分析［J］.湘潭大学学报（哲学社会科学版），2014，38（04）：21—27.

吴理财.农村公共文化日渐式微［J］.人民论坛，2006（14）：46.

吴理财.文化治理的三张面孔［J］.华中师范大学学报（人文社会科学版），2014（1）：59.

吴理财.乡村文化的"丛林原则"［J］.人民论坛，2011（3）：68—69.

吴理财，李世敏.农村公共文化的陷落与重构［J］.中共浙江省委党校学报，2009（03）：94—98.

吴理财，夏国锋.农民的文化生活：兴衰与重建［J］.中国农村观察，2007（2）：38.

吴文遴.关于全国文物处长会议的传达及西北文物工作要点［J］.文物参考资料，1951（01）：53—56.

吴喜文.公共图书馆如何在地方文化建设中发挥更大作用——以遵义市图书馆为例［J］.遵义师范学院学报，2011（2）：125—127.

吴正荆，孙成江，褚迪.长春市图书馆信息资源空间分布公平性研究［J］.图书馆学研究，2010（22）：56—59，87.

习近平.努力创新农村工作机制——福建省南平市向农村选派干部的调查与思考［J］.求是，2002（16）：13—16.

夏国锋.从权利到治理：公共文化服务研究的话语转向［J］.湘潭大学学报（哲学社会科学版），2014（5）：30—35.

夏辉.非政府组织与文化发展——兼论文化事业社会化改革［J］.广东社会科学，2004（05）：89—93.

夏玉珍，卜清平.前世与今生：乡镇文化站的历史变迁与路径转向——公共文化服务不同时期的功能［J］.甘肃社会科学，2014（01）：43—47.

项继权.中国乡村治理的层级及其变迁——兼论当前乡村体制的改革［J］.开放时代，2008（03）：77—87.

肖希明.图书馆作为公共文化空间的价值［J］.图书馆论坛，2011，31（06）：62—67.

肖永钐.用户需求与文化空间——公共图书馆创新服务探讨［J］.公共图书馆，2013（02）：14—17.

谢宝奎.新形势下乡镇综合文化站加强建设的思考［J］.科技创新导报，2011

（28）：247.

谢新松.多元化社会的文化治理模式研究［J］.云南社会科学，2013（03）：138—142.

徐苇，盛芳芳.农村图书馆：中国图书馆事业发展中难解的一个结［J］.图书馆论坛，2004（05）：23—26，32.

徐学庆.城乡文化一体化发展途径探析［J］.中州学刊，2013（01）：102—106.

徐学庆.建立健全新农村文化建设的援助机制［J］.学习论坛，2012，28（11）：58—62.

徐学庆.农村文化设施建设：问题、成因及推进思路［J］.中州学刊，2008（01）：141—145.

徐勇.农民理性的扩张："中国奇迹"的创造主体分析——对既有理论的挑战及新的分析进路的提出［J］.中国社会科学，2010（01）：103—118，223.

许定国.加强乡镇综合文化站建设构建陕西农村公共文化服务体系［J］.学理论，2009（22）：91—92.

薛东前，郭瑞斌，才超，马蓓蓓.西安市文化艺术产业时空格局与布局模式演化分析［J］.地域研究与开发，2014，33（02）：77—82.

雅克·舍瓦利埃著，张春颖，马京鹏摘译.治理：一个新的国家范式［J］.国家行政学院学报，2010（01）：121—125.

闫纪建.对实施大学生村官计划的理性思考［J］.学校党建与思想教育，2010（07）：71—72.

闫平.试论公共文化服务体系建设［J］.理论学刊，2007（12）.

阎琼英.对文化信息资源共享工程建设的实践与探索［J］.重庆图情研究，2008（02）：25—27.

杨慧敏，高更和，李二玲.河南省农民工务工地选择及影响因素分析［J］.地理科学进展，2014，33（12）：1634—1641.

杨杰.从地域分布看中国历史文化名城［J］.惠州学院学报（社会科学版），2009，29（04）：29—34.

杨林，许敬轩.地方财政公共文化服务支出效率评价与影响因素［J］.中央财经大学学报，2013（04）：7—13.

杨全，王诺，王珂.兼顾公平与效率的社区图书馆网点布局研究［J］.图书情报工作，2015（15）：49—55.

杨向明，寿晓辉.全媒体时代图书馆建设与服务创新——以杭州数字图书馆"文澜在线"为例［J］.河南图书馆学刊，2012（1）：77—79.

杨晓农等.基于服务功能的公共图书馆服务半径理论研究［J］.图书馆，2014（06）：19.

杨宇立.经济发展地区行业协会的现状及发展中面临的问题——以沪、穗、温州三地区为例的分析［J］.上海经济研究，2012（11）：39—42.

杨云鹏，张景秋.北京城区博物馆时空间分布特征分析［J］.人文地理，2009（05）：52—54.

杨泽喜.国家公共文化服务体系构建中的政府角色定位研究［J］.湖北理工学院学报（人文社会科学版），2014（3）：41—45.

杨泽喜.建构工具理性与价值理性契合的公共文化服务评估体系［J］.中国地质大学学报（社会科学版），2012，12（01）：132—136，140.

易承志.大城市城乡结合部公共服务资源是如何配置的？——以上海市J镇为例［J］.中国农村观察，2015（06）：70—83，96—97.

殷建文.市级"文化信息资源共享工程"建设中的问题及对策［J］.科技情报开发与经济，2011（15）：118—121.

尹来盛，冯邦彦.中美大都市区治理的比较研究［J］.城市发展研究，2014，21（01）：102—107，121.

游祥斌，彭磊.改革开放以来中国农村社会的结构转型及其意涵［J］.中国行政管理，2008（12）：87—91.

于静，蔡文婷.农村公共服务设施建设现状及规划对策［J］.山西建筑，2012（9）：1—3.

于良芝.建立覆盖全社会的公共图书馆服务体系［J］.图书与情报，2007（05）：23—24.

于绍璐，张景秋.北京城区文化设施利用的空间分异研究——以博物馆、体育馆、展览馆为例［J］.北京社会科学，2010（03）：73—77.

于慎忠.社会主义初级阶段与"民办公助"乡镇图书馆［J］.图书馆学刊，1989（02）：52.

于志勇.农村公共文化服务供给研究：基于公共服务均等化的视角［J］.云南行政学院学报，2012，14（04）：110—112.

于忠龙.乡镇综合文化站职能转变研究［D］.武汉：华中农业大学，2011.

余冬林，谭海艳.2005—2013年我国公共文化服务财政投入与产出的绩效评价——基于主成分分析［J］.老区建设，2016（06）：22—24.

余永龙，刘耀东.游走在政府与社会组织之间——枢纽型社会组织发展研究［J］.探索，2014（02）：154—158.

袁爱月，林荷兰.科学统筹城乡发展深入建设农村文化［J］.学理论，2010（10）：20—21.

袁海，周晓唯.我国公共图书馆效率动态变化——基于省际面板数据的Malmquist指数分析［J］.图书馆建设，2011（8）：77—81.

臧乃康.多中心理论与长三角区域公共治理合作机制［J］.中国行政管理，2006（05）：83—87.

臧运平，宋桂娟，郑满生.我国农村地区公共图书馆建设的诸城模式研究［J］.中国图书馆学报，2012，38（05）：4—16.

曾凡军，王宝成.西方政府治理图式差异较析［J］.湖北社会科学，2010（10）：48.

曾菊新，祝影论.城乡关联发展与文化整合［J］.人文地理，2002（08）：7—12.

曾莉.公共治理中公民参与的理性审视——基于公民治理理论的视角［J］.甘肃社会科学，2011（1）：69—72.

张宝秀，张妙弟，李欣雅.北京中轴线的文化空间格局及其重构［J］.北京联合大学学报（人文社会科学版），2015，13（02）：17—23，51.

张波，宋林霖.优化政府公共文化服务成本的制度研究［J］.理论探讨，2008（06）：82—85.

张成.统筹城乡文化和谐发展［J］.黑龙江史志，2009（24）：18.

张虹.城乡文化统筹发展与新农村建设的深化［J］.中共乌鲁木齐市委党校学报，2007（04）：61—64.

张建明，许学强.城乡边缘带研究的回顾与展望［J］.人文地理，1997，12（3）：5—8.

张金岭.社会治理视域下的法国公共文化服务［J/OL］.学术论坛，2016，39（11）：156—162.

张景秋.北京市文化设施空间分布与文化功能研究［J］.北京社会科学，2004（02）：53—60.

张楠.纵横结构的公共文化服务体系模型建构［J］.浙江社会科学，2012（03）：98—105，158—159.

张素红.基于公共文化空间的图书馆微博研究［D］.武汉：华中师范大学，2014.

张小芳，文武.文化信息资源共享工程建设体系探析［J］.河北科技图苑，2011，24（06）：22—24.

张晓虹，孙涛.城市空间的生产——以近代上海江湾五角场地区的城市化为例［J］.地理科学，2011，31（10）：1181—1188.

张晓磊，竹立家.文化与行政发展［J］.中国行政管理，2007（02）：76—79.

张晓明，李河.公共文化服务：理论和实践含义的探索［J］.出版发行研究，2008（03）：6.

张筱强，陈宇飞.充分保障人民的基本文化权益［J］.中共中央党校学报，2008，12（03）.

张又新.苏俄市政制度之一瞥［J］.市政评论，1934，1.

张瑜.论公共文化服务体系构建中的政府职能与角色定位——基于城乡统筹发展的愿景［J］.广西社会科学，2014（12）：153—156.

张赞梅.公共文化服务"多中心"治理研究［J］.图书馆，2014（06）：135—139.

张哲，杨柳，张磊.公共文化服务中文化馆表现的必要性分析［J］.科技创新导报，2010（18）：231—232.

章丽华.以农村文化礼堂的建设促进农村公共文化空间的重构——以富阳市农村文化礼堂建设为例［J］.中国集体经济，2014（16）：1—3.

赵岚.城乡文化协调发展建立城乡文化互动机制［J］.商业经济，2009（22）：5—6.

赵隆.试析全球治理中的理念差异［J］.江南社会学院学报，2011，13（03）：25—28.

赵萍萍.政府公共文化服务主体地位的构成要素研究［J］.中华文化论坛，2011，6（06）：29—33.

赵倩，朱青，张宇超，段正，顾永涛.新生代农民工空间迁移特征研究——以北京市为例［J］.城市发展研究，2014，21（02）：11—16.

赵婷.国外出版行业协会运作模式［J］.编辑之友，2008（04）：95—96.

赵迎芳.国外公共文化服务体系建设及其对山东的启示［J］.东岳论丛，2014，35（04）：185—189.

赵月枝，龚伟亮.乡土文化复兴与中国软实力建设——以浙江丽水乡村春晚为例［J］.当代传媒，2016（03）：51—55.

郑广荣，李耀申.中国博物馆事业述略［J］.中国博物馆，1998（03）：2—6.

郑迦文.公共文化空间：城市公共文化服务建设的空间维度［J］.华南师范大学学报（社会科学版），2017（01）：164—167.

郑伦楚.农村文化建设：困境与路径选择［D］.武汉：华中师范大学，2008.

郑庆伟.行业协会的经济分析、比较及启示［D］.吉林：吉林大学，2006.

郑欣.治理困境下的乡村文化建设研究：以农家书屋为例［J］.中国地质大学学报（社会科学版），2012（02）：131—137.

郑亚娣.鄞州区乡镇文化站发展史的调研报告［J］.大众文艺，2013（03）：11—12.

郑振铎.全国博物馆工作会议总结报告（提纲）［J］.文物参考资料，1956（06）：10—12.

中共襄樊市委宣传部课题组，陈仁铭.论农村文化配置的结构性失衡［J］.求实，2007（03）：77—79.

钟起万，邬家峰.文化治理与社会重建：基于国家与社会互动的分析框［J］.江西社会科学，2013，33（04）：107—111.

周和平.城镇化条件下我国图书馆事业的发展［J］.中国图书馆学报，2013（02）：4—8.

周隆基.苏俄的市政制度与城市计划［J］.市政期刊，1934（2）.

周明艳.文化信息资源共享工程基层服务点的建设与思考［J］.农业网络信息，2011（5）：88—90.

周尚意，戴俊骋.文化地理学概念、理论的逻辑关系之分析——以"学科树"分析近年中国大陆文化地理学进展［J］.地理学报，2014，69（10）：1521—1532.

周尚意，龙君.乡村公共空间与乡村文化建设——以河北唐山乡村公共空间为例［J］.河北学刊，2003（02）：77.

周维德.农村文化的迷失与建设［J］.甘肃社会科学，2014（03）：235—238.

周晓丽，毛寿龙.论我国公共文化服务及其模式选择［J］.江苏社会科学，2008（01）：90—95.

周新辉，刘佳.农村公共文化服务体系建设现状及多维思考——以山东省为例［J］.安徽农业科学，2017，45（22）：203—206，246.

周学义.土地·经济·就业——简论城乡结合部的形成及其解决对策［J］.劳动保障世界，2003（10）：30—32.

周芝萍.农村公共文化服务体系构建——以江西为例［J］.江西社会科学，2014，34（05）：233—237.

朱宝丽.论城乡一体化进程中的乡村治理问题［J］.山东社会科学，2012（10）：153—157.

朱春雷.从政治整合、行政管治到文化服务：农村文化站职能变迁研究［D］.武汉：华中师范大学，2008.

朱福英.嘉兴市构建城乡一体化新型公共图书馆服务体系的实践和思考［J］.图书馆，2011（02）：110—111.

朱竑，林婕，魏雷.从百期《人文地理》看中国文化地理学的发展脉络［J］.2009，24（05）：16.

朱鸿召.论我国公共文化服务体系建设的理论基础［J］.南京邮电大学学报（社会科学版），2009，11（01）：37—42.

朱旭光，郭晶晶.双重失灵与公共文化服务体系建设［J］.经济论坛，2010（03）：57—59.

朱宇等.农民工：一个跨越城乡的新兴群体［J］.人口研究，2005（04）：36—52.

朱煜.抗战大后方的民众教育馆——以四川省和重庆市为中心的研究［J］.近代史研究，2017（4）：105—117.

朱媛媛，曾菊新，刘承良.武汉城市圈城乡文化的空间整合与优化对策研究［J］.经济地理，2013（10）：49—55.

祝国超.城乡统筹背景下重庆民族文化产业开发调查研究［J］.长江师范学院学报，2011（12）：128—132.

庄良.中国城市新区与市辖区空间设置关系研究［D］.上海：华东师范大学，2017.

邹广文，宁全荣.当代中国文化形态及其走向［J］.北京行政学院学报，2012（04）：108—113.

邹铭沁.基于DEA的上海市区县公共图书馆效率评价研究［D］.上海：华东师范大学，2015.

邹昱昙.浅析我国基础设施建设中模式应用问题［J］.商业时代，2004（24）.

左惠.文化产品的公共物品属性及其供给模式选择［J］.中州学刊，2009（05）.

报纸、网络资源

2015舟山群岛·中国海洋文化节闭幕［EB/OL］.2015-07-17.http://www.chnlib.com/wenhuadongtai/2015-07-17/30688.html.

北京大兴区：公共文化设施空间拓展方式［EB/OL］.2013-03-26.http://www.ndcnc.gov.cn/shifanqu/xiangmu/201303/t20130326_605928.htm.

北京市通州区社会建设工作办公室.关于构建"枢纽型"社会组织工作体系的暂行办法［EB/OL］.2011-01-26.http://shgw.bjtzh.gov.cn/n10512/c2177261/content.html.

本版编辑.我国图书馆总分馆模式的实践与思考［N］.中国文化报，2008-05-10（002）.

蔡武.城镇化不能只有物质经济的现代化［EB/OL］.2013-03-08.http://news.xinhuanet.com/2013lh/2013-03/08/c_114957537.htm.

朝阳农村地区八大文化能人扎根基层"种"文化［EB/OL］.2015-12-28.http://www.wenming.cn/syjj/dfcz/bj/201512/t20151224_3049344.shtml.

陈建生.丽水"村晚"如何成为"全国样本"？［EB/OL］.2015-06-08.http://news.eastday.com/eastday/13news/auto/news/csj/u7ai4081746_K4.html.

陈鸣，谭梅.当代西方国家公共文化服务制度改革中的若干问题［EB/OL］.2009-05-26.http://www.ssfcn.com/detailed.asp?id=400299&species=247.

陈青.以"公众满意"为出发点和落脚点：我市探索社会力量参与公共文化服务新路［N］.宁波日报，2014-12-01（A10）.

陈瑞春.让公共文化服务流动起来［N］.中国文化报.2013-07-10（2）.

陈妤，汤赛虹."淘文化网"舟山首创的公共文化服务平台［EB/OL］.2015-5-25.http://www.zhoushan.cn/newscenter/zsxw/201505/t20150525_715827.shtml.

成都商报.成都博物馆精彩继续！"梵高"要来　泰坦尼克珍宝要来［EB/OL］.2017-04-19.http://sc.china.com.cn/2017/politics_0419/222203_3.html.

成都市文物信息中心.锦点［EB/OL］.http://www.cd3000y.com/views/MapGuide/MapGuide.aspx.

程天赐.盘点农民工文化工作亮点［N］.农民日报，2011-10-08（005）.

东城区主要文艺院团介绍［EB/OL］.http://whw.bjdch.gov.cn/n1523901/n2213060/n2213061/c2213932/content.html.

东北网.哈尔滨市文化中心设计方案确定　形似弯月与太阳岛呼应［EB/OL］.2010-08-11.http://heilongjiang.dbw.cn/system/2010/08/11/052669285.shtml.

东广新闻台.6 000余文化活动项目市民文化市民办［EB/OL］.2014-12-15.http://enjoy.eastday.com/eastday/enjoy1/smwhj/node717633/node717638/u1ai8491311.html.

鄂尔多斯市文化局.让公共文化服务流动起来［N］.中国文化报，2013-07-10（004）.

方佳伟.未来可去滨湖新区"一站式"泡馆　三大馆明年6月主体完工［EB/OL］.2014-11-13.http://news.hefei.cc/2014/1113/024678008.shtml.

方列.浙江丽水：587台"乡村春晚"让山村充满年味［EB/OL］.2015-02-19.http://news.xinhuanet.com/local/2015/02/19/c_1114407773.htm.

凤凰网.汉口五百年——天下名镇［EB/OL］.2016-12-26.http://v.youku.com/v_show/id_XMTg4NDg2MjkzNg%3D%3D.html.

傅才武.公共文化服务体系建设的现代性研究［N］.光明日报，2013-12-27.

傅一览.制定全国首个文化志愿规范开出大运河文化沙龙　拱墅区这两个"文化朋友圈"不容小觑［EB/OL］.2015-11-17.

公共文化司.北京市东城区公共文化资源分类供给项目进展情况［EB/OL］.2012-11-30.

顾玮."群星"亮起来——一个公共文化服务品牌的"成长"［N］.宁波日报，2010-07-15.

关于构建"枢纽型"社会组织工作体系的暂行办法［EB/OL］.北京市通州区社会建设工作办公室.2011-01-26.http://shgw.bjtzh.gov.cn/n10512/c2177261/content.html.

光明网.嘉兴市构建城乡一体化公共图书馆服务体系［EB/OL］.2008-10-31.http://www.gmw.cn/01gmrb/2008-10/31/content_854342.htm.

广州市文化创意行业协会章程［EB/OL］.http://www.gzccia.com/rule.php.

郭少峰.农民工幸福感调查：不足半数愿留在当前城市［N］.新京报，2014-04-25.

郭铁成，龙开元.以"中城市化"带动农民市民化［EB/OL］.2014-04-18.http://www.qstheory.cn/jj/jsshzyxnc/201404/t20140418_341462.htm.

国家统计局.2012年全国农民工监测调查报告［EB/OL］.2013-05-27.http://www.stats.gov.cn/tjsj/zxfb/201305/t20130527_12978.html.

国家文物局.到2020年全国每25万人就有一座博物馆［EB/OL］.2017-02-

21.http://news.sina.com.cn/o/2017-02-21-doc-ifyarzzv3615052.shtml.

国强，刘佳.临颍县戏曲协会丰富乡村文化生活［EB/OL］.2014-12-09.http://news.dahe.cn/2014/12-09/103892394.html.

国务院办公厅转发文化部《关于当前农村文化站问题的请示的通知》（1984年）［EB/OL］.http://www.110.com/fagui/law_4733.html.

韩冰.公共文化服务模式之变［EB/OL］.2013-05-13.http://news.sohu.com/20130513/n375677849.shtml.

韩冰.公共文化建设的欧洲经验［EB/OL］.2013-05-14.http://www.lwgcw.com/NewsShow.aspx?newsId=31689.

韩沛.广西文化艺术中心将成五象新区文化地标工［EB/OL］.2013-09-25.http://www.nnwb.com/html/2013-09/25/content_42444.htm.

韩晓玲.国家图书馆馆长周和平到武大讲学［N］.湖北日报，2012-06-26（009）.

何苍.数字科技让公共文化服务"结网生根"［EB/OL］.2013-01-24.http://www.cien.com.cn/html/Home/report/77650-1.htm.

和讯新闻.当前城镇化中为何出现逆城市化现象［EB/OL］.2015-12-24.http://news.hexun.com/2015-12-24/181378195.html.

红桥区旅游局.从民众教育馆到文化馆［EB/OL］.2010-12-27.http://www.tjhqqzf.gov.cn/zjhq/system/2010/12/07/010014461.shtml.

洪伟成.上海地铁变身"文化列车"［EB/OL］.2014-08-25.http://www.zjwh.gov.cn/dtxx/2014-08-25/168540.htm.

胡惠林.实现国家文化治理能力现代化［N］.中国社会科学报，2014-01-08（B02）.

胡劲军.重视文化类社会组织将成立"市民文化节协会"［EB/OL］.2014-04-10.http://sh.eastday.com/m/20140410/u1a8025174.html.

胡兴旺.2017年全国"乡村春晚"在丽水启动［EB/OL］.2017-01-15.http://zjls.wenming.cn/wmjj/201701/t20170115_3052870.html.

华山网.市艺术家联合会承接政府转移职能开展公共文化四进活动［EB/OL］.2014-08-08.http://city.sxncb.com/html/2014/wnzixun_0818/67052.html.

鸡西新闻网.2013"寻找鸡西文化能人"活动实施方案［EB/OL］.2013-05-06.http://jixi.dbw.cn/system/2013/05/06/054747757.shtml.

嘉善县．"文化礼堂"：打造老百姓的精神家园［EB/OL］．2016-09-19.http://www.jiaxing.gov.cn/mljx/jrjx/ms/jsx/201609/t20160920_634015.html.

"嘉兴模式"让乡镇图书馆活起来［N］.中国文化报，2009-05-10（002）．

嘉兴日报.高照街道多角度丰富辖区群众文化生活［EB/OL］．2015-10-30.http://www.cnjxol.com/xwzx/jxxw/qxxw/xz/content/2015-10/30/content_3483579.htm.

嘉兴市图书馆.嘉兴市辖区公共图书馆总分馆分布图［EB/OL］．http://www.jiaxing.gov.cn/mljx/jxwh_36090/ggwh/ggwhfwwl/tsgzfg/201401/t20140116_309130.html.

嘉兴在线．"超社区"工会立足文化服务职工群众［EB/OL］．2013-12-19.http://www.cnjxol.com/xwzx/jxxw/qxxw/nh/content/2013/12/19/content_2964695.htm.

嘉兴在线.北街道基层文化建设让群众得实惠［EB/OL］．2013-05-10.http://www.cnjxol.com/Industry/content/2013-05/10/content_2681155.htm.

嘉兴在线.村民自建草根文化组织搭建群众文化大舞台［EB/OL］．2015-12-23.http://www.cnjxol.com/xwzx/jxxw/qxxw/xz/content/2015-12/23/content_3527438.htm.

建枢纽型网络社会组织　树互联网文化成都特色［N］.成都日报，2016-05-09（003）．

姜范．"一元剧场"带来了什么［N］.经济日报，2011-11-26（3）．

姜丽钧．"文化上海云"上线，市民可通过互联网预订公共文化活动［EB/OL］．2016-03-27.http://www.thepaper.cn/newsDetail_forward_1449174.

进一步开展群众文艺活动［N］.人民日报，1955年4月3日．

蒯大申.现代公共文化服务体系的内涵与基本特征［N］.文汇报，2014-02-24（010）．

昆山市文明办.政府购买公共文化服务的实践与思考——以昆山为例［EB/OL］．http://wm.jschina.com.cn/9654/201504/t2098662.shtml.

李超平，李军.公共图书馆建设的克拉玛依样本［N］.中国文化报，2012-10-14（008）．

李大钊.青年与农村［N］.晨报，1919-02-23（007）．

李佩.东城区率先推出全国首个公共文化服务导航网［EB/OL］．2013-05-03.http://www.bjwmb.gov.cn/zxgc/sskd/t20130503_518326.htm.

李庆禹.广东全面启动图书馆、文化馆总分馆试点建设工作［EB/OL］．2016-04-11.http://www.mcprc.gov.cn/whzx/qgwhxxlb/guangdong/201604/t20160411_461333.html.

李庆禹.浙江舟山启动淘文化产业平台［EB/OL］．2016-03-21.http://www.mcprc.

gov.cn/whzx/qgwhxxlb/zhejiang/201603/t20160321_461074.html.

李姗姗.苏州图书馆实施"总分馆"模式见成效［N］.中国文化报，2012-03-02（2）.

李玮.安徽民营剧团"火"乡村［EB/OL］.2010-09-26.http://fashion.ifeng.com/news/detail_2010_09/26/2630763_0.shtml.

李晓东.成都：望丛赛歌会彰显传统民歌新魅力［N］.光明日报，2017-06-12（9）.

李亚杰，熊言豪，周玮.文化能人不可替代［N］.新华每日电讯，2006-03-07（4）.

李永祥.佛山全国率先启动文化枢纽型组织建设［N］.佛山日报，2016-04-21（A01）.

林乐光［EB/OL］.2014-08-13.http://www.whnews.cn/news/node/2014-08/13/content_6145226.htm.

刘忱.以满足人民精神文化需求为旨归［N］.学习时报，2012-01-04（03）.

刘沉达，荣肖磊.河北省农村文化需求现状：农民自办文化期待扶助［EB/OL］.2009-05-11.http://www.farmer.com.cn/sh/wh/zx/200905/t20090511_446946.htm.

刘奇葆：创新发展乡贤文化［EB/OL］.2014-09-16.http://www.chinadaily.com.cn/dfpd/dfshizheng/2014-09-16/content_12391719.html.

刘思兰.环翠区文化产业行业协会成立［N］.威海日报，2017-07-06（004）.

刘伟，严红枫.乡贤回乡，重构传统乡村文化——浙江"乡贤文化"与乡村治理的采访和思考［N］.光明日报，2014-07-02（001）.

刘秀玲——乡村文化带头人［EB/OL］.2014-08-27.http://sd.china.com.cn/dy/2014/renjki_0827/20553.html.

刘乙蘅.因地制宜　突破体制　政企携手　共建文化高地［N］.中国文化报，2016-04-11（005）.

卢蔚.全国临海异地商会联谊会第六次大会在京举行［EB/OL］.2013-12-09.http://epaper.lhnews.com.cn/html/2013-12/10/content_1_1.htm.

泸州文化局.泸县成立农民演艺协会［EB/OL］.2013-02-05.http://whj.luzhou.gov.cn/Article/ShowArticle.asp?ArticleID=1883.

马闯.文化部公布首批文化示范区　改变重投入轻产出模式［EB/OL］.http://china.cnr.cn/yaowen/201311/t20131128_514255739.shtml.

毛少莹.中国城市公共文化设施：政策、类别、建管模式［EB/OL］.2015-11-10.http://shcci.eastday.com/c/20151110/u1ai9096984.html.

民生社会.文化也有"网上淘宝"？不信，小布带你去探班［EB/OL］.2017-01-

25.http://sh.qq.com/a/20170125/013170.htm.

宁波市民间组织管理局.关于公布2017年社会组织发展专项资金拟资助项目名单的通知［EB/OL］.http://www.nbshzz.org.cn/cat/cat936/con_936_26604.html.

漆勇.临洮：城乡走红"文化能人"［N］.定西日报，2016-03-23.

乔国良.安徽乡镇综合文化服务中心试点进入实质性操作阶段［N］.中国文化报，2015-01-19（002）.

全国文化馆、站事业四年来有很大发展［N］.人民日报，1954-01-24.

人民网.茶文化+核心价值观　盘点成都锦江区7大主题茶馆［EB/OL］.2016-06-09.http://sc.people.com.cn/n2/2016/0606/c345167-28465849.html.

人民网.专业艺术院团体制改革历程及展望［EB/OL］.2003-06-23.http://www.people.com.cn/GB/wenhua/27296/1930381.html.

任珊珊.图书馆需要"二次革命"［N］.人民日报，2010-11-11（12）.

陕西省地情网.民众教育馆［EB/OL］. http://www.sxsdq.cn/dqzlk/sxsz/whysz/201004/t20100413_220724.htm.

上海环球港明日试营业　公共文化空间面积达3万多平米［EB/OL］.2013-07-04.http://js.winshang.com/news-176327.html.

上海市街道（乡镇）图书馆等级评定总结表彰会召开［EB/OL］.2008-01-31.http://www.libnet.sh.cn/sla/news15.html.

上海市民文化节官方网站［EB/OL］.http://enjoy.eastday.com/eastday/enjoy1/smwhj/index.html.

上海市社会组织查询系统［EB/OL］.http://stj.sh.gov.cn/NGO_View.aspx?OrgCode=501780199.

上海市收藏协会网站.提升参与公共文化建设能力——传承与创新论述之二［EB/OL］.2014-03-20.http://www.shscxh.net/news_detail.asp?id=3479.

上海市图书馆行业协会网站.上海市图书馆行业协会章程［EB/OL］.2005-12-20.http://www.libnet.sh.cn/sla/article.html.

上海市图书馆行业协会章程［EB/OL］.2005-12-20.http://www.libnet.sh.cn/sla/article.html.

上海市文化广播影视管理局.上海实施文化十项创新工程［N］.中国文化报，2013-12-06（006）.

上海市政府网.上海文广地图［EB/OL］.http://map1.shanghai-map.net/shwg/.

上海文明网."互联网+"助力公共文化服务"文化上海云"三年计划［EB/OL］.2015-04-17.http://sh.wenming.cn/yw1/201504/t20150417_2564322.htm.

深圳市文化创意行业协会第一次会员大会在深成功举行［EB/OL］.http://www.sccia8888.com/info_24.aspx?itemid=307.

师正伟.乡村文化的传播者——记正宁县群众文化带头人姚牛［EB/OL］.2013-05-25.http://gsnmb.gansudaily.com.cn/system/2013/05/25/014080939.shtml.

石艳红等.文化馆里到底有啥"文化"?［N］.舟山晚报,2013-01-05（2）.

市科协.曲靖市"五馆一中心"开工建设［EB/OL］.2010-11-29.http://www.qjkp.cn/ShowNews.aspx?NewsId=484.

市艺术家联合会承接政府转移职能开展公共文化四进活动［EB/OL］.2014-08-08.http://city.sxncb.com/html/2014/wnzixun_0818/67052.html.

思·睿言.博物馆"难以言说"的困境:如何吸引年轻人?［EB/OL］.2007-05-18.http://sike.news.cn/statics/sike/posts/2017/05/219518671.html.

四川文明网.88号创客茶馆:"敬业""诚信"的青年人聚落［EB/OL］.2017-04-21.http://www.scwmw.gov.cn/yw/201704/t20170421_865857.htm.

搜狐网.盘点农民工文化工作亮点［EB/OL］.2016-10-08.http://www.sohu.com/a/115615412_155403.

搜狐网.一座城市和她的图书馆们［EB/OL］.2016-07-17.http://www.sohu.com/a/106003819_148712.

苏丽萍.民间剧团创新优秀剧目,七名角挑班勇闯大市场［N］.光明日报,2012-09-19（2）.

苏州独墅湖图书馆.苏州工业园区公共图书馆"总分馆"布局图［EB/OL］.http://www.sdll.cn/html/SIPPL/index.html.

苏州文明办.政府购买公共文化服务的实践与思考——以昆山为例［EB/OL］.2015-04-09.http://wm.jschina.com.cn/9654/201504/t2098662.shtml.

谭永生.社会组织对经济和社会发展贡献的统计（指标）研究［R/OL］.2009-01-03.http://www.chinanpo.gov.cn/1835/32317/preindex.html.

谭志桂.积极促进城乡文化均衡发展［N］.光明日报,2006-08-27（007）.

唐亚林.城乡文化一体化新格局下的战略重塑［EB/OL］.2014-01-09.http://www.odorcity.com/news/city-culture/expert-perspective/2014-01-09/3723.html.

提升参与公共文化建设能力——传承与创新论述之二［EB/OL］.2014-03-

20.http://www.shscxh.net/news_detail.asp?id=3479.

天农网.统计局就农民工流向、收入、权益等问题答问［EB/OL］.2013-06-06.http://www.tianong.cn/ny/nyzw/view-5743-0-0.html.

田牧.中国广场舞生意调查：一亿大妈，万亿级市场［EB/OL］.http://www.iheima.com/news/2015/1202/153048.shtml.

婉玗.从上海博物馆的数字化看智慧博物馆之路［EB/OL］.2017-04-20.http://www.szzs360.com/news/2017/4/2017_1_zs19093.htm.

王春梅.扎根基层民营艺术院团才能花繁叶茂［N］.中国艺术，2010-10-17（3）.

王春霞.乡村文艺的带头人——周吉文［N］.包头日报，2014-12-17.

王国安.粤港澳深化文化合作再签合作协议［EB/OL］.2016-05-28.http://www.chinanews.com/ga/2016/05-28/7886661.shtml.

王申.中国县域群众文化节"唱响"阆中古城［EB/OL］.2013-11-13.http://roll.sohu.com/20131113/n390094198.shtml.

王巍，周威锋，崔秀朋，应矫红.宁波枢纽型社会组织培育：探索、困境和建议［EB/OL］.

王炜.苏州公共图书馆总分馆实现全覆盖［N］.中国文化报，2010-04-01（002）.

王玮皓.3 000多茶馆遍布城乡　邓州兴起文化茶馆热［EB/OL］.2017-09-19.http://roll.sohu.com/20120809/n350200713.shtml.

王先明."新乡贤"的历史传承与当代建构［N］.光明日报，2014-08-20（001）.

王晓婕.浙江上虞成立9个乡镇"部落"打造乡贤名片［EB/OL］.2015-02-10.http://news.hexun.com/2015-02-10/173252475.html.

王啸，袁兰.文化治理视域下的文化政策研究——对改革开放以来的文化政策分析［EB/OL］.2013-01-08.http://theory.people.com.cn/n/2013/0108/c40537-20131372.html.

王学思.各地探索公共图书馆总分馆体系建设［EB/OL］.2013-08-21.http://www.jxcnt.com/content/2013-08-21/content_2528041.htm.

王迎超.哈尔滨市文化中心松北开建2012年竣工［EB/OL］.2010-08-11.http://heilongjiang.dbw.cn/system/2010/08/11/052669285.shtml.

王永生，李洪鹏.我国城镇居民接近总人口一半［N］.法制晚报，2010-07-02（003）.

王朝晖.泉州市行政中心东迁功能完备更便民［EB/OL］.2011-09-26.http://www.qzwb.com/gb/content/2011-09-26/content_3783376.htm.

网易新闻.近八成山西农民工离乡不出省　乡外省内就业为主［EB/OL］.2011-09-26.http://news.163.com/11/0926/08/7ES6DCPM00014AEE.html.

文化部.专业艺术院团［EB/OL］.2012-11-01.http://www.china.com.cn/guoqing/2012-11-01/content_26974851.htm.

文化部等多部门联手推动《意见》贯彻落实［N］.中国文化报，2015-01-22（1）.

文化部关于印发《文化部"十二五"时期公共文化服务体系建设实施纲要》的通知［EB/OL］.http://zwgk.mcprc.gov.cn/auto255/201301/t20130121_474074.html.

文化部网站.国家基层综合性文化服务中心试点地区名单［EB/OL］.http://www.mcprc.gov.cn/sjzz/ggwhsnew_sjzz/ggwhsnew_syfz/ggwhsnew_ggwhfwbzh/201410/t20141017_436691.htm.

我市今年将成立11个异地商会　在外乡贤期盼回乡投资兴业［EB/OL］.2013-05-22.http://www.jinjiang.tv/jjnews/2013-05-22/46465.html.

吴素巧，张为农.乡镇撤并文化站面临的问题与对策［EB/OL］.2011-11-07.http://www.jsgxgc.org.cn/jscnt_qzwh/jscnt_qwwhxsj/njlib_whxsjml/201111/t20111107_103337.htm.

武汉市新媒体行业协会内设部门［EB/OL］.http://www.imedia.org.cn/about/2016-09-18/14.html.

武汉市政府网.智慧武汉时空信息云平台［EB/OL］.http://www.digitalwuhan.gov.cn/map/.

湘鄂赣共促区域公共文化融合发展［EB/OL］.2014-05-21.http://www.fdi.gov.cn/1800000121_21_61863_0_7.html.

筱娅.福建首办乡土文化能人研修班　40多位工艺大师进课堂"充电"［N］.东南快报，2013-11-05（A32）.

新词汇：北京大兴拟打造"泛博物馆体系"［EB/OL］.2016-05-07.http://www.sohu.com/a/74075691_418505.

新华网.国家"十二五"时期文化改革发展规划纲要［EB/OL］.2012-02-16.http://news.xinhuanet.com/politics/2012-02-16/c_111529579_2.htm.

新华网.农民艺术家协会活跃农村文化生活［EB/OL］.2014-12-19.http://news.xinhuanet.com/culture/2014-12-21/c_127322122.htm.

新华网.一九五六年到一九六七年全国农业发展纲要（草案）［EB/OL］.2004-12-30.http://news.xinhuanet.com/ziliao/2004-12/30/content_2397284.htm.

新疆文化网.关于开展"文化家园——万村千乡文化带头人"选拔培育工作的通　知［EB/OL］.2012-11-13.http://www.xjwh.gov.cn/54dfe7ec-5dd4-44ec-a86f-072c7571d79e_1.html.

新京报.堡头文化中心从"舞台"到"窗台"［EB/OL］.2017-09-24.

新浪网.上海建设一流文化设施　构建全球卓越城市的文化软实力［EB/OL］.2017-09-25.http://sh.sina.com.cn/news/m/detail-ifymfcih4867031.shtml.

新文.中山市全力推动农村（社区）文化室高标准全覆盖［EB/OL］.2013-05-20.http://www.zjwh.gov.cn/dtxx/2013-05-20/146279.htm.

徐超,陈文胜,王永娟.江城夏夜　文化醉人——"武汉之夏"群众文化活动三十五载回眸［EB/OL］.2012-09-28.http://edu.ifeng.com/gundong/detail_2012_09/28/17958933_0.shtml.

徐超,王永娟."武汉之夏"走过三十六载：群众既享有又创造［EB/OL］.2013-08-28.http://ent.ifeng.com/live/review/detail_2013_08/28/29096802_0.shtml.

徐红霞.关于进一步提升新城社区公共文化服务水平的建议［EB/OL］.2014-10-24.http://www.nbjd.gov.cn/art/2014/10/24/art_380_559563.html.

徐晖,唐亚林.城乡文化一体化新格局下的战略重塑［EB/OL］.2014-01-02.http://news.fudan.edu.cn/2014/0102/35384.html.

许蓓蓓.文化能人唱"大戏"［N］.安徽日报,2012-09-17（B02）.

许婧.上海成立社区文化活动中心协会［EB/OL］.2012-06-13.http://www.chinanews.com/df/2012/06-13/3961448.shtml.

许心怡.北京把图书馆"搬"上地铁　盘点中国最文艺的地铁站［EB/OL］.2015-01-16.http://culture.people.com.cn/n/2015/0116/c87423-26396356.html.

杨福泉.意大利乡村"生态博物馆"对云南乡村文化产业的启示［N］.中国文物报,2006-06-23（005）.

叶辉,俞海萍.文化走亲　走出文化大繁荣［EB/OL］.2014-04-08.http://www.wenming.cn/whhm_pd/yw_whhm/201404/t20140408_1852656.shtml.

"一带一路"图书馆联盟在深宣告成立合肥市图书馆签署联盟倡议书［EB/OL］.2016-12-06.http://www.hflib.gov.cn/news/News_show.php?ID=1747.

尤佳.近八成山西农民工离乡不出省［N］.发展导报,2011-10-18（002）.

俞可平.中国农村民间组织与治理变迁——以福建省漳浦县长桥镇东升村为例［EB/OL］.2007-10-13.http://www.sociologyol.org/yanjiubankuai/fenleisuoyin/fenzhishehuixue/zuzhishehuixue/2007-10-19/3698.html.

翟群，屈菡，刘茜，于帆.民营艺术院团：从农村向城市突破［N］.中国文化报，2010-07-14（3）.

张爱敬.专业艺术院团体制改革历程及展望［EB/OL］.2003-06-23.http://www.people.com.cn/GB/wenhua/27296/1930381.html.

张建友."文化能人"助推群文活动创新升级［N］.中国文化报，2014-04-15（004）.

张黎.加强文化产业的公共治理［EB/OL］.2014-04-24.http://www.qstheory.cn/zl/bkjx/201404/t20140424_343540.htm.

张钦.宁夏隆德文化能人带动文化民生［N］.西部时报，2012-07-24（9）.

张远铭.佛山新城中央商务区下月动工［N］.广东建设报，2013-03-26（1）.

赵海燕.强化"五个统筹"着力构建城乡文化发展新格局［N］.哈密日报（汉），2011-11-09（005）.

浙江文化礼堂　打造农民自己的精神家园［EB/OL］.2014-08-22.http://gz.wenming.cn/china_Towns/Towns_zhuanti/wenmdyx/20140821_whlt/.

浙江文化信息网.嘉兴市"公共文化大舞台"业余文艺组织展风采［EB/OL］.2015-05-24.http://www.zjcnt.com/content/2015/05/24/250885.htm.

浙江在线."百姓舞台"让群众文化"遍地开花"［EB/OL］.2013-11-15.http://jx.zjol.com.cn/system/2013/11/15/019706636.shtml.

株洲市天元区关于加快构建现代公共文化服务体系建设"文化强区"的实施意见［EB/OL］.2016-06-04.http://www.zzty.gov.cn/c4131/20161101/i264445.html.

郑海鸥.文化获得感，这样来保障［EB/OL］.2017-01-13.http://news.xinhuanet.com/local/2017-01/13/c_1120302537.htm.

中共中央办公厅　国务院办公厅印发《国家"十三五"时期文化发展改革规划纲要》［EB/OL］.2017-05-07.http://www.gov.cn/zhengce/2017-05/07/content_5191604.htm.

中国日报.农民艺术家协会活跃农村文化生活［EB/OL］.2014-12-21.http://www.chinadaily.com.cn/hqcj/xfly/2014-12-21/content_12923124_2.html.

中国数字图书馆数字资源［EB/OL］.http://www.cdlc.cn/about/szzy.aspx.

中国网—中国国情中心.艺术表演团体［EB/OL］.2012-11-01.http://www.china.

com.cn/guoqing/2012-11/01/content_26974851.htm.

中国文化报.公共文化服务物联网实现菜单式派送［EB/OL］.2015-08-07.http://www.fdi.gov.cn/1800000121_21_82346_0_7.html.

中国文化报.文化部等多部门联手推动《意见》贯彻落实［EB/OL］.2015-01-22.http://www.ndcnc.gov.cn/zixun/yaowen/201501/t20150122_1051777.htm.

中国新闻网.农民工幸福感调查：不足半数愿留在当前城市［EB/OL］.2012-04-25.http://www.chinanews.com/sh/2012/04-25/3845069.shtml.

中国新闻网.全国文化信息资源共享已基本实现"村村通"［EB/OL］.2010-12-19.http://www.chinanews.com/cul/2010/12-19/2731575.shtml.

中央文化管理干部学院.文化部《关于加强群众文化工作的几点意见》.［EB/OL］.1980-07-14.http://www.cacanet.cn/detail_politrid.aspx?lawid=2133.

周安庆.近代中国第一座民众教育馆［N］.人民政协报，2010-08-26（2）.

周娜.创客茶馆：茶馆文化与创业创新相结合让核心价值观深入人心［EB/OL］.2016-05-30.http://cd.wenming.cn/zt2016/hzjzg/ckcg/201605/t20160530_2588557.shtml.

周琪.甘肃省农村实用文化人才职称评定研究［EB/OL］.甘肃文化艺术研究网，http://www.gsart.cn/ysky/ktyj/2011-11-23/311.html.

周英.文化站设施是如何流失的——关于陕西汉中市文化站设施状况的调查［N］.中国文化报，2005-04-14（4）.

最具内涵和特色的"十大江南传统村落"［N］.光明日报，2015-02-27（005）.

政策文件

《安徽省文化厅关于鼓励发展民营文艺表演团体的意见》（2008年）。

《博物馆管理办法》（文化部令第35号）。

《公共文化服务保障法》（2016年12月25日第十二届全国人民代表大会常务委员会第二十五次会议通过）。

《公共文化体育设施条例》（国务院令第382号）。

《关于全国博物馆、纪念馆免费开放的通知》（中宣发［2008］2号）。

《国家发改委文化部关于印发全国"十一五"乡镇综合文化站建设规划的通知》（发改社会［2007］2427号）。

《国家"十三五"时期文化发展改革规划纲要》（2017年5月7日）。

《国家文物局关于印发博物馆事业中长期发展规划纲要（2011—2020年）的通知》（文物博函〔2011〕1929号）。

《国民经济和社会发展第六个五年计划（1981—1985）》。

《国务院办公厅关于推进基层综合性文化服务中心建设的指导意见》（国办发〔2015〕74号）。

《国务院办公厅印发关于支持戏曲传承发展若干政策的通知》（国办发〔2015〕52号）。

《国务院办公厅转发广电总局等部门关于巩固和推进村村通广播电视工作意见的通知》（国办发〔2004〕60号）。

《国务院办公厅转发文化部等部门关于做好政府向社会力量购买公共文化服务工作意见的通知》（国办发〔2015〕37号）。

《国务院办公厅转发文化部关于当前农村文化站问题的请示的通知》（国办发〔1984〕21号）。

《国务院办公厅转发文化部国家计委财政部关于进一步加强基层文化建设指导意见的通知》（国办发〔2002〕7号）。

《国务院关于非公有资本进入文化产业的若干决定》（国发〔2005〕10号）。

《国务院关于进一步繁荣发展少数民族文化事业的若干意见》（国发〔2009〕29号）。

《国务院关于全国图书协调方案》（国务院公报第四五号〔总号：118〕）。

《国务院转发文化部关于加快和深化艺术表演团体体制改革的意见》（国发〔1988〕62号）。

《哈尔滨市阿城区人民政府办公室关于印发〈加快构建公共文化服务体系实施方案〉的通知》（哈阿政办发〔2016〕54号）。

《黑龙江省关于加快构建现代公共文化服务体系的实施意见》（2015年10月20日）。

《建设部文化部关于进一步做好基层公共文化设施规划和建设工作的通知》（建规〔2002〕196号）。

《民办非企业单位登记管理暂行条例》（国务院令第251号）。

《全国妇联文化部关于加强农村家庭文化建设的通知》（妇字〔2004〕38号）。

《全国公共图书馆事业发展"十二五"规划》（2013年1月30日）。

《日照市委办公室　市政府办公室印发〈关于加快构建现代公共文化服务体系的实施意见〉的通知》（日办发〔2015〕35号）。

《山东乡村记忆博物馆建设指南（试行）》（2016年6月）。

《社会团体登记管理条例》（国务院令第250号）。

《省委办公厅省政府办公厅关于印发〈江苏文化建设工程实施办法〉的通知》（苏办发〔2012〕14号）。

《"十三五"时期繁荣群众文艺发展规划》（2017年5月4日）。

《"十三五"时期全国公共图书馆事业发展规划》（2017年7月7日）。

《"十三五"推进基本公共服务均等化规划》（2017年1月23日）。

《文化部财政部关于进一步加强公共数字文化建设的指导意见》（文社文发〔2011〕54号）。

《文化部财政部关于进一步推进全国文化信息资源共享工程的实施意见》（文社图发〔2007〕14号）。

《文化部财政部关于开展国家公共文化服务体系示范区（项目）创建工作的通知》（文社文发〔2010〕49号）。

《文化部财政部关于实施全国文化信息资源共享工程的通知》（文社图发〔2002〕14号）。

《文化部财政部关于推进全国美术馆公共图书馆文化馆（站）免费开放工作的意见》（文财务发〔2011〕5号）。

《文化部财政部关于印发"公共电子阅览室建设计划"实施方案的通知》（文社文发〔2012〕5号）。

《文化部、财政部、人事部、国家税务总局关于鼓励发展民营文艺表演团体的意见》（文市发〔2005〕31号）。

《文化部发展改革委教育部科技部民政部财政部国家文物局解放军总政治部中华全国总工会共青团中央全国妇联中国科协关于公益性文化设施向未成年人免费开放的实施意见》（文办发〔2004〕33号）。

《文化部关于不要轻易撤销群众艺术馆的通知》（〔58〕文钱艺群字第205号）。

《文化部关于促进民营文艺表演团体发展的若干意见》（文市函〔2009〕15号）。

《文化部关于发布文化馆工作试行条例的通知》（〔81〕文群字第525号）。

《文化部关于高度重视农民工文化生活切实保障农民工文化权益的通知》（文市发〔2004〕51号）。

《文化部关于贯彻落实"三个代表"重要思想进一步加强农村文化工作的通知》（文社图发〔2001〕3号）。

《文化部关于贯彻实施公共文化体育设施条例的通知》（文政法函〔2003〕808号）。

《文化部关于加强群众文化工作的几点意见》（［80］文群字第1069号）。

《文化部关于加强与改进公共图书馆工作的指示》（［55］文陈社图字第52号）。

《文化部关于进一步活跃基层群众文化生活的通知》（文社图发［2002］13号）。

《文化部关于进一步加快和深化艺术表演团体体制改革的通知》（文艺发［1993］44号）。

《文化部关于进一步加强农村文化建设的意见》（文社图发［1998］80号）。

《文化部关于进一步加强少年儿童图书馆建设工作的意见》（文社文发［2010］42号）。

《文化部关于开展1958年春节农村文化娱乐活动的指示》（［58］文钱字第35号）。

《文化部关于开展春节农村文艺活动向农民宣传国家过渡时期总路线、总任务的指示》（［53］文部周字第336号）。

《文化部关于开展全国基层文化队伍培训工作的意见》（文社文发［2010］33号）。

《文化部关于群众艺术馆的任务和工作的通知》（［56］文刘艺群字第16号）。

《文化部关于认真贯彻中央决策部署切实做好基层公共文化服务工作的通知》（文明电字［2009］5号）。

《文化部关于印发全国文化信息资源共享工程管理暂行办法的通知》（文社图发［2002］26号）。

《文化部关于印发群众艺术馆文化馆管理办法通知》（文群发［1992］28号）。

《文化部关于印发〈文化部关于"十五"期间文化建设的若干意见〉和〈文化部关于深化文化事业单位改革的若干意见〉的通知》（文政法发［2001］45号）。

《文化部关于整顿和加强文化馆、站工作的指示》（［53］文部周字第337号）。

《文化部关于转发群众艺术馆工作座谈会报告的通知》（［58］文夏艺字第384号）。

《文化部 国务院农民工工作领导小组办公室全国总工会关于进一步做好为农民工文化服务工作的意见》（文公共发［2016］2号）。

《文化部、教育部关于做好基层文化教育资源共享工作的通知》（文社图发［2002］12号）。

《文化部群众文化局关于加强群众文化工作的几点意见》（1983年10月22日）。

《文化部"十二五"时期文化改革发展规划》（2012年5月7日）。

《文化部"十二五"文化科技发展规划》（2012年9月12日）。

《文化部"十三五"时期文化产业发展改革规划》（2017年4月12日）。

《文化部"十三五"时期文化发展改革规划》（2017年2月23日）。

《文化部新闻出版广电总局体育总局发展改革委财政部关于印发关于推进县级文化

馆图书馆总分馆制建设的指导意见的通知》（文公共发〔2016〕38号）。

《文化部一九五〇年全国文化艺术工作报告与一九五一年计划要点》（一九五一年四月二十日政务院第八十一次政务会议批准）。

《文化部一九五三年工作报告》（一九五三年十二月二十四日政务院第一百九十九次政务会议批准）。

《文化部印发〈2014年文化系统体制改革工作要点〉》（2014年4月11日）。

《文化部印发关于加强老年文化工作的意见的通知》（文社图发〔1999〕27号）。

《文化部印发关于进一步加强农村文化建设的意见的通知》（文社图发〔1998〕80号）。

《文化部、中国新民主主义青年团中央委员会关于配合农村合作化运动高潮开展农村文化工作的指示》（〔56〕文钱办字第73号、〔56〕中青宣文字第39号）。

《文化馆工作试行条例》（文化部1981年7月10日发布）。

《文化建设"十一五"规划》（2006年9月14日）。

《文化事业发展"九五"计划和2010年远景目标纲要》（1997年9月14日）。

《文化站管理办法》（1992年5月27日）。

《文物局发布关于全国博物馆、纪念馆免费开放通知》（中宣发〔2008〕2号）。

《乡镇综合文化站管理办法》（文化部令第48号）。

《新闻出版总署关于切实提高农家书屋使用率的通知》（新出农字〔2010〕18号）。

《新闻出版总署关于印发农家书屋工程建设管理暂行办法的通知》（新出发〔2008〕865号）。

《营业性演出管理条例》（国务院令第439号）。

《中共贵港市委员会办公室　贵港市人民政府办公室印发〈贵港市关于加快构建现代公共文化服务体系的实施意见〉的通知》（贵办发〔2016〕18号）。

《中共哈尔滨市委办公厅　哈尔滨市人民政府办公厅印发〈哈尔滨市关于加快构建现代公共文化服务体系的实施意见〉的通知》（哈办发〔2016〕13号）。

《中共湖北省委湖北省人民政府关于推动文化大发展大繁荣的若干意见》（鄂发〔2009〕31号）。

《中共湖南省委办公厅湖南省人民政府办公厅关于加快构建现代公共文化服务体系的实施意见》（湘办发〔2015〕39号）。

《中共潍坊市委办公室、潍坊市人民政府办公室关于印发〈加快构建现代公共文化服务体系实施方案〉的通知》（潍办发〔2016〕2号）。

《中共中央办公厅、国务院办公厅关于加强公共文化服务体系建设的若干意见》

（中办发〔2007〕21号）。

《中共中央办公厅、国务院办公厅关于进一步加强农村文化建设的意见》（中办发〔2005〕27号）。

《中共中央办公厅、国务院办公厅印发关于加快构建现代公共文化服务体系的意见》（2015年1月14日）。

《中共中央办公厅、国务院办公厅转发关于艺术表演团体的改革意见》（中办公〔1985〕20号）。

《中共中央关于关心人民群众文化生活的指示》（中发〔1981〕31号）。

《中共中央关于加强社会主义精神文明建设若干重要问题的决议》（1996年10月10日中共十四届六中全会通过）。

《中共中央关于进一步繁荣文艺的若干意见》（1989年2月17日）。

《中共中央关于全面深化改革若干重大问题的决定》（2013年11月12日中国共产党第十八届中央委员会第三次全体会议通过）。

《中共中央关于深化文化体制改革推动社会主义文化大发展大繁荣若干重大问题的决定》（2011年10月18日中国共产党第十七届中央委员会第六次全体会议通过）。

《中共中央国务院关于推进社会主义新农村建设的若干意见》（中发〔2006〕1号）。

中共中央、国务院《国家新型城镇化规划（2014—2020年）》。

《中共株洲市委办公室关于加快构建现代公共文化服务体系的实施意见》（株办发〔2016〕5号）。

《自治区人民政府关于印发宁夏文化产业发展"十二五"规划的通知》（2012年10月15日）。

外文文献

유금록. A Study on Efficiency Analysis about the Public Libraries Using Clustering DEA/AHP Model〔J〕. Journal of Korean Library and Information Science Society, 2009, 40(2): 491-514.

장철호. Evaluating the Efficiency of Public Libraries: A Bootstrap Data Envelopment Analysis〔J〕. 행정논총, 2010, 48(3): 275-303.

Bennett, T. Culture: A Reformer's Science〔M〕. St Leonards, NSW: Allen &Unwin, 1998.

Bennett, T. Putting Policy into Cultural Studies ［J］. L. Grossberg, C. Nelson and P. Treichler. eds., Cultural Studies ［M］. London and New York: Routledge, 1992.

Breakwell G M. Processes of self-evaluation: efficacy and estrangement ［J］. //G. M. Breakwell, ed., Social Psychology of Identity and the Self-concept ［M］. Surrey: Surrey University Press, 1992.

Bres, K. D., Davis J. Celebrating group and place identity : a case study of a new regional festival ［J］. Tourism Geographies, Vol. 3, No. 3, 2001: 326–337.

Darrin, Grimsey, Mervyn K. Lewis, Evaluating the Risks of Public Private Partnerships for Infrastructure Projects［J］. International Journal of Project Management, 2002(20).

Department for Culture, Media and Sport. Comprehensive, Efficient and Modern Public Libraries Standards and Assessment［EB/OL］. 2007-04. http://www.culture.gov.uk/images/publications/libraries archives for all assessment.pdf.

E. Vigoda, Eran. Internal Politics in Public Administration Systems: An Empirical Examination of Its Relationship with Job Congruence, Organizational Citizenship Behavior, and In-Role Performance ［J］. Academic Journal Article, 2000, 29(02): 186.

Giles, Billie, Robert J Donovan. Socioeconomic status differences in recreational physical activity levels and real and perceived access to a supportive physical environment ［J］. Preventive Medicine, 2002 (35): 601–611.

Jenna. Assessing the spatial distribution of urban parks using GIS ［J］. Landscape and Urban Planning, 2008 (82): 25–32.

John Forrer, James Edwin Kee, Kathryn. E. Newcomer, Eric Boyer. Public — Private Partnerships and the Public Accountability Question［J］. Public Administration Review, 2010, 70(03).

Jones, Bryan, Clifford Kaufman. The distribution of urban public services: a preliminary model ［J］. Administration and Society, 1974, 6(3): 337–360.

Lee, Sangsoo; Han, Ha-Neul. A Comparative Study on the Estimation Technical Efficiency for Public Libraries in Korea : Stochastic Production Frontier Analysis and Data Envelopment Analysis ［J］. The Journal of Cultural Policy. 2011, 25(2): 193–215.

Matthew, Flinders. The Politics of Public — Private Partnership［J］. The British Journal of Politics & International Relations, 2005(07).

Metaphor: Examining emotional and symbolic attachment to place ［J］. Leisure

Sciences, 1992 (14): 29–46.

Paul A. Samuelson. The Pure Theory of Public Expenditure［J］. The Review of Economics and Statistics, 1954, 36(04).

Rhodes R. A. W. The New Governance: Governing without Government［J］. Political Studies, 1996: 652–667.

Robert J. Bennett. The Logic of Local Business Associations: an Analysis of Voluntary Chambers of Commerce［J］. Journal of Public Policy, 1995, 15(3).

S. Zukin. Loft Living: Culture and Capital in Urban Change［M］. London: Century Hutchinson, 1988.

S. Zukin. The Culture of Cities［M］. Oxford: Blackwell, 1996.

Stipetić, Davor. Will Kymlicka: Multicultural Citizenship — A Liberal Theory of Minority Rights［M］. Oxford University Press, 2003.

Stoker, Gerry. Governance as theory: five propositions［J］. International Social Science Journal, 1998 (50): 17–28.

Teitz, M. B. Toward a theory of public facility location［J］. Papers of the Regional Science Association, 1968 (21)1: 35–51.

Twigger-Ross C L, Uzzell D L. Place and identity processes［J］. Journal of Environmental Psychology, 1996 (16): 205–220.

W. Kymlicka. Multicultural Citizenship: A Liberal Theory of Minority Rights［M］. Oxford: Clarendon Press, 1995.

Weisbrod, B.A. The Nonprofit Economy［M］. Massachusetts: Harvard University Press, 2011.

Williams D R, Patterson M E, Roggenbuck J W. Beyond the commodity metaphor: Examining emotional and symbolic attachment to place［J］. Leisure Sciences, 1992 (14): 29–46.